suhrkamp taschenbuch
wissenschaft 2174

Was heißt es, eine Frau oder ein Mann, schwarz oder weiß zu sein? Hierauf geben feministische und antirassistische Theorien scheinbar widerstreitende Antworten: Während die einen diese Kategorien als sozial konstruiert begreifen, sofern unter sie zu fallen bedeutet, in bestimmten sozialen Beziehungen der Unterordnung zu stehen, denken andere sie als objektiv, sofern unter sie zu fallen für Menschen reale Konsequenzen zeitigt, denen sie sich schwer entziehen können. In dieser Sammlung bahnbrechender Aufsätze entwickelt die Philosophin Sally Haslanger eine sozialkonstruktionistische Theorie sozialer Arten, die diesen beiden Erfordernissen gleichermaßen Rechnung trägt.

Sally Haslanger ist Ford Professor of Philosophy am Massachusetts Institute of Technology. Sie gilt als eine der einflussreichsten Philosophinnen der Gegenwart. Für ihr Buch *Resisting Reality. Social Construction and Social Critique* hat sie den Joseph B. Gittler Award der American Philosophical Association erhalten.

Daniel James ist wissenschaftlicher Mitarbeiter am Institut für Philosophie der Heinrich-Heine-Universität Düsseldorf.

Sally Haslanger
Der Wirklichkeit widerstehen

Soziale Konstruktion und Sozialkritik

Herausgegeben und mit einem Nachwort von Daniel James

Suhrkamp

Dieses Buch wurde klimaneutral produziert.

2. Auflage 2022

Erste Auflage 2021
suhrkamp taschenbuch wissenschaft 2174

Umschlag nach Entwürfen
von Willy Fleckhaus und Rolf Staudt
Druck und Bindung: C. H. Beck, Nördlingen
Printed in Germany
ISBN 978-3-518-29774-2

www.suhrkamp.de

Inhalt

Sally Haslanger

Vorwort

i. Einige biographische Hintergründe meiner Arbeit

Während meiner Zeit an der Graduiertenschule in Berkeley – hauptsächlich in den frühen 1980er Jahren – konzentrierte sich mein Studium auf die analytische Metaphysik; meine Dissertation befasste sich mit dem Problem der Persistenz über Veränderung hinweg. Meine Herangehensweise an den Begriff der Persistenz – und die Metaphysik der Substanz im Allgemeinen – war stark von Aristoteles beeinflusst, und ich dachte kurz darüber nach, mich auf antike Philosophie zu spezialisieren. Allerdings habe ich nicht das detaillierte Gedächtnis, um die Art von Gelehrte zu sein, die das erfordert hätte, und ich wollte unbedingt zu zeitgenössischen Debatten einen Beitrag leisten.

Ich war auch sehr im feministischen Aktivismus involviert, vor allem im Hinblick auf Fragen von Gewalt gegen Frauen und sexueller Belästigung. Es gab keine Graduiertenkurse über Feminismus, die ich belegen konnte, und keiner der Lehrenden arbeitete zu feministischen Themen. Also organisierte ich aktiv feministische Lesegruppen und las auf eigene Faust. Als ich mich 1984 um eine Stelle bewarb, gab ich eine Spezialisierung in feministischer Philosophie an und wurde auf eine Stelle als Lehrende berufen, die eine Angliederung an ein Programm für Women's Studies beinhaltete. In meinem ersten Jahr wurde ich gebeten, den Einführungskurs in feministischer Theorie zu unterrichten. Ich war begeistert. Es fühlte sich wie ein großer Sieg an.

Aber die Schlacht war noch nicht gewonnen. Das erste Mal, als ich die Direktorin der Women's Studies an meinem neuen Arbeitsplatz traf, waren wir auf dem Weg zum Mittagessen und sie fragte mich: »Sie scheinen einen sehr starken Hintergrund in feministischer Theorie zu haben« (sie hatte meinen Lehrplan durchgesehen), »was machen Sie also in einem Philosophie-Institut?« Ich antwortete: »Mein Doktortitel ist in Philosophie.« (Was denn sonst!) Daraufhin sagte sie: »Ich glaube nicht, dass es möglich ist, Feminismus *und* Philosophie zu betreiben.« Nun, einige meiner

Philosophie-Kollegen haben im Laufe der Jahre das Gleiche gedacht. Das schien mir eine unsinnige Idee zu sein. Warum sollten Philosophie und Feminismus unvereinbar sein? Aus der Sicht einiger Feministinnen galten Vernunft und Rationalität als »männlich«, und weil die Philosophie Vernunft und Rationalität verehrte, stand sie im Widerspruch zur Befreiung von Frauen. Aus Sicht einiger Philosoph:innen strebt die Philosophie nach Objektivität, und da der Feminismus eine politische Bewegung und zutiefst wertebeladen ist, müsste man den Feminismus zumindest beiseitelegen, um Philosophie richtig zu betreiben. Aber ich wusste, dass Vernunft und Rationalität Werkzeuge sind und Quellen der Stärke und Macht sein können, und meine feministische Arbeit hatte immer von den philosophischen Fertigkeiten profitiert, die ich erlernt hatte. Ich wusste auch, dass die professionelle Philosophie sich nicht mit Themen beschäftigte, die mir sehr am Herzen lagen, und ich vermutete, dass dies auf den systematischen Ausschluss von Frauen aus dem Fach zurückzuführen war (vor allem aus der Metaphysik!). Ich wollte weder den Feminismus noch die Philosophie aufgeben.

Nichtsdestotrotz hatte meine Forschung nach der Graduiertenschule nichts mit feministischer Philosophie zu tun. Ich war darauf vorbereitet, zumindest vorläufig, neben feministischer Lehre und Aktivismus auch im Bereich Metaphysik zu forschen. Wie kam ich also dazu, mich mit feministischer Theorie und Critical Race Theory zu beschäftigen? Ich hatte Charlotte Witt in einer feministischen Lesegruppe an der Graduiertenschule kennengelernt. Sie und Louise Antony beschlossen, eine Sammlung von Aufsätzen über Feminismus und Vernunft herauszugeben, die dem Trend entgegenwirken sollte, Feminismus mit einer Skepsis gegenüber Vernunft und Rationalität zu assoziieren (eine Assoziation, die offensichtlich Geschlechterstereotypen verstärkte). Sie baten mich, zu ihrem bahnbrechenden Band *A Mind of One's Own* (1993) beizutragen. Ich antwortete zunächst, dass ich nicht zu feministischer Philosophie forsche. Aber die meisten der Mitwirkenden forschten nicht im Bereich der feministischen Philosophie ... noch nicht. Also wurde ich überredet, es zu versuchen. Da ich mich in meinem Aktivismus auf die Arbeit von Catharine MacKinnon gestützt hatte, dachte ich mir, dass ihre Arbeit ein guter Ausgangspunkt sein würde. »On Being Objective and Being Objectified« (Haslanger

1993) war das Ergebnis. Das Schreiben dieses Aufsatzes veränderte mein intellektuelles Leben für immer.

MacKinnons Arbeit stützte sich damals auf Marx' Sozialontologie, Erkenntnistheorie und politische Kritik des Kapitalismus. Ich hatte Marx nicht gelesen, also musste ich, um sie zu verstehen, auf die Werkzeuge zurückgreifen, die ich durch meine Ausbildung in analytischer Metaphysik gewonnen hatte, und auch, was wichtig war, auf meine eigene Erfahrung. Zum ersten Mal entdeckte ich eine Autorin, die zeigte, wie Kritik mit sozialer Metaphysik verwoben ist und eine radikal andere Erkenntnistheorie erfordert als die, die mir beigebracht worden war, und sie tat dies mit einer Leidenschaft, die ich selbst verspürte. Philosophie wurde nicht nur eine sinnvolle Tätigkeit, die meine Talente beschäftigte, sondern ein Gebot. Aber ich tappte immer noch im Dunkeln. Ich hatte von der Frankfurter Schule gehört, hatte aber nie ihre Werke gelesen und war mir nicht sicher, *wie* ich sie lesen sollte (ich versuchte, Hegel zu lesen, aber ohne angemessenen Hintergrund oder Anleitung gab ich auf). Also wandte ich mich der interdisziplinären (anglophonen) feministischen Theorie und Critical Race Theory zu.

In den Vereinigten Staaten[1] haben interdisziplinäre Programme in Women's, Gender, and Sexuality Studies (WGSS) einen Raum geschaffen, um »kritische Theorie« im weitesten Sinne zu betreiben. Die Bemühungen ähneln der Kritischen Theorie der Frankfurter Schule (man beachte die Verwendung von Großbuchstaben für Letztere): Es ist eine interdisziplinäre Zusammenarbeit, die darauf abzielt, die soziale Infrastruktur aufzudecken, die Unterdrückung aller Art nicht nur ermöglicht, sondern auch aufrechterhält. Aber die (kleingeschriebene) kritische Theorie ist nicht so eng an eine bestimmte philosophische Tradition gebunden. Die WGSS-Programme – zumindest ihre ursprüngliche Konzeption – sind eher

1 Solche Programme begannen typischerweise mit dem Titel »Women's Studies«, aber im Laufe der Zeit haben sich viele in »Women's and Gender Studies« oder »Women's, Gender, and Sexuality Studies« geändert. Ich verwende den umfassenderen Begriff in der Absicht, alle einzuschließen. Beachten Sie auch, dass es im US-amerikanischen Kontext einen wichtigen Unterschied zwischen einem »Programm« und einem »Department« gibt. Ein »Programm« ist weniger institutionell abgesichert. Seine Lehrenden müssen (oder müssen auch) in Departments berufen, bezahlt und befördert werden. Die »Zugehörigkeit« der Lehrenden zum Programm wird in Zusammenarbeit mit dem Fachbereich ausgehandelt und verwaltet.

über das Thema als durch den disziplinären Ansatz organisiert. Die Aktivitäten werden durch den Schwerpunkt auf Sex/Gender/Sexualität vereinheitlicht, und die Teilnehmer:innen bringen unterschiedliche Fähigkeiten, Methoden und disziplinäre Traditionen in das Projekt ein. Feminist:innen aus den Kunst-, Geistes- und Sozialwissenschaften (und in geringerem Maße aus den Naturwissenschaften) teilen ihre Arbeit, um geschlechtsbezogene Phänomene zu verstehen, die vom Mainstream ihrer Disziplinen – und oft auch von der Konzeption ihrer Disziplinen selbst – ignoriert oder verzerrt wurden. Da Geschlecht nicht angemessen verstanden werden kann, ohne es auch als verflochten mit *race*, Klasse, Behinderung, Alter und dergleichen zu verstehen, sind WGSS-Programme eng mit verwandten Programmen zu *race* und Ethnizität verbunden und stellen nun oft die Intersektionalität der Unterdrückung in den Mittelpunkt. Der Plan von WGSS war jedoch schon immer, die disziplinären Werkzeuge, die man in das Gespräch einbringt, zu kritisieren und zu transformieren und dann zu den Mainstream-Debatten zurückzukehren, um sie zu transformieren.

Ich beschreibe dieses institutionelle Umfeld, weil es Akademiker:innen außerhalb der Vereinigten Staaten unbekannt sein könnte.[2] Aber es ist das, was meine Arbeit möglich gemacht hat. An einem Punkt meiner Karriere, als ich mich von meinem Institut besonders entfremdet und vom Institutsleiter unterminiert fühlte, wandte ich mich an die Direktorin der Women's Studies, um zu besprechen, ob ich die akademische Laufbahn aufgeben und eine Vollzeit-Aktivistin werden sollte. Sie versicherte mir: »Sally, du musst keine feministische *Philosophin* sein; du bist eine feministische Theoretikerin. Und das ist mehr als genug. Du hast hier ein Zuhause.« Das gab mir den Mut, den interdisziplinären Weg weiterzugehen, den ich heute noch beschreite.

ii. Themen in den ausgewählten Aufsätzen

Es gibt einige Themen, die in meiner Arbeit immer wieder auftauchen. Ich werde drei davon kurz skizzieren und etwas Kontext liefern.

2 WGSS-Programme entsprechen in Deutschland den Gender-Studies-Programmen (A. d. Ü.).

Das erste und hartnäckigste Thema sind kausale Rückkopplungs- oder sogenannte »Looping«-Effekte zwischen menschlichem Denken/Sprache und der materiellen Welt. Dies ist eine metaphysische Behauptung darüber, wie die (soziale) Welt die Form erlangt, die sie hat. Auf der einen Seite der kausalen Schleife (*loop*) hat die Art und Weise, wie wir über Dinge denken und sprechen, durch unsere Handlungen einen Einfluss darauf, wie die Dinge sind. Wir interagieren und verändern die Welt basierend auf unserem Verständnis von ihr. Der offensichtlichste Fall ist die Domestizierung von Pflanzen und Tieren. Wir mögen zum Beispiel ruhige, niedliche, gehorsame Haustiere und entdecken einige Hunde, die dieser Beschreibung entsprechen. Wir verändern die Welt, indem wir einige Rassen schaffen, die ruhig, niedlich und gehorsam sind. Auf der anderen Seite der Schleife verstärkt die Art und Weise, wie wir Dinge verändern, die Art und Weise, wie wir über sie denken und sprechen: Wir beeinflussen die Welt auf eine Weise, die unsere Überzeugungen wahr werden lässt. Nachdem wir die Hunde so gezüchtet haben, dass sie ruhig, niedlich und gehorsam sind, bestätigt dies unsere Überzeugung, dass Hunde diese Eigenschaften haben und dass Hunde gute Haustiere sind. Diese Art von Fällen ist offensichtlich, weil wir unseren Einfluss auf den Zuchtprozess erkennen. Aber oft sind wir in einer kausalen Schleife gefangen, die für uns unsichtbar ist: Wir stellen die Welt, die wir mitgestaltet haben, so dar, als ob sie unabhängig von uns »da draußen« wäre. Wenn wir die Looping-Effekte sozialer Kategorien wie *gender*, *race*, Behinderung, Sexualität berücksichtigen, steht der Anschein von Natürlichkeit dem sozialen Fortschritt in Richtung Gerechtigkeit im Weg. Wenn wir zum Beispiel eine gebaute Umwelt schaffen, die für Menschen mit Behinderung unzugänglich ist – weil wir sie nicht als Beitragende zur Gesellschaft sehen, sind sie für uns unsichtbar –, dann stellen wir fest, dass sie keinen Beitrag leisten (und dadurch bestimmte Sozialleistungen nicht verdienen). Wir haben unsere Überzeugung wahr gemacht, indem wir Menschen mit Behinderung daran gehindert haben, einen Beitrag zu leisten.

Ein zweites Thema ist eher epistemisch. Ich glaube, dass wir die Welt verstehen müssen, um sie zu verändern; wir müssen wissen, was die Tatsachen sind. Mir ist klar, dass die Rede von »den Fakten« manche Leute ängstlich macht, aber ich habe einen eher deflationären Ansatz bezüglich Tatsachen und Wahrheit. Tatsachen sind leicht zu haben; wahre Überzeugungen sind weit verbreitet. Ich sitze in einem Stuhl mit einem Computer auf meinem Schoß. Mein Hund schläft auf dem Sofa nebenan. Die Sonne scheint. Dies sind wahre Überzeugungen, die einige der Tatsachen über meine aktuelle Situation erfassen. Wenn die Wahrheit jedoch so einfach ist, warum sind wir dann so fehlgeleitet, was unsere soziale Welt angeht, und zwar auf eine Weise, die so viel Schaden anrichtet? Die sehr allgemeine Antwort ist, dass man viele Dinge wissen, aber immer noch unwissend im Hinblick auf die wichtigen Tatsachen sein kann; und man kann Wissen im Zusammenhang mit sonstigen Überzeugungen haben, die die Phänomene verzerren. Zum Beispiel kann uns Wissen in die Irre führen, wenn wir nicht die richtigen Schlüsse daraus ziehen. Zurück zur Frage der Looping-Effekte. Wenn wir uns umsehen und eine robuste Regelmäßigkeit finden, z.B. dass Frauen fürsorglicher sind als Männer, dann ist es verlockend, die Schlussfolgerung zu ziehen, dass dies irgendwie normal oder natürlich ist. Es ist einfach so, so sind Frauen und Männer. Aber wenn wir so denken, sind wir von der Beobachtung einer Regelmäßigkeit zur Hypothese einer Ursache übergegangen: Frauen sind von Natur aus fürsorglicher. Wir könnten noch weiter gehen: Frauen, die nicht fürsorglich sind, sind abnormal oder abweichend. Diese Schlussfolgerungen werden von den Beobachtungen nicht unterstützt. Es könnte sein, dass Frauen aufgrund eines Looping-Effekts fürsorglicher sind als Männer: Unsere Gesellschaften hängen von einer geschlechtsspezifischen Aufteilung der Betreuungsarbeit ab, und wir sozialisieren Frauen und Männer so, dass sie die entsprechenden Rollen einnehmen und sich damit identifizieren. Dieses Thema in meiner Arbeit erscheint als ein Versuch, die Quellen von Irrtümern, Unwissenheit und Verwirrung zu verstehen, die sowohl in die Looping-Effekte zwischen Denken/Sprache und Welt einfließen als auch deren Ergebnis sind.

Ein drittes Thema in meiner Arbeit ist die Betonung der *sozialen* Gerechtigkeit. Im Kontext der zeitgenössischen Philosophie tendiert die normative Forschung dazu, in eines von zwei Lagern zu fallen: Ethik oder politische Philosophie. Die Ethik wirft Fragen über die Handlungen von Individuen auf: Was soll ich tun? Was sind meine Pflichten? Wie sollte ich leben? Die politische Philosophie wirft Fragen zum Staat auf: Wozu ist der Staat berechtigt? Wie sollte der Staat handeln? Im Kontext des Liberalismus würden viele den sozialen Bereich – die Familie, die Sexualität, die Religion, die Kultur – als eine Angelegenheit der persönlichen Entscheidung betrachten und als etwas, in das sich Philosoph:innen nur einmischen sollten, um Rechte oder die Implikationen vertraglicher Vereinbarungen zu umschreiben. Aber der soziale Bereich ist der Ort, an dem die meisten von uns die meiste Zeit leben. Der Mensch kann ohne Koordination und Kooperation mit anderen nicht überleben, und die individuelle Handlungsfähigkeit wird durch die lokale Kultur bestimmt. In jeder Gesellschaft gibt es Praktiken, die systematisch ungerecht sind, z. B. werden Frauen zu Unrecht benachteiligt, Arbeiter:innen ausgebeutet, Menschen mit Behinderung und ältere Menschen an den Rand gedrängt, es werden diejenigen herabgesetzt, die nicht der vorherrschenden *race* oder ethnischen Gruppe angehören, und es wird denen Gewalt angedroht, die nicht den vorherrschenden Normen entsprechen. Es ist plausibel, dass der Staat etwas tun kann, um dies zu korrigieren, und es ist wichtig, moralisches Handeln zu kultivieren. Aber soziale Gerechtigkeit erfordert auch, dass wir Kultur verstehen und verändern: die Normen für das Familienleben, die Sprache, die wir verwenden, um mit- und übereinander zu sprechen, die Lebensmittel, die wir essen, die Erwartungen und Möglichkeiten hinsichtlich sexueller Intimität, die Form der von uns errichteten Umwelt. Aber weil unsere soziale Welt »gegeben« oder natürlich oder höchst funktional zu sein scheint – aufgrund der bereits erwähnten Looping-Effekte und epistemischen Fehler –, ist Kritik schwierig. Wie können wir also vorgehen? Was ist soziale Gerechtigkeit? Wie können wir sie verwirklichen?

iii. Wie geht es von hier aus weiter?

Die in diesem Band enthaltenen Arbeiten wurden zwischen 1995 und 2017 geschrieben. Welche Themen habe ich weiter erforscht und wohin gehe ich jetzt? Alle drei im vorigen Abschnitt genannten Themen sind nach wie vor wichtig für meine Arbeit. Allerdings ist meine jüngere Forschung in einem ausdrücklicheren Gespräch mit der Kritischen Theorie der Frankfurter Schule. Im Jahr 2015 verbrachte ich drei Monate als Spinoza-Professorin an der Universität von Amsterdam. Während dieser Zeit bin ich viel in Europa herumgereist und habe viele Philosoph:innen kennengelernt, die einen umfangreichen Hintergrund in der Tradition der Kritischen Theorie haben. Das hat meine Arbeit wesentlich bereichert.

Insbesondere habe ich mich weiterhin mit Fragen der Ideologie und der Ideologiekritik beschäftigt, aber mit einem besseren Verständnis der Macht der Ideologie in der Konstruktion des Subjekts und der Bedenken hinsichtlich der Möglichkeit einer Ideologiekritik. Die traditionelle Problematik wirft die Fragen auf: Wo stehen wir, wenn wir Kritik üben? Was ist die normative Grundlage für Kritik (ist sie intern, extern, immanent)? Im Gegensatz zu einem Strang der Tradition der Kritischen Theorie habe ich argumentiert, dass Ideologiekritik moralische Festlegungen nicht meiden und sich ganz auf logische oder epistemische Herausforderungen (»Widersprüche« oder fehlerhafte epistemische Praktiken) konzentrieren muss. Ich behaupte stattdessen, dass diejenigen, die sich mit Ideologiekritik befassen, mit einer sozialen Bewegung verbündet sein können und tatsächlich auch sein sollten, die ein eigenes alternatives Paradigma für soziale Gerechtigkeit besitzt. Wir sollten vom Standpunkt derjenigen aus theoretisieren, die sich der Unterordnung widersetzen (Haslanger 2020a).

Ich habe auch meine Konzeption der sozialen Praxis weiterentwickelt und den Begriff einer »Kulturtechnik« eingeführt (Haslanger 2017; 2018). Eine Kulturtechnik ist eine Reihe von sozialen – öffentlichen – Bedeutungen, auf die sich Akteur:innen verlassen, um ihre Handlungen zu koordinieren. Dazu gehören einfache Bedeutungen (Rosa bedeutet Mädchen, Rot bedeutet Stopp), narrative Tropen (»Erst kommt die Liebe, dann kommt die Ehe, dann kommt das Baby im Kinderwagen«), Standardannahmen (»Die Ehe ist eine Verbindung zwischen einem Mann und einer Frau«) und mehr. Diese sozialen Bedeutungen machen die Ideologie eines sozialen Kontextes aus. Sie prägen unsere Interpretation der materiellen Bedingungen und leiten Verhalten an. Da sozialer Wandel die Störung sozialer Praktiken erfordert (nicht nur die Änderung von Gesetzen, wie die politische Theoretikerin argumentieren könnte, oder die Änderung der Überzeugungen von Individuen, wie der Ethiker argumentieren könnte), sollten wir die Kulturtechnik infrage stellen. Dies geschieht am effektivsten durch soziale Bewegungen.

In meiner jüngsten Arbeit habe ich die Idee untersucht, dass

Gesellschaften komplexe dynamische Systeme sind. Die Idee, dass stabile Gesellschaften homöostatische Systeme sind, ist nur eine Erweiterung der Beobachtungen über Looping-Effekte zwischen Denken/Sprache und materieller Realität. Aber Systeme kommen in verschiedenen Formen vor. Komplexe dynamische Systeme sind selbstorganisierend, nicht-linear und in stabilen Systemen sind die Interaktionen vielfältig und dicht; Veränderungen in solchen Systemen sind unvorhersehbar und kleine Ereignisse können kaskadenartige Effekte haben, die zu größeren Veränderungen im System führen. Die Theorie komplexer Systeme neigt dazu, skeptisch gegenüber Organisationsebenen im Mainstream-Sinne zu sein (mit Kausalität, die innerhalb einer Ebene stattfindet, und höheren Ebenen, die auf dieser supervenieren), und steht damit im Widerspruch zu der Annahme des methodologischen Individualismus, der in der Philosophie der Sozialwissenschaften und in der Philosophie im weiteren Sinne üblich ist. Diese Arbeit ist sowohl für die Beziehung zwischen Strukturen, Praktiken und Handeln als auch für die Möglichkeit des sozialen Wandels relevant.

Derzeit arbeite ich an der Fertigstellung eines weiteren Buches, *Doing Justice to the Social*, das bei Oxford University Press unter Vertrag steht. Es versammelt eine Reihe von Aufsätzen, die ich seit der Fertigstellung von *Resisting Reality* (2012) veröffentlicht habe und die ein praxisorientiertes und materialistisches Verständnis der sozialen Welt verteidigen (Haslanger 2020b). Danach werde ich weiter an den Themen arbeiten, die meine Forschung in den letzten dreißig Jahren geprägt haben. Genauer gesagt, hoffe ich, dass ich meine Arbeit an der kritischen Theorie stärker mit Fragen der Philosophie des Geistes und der Sprache verknüpfen werde (Haslanger 2019a; 2019b), die sich aus dem Projekt des Conceptual Engineering ergeben (Haslanger 2019c; 2020 c). Ich bin auch sehr daran interessiert, die Theorie komplexer Systeme zu nutzen, um die Intersektionalität verschiedener Formen der Unterdrückung besser zu verstehen, einschließlich Kapitalismus, weißer Vorherrschaft, Patriarchat, Heteronormativität, Behindertenfeindlichkeit und Speziesismus. Und in einer etwas neuen Richtung werde ich die Lektionen, die ich aus der Lehre und Forschung über Co-Design-Praktiken zur Linderung der globalen Armut im D-Lab am MIT[3] gelernt habe, in meine Ar-

3 ⟨https://d-lab.mit.edu/⟩

beit einfließen lassen. Diese Arbeit liefert konkrete Beispiele für die Bedeutung von situiertem Wissen und die Materialität von Ungerechtigkeit, während sie gleichzeitig eine Übung in Hoffnung ist.

Aus dem Amerikanischen von Philipp Hölzing

Literatur

Antony, Loise M., Witt, Carlotte E. (Hg.) 1993. *A Mind of One's Own: Feminist Essays on Reason and Objectivity*, Boulder, CO: Westview Press.

Haslanger, Sally 1993. On Being Objective and Being Objectified. In Louise M. Antony und Charlotte E. Witt. (Hg.), *A Mind of One's Own: Feminist Essays on Reason and Objectivity*, Boulder, CO: Westview Press, 85-125.

– 2012. *Resisting Reality: Social Construction and Social Critique*. Oxford: Oxford University Press.

– 2017. Culture and Critique. *Proceedings of the Aristotelian Society, Supplementary Volume* 91, 149-173.

– 2018. What is a Social Practice? *Royal Institute of Philosophy Supplements* 82, 231-247.

– 2019a. Cognition as a Social Skill. *Australasian Philosophical Review* 3(1), 5-25.

– 2019b. Agency within Structures and Warranted Resistance: Response to Commentators. *Australian Philosophy Review* 3(1): 109-121.

– 2019c. *What is Race: Four Philosophical Views* (mit Joshua Glasgow, Chike Jeffers and Quayshawn Spencer). Oxford: Oxford University Press 2019.

– 2020a. Taking a Stand: Second-Order Pathologies or First Order Critique? In Julia Christ, Kristina Lepold, Daniel Loick und Titus Stahl (Hg.), *Debating Critical Theory: Engagements with Axel Honneth*, Lanham: Rowman & Littlefield, 35-49.

– 2020b. Failures of Individualism: The Materiality of Social Systems. *Journal of Social Philosophy*.

– 2020c. Going On, Not in the Same Way. In Alexis Burgess, Herman Cappelen und David Plunkett (Hg.), *Conceptual Ethics and Conceptual Engineering*, Oxford: Oxford University Press, 230-260.

I

Ontologie und soziale Konstruktion[1]

1. Einleitung

Eines der wichtigsten Projekte der feministischen Theorie ist es, die hergebrachten Annahmen darüber, was »natürlich« ist, infrage zu stellen; Theoretiker:innen haben sich insbesondere bemüht, die Vielfalt der kulturellen Mechanismen aufzudecken, durch die wir die Wesen mit *race*, *gender* und Sexualität »werden«, die wir sind. In einem Kontext, in dem von dem, was »natürlich« ist, angenommen wird, dass es von der Natur festgelegt wurde, und das daher für unvermeidlich, angemessen oder sogar gut gehalten wird, hat das Aufzeigen der Kontingenz solcher Identitätskategorien und der mit ihnen assoziierten Verhaltensmuster entscheidende politische Wirkmacht. Darüber hinaus zeigt diese Forschung, die unsere Annahmen darüber, was natürlich ist, infrage stellt, dass in einer erheblichen Anzahl von Fällen – zumindest im Fall von *race*, *gender* und Sexualität – unsere Bemühungen, Dinge als »natürlich« oder »objektiv« zu klassifizieren, gescheitert sind. Dies hat zu einer allgemeinen Kritik an den Methoden geführt, die wir zur Rechtfertigung unserer Klassifizierungen sowie der politischen Institutionen, die in Hinblick auf diese Klassifizierungen errichtet wurden, benutzt haben.

In dieser Forschung ist man sich weitgehend einig, dass der Grund, warum die bisherigen Modelle von Gerechtigkeit, Wissen und Realität derart fehlgeschlagen sind, darin besteht, dass sie die

1 Ich bedanke mich bei Elizabeth Anderson, Louise Antony, Stephen Danvall, Ann Gamy, Beth Hackett, Lloyd Humberstone, Joe Levine, Rae Langton, Naomi Scheman, Elliott Sober, Candace Vogler und Stephen Yablo für hilfreiche Diskussionen und/oder Kommentare zu früheren Versionen dieses Artikels. Dieses Kapitel ist eine erweiterte Version meines Artikels »Objective Reality, Male Reality, and Social Construction«, erschienen in *Women, Knowledge, and Reality*, hrsg. v. Ann Gamy und Marilyn Pearsall (2. Auflage, New York: Routledge 1996). Frühere Versionen wurden im August 1993 auf der Konferenz »New Directions in Epistemology« an der Monash University und am Treffen der Central Division der Amerikanischen Philosophischen Gesellschaft in Chicaco, Illinois, vorgestellt. Bei Letzterem war Candace Vogler die Kommentatorin.

Wirkmacht der sozialen Konstruktion nicht berücksichtigt haben; jedoch gibt es bemerkenswerte Unterschiede bezüglich der Art und Weise, wie der Begriff »soziale Konstruktion« (sowie verwandte Begriffe) verwendet werden, und folglich auch zwischen den Vorschlägen, wie die alten Modelle verbessert werden sollten.

Zusätzlich zur Behauptung, dass *race*, *gender* und Sexualität sozial konstruiert sind, wird z. B. vertreten, dass »das Subjekt«, »Identität«, »Wissen«, »Wahrheit«, »Natur« und »Realität« jeweils sozial konstruiert seien.[2] Gelegentlich ist die Behauptung anzutreffen, dass »alles« sozial konstruiert sei oder dass es bis »ganz nach unten« sozial konstruiert sei.[3] Und von der Behauptung, dass alles sozial konstruiert sei, ist es nur ein kleiner Schritt hin zur Schlussfolgerung, dass es keine Realität unabhängig von unseren Praktiken oder unserer Sprache gebe und dass »Wahrheit« und »Realität« nur Erfindungen der Herrschenden seien, um ihre Macht zu verschleiern.[4]

Trotz der drastischen Zurückweisung der Berechtigung von Begriffen wie »Wahrheit« und »Realität«, die sich in der Arbeit von feministischen Theoretiker:innen findet, trifft man dort auch auf einen tiefverwurzelten Widerstand dagegen, in jegliche Form von Idealismus oder Relativismus abzugleiten.[5] Ein Beispiel dafür ist Catharine MacKinnon, die in der für sie typischen eindringlichen Weise schreibt:

Epistemologisch gesehen wissen Frauen, dass die männliche Welt da draußen existiert, weil sie ihnen ins Gesicht schlägt. Ganz gleich wie sie darüber nachdenken oder versuchen, sie wegzudenken oder kraft ihrer Gedanken

2 Für eine vielfältige Auswahl an Texten, die solche Thesen aufgreifen, siehe z. B. Berger/Luckmann 1966; de Lauretis 1986; Keller 1986; hooks 1989; Butler 1990, insb. Kap. 1; Scheman 1993; Weedon 1987.

3 Siehe z. B. Nancy Fraser über Foucault in Fraser 1989, Kap. 3, 59-60.

4 Dies scheint die Schlussfolgerung radikaler Sozialkonstruktivist:innen zu sein. Siehe z. B. Latour/Woolgar 1979.

5 Selbst Jane Flax, die sich der postmodernen Kritik »der verführerischen Tyrannei der Metaphysik, der Wahrheit, des Realen« verschreibt, behauptet später im selben Essay, dass sie nicht bereit sei, »die Existenz von Subjektivität oder einer ›äußeren‹ Realität zu leugnen, die teilweise durch nicht-textuelle Herrschaftsbeziehungen konstituiert sind« (Flax 1990, 189, 219, Übersetzung von T. E.). Donna Haraway ist eine weitere Autorin, für die feststeht, dass wir einen Weg finden müssen, die soziale Konstruktion des Wissens mit einer »ernsthaften Festlegung auf getreue Auffassungen einer ›realen‹ Welt« zu vereinbaren; siehe Donna Haraway 1991, insb. S. 187, Übersetzung von T. E.

in eine andere Form zu bringen, bleibt sie unabhängig von ihnen real und zwingt sie immer wieder in bestimmte Formen. Ganz gleich was sie denken oder tun, sie kommen da nicht raus. Sie hat die Unbestimmtheit eines Brückenpfeilers, auf den man mit 60 Meilen pro Stunde trifft. (MacKinnon 1989, 123, Übersetzung T. E. Siehe auch MacKinnon 1987, 57.)

Brückenpfeiler und Fäuste sind zumindest in dem Sinne »unabhängig von uns real«, dass kein Individuum oder keine Gemeinschaft von Individuen sie einfach durch Denken zum Verschwinden bringen kann; glücklicherweise sind weniger bedrohliche Teile der physischen Welt ebenso real – ein Umdenken meinerseits kann meinen Körper, meine Freund:innen oder meine Nachbarschaft nicht einfach zum Verschwinden bringen und glücklicherweise gilt dies auch für das Denken aller anderen. Um eine Veränderung in der Welt herbeizuführen, muss man mehr tun, als einfach darüber nachzudenken. Wenn wir aber unsere Vorstellung einer unabhängigen Realität beibehalten wollen, sollten wir überlegen, inwieweit die Forschung zur sozialen Konstruktion diese infrage stellt. Wenn sich ein starkes Argument für die Behauptung entwickeln lässt, dass die Realität sozial konstruiert sei, und weiter dafür, dass das, was sozial konstruiert ist, nicht unabhängig von uns real sei, dann müssen wir vielleicht eine radikal revidierte Sicht auf die Welt in Betracht ziehen.

Mein Vorhaben in diesem Aufsatz ist es, die Behauptung, dass die Realität sozial konstruiert sei, zu untersuchen; in einem weiteren Sinne möchte ich zeigen, wie Debatten über philosophische Begriffe wie »Wahrheit«, »Wissen« und »Realität« relevant für feministische und antirassistische Politik sein können. Im folgenden Abschnitt werde ich darüber nachdenken, was es bedeutet zu sagen, dass etwas sozial konstruiert sei, und verschiedene Bedeutungen des Ausdrucks unterscheiden (ohne auszuschließen, dass es noch viele andere gibt). Ich habe mich entschlossen, dieses eher komplexe Geflecht an Unterscheidungen zu machen, weil diese in den darauffolgenden Argumenten von Bedeutung sein werden. Anschließend werde ich mich dann der Frage zuwenden, inwieweit wir durch die Behauptung, dass die Realität sozial konstruiert sei, darauf festgelegt sind, zu leugnen, dass die Welt, zumindest teilweise, unabhängig von uns ist. Ich werde eine Argumentationsstrategie prüfen, gemäß der es keine objektive (und daher auch keine unabhängige) Realität gibt, weil Wissen sozial konstruiert ist. Ich werde jedoch argumentieren, dass, selbst wenn diese Strategie uns gute Gründe für die Zurückweisung einer bestimmten Auffassung einer »objektiven Realität« gibt, wir dennoch nicht gezwungen sind, in einen Skeptizismus oder Idealismus zu verfallen, da es andere Auffassungen dessen gibt, was es bedeutet, real zu sein, und andere Auffassungen einer »unabhängigen« Realität. Es ist nicht meine Absicht, hier ein Argument für den Realismus oder eine unabhängige Realität anzubieten; meine (bescheidenere) Absicht ist vielmehr, Argumente, die solche Positionen herauszufordern scheinen, zu verstehen und zu bewerten.

2. Soziale Konstruktion

Wie bereits erwähnt, wird der Begriff »soziale Konstruktion« auf viele verschiedene Dinge angewendet und dabei scheinbar auf recht unterschiedliche Weisen verwendet.[6] Zumindest anfänglich scheint es hilfreich, sich soziale Konstruktionen nach dem Vorbild von Artefakten vorzustellen.[7] Zusätzlich zu eindeutigen Artefakten wie Waschmaschinen und Bohrmaschinen scheint es auch einen klaren Sinn zu geben, in dem der Oberste Gerichtshof der Vereinigten Staaten und Schachspiele ebenso wie Sprachen, Literatur oder wissenschaftliche Forschung Artefakte sind. Weil ihre Existenz von einem komplexen sozialen Kontext abhängt, sind sie alle im fraglichen weiten Sinne eine soziale Konstruktion. Halten wir also das Folgende fest:

> **Soziale Konstruktion**: Im allgemeinsten Sinne ist etwas genau dann eine soziale Konstruktion, wenn es ein beabsichtigtes oder unbeabsichtigtes Produkt einer sozialen Praxis ist.

6 Ein guter Ausgangspunkt hinsichtlich der jüngsten Verwendung des Ausdrucks »soziale Konstruktion« ist Berger/Luckmann 1966. Für eine aktuelle Übersicht über die Verwendung des Ausdrucks, insbesondere in der Soziologie des Wissens, siehe Sismondo 1993.

7 Ob soziale Konstruktion letztlich wirklich im Sinne eines Artefakts verstanden werden sollte, ist umstritten; insbesondere die Vorstellungen, dass Artefakte Akteur:innen voraussetzen, die sie herstellen, und dass sie eine Materie-Form-Analyse nahelegen, wurden als problematisch eingestuft. Siehe z. B. Butler 1993, Kap. 1.

Obwohl man sagen kann, dass soziale Konstruktionen im Allgemeinen Artefakte sind, lässt dies vieles offen, da es verschiedene Arten von Artefakten und Weisen, ein Artefakt zu sein, gibt. Im vermutlich paradigmatischen Fall eines Artefakts spielen Menschen bei der Erschaffung eines Gegenstands eine kausale Rolle in Übereinstimmung mit einem Gestaltungsplan oder in Hinblick auf die Erfüllung einer bestimmten Funktion.

Die Idee eines Artefakts und damit auch die Idee der sozialen Konstruktion geht jedoch weit über diesen paradigmatischen Fall hinaus: Menschliche Absicht oder Planung ist nicht immer erforderlich (natürliche Sprachen und Städte sind gewiss Artefakte, obwohl sie nicht das beabsichtigte Werk einer handelnden Person oder Handwerker:in sind); in anderen Fällen geht es nicht um Ursprünge, sondern darum, ob die Bedingungen dafür, dass etwas eine Art von Objekt ist, auf soziale Praktiken verweisen. Zum Beispiel zählen Kategorien von Individuen wie Professor:innen oder Ehefrauen und andere soziale Arten als soziale Konstruktionen, weil die Bedingungen für die Zugehörigkeit zur Art oder Kategorie soziale (Eigenschaften und) Relationen umfassen: Die Kategorie der Ehefrauen gehört dazu, weil jemand nur eine Ehefrau sein kann, wenn sie Teil eines sozialen Netzwerkes ist, das die Institution der Ehe bereitstellt.

Diese Beispiele legen eine Unterscheidung zwischen einem *kausalen* und einem *konstitutiven* Sinne von Konstruktion nahe, die entscheidend dafür ist, wie wir die Behauptung, dass etwas sozial konstruiert sei, bewerten sollen. In manchen Kontexten wird mit der Behauptung, dass »*gender*« sozial konstruiert sei, eine Behauptung über die Ursachen der *gender*-spezifischen Merkmale von Individuen gemacht; d. h., es wird behauptet, dass, insofern Frauen feminin und Männer maskulin sind, dies (zumindest teilweise) auf soziale Ursachen zurückzuführen sei und nicht biologisch determiniert sei.[8] Zur Bewertung dieser Behauptung wäre es vermut-

8 Im Kontext der Psychologie ist die Behauptung oft spezifischer; d. h., dass das *gender*, das wir uns selbst zuschreiben, oder unser durch *gender* geprägtes Selbstverständnis das Ergebnis sozialer Kräfte und nicht biologisch determiniert ist. In der feministischen Literatur wird der Ausdruck »*gender identity*« unterschiedlich verwendet, z. B. manchmal für das psychologische Phänomen des sich selbst zugeschriebenen *gender*, manchmal weiter gefasst für jemandes *gender*-spezifische Eigenschaften und manchmal für die soziale Kategorie, der man zugeordnet wird.

lich vernünftig, die Forschungsergebnisse der Sozialwissenschaften, einschließlich der Psychologie, Soziologie, Anthropologie und Geschichtswissenschaft, zu berücksichtigen.

In anderen Kontexten ist die Behauptung, dass »*gender*« sozial konstruiert sei, keine kausale Behauptung; es wird vielmehr ein konstitutiver Zusammenhang behauptet: *Gender* solle als soziale Kategorie verstanden werden, deren Definition auf ein breites Netzwerk an sozialen Beziehungen Bezug nimmt und nicht nur eine Frage anatomischer Unterschiede ist.[9] In diesem Fall wird *gender* als analytisches Instrument eingeführt, um eine Reihe sozialer Phänomene zu erklären, und wir bewerten es, indem wir den theoretischen Nutzen einer solchen Kategorie prüfen.[10] Hier gibt es viel Diskussionsspielraum, nicht nur mit Blick auf die Frage, ob wir eine solche Kategorie verwenden sollten, sondern auch darüber, wie wir sie definieren, sofern wir sie verwenden sollten, d. h. welche sozialen Beziehungen (oder Bündel von sozialen Beziehungen) die Gruppen *Männer* und *Frauen* konstituieren. (Die Debatten hier laufen parallel zu anderen in der Sozialtheorie: Man könnte diskutieren, ob die Kategorie »Mittelschicht« nützlich ist, um eine Reihe an sozialen Phänomenen zu erklären, und, falls dies der Fall ist, wie wir sie definieren sollten.) Um diese verschiedenen Weisen auseinanderhalten zu können, in der das Soziale in der Konstruktion fungieren kann, können wir unterscheiden zwischen:

9 Ein großer Teil der feministischen Arbeit der letzten beiden Jahrzehnte hat sich mit *gender* als sozialer Kategorie beschäftigt. Für einige wichtige Beispiele siehe z. B. Scott 1986; Haraway 1991. Siehe auch Haslanger 1993, insb. Abschnitte 2 und 4; und Alcoff 1988, insb. S. 433-36.

10 Ein »sozialkonstruktivistischer« Ansatz bezüglich eines bestimmten Bereichs wird typischerweise einem »essenzialistischen« Ansatz gegenübergestellt. Da es verschiedene Sinne gibt, in denen Dinge sozial konstruiert sein können, ist es nicht verwunderlich, dass der Ausdruck »Essenzialismus« ebenfalls vielfältig verwendet wird. Zum Beispiel neigen diejenigen, die daran interessiert sind, soziale Konstruktion als kausale These über den sozialen Ursprung bestimmter sozialer Eigenschaften oder Fähigkeiten zu vertreten, dazu, den entgegengesetzten Essenzialismus als Bekenntnis zum biologischen Determinismus zu interpretieren; in Kontexten, in denen Konstruktivist:innen eine soziale Kategorie postulieren, wird Essenzialismus üblicherweise als die Ansicht verstanden, dass alle Mitglieder der Kategorie einige (intrinsische?) Eigenschaften teilen. Diese beiden »Essenzialismen« unterscheiden sich von der Art von modalem (oder aristotelischem) Essenzialismus, wie er in der zeitgenössischen analytischen Metaphysik diskutiert wird.

Kausale Konstruktion: Etwas ist genau dann kausal konstruiert, wenn soziale Faktoren eine kausale Rolle bei dessen Entstehung spielen oder zu einem erheblichen Grad dafür verantwortlich sind, dass es ist, wie es ist.

Konstitutive Konstruktion: Etwas ist genau dann konstitutiv konstruiert, wenn wir bei dessen Definition auf soziale Faktoren Bezug nehmen müssen.[11]

Wir müssen die kausale Konstruktion noch eingehender betrachten, da die Dinge ziemlich kompliziert werden, wenn wir bedenken, wie sich soziale Faktoren auf die Welt auswirken können (auf die konstitutive Konstruktion werden wir weiter unten ebenfalls zurückkommen). Zumindest bei Menschen kann die Art und Weise, auf die wir beschrieben oder klassifiziert werden (könnten), einen unmittelbaren Einfluss auf unser Selbstverständnis und unser Handeln haben, denn typischerweise bringen diese Beschreibungen und Klassifizierungen normative Erwartungen und Bewertungen mit sich. Dies kann auf verschiedene Weisen vonstattengehen. Arten der Beschreibung oder Klassifizierung sorgen für bestimmte Arten von Handlungsabsichten; z. B. kann ich mich angesichts der Klassifikation »cool« bemühen, cool zu werden, oder es vermeiden, cool zu sein, etc. Aber solche Klassifizierungen können auch zur Rechtfertigung von Verhaltensweisen verwendet werden – z. B. »wir haben ihn nicht eingeladen, weil er nicht cool ist« – und solche Rechtfertigungen können wiederum die Unterscheidung zwischen denjenigen, die cool sind, und denen, die uncool sind, verstärken.[12]

11 Diese Definition von konstitutiver Konstruktion soll auf Objekte und Arten von Objekten, Eigenschaften oder Begriffe anwendbar sein. Einige mögen es verwirrend finden, dass ich davon spreche, Objekte und ihre Eigenschaften zu definieren, da zeitgenössische Philosoph:innen oft darauf bestanden haben, dass Ausdrücke und Begriffe die (einzigen) eigentlichen Gegenstände von Definitionen sind. Die scheinbare Einstimmigkeit in diesem Punkt scheint mir jedoch nachzulassen und ich möchte im Begriff der konstitutiven Konstruktion eine große Flexibilität zulassen. Siehe Fine 1994.

12 Zweifellos wird das Beispiel »cool« mit der Zeit seltsam und so überholt erscheinen wie gewisse Ehrentitel; solcher Wandel bezüglich Begrifflichkeiten, die gebräuchlich sind, um soziale Gruppen zu etablieren, sind unvermeidlich. Wenn dem/der Leser:in »cool zu sein« nicht länger sozial erstrebenswert scheint, soll

Dabei gilt es vor allem zu beachten, dass unsere Klassifikationssysteme, zumindest in sozialen Kontexten, mehr leisten können als bereits vorher bestehende Gruppen von Individuen abzubilden; vielmehr vermögen unsere Zuschreibungen, Gruppierungen zu bilden und zu verstärken, sodass diese dadurch irgendwann zu den Klassifikationen »passen« können. In solchen Fällen funktionieren Klassifizierungsschemata eher wie ein Skript als eine Landkarte. Damit haben wir eine weitere Art der sozialen Konstruktion gefunden, die unter den allgemeineren Begriff der kausalen Konstruktion fällt. In solchen Fällen ist etwas sozial konstruiert, wenn das, was etwas ist oder wie es ist, von einer Art Rückkopplungsschleife abhängt, die Tätigkeiten wie das Benennen oder Klassifizieren umfasst.[13] Manchmal wird diese Form der Konstruktion »sprachliche« oder »diskursive« Konstruktion[14] genannt, daher werde ich mich an diese Terminologie halten:

> **Diskursive Konstruktion**: Etwas ist genau dann diskursiv konstruiert, wenn es zu einem erheblichen Maß aufgrund dessen, was ihm zugeschrieben wird (und/oder dessen, was es sich selbst zuschreibt), so ist, wie es ist.

Ich würde sagen, dass kein Zweifel besteht, dass Sie und ich in diesem Sinne sozial konstruiert sind: Zumindest teilweise sind wir aufgrund dessen, was uns zugeschrieben wurde (und wir uns selbst zugeschrieben haben), die Individuen, die wir heute sind. Mit anderen Worten: Es gibt einen Sinn, in dem erwachsene Menschen eine besondere Art von Artefakt sind.[15]

er/sie den Ausdruck »cool« in den Beispielen durch denjenigen ersetzen, der mittlerweile dessen Funktion erfüllt.

13 Eine solche »Rückkoppelungsschleife« erwähnt Ian Hacking explizit in Hacking 1988, S. 55. Siehe außerdem Hacking 1990/91.

14 Man beachte, dass ein Diskurs und damit auch diskursive Konstruktion mehr als nur die gesprochene Sprache umfasst. Siehe Fraser 1992. Für eine klare Darstellung der feministischen Aneignung von Foucaults Begriff des »Diskurses« siehe auch Scott 1988.

15 Die Behauptung, dass erwachsene Menschen Artefakte sind, ist damit vereinbar, dass wir aus »natürlichen« Materialien, z. B. Fleisch und Blut, bestehen – obschon dies eine klare Unterscheidung zwischen dem Natürlichen und dem Sozialen vorauszusetzen scheint. Für hilfreiche Diskussionen, welche die feminis-

Die ganze Angelegenheit wird jedoch noch komplizierter, weil es einen weiteren Kniff zu betrachten gilt. Die Idee der diskursiven Konstruktion hängt davon ab, dass es Beschreibungen, Unterscheidungen und Klassifikationen gibt, deren Anwendung auf Dinge etwas bewirken; ich bin heute so, wie ich bin, weil Menschen die sprachlichen und begrifflichen Mittel hatten, um mich z. B. als »klug« oder »dumm«, »attraktiv« oder »hässlich« zu beschreiben. Es gibt noch einen weiteren Sinn der sozialen Konstruktion, nach dem es sinnvoll ist zu sagen, dass diese *Klassifizierungssysteme selbst* – unsere Unterscheidungen wie klug oder dumm, attraktiv oder hässlich und nicht die Dinge, die ihnen entsprechen – sozial konstruiert sind. Zu sagen, dass ein solches Schema sozial konstruiert sei, bedeutet, sehr grob gesagt, zu sagen, dass sein Gebrauch nicht durch »intrinsische« oder »objektive« Eigenschaften des Objekts bestimmt sei, sondern durch soziale Faktoren.[16]

Diese Charakterisierung ist absichtlich unkonkret; kommen wir daher auf das Beispiel des »Cool-Seins« zurück, um einige der damit verbundenen Fragen aufgreifen zu können. Wenn wir unseren

tische Verwendungen dieser Unterscheidung kritisieren, siehe Frye 1983, S. 34-37; Gatens 1983; und Butler 1993, insb. Kap. 1.

16 Man beachte, dass ich nicht beabsichtige, »intrinsische« und »objektive« Eigenschaften gleichzusetzen. Intrinsische Eigenschaften sind, grob gesagt, diejenigen, die einem Objekt »allein aufgrund seiner selbst« zukommen: d. h., sie sind nicht-relationale Eigenschaften. Als objektive Eigenschaften können wir in diesem Zusammenhang (sehr grob gesagt) diejenigen verstehen, die einem Objekt unabhängig davon, wie es sich einem untersuchenden Subjekt darstellt, zukommen. Es sind zumindest nicht alle objektiven Eigenschaften intrinsische Eigenschaften; z. B. die Sonne zu umkreisen ist eine extrinsische oder relationale Eigenschaft der Erde, die wahrscheinlich auch eine objektive Eigenschaft der Erde ist. Die Erde kreist oder kreist nicht um die Sonne, unabhängig davon, was wir darüber denken. Beachten Sie, dass ich in den nachfolgenden Beispielen davon ausgehe, dass wir, wenn wir jemandem »Coolness« zuschreiben, damit suggerieren, dass er eine intrinsische Eigenschaft – die der Coolness – hat. Ich bin inzwischen nicht mehr davon überzeugt, dass dem so ist, weil die Zuschreibung von Coolness es erlaubt, dass es gewisse relationale Eigenschaften gibt, die relevant dafür sind, dass jemand cool ist, z. B. das Besitzen einer elektrischen Gitarre; es könnte sein, dass es die »Objektivität« der Coolness ist, die strittig ist – wir legen nahe, dass Coolness nichts mit unseren Repräsentationen zu tun hat, obschon das nicht stimmt. Um meine Darstellung zu erleichtern, habe ich mich in den Beispielen auf das Intrinsischsein konzentriert, obwohl eine umfassendere Diskussion den besonderen Nuancen von »cool« mehr Aufmerksamkeit schenken würde.

Gebrauch der Unterscheidung zwischen denjenigen, die cool, und denjenigen, die uncool sind, bedenken, ist es naheliegend, zum Schluss zu kommen, dass die Unterscheidung keine intrinsischen Unterschiede zwischen Menschen erfasst; vielmehr ist es eine Unterscheidung, die gewisse soziale Beziehungen bezeichnet – d. h. sie kennzeichnet den Status innerhalb der Ingroup –, und die Tatsache, dass sie in einem bestimmten Kontext verwendet wird, ist ein Ausdruck der Wichtigkeit der In- und Outgroup-Beziehungen. Nehmen wir zum Beispiel an, dass ich eines Mittels bedarf, um eine Gruppe zu gründen; ich tue dies, indem ich diejenigen, die ich mag, »cool«, und diejenigen, die ich nicht mag, »uncool« nenne. Die Unterscheidung erfasst keinen Unterschied in den Individuen, die ich auf diese Weise bezeichne, abgesehen von der Beziehung, in der sie zu mir stehen (basierend darauf, ob ich sie mag oder nicht), und ihre Verwendung in jenem Kontext wird nicht durch die intrinsische oder objektive Coolness der Individuen, sondern durch die soziale Aufgabe der Gründung einer Gruppe bestimmt.[17]

Nachdem wir den Einfluss sozialer Kräfte auf die Unterscheidungen, die wir ziehen, zur Kenntnis genommen haben, können wir diese dritte Form der sozialen Konstruktion folgendermaßen definieren:

> **Pragmatische Konstruktion**: Ein Klassifizierungsapparat (sei es ein voll entwickeltes Klassifikationsschema oder nur eine begriffliche Unterscheidung oder ein beschreibender Ausdruck) ist genau dann sozial konstruiert, wenn sein Gebrauch zumindest teilweise durch soziale Faktoren bestimmt ist.

In seiner schwächsten Form wird mit der Behauptung, dass eine bestimmte Unterscheidung pragmatisch konstruiert sei, gesagt,

17 Aber wenn ich erfolgreich bin und in der Gruppe Solidarität besteht, kann es sein, dass wir beginnen, gleich zu handeln, uns gleich zu kleiden, ähnliche Dinge wertzuschätzen etc., und dies kann dem Begriff »Coolness« substanziellen Gehalt verleihen: Dadurch kann schließlich ein echter (intrinsischer) Unterschied zwischen den Coolen und den Uncoolen entstehen. Für ein aktuelles Beispiel dafür, wer und was *wirklich* cool ist, können Sie das »Who's Cool in America Project« heranziehen: ⟨http://www.attisv.com/-getconl/index.shtml⟩. Sie können dort sogar eine Bewerbung einreichen, in der Sie begründen, warum Sie cool sind und ein »CoolBoard« bestimmen lassen, ob Sie es sind.

dass ihre Verwendung ebenso sehr auf kontingente historische und kulturelle Einflüsse zurückzuführen sei wie auf alles andere; wir erben Vokabulare und klassifikatorische Projekte und unterscheiden zwischen Alternativen auf der Grundlage von Nützlichkeit, Einfachheit usw. Dies ist leicht einzugestehen; es wäre schwer zu leugnen, dass die diskursiven Ressourcen, die wir verwenden, auf diese und weitere Weisen sozial bedingt sind. In einer stärkeren Form besagt die Behauptung jedoch, dass unser Gebrauch der fraglichen Unterscheidung *allein* durch soziale Faktoren bestimmt wird; kurz gesagt, geht es darum herauszustreichen, dass es keine »Tatsache« gibt, die von der Unterscheidung erfasst wird. Wir können also zwei Arten der pragmatischen Konstruktion unterscheiden:

> Eine Unterscheidung ist *schwach* pragmatisch konstruiert, wenn soziale Faktoren unseren Gebrauch der Unterscheidung nur teilweise bestimmen.
>
> Eine Unterscheidung ist *stark* pragmatisch konstruiert, wenn soziale Faktoren unseren Gebrauch der Unterscheidung gänzlich bestimmen und sie keine »Tatsache« abbildet.[18]

Wir kommen gleich auf die schwache Form der pragmatischen Konstruktion zurück; lassen Sie mich zunächst die starke Form

18 Wie sich im Folgenden zeigen wird, ist diese Charakterisierung der stark pragmatischen Konstruktion insofern übermäßig vereinfacht, ja sogar irreführend, als sie verlangt, dass soziale Belange unsere Verwendung der Unterscheidung *vollständig* bestimmen. Im Falle von »cool« spielen bei der Anwendung des Ausdrucks Tatsachen über Individuen eine Rolle (z. B. ob sie sich auf eine bestimmte Weise kleiden oder sich auf eine bestimmte Art und Weise verhalten etc.), weil unsere Verwendungsweise einen echten Unterschied erfasst (den Status relativ zur Ingroup). Was ich jedoch zu erfassen versuche, ist die Tatsache, dass unsere Verwendung nicht durch eine tatsächliche Eigenschaft von Individuen geleitet wird, die dem intendierten Gehalt (intrinsische Coolness) entspricht, und dass deren Stellvertreter durch soziale Belange bestimmt wird. Die Terminologie verwendend, die ich weiter unten einführe, kann man sagen, dass der operative Begriff, der den manifesten Begriff vertritt, gänzlich durch soziale Faktoren bestimmt wird. Ich möchte außerdem auch noch betonen, dass ich mit der Bezeichnung der verschiedenen Arten der pragmatischen Konstruktion als »schwach« und »stark« nicht andeuten will, dass eine Unterscheidung desto weniger real ist, je stärker sie sozial motiviert ist; wir haben sehr starke soziale Gründe, um bestimmte reale Unterschiede zu erfassen.

noch weiter ausarbeiten, denn die Idee, dass es keine Tatsache gibt, die durch eine solche pragmatisch konstruierte Unterscheidung erfasst wird, ist mehrdeutig. Im Beispiel von »cool« verwende ich den Ausdruck, um meine Gruppe zu gründen, und orientiere meine Zuschreibungen dabei an meiner Zu- und Abneigung; es kann also sein, dass ein echter sozialer Unterschied besteht, der meinem Gebrauch entspricht – ich nenne Mary und George »cool«, Susan und John »uncool« und die Anwendung der Ausdrücke entspricht denjenigen, dich ich mag bzw. nicht mag. Beachten wir, dass ich, wenn ich jemandem »Coolness« zuschreibe, dies vor dem Hintergrund der Annahme mache, dass »Coolness« eine intrinsische Eigenschaft des Individuums ist und nicht nur eine Frage dessen, wen ich mag. Wenn ich Mary und George »cool« nenne, lege ich nahe, dass sie etwas Cooles an sich haben, das nichts mit mir zu tun hat – es ist vorgeblich ihre *Coolness*, die meine Verwendung des Ausdrucks rechtfertigt. Hier stellt sich die Tatsachenfrage: Insofern als ich jemandem intrinsische Coolness zuschreibe, schlägt meine Zuschreibung fehl, da es niemanden gibt, der/die sozusagen *an sich* cool ist. In solchen Fällen möchte ich sagen, dass meine Zuschreibung von Coolness falsch ist – ihre Coolness ist keine Tatsache, die ich korrekt abbilde, selbst wenn mein Gebrauch des Ausdrucks anderen Eigenschaften der Individuen entspricht, zum Beispiel, ob ich sie mag oder nicht.[19] Also *sind pragmatische Konstruktionen in einem wichtigen Sinne Illusionen, die auf die Welt projiziert werden; ihre Verwendung mag vielleicht trotzdem einem echten Unterschied folgen, ohne diesen jedoch korrekt abzubilden*. Der zentrale Punkt ist, dass es im Falle von stark pragmatischen Konstruktionen keine Tatsachen gibt, die dem beabsichtigten Gehalt – im vorliegenden Fall der intrinsischen Coolness oder Uncoolness – entsprechen und denen meine Zuschreibungen folgen könnten, sodass wir stattdessen zum

19 Andere werden wahrscheinlich bezweifeln, dass ich überhaupt etwas behauptet habe, und wiederum andere mögen vorschlagen, dass ich zwar etwas Wahres, wenn auch Irreführendes gesagt habe. Die Fragen, die sich hier stellen, verlaufen parallel zu den Debatten über Antirealismus und Realismus in anderen Bereichen; tatsächlich schlage ich hier bezüglich »Coolness« eine »Fehlertheorie« vor, wobei andere eine realistische oder nonkognitivistische Position bevorzugen mögen (ich werde jedoch meine Position in Kürze noch etwas abändern). Aber das ist eine Debatte, die wir hier nicht führen müssen. Für eine allgemeine Diskussion der alternativen Positionen Sayre-McCord 1988; und Boghossian 1990.

Schluss kommen könnten, dass sie *rein* als Mittel zu einem sozialen Zweck dienen.

Auf den ersten Blick besteht ein wesentlicher Unterschied zwischen schwach und stark pragmatischer Konstruktion. In Fällen von schwach pragmatischer Konstruktion sind unsere Entscheidungen für deskriptive Ausdrücke, Klassifizierungsschemata usw. durch soziale Faktoren (Werte, Interessen, Geschichte etc.) bestimmt, aber dies ist natürlich damit vereinbar, dass sie wirklich bestehende Sachverhalte und Unterschiede erfassen. Die Welt liefert uns so viele Tatsachen und Unterschiede, dass wir weit davon entfernt sind, mit allen etwas anfangen zu können; zuzugestehen, dass es weitgehend durch unseren Hintergrund und unsere Interessen bestimmt ist, welche davon wir bemerken oder benennen, zieht in keiner Weise die Richtigkeit unserer Zuschreibungen im Allgemeinen in Zweifel.[20] In Fällen von stark pragmatischen Konstruktionen erfassen die Zuschreibungen, gemäß meiner Charakterisierung, die Tatsachen jedoch nicht korrekt, obwohl die Illusion besteht, dass sie dies tun.

Es ist wichtig zu beachten, dass – da es im Falle der pragmatischen Konstruktion in erster Linie eine Unterscheidung oder ein Klassifizierungsschema ist, das konstruiert ist – die Idee, dass unsere Klassifikationen sozial konstruiert sind, ganz natürlich zur Idee führt, dass *Wissen* sozial konstruiert ist. Angesichts der vorangegangenen Diskussion müssen wir berücksichtigen, dass es unterschiedliche Arten gibt, die Behauptung auszubuchstabieren, dass Wissen sozial konstruiert sei, aber zwei davon können wir mithilfe der schwachen und starken pragmatischen Konstruktion formulieren. Grob gesagt:

> Unser Wissen ist genau dann (im relevanten Sinne) schwach/stark sozial konstruiert, wenn die Unterscheidungen und Klassifikationen, die wir zur Formulierung von Wissensansprüchen verwenden, schwach/stark pragmatisch konstruiert sind.

Wir haben nun drei grundlegende Bedeutungen von Konstruktion, mit denen wir arbeiten können: kausal, konstitutiv und pragmatisch. Um zu sehen, wie diese miteinander verschränkt sein

20 Siehe Dupré 1993, Kap. 1.

können, können wir das Projekt betrachten, stark pragmatische Konstruktionen zu entlarven. Lassen Sie uns noch einmal auf den Fall von »cool« zurückkommen: Zuschreibungen von »Coolness« haben einen Einfluss darauf, wie Individuen interagieren. »Coole Typen« sind *diskursiv konstruiert.* Aber gemäß der von mir vorgeschlagenen Analyse geschieht dies als Ergebnis einer falschen und maßgeblich irreführenden Darstellung der Tatsachen. Ich schlage vor, dass in Kontexten, in denen »Coolness« als eine ernsthafte Form der Bewertung fungiert, eine allgemeine Komplizenschaft hinsichtlich der Überzeugung besteht, dass cooles Verhalten Resultat eines Charakterzuges (das Cool-Sein der Person) ist, der die eigentliche Grundlage für die Bewertung ist. Coole Typen wollen, dass ihre Coolness sozusagen durch ihr Verhalten, ihre Kleidung usw. »durchscheint«, damit sie die Zustimmung der Ingroup gewinnen; und die Ingroup geht davon aus, dass es einen Unterschied gibt zwischen denjenigen, die wirklich cool *sind*, und denjenigen, die sich lediglich so verhalten. Coole Dinge (Gegenstände, Kleidungsstücke, Handlungen) sind Dinge, die coole Leute gutheißen (oder gutheißen würden). Um die Überzeugung, dass es eine besondere Eigenschaft der Coolness gibt, welche die Bezeichnung »cool« rechtfertigen würde, zurückzuweisen, zeigen wir, dass es keine (so verstandene) Eigenschaft der »Coolness« gibt und die Anwendung des Ausdrucks »cool« stattdessen gänzlich durch die Interessen und Anliegen der Ingroup bestimmt ist. Mit anderen Worten, »Coolness« offenbart sich bei der Entlarvung als *konstitutive Konstruktion*; d. h., dass der Begriff, der bestimmt, wann der Ausdruck angewendet werden soll, wesentlich auf soziale Faktoren verweist (d. h. den Ingroup-Status).

Aber hier müssen wir vorsichtig sein: Was zählt als Begriff von »cool«? Wenn wir einmal die Illusion der Coolness durchbrochen haben, scheinen zwei verschiedene Begriffe eine Rolle bei unserer Verwendung des Ausdrucks zu spielen. Einerseits gibt es den Begriff, der tatsächlich bestimmt, wie wir ihn auf Fälle anwenden, d. h., er entspricht (ungefähr) den Standards der Ingroup. Nennen wir diesen den *operativen* Begriff. Andererseits gibt es den Begriff, von dem die Nutzer:innen des Ausdrucks typischerweise denken (oder dachten), dass sie ihn anwenden, d. h. intrinsisch oder objektiv cool zu sein, wobei dies für die objektive Grundlage der Ingroup-Standards gehalten wird. Nennen wir diesen den *manifesten*

Begriff. Wenn wir jemandem »Coolness« (oder »Uncoolness«) zuschreiben, benutzen wir die scheinbare Objektivität des manifesten Begriffs von »Coolness« als Maskierung für den explizit sozialen Gehalt des operativen Begriffs. Beide scheinen angemessene Kandidaten für den Begriff von »cool« zu sein: Wenn wir aufrichtig sagen, dass jemand »cool« ist, oder wenn wir dadurch mit dem Projekt des Entlarvens beginnen, dass wir darauf beharren, dass wir uns in unseren Zuschreibungen von Coolness irren – niemand ist wirklich cool –, geht es um den manifesten Begriff; aber sobald das Entlarvungsprojekt Fuß gefasst hat, ist es verlockend zu sagen, dass wir bezüglich dessen, was »Coolness« umfasst, falschlagen und dass Coolness selbst eine konstitutive Konstruktion ist. Dabei verlagern wir unseren Fokus von »cool« im Sinne des manifesten Begriffs hin zum operativen Begriff.

Wenn man also sagt, dass »Coolness« eine soziale Konstruktion ist, könnte man entweder (oder: sowohl als auch) im Sinn haben, (i) dass »coole« Individuen diskursiv konstruiert sind (die Verhaltensmuster, die bei »coolen« Individuen zu finden sind, wurden durch ein komplexes System von Zuschreibung und Reaktion verursacht) oder (ii) dass der operative Begriff, der bei unserer Verwendung des Ausdrucks »cool« zum Ausdruck kommt, konstitutiv konstruiert ist (unsere Verwendung des Ausdrucks wird eigentlich durch Bedingungen bestimmt, die den Ingroup-Status betreffen, und der Gehalt, der normalerweise mit dem Ausdruck verbunden wird, ist eine Maskierung für diese sozialen Bedingungen). Diese zwei Ideen sind miteinander verflochten, weil die diskursive Konstruktion von »coolen« Individuen teilweise von der (verschleierten) Zuschreibung des konstitutiv konstruierten Begriffs »cool« abhängt.

Um klarer zu sehen, wie diese verschiedenen Arten von sozialer Konstruktion funktionieren, lassen Sie uns vom etwas künstlichen Beispiel »cool« zu etwas übergehen, was substanzieller und vertrauter ist. Ich werde die verschiedenen Arten der sozialen Konstruktion anhand des Beispiels der sozialen Konstruktion von *gender* kurz durchgehen. Erlauben wir, wie üblich, zumindest eine vorläufige Unterscheidung zwischen *sex* und *gender. Gender* ist relational definiert: Männer und Frauen sind zwei Gruppen, die durch die sozialen Beziehungen zueinander definiert sind. An anderer Stelle[21] habe

21 Haslanger 1993.

ich, mich auf Catherine MacKinnons Arbeit stützend, argumentiert, dass wir einen Prozess, durch den *gender* konstruiert wird, ungefähr wie folgt beschreiben können: Das Ideal der FRAU ist eine Externalisierung des Begehrens der Männer (die sogenannte Natur der FRAU ist das, was Männer begehrenswert finden); das Ideal wird auf individuelle weibliche Menschen projiziert und gilt als ihnen intrinsisch und essenziell zukommend. Das ihnen zugeschriebene FRAUSEIN akzeptierend, verinnerlichen die einzelnen Frauen die dem Ideal entsprechenden Normen und streben danach, ihr Verhalten daran anzupassen; und im Allgemeinen wird Verhalten gegenüber Frauen durch Bezugnahme auf dieses Ideal »gerechtfertigt«. Dies wiederum ist für erhebliche empirische Unterschiede zwischen Männern und Frauen verantwortlich.

In diesem Beispiel sind einzelne Frauen *diskursiv konstruiert*; d.h. wir sind die Individuen, die wir sind, wegen der Zuschreibung (und Selbstzuschreibung) von FRAUSEIN oder, einfacher gesagt, weil wir als jemand gesehen (und behandelt) werden, der die Natur der FRAU zukommt. Weil die diskursive Konstruktion eine Art von kausaler Konstruktion ist, ist es auch richtig zu sagen, dass einzelne Frauen *kausal konstruiert* sind. Das Ideal der Natur der FRAU hingegen ist *stark pragmatisch konstruiert*; es ist eine auf Frauen projizierte Illusion, deren Grundlage in komplexen sozial-sexuellen Relationen liegt, nicht in intrinsischen oder essenziellen Eigenschaften von Frauen. Wie im Falle von »cool« entlarven wir die Idee der Natur der FRAU und finden zwei Begriffe, die im Spiel sind: Der manifeste Begriff der Natur der FRAU – verstanden als traditionelle Definition dessen, *was Frauen ihrer Natur nach sind* – ist eine Illusion; der operative Begriff, den er verschleiert, ist konstitutiv konstruiert durch die (sozial konditionierten) sexuellen Reaktionen von Männern. Darüber hinaus sind die Unterscheidungen zwischen Männern und Frauen sowie zwischen männlichen und weiblichen Menschen (als Gruppen von Individuen verstanden) schwach pragmatisch konstruiert; die Tatsache, dass wir diese Unterscheidungen so treffen, wie wir sie treffen, ist zumindest teilweise durch soziale Faktoren zu erklären, obwohl es auch sehr reale Unterschiede sowohl zwischen Männern und Frauen als auch zwischen männlichen und weiblichen Menschen gibt.

Zusammenfassend können wir folgende plausible Beispiele für die unterschiedlichen Arten der sozialen Konstruktion nennen:

Diskursiv (und damit kausal) konstruiert: Einzelne Frauen, coole Typen.

Stark pragmatisch konstruiert: Die Natur der FRAU, intrinsische Coolness.

Konstitutiv konstruiert: Der operative Begriff von »Coolness«, der operative Begriff von der »Natur der FRAU«.

Schwach pragmatisch konstruiert: Die Unterscheidung zwischen Männern und Frauen, zwischen männlichen und weiblichen Menschen; die Unterscheidung zwischen denjenigen, die schwarze T-Shirts öfters als einmal pro Woche tragen, und denjenigen, die das nicht tun.

3. Die soziale Konstruktion der Realität

Angesicht der verschiedenen Arten von sozialer Konstruktion, die soeben skizziert wurden, gibt es eine Vielzahl von verschiedenen Bedeutungen, die wir der Behauptung, dass die Realität sozial konstruiert ist, geben könnten. Zum Beispiel könnte die Behauptung sein, dass Menschen in irgendeiner wesentlichen Weise daran beteiligt sind, alles, was es gibt, herbeizuführen oder zu erzeugen oder, genauer gesagt, dass unsere sprachlichen und begrifflichen Tätigkeiten verantwortlich dafür sind, wie die Dinge sind. Alternativ könnte die Behauptung lauten, dass unsere Vorstellung von Realität gänzlich oder teilweise durch soziale Faktoren bestimmt ist. Ist irgendeine dieser Behauptungen überzeugend? Und wenn ja, sollten wir die Vorstellung aufgeben, dass es eine Welt gibt, die (in gewisser Weise) »unabhängig« von uns ist?

Die kausale Konstruktion der Realität

Betrachten wir für einen Moment die kausale Konstruktion. Ist es plausibel, dass die ganze Welt – nicht nur die Erde, sondern alles, was es gibt – ein menschliches Artefakt ist, selbst wenn wir zulassen, dass die Konstruktionsmechanismen hoch komplex und indirekt sein können? Ist die Welt zum Beispiel ein Produkt unserer Klassifikationsbemühungen? Ich glaube nicht. Zweifellos hatten Menschen enormen Einfluss auf viele Dinge: Berge wurden durch den sauren Regen beschädigt, die Polkappen schmelzen. Und es ist ebenso klar, dass unsere Handlungen und Klassifikationsbemühungen einen großen Unterschied in der nichtmenschlichen Welt machen können: Mikroben passen sich an unsere Klassifizierungen an, indem sie gegen unsere antibakteriellen Wirkstoffe immun werden.[22] Aber nicht alles reagiert ähnlich stark auf unsere Tätigkeiten, geschweige denn auf bloße Namensgebung; unser kausaler Einfluss, wie groß er auch sein mag, ist begrenzt; und es wäre eine begriffliche Überdehnung, vorzuschlagen, dass etwas bereits aufgrund des entferntesten menschlichen Einflusses als Artefakt zählen sollte. (Selbst wenn wir irgendeinen kausalen Einfluss auf das Sternsystem Alpha Centauri hätten, wird es dadurch zu einem menschlichen Artefakt?)

Aber noch wichtiger für unsere Frage bezüglich der Unabhängigkeit der Realität ist, dass das Modell der kausalen Konstruktion (zumindest in einigen Fällen) voraussetzt, dass der Geist und die Welt zwei unterschiedliche Dinge sind, die auf komplexe Weise kausal interagieren. Es ist Teil dieser Annahme, so glaube ich, dass die Welt, die wir beeinflussen, unabhängig von uns existiert, denn das Modell wird typischerweise verwendet, um das Ausmaß des Einflusses menschlicher Praktiken auf die Welt aufzuzeigen.[23] Zum Beispiel haben Meinungen darüber, was zum Essen für Menschen geeignet ist und was als »Nahrung« gilt, einen großen kausalen Einfluss auf die Größe, Verteilung und das Verhalten von Tierpopulationen gehabt. Wir könnten sogar sagen, dass domestizierte Kühe und Hühner im kausalen Sinne sozial konstruiert sind. Aber die Hirsche im Wald und die Hühner auf dem Hof (oder üblicher: im Massentierhaltungsbetrieb) sind dennoch unabhängig von uns real. Worum auch immer es bei der Behauptung geht, dass es eine »unabhängige Realität« gibt, das Anliegen ist nicht, auf einer Realität

22 Siehe Hacking 1986.

23 Siehe Sismondo 1993. Es gilt zu beachten, dass radikalere Sozialkonstruktivist:innen, insbesondere diejenigen, die sich in der Wissenschaftsforschung mit der Konstruktion der Untersuchungsgegenstände der Naturwissenschaften auseinandersetzen, aus diesem Grund zögern könnten, kausale Konstruktion als echte Form von sozialer Konstruktion zu sehen.

zu bestehen, die unberührt von menschlichem Handeln ist. Zumindest setzen wir mit dem Zugeständnis, dass sich der Geist und die Welt gegenseitig erheblich beeinflussen, nicht diejenige Vorstellung der Unabhängigkeit aufs Spiel, um die es bei der Behauptung geht, dass gewisse Dinge unabhängig von uns real sind. Und selbst wenn man überzeugend dafür argumentieren könnte, dass die Realität (als ganze) kausal konstruiert ist, könnte diese Realität trotzdem unabhängig von uns sein, da die Behauptung, dass etwas kausal konstruiert sei, im Allgemeinen dessen unabhängige Realität nicht infrage stellt.[24]

Pragmatische Konstruktion unseres Begriffs der Realität

Kommen wir nun zur pragmatischen Konstruktion. Es kann kaum ein Zweifel daran bestehen, dass die Unterscheidung, die wir zwischen dem, was real, und dem, was nicht real ist, treffen, zumindest im schwachen Sinne pragmatisch konstruiert ist; d. h. soziale Faktoren haben einen Einfluss darauf, wie wir eine Unterscheidung

24 Man könnte argumentieren, dass ich selbst hier mit einem zu engen Verständnis von sozialer Konstruktion arbeite. Wenn man an die Anliegen der Philosophie des 19. Jahrhunderts zurückdenkt, kann die Behauptung, dass die Welt ein soziales Artefakt ist, einen transzendentalen Beiklang erhalten. Im Besonderen legt sie nahe, dass es eine:n transzendentalen Akteur:in gibt (sei es ein »transzendentales Ich« oder ein transzendentales Verständnis von »Gesellschaft« oder »Sprache«), der/die Teil der Natur ist, aber dennoch die natürliche Welt auf eine ganz besondere Weise verursacht, produziert oder anderweitig konstituiert. Aber dieses transzendentale Verständnis von »Artefakt« ist nicht mehr länger überzeugend; welche Sorgen man auch immer bezüglich der Idee von »Natur« hat, so ist es doch klar, dass es keine transzendentalen Akteur:innen »außerhalb« oder »vor« der Natur gibt. Gewiss sind verkörperte menschliche Tiere keine solchen Akteur:innen, ebenso wenig wie deren gesprochene Sprache: Wir endliche Wesen erschaffen nicht die ganze unbelebte Welt. Und wenn wir das nicht tun, dann gibt es auch sonst niemanden, der das tut. Ich möchte mich hier in eine Tradition eines moderaten Naturalismus einordnen: Wir sind verkörperte Wesen, die als ein fest eingebauter Bestandteil der Welt fungieren, und das Gleiche gilt für unseren Geist, unsere Sprachen und unsere sozialen Systeme. Dieser moderate Naturalismus ist nicht nur eine geläufige Hintergrundannahme in der zeitgenössischen Philosophie, sondern dient auch als Hintergrund vieler feministischer Kritiken an früheren philosophischen Projekten. In einigen postmodernen und feministischen Erkenntnistheorien finden sich zwar transzendentale Spuren; ich halte diese jedoch für problematische Aspekte jener Projekte, die es zu vermeiden gilt.

verwenden. Es gibt mindestens zwei verschiedene Weisen, wie soziale Faktoren für die Verwendung *jeder* Unterscheidung unvermeidlich eine Rolle spielen. Erstens wird die Tatsache, dass wir über die sprachlichen und begrifflichen Mittel verfügen, um die fragliche Unterscheidung zu treffen (und dass wir überhaupt ein Interesse daran haben, dies zu tun), immer von kontingenten historischen und kulturellen Gegebenheiten abhängen; sodass die Tatsache, dass die Unterscheidung in unserem begrifflichen Repertoire überhaupt vorhanden ist, weitgehend eine soziale Angelegenheit ist.

Zweitens wird jede spezifische Bemühung, eine Unterscheidung (zu einem bestimmten Zeitpunkt) auf etwas anzuwenden, durch soziale Faktoren beeinflusst. Zum Beispiel kann meine Fähigkeit, erfolgreich zwischen As und Bs zu unterscheiden, von meinem Selbstvertrauen, meinem Unwissen, meiner Intelligenz, meinen kognitiven Verzerrungen, meinen Anreizen und Kosten usw. abhängen. Also spielen soziale Faktoren sowohl bei der Bestimmung des Gehalts der Unterscheidung als auch bei unseren Bemühungen, sie anzuwenden, eine Rolle. Die Unterscheidung zwischen dem, was real, und dem, was nicht real ist, scheint in diesen Hinsichten nicht von anderen Unterscheidungen abzuweichen, und ich halte diese Punkte für völlig unumstritten. Es gibt also mindestens einen Sinn, in dem Realität sozial konstruiert ist: Die Unterscheidung zwischen dem, was real, und dem, was nicht real ist, ist – wie alle substanziellen Unterscheidungen, derer wir uns bedienen – schwach pragmatisch konstruiert. Aber wie bereits angedeutet, ist dies durchaus damit vereinbar, dass unsere Unterscheidungen genuine und unabhängige Tatsachen korrekt erfassen.

Eine umfassende Diskussion dieses letzten Punkts könnte etwas mehr Zeit in Anspruch nehmen, aber es wird hilfreich sein, hier kurz auf einige Bedenken einzugehen. Man könnte der Behauptung, dass unsere sozial eingebetteten Untersuchungen unabhängige Tatsachen erfassen, folgendermaßen widersprechen: Insofern als unsere Untersuchungen interessenbasiert sind, können sie kein Wissen liefern; selbst wenn es eine unabhängige Welt gäbe, könnten wir nie wissen, dass es sie gibt. Beachten wir zunächst, dass dieses Argument nur dann zum Tragen kommen kann, wenn es eine Unterscheidung zwischen kognitiven und nicht-kognitiven Interessen voraussetzt, denn jede wissensproduzierende Untersuchung muss sich auf einige kognitive Werte stützen, z. B. Wahrheit, Evidenz, Konsistenz. Jeglicher interessenbasierter Untersuchung abzuschwören, würde voraussetzen, dass wir Erkenntnis ganz aufgeben. Aber selbst wenn wir den Umfang des Arguments auf nicht-kognitive Interessen beschränken, ist die Prämisse, dass Erkenntnis interesselose Untersuchung erfordert, problematisch, da substanzielle Interessen und Werte nicht verzerrend wirken müssen; stattdessen können sie unsere Fähigkeit erhöhen, Wissen zu gewinnen.[25] Ich bin überzeugt, dass nicht-kognitive Werte eine entscheidende Rolle bei der Produktion von Wissen haben und nicht ausgeschaltet werden können, weswegen ich die Prämisse zurückweise, dass Erkenntnis interesselose Untersuchung erfordert.

Aber noch wichtiger ist, dass hier zwei verschiedene Fragen zum Tragen kommen. Zu behaupten, dass sozial eingebettete Untersuchungen unabhängige Tatsachen erfassen können, bedeutet nicht, zu behaupten, dass solche Untersuchungen uns *Wissen* liefern. Es ist möglich, eine wahre Überzeugung zu haben, die kein Wissen ist. Wie ich gerade angedeutet habe, glaube ich, dass unsere Untersuchungen uns oftmals Wissen über reale Unterschiede und unabhängige Tatsachen liefern; aber alles, was ich hier behaupte, ist, dass historische und soziale Bedingtheiten, die unsere Untersuchungen beeinflussen, uns nicht daran hindern, wahre Überzeugungen zu bilden. Zweifellos werden einige dies als Schritt vom Regen in die Traufe sehen, da im Rahmen dieser Debatten jede Bezugnahme auf »Wahrheit« als problematisch angesehen wird. Wenn ich annehme, dass der Begriff der »Wahrheit« Sinn ergibt, nehme ich damit nicht an, dass es eine »vorgefertigte Welt« gibt? Und war nicht gerade das die Frage?

Zwei Punkte dürften hier hilfreich sein. Erstens scheint man in manchen Zusammenhängen, wenn man von einer Aussage sagt, dass sie wahr sei, für sie den Status der *Absoluten Wahrheit* zu beanspruchen oder sich dem Projekt, *die Wahrheit* zu finden, zu widmen; oder es wird damit der Anspruch erhoben, das gefunden zu haben, was natürlich, unvermeidlich oder notwendig ist. Aber in anderen Zusammenhängen geht mit der Behauptung, dass eine Aussage wahr sei, kein solch großspuriger Anspruch einher. Es ist wahr, dass ich gerade meine Tasse Tee ausgetrunken habe; es ist wahr, dass der Teebeutel nass und durchweicht auf dem Boden der

25 Siehe z. B. Anderson 1995; und Wylie 1995.

Tasse liegt; es ist wahr, dass ich gerne Nachschub hätte. An diesen banalen Behauptungen ist nichts Absolutes, Unvermeidliches, Notwendiges oder epistemisch Privilegiertes; aber dennoch sind sie wahr. Und es ist dieser ziemlich alltägliche Begriff von Wahrheit, den ich im Sinn habe, wenn ich darüber nachdenke, ob die unvermeidlichen sozialen Bedingungen einer Untersuchung uns davon abhalten, wahre Überzeugungen zu bilden.

Zweitens glaube ich in einem gewissen Sinn an eine »vorgefertigte Welt«. Wie aus der obigen Diskussion hervorgegangen sein sollte, soll damit jedoch nicht gesagt werden, dass die Welt nicht tiefgreifend durch menschliche Aktivitäten beeinflusst worden ist; vielmehr soll damit zum Ausdruck gebracht werden, dass es Dinge in der Welt gibt, die unseren Beschreibungen von ihnen entsprechen, ohne dass wir sie in irgendeinem Sinne durch unsere kognitiven Bemühungen »konstituieren« müssen. (Das heißt, dass unsere Beschreibungen Auswirkungen auf die Dinge haben mögen, aber sie tun dies durch die kausalen Prozesse, die wir bereits im Zusammenhang mit der diskursiven Konstruktion betrachtet haben.) Verfehlen wir wegen dieser Annahme die eigentliche Frage? Nicht in diesem Zusammenhang. Beim Durchgehen der verschiedenen Formen der sozialen Konstruktion ist es mein Ziel, festzustellen, ob es ein Argument für die Behauptung gibt, dass Realität sozial konstruiert sei, welches uns zwingen würde, die Idee zu revidieren, dass es eine solche »vorgefertigte« Welt gibt; daher gehe ich ganz unverblümt von dieser Annahme aus und bewerte die Herausforderungen, die sich ihr stellen. Da das Projekt darin besteht, zu ermitteln, wie wirkungsvoll Argumente gegen die Annahme sind, muss sie zum Zweck der Diskussion nicht (ja, sollte sie nicht) aufgegeben werden. Zugegebenermaßen sind solche Beweislastargumente frustrierend, aber ich hoffe, dass anerkannt werden kann, dass sie ihre Berechtigung haben.

Stark pragmatische Konstruktion

Es scheint also, dass wir, ohne die Idee einer unabhängigen Welt zu gefährden, zugestehen können, dass Realität in diesem Sinne sozial konstruiert ist: Unsere Unterscheidung zwischen dem, was real ist, und dem, was nicht real ist, ist schwach konstruiert, d. h. soziale Faktoren bestimmen teilweise unsere Bemühungen, die Welt zu beschreiben. Gibt es noch einen weiteren Grund, warum wir skeptisch hinsichtlich dessen sein sollten, dass es eine von uns unabhängige Welt gibt? Dies könnte der Fall sein, wenn wir die Argumente für die pragmatische Konstruktion dahingehend erweitern könnten, dass dieUnterscheidung zwischen dem, was real ist, und dem, was nicht real ist, stark pragmatisch konstruiert ist. Wie bereits gesagt, ist eine Unterscheidung dann stark pragmatisch konstruiert, wenn ihre Anwendungen vollständig von sozialen Faktoren bestimmt werden und die korrekte Darstellung »der Tatsachen« verfehlt. Falls es Argumente gibt, die zeigen, dass die real/nicht-real-Unterscheidung in diesem starken Sinne konstruiert ist, dann würde daraus folgen, dass unsere Verwendung derselben fehlgeleitet ist und nichts »erfasst«; was wir für die Realität halten, ist nur eine Fiktion. Dann wäre Realität in dem Sinne sozial konstruiert, dass sie, wie intrinsische Coolness und »die Natur der FRAU«, bloß eine Illusion ist.

Die Frage, die sich uns nun stellt, ist, ob es weitere Überlegungen gibt, die uns von der Einsicht, dass Wissen durch soziale Faktoren beeinflusst ist, zur kontroverseren These führen, dass wir die Idee einer »unabhängigen Realität« als Fiktion verstehen sollten. Im Sinne dieses Kapitels möchte ich mich auf ein Cluster von Argumenten konzentrieren, die zeigen sollen, dass die Vorstellung einer von uns unabhängigen »Realität« – manchmal »objektive« Realität genannt – eine Art von sozialer Projektion ist. Wir werden aufgefordert, aus diesen Argumenten den Schluss zu ziehen, dass jedes sinnvolle Verständnis von Realität »perspektivisch« oder »epistemisch bedingt« sein muss und wir nicht berechtigt sind, bezüglich unserer Klassifikationssysteme eine realistische Position (wie eingeschränkt oder bescheiden auch immer) einzunehmen.[26]

26 Ich setze die Weisen, in denen die Realität epistemisch bedingt sein mag, in Anführungszeichen, um darauf hinzuweisen, dass sie an dieser Stelle absichtlich vage bleiben – was genau damit gemeint ist, ist umstritten und bleibt oft unklar. Indem ich weiter unten MacKinnons Auffassung bespreche, werde ich auf mindestens eine Lesart davon eingehen. Den Ausdruck »realistisch« werde ich in diesem Kapitel ungefähr wie folgt verwenden: Ein/e »minimale/r Realist:in« bezüglich eines Diskursbereichs ist jemand, die/der die Position vertritt, dass manche der darin gemachten Aussagen Wahrheiten ausdrücken; ein/e »ontologische/r Realist:in« (üblicherweise einfach als »Realist:in« bezeichnet) glaubt, dass manche Wahrheiten unabhängig von unseren begrifflichen und darstellenden Betätigungen bestehen. Natürlich sind diese Charakterisierungen vage und der Begriff von »Unabhängigkeit«, auf den ich mich hier stütze, bedarf weiterer Klä-

Die allgemeine Strategie der fraglichen Argumente ist es, zu behaupten, dass wir in die Irre gehen, wenn wir denken, dass wir in der Lage seien, eine »unabhängige Realität« korrekt darzustellen, weil unsere Bemühungen, zu beschreiben, zu klassifizieren und zu verstehen, zwangsläufig durch soziale Faktoren beeinflusst sind; stattdessen versteht man die »Realität«, die sich als (äußeres) Objekt unserer epistemischen Bemühungen darstellt, besser als das Produkt unserer Bemühungen. (Denken wir an das Beispiel von »cool«: Unsere augenscheinlichen Zuschreibungen von intrinsischer oder objektiver Coolness erwiesen sich als fehlgeleitet; stattdessen fanden wir heraus, dass diese Zuschreibung besser als die Reaktionen einer bestimmten sozialen Gruppe betreffend aufgefasst und das beschriebene Objekt besser als Artefakt unserer deskriptiven Bemühungen verstanden werden sollte.) Ausgehend von den Unterscheidungen, die wir zuvor diskutiert haben, laden uns die Argumente ein, über die pragmatische Konstruktion von Wissen nachzudenken, um unsere Rolle bei der diskursiven und konstitutiven Konstruktion von Realität zu erkennen.

Ich spreche jedoch von einem »Cluster« von Argumenten, da die Strategie zwei voneinander abhängige Argumentationsebenen beinhaltet. Um zu zeigen, dass »Realität« pragmatisch konstruiert ist, werden wir einerseits aufgefordert, ein weites Spektrum an Fällen zu betrachten, in denen wir versuchen, die Welt zu beschreiben. Ziel ist es, aufzuzeigen, warum es in jedem dieser Fälle falsch ist, unsere Klassifizierungsbemühungen nach dem Modell der Sortierung von unabhängig existierenden Dingen zu verstehen, und wie »Realität« in unserer Untersuchung konstruiert statt »gespiegelt« wird. Da sich in diesen Beispielen ein klares Muster abzeichnet, stellt sich die Frage, ob alle unsere scheinbar »objektiven« Klassifizierungen auf die gleiche Weise analysiert werden können. Wenn wir eine kritische Methode entwickeln könnten, welche den Einfluss der Konstruktion in all unseren gewöhnlichen Klassifikationen und Beschreibungen zeigt, würde dies den allgemeinen metaphysischen Bedenken mit Blick auf die Idee einer »Realität« an sich Glaubwürdigkeit verleihen.

rung, aber diese Arbeit kann ich hier nicht leisten. Beachten Sie jedoch, dass ich nicht der Meinung bin, dass nur Dinge, die »auf unabhängige Weise« real sind, real sind; ich behaupte nur, dass einige Dinge die real sind, »auf unabhängige Weise« real sind.

Aber diese erste Argumentationsebene kann das allgemeine Verständnis von Realität nur wirksam infrage stellen, wenn die gewählten Beispiele paradigmatisch sind, d. h. wenn unsere Analyse dieser Beispiele plausiblerweise auf alle unsere Bemühungen ausgedehnt werden könnte, die Welt zu beschreiben. Die zweite Argumentationsebene richtet sich jedoch direkter auf den Begriff der Realität, indem sie uns auffordert, die konkrete Unterscheidung zwischen dem, was als »real«, und dem, was nicht als »real« gilt, zu betrachten, und die Frage aufwirft, was wir mit der Rede von einer »unabhängigen Realität« meinen könnten. Das Ziel ist es, zu argumentierten, dass wir, wenn wir etwas als »real« bezeichnen, keine von uns unabhängige Welt korrekt beschreiben oder auch nur erfassen; stattdessen dient die Bezeichnung »real«, wie »cool«, dazu, eine sozial bedeutungsvolle Fiktion zu kennzeichnen; und daher ist »Realität«, wie wir sie verstehen, eine Illusion. Wie wir sehen werden, konzentriert sich diese zweite Argumentationsebene auf eine bestimmte philosophische Vorstellung dessen, was real ist und was nicht.

In den folgenden Abschnitten werde ich zunächst das substanzielle und umstrittene Beispiel der Vergewaltigung betrachten, um festzustellen, inwieweit es als Modell dafür dienen könnte, die (stark) pragmatische Konstruktion einer Vielzahl von substanziellen Unterscheidungen zu entlarven. Anschließend wende ich mich der Frage zu, inwieweit die Unterscheidung zwischen real und nicht-real pragmatisch konstruiert ist. Ich werde argumentieren, dass die allgemeine Strategie, ausgehend von der pragmatischen Konstruktion, die Vorstellung einer unabhängigen Realität infrage zu stellen, auf beiden Ebenen scheitert, auch wenn das Beispiel der Vergewaltigung in wesentlichen Punkten überzeugend ist.

4. »Männliche« Realität

Wie oben angedeutet, umfasst die erste Argumentationsebene für die Konklusion, dass Realität stark pragmatisch konstruiert sei, eine Analyse der Weise, in der soziale Faktoren unsere Beschreibungen einer Vielzahl von Phänomenen beeinflussen. Es ist vielversprechend, mit unserer Verwendung von Begriffen zu beginnen, die *race*, *gender*, Klasse oder sexuelle Orientierung betreffen, aber das Ziel ist es, ein Modell zu entwickeln, das übergreifend anwendbar ist. Unsere Aufgabe ist es, vertraute und konkrete Fälle zu betrachten: Worauf basieren eigentlich die Aufteilungen und Unterscheidungen, die wir im Alltag vornehmen? Bildet überhaupt eine davon die Welt korrekt ab? Oder erfüllen sie systematisch eine andere Funktion?

Es ist eine recht verbreitete feministische These, dass das, was als »objektive« Realität dargestellt werde, eigentlich eine »männliche« Realität sei. Eine Lesart dieser Behauptung ist, dass Dinge nicht aufgrund einer objektiven oder intrinsischen Tatsache über sie als »real« bezeichnet werden, sondern aufgrund ihrer Beziehung zu »uns«, wobei das fragliche »wir« die kleine Gruppe der weißen privilegierten Männer sei. (Denken wir an das zuvor erwähnte Beispiel von »cool« – was cool ist, ist das, was »wir« mögen, obwohl es sich als intrinsische Eigenschaft der fraglichen Individuen oder Gegenstände tarnt.) Bei der Verteidigung dieser These geht es zum jetzigen Zeitpunkt darum zu zeigen, wie die verschiedenen Klassifizierungen und Kategorien, die wir verwenden, auf irgendeine Weise männlich geprägt sind. Obwohl es plausibel ist, dass verschiedene Fälle unterschiedliche Arten von Analyse erfordern, können wir zunächst mit einem Fall beginnen und beurteilen, ob die Schritte der entsprechenden Analyse überzeugend sind und inwieweit sie sich verallgemeinern lassen.

Eines der am häufigsten diskutierten Beispiele für die »männliche« Konstruktion von Realität ist die Vergewaltigung und eine der überzeugendsten Diskussionen dieses Beispiels ist diejenige von MacKinnon. Die gesetzliche Regelung der Vergewaltigung variiert von Gerichtsbarkeit zu Gerichtsbarkeit (und es gab in diesem Bereich einige wichtige Änderungen in den letzten zwei Jahrzehnten): Dennoch gibt es drei relativ weit verbreitete Elemente in rechtlichen Definitionen von Vergewaltigung. Erstens liegt der Fokus der Definitionen auf Penetration; z. B. wurde im traditionellen Gewohnheitsrecht »Geschlechtsverkehr« oder »fleischliche Kenntnis« vorausgesetzt und das zeitgenössische Recht setzt typischerweise ein gewisses Maß (so gering auch immer) an Penetration voraus.[27]

27 MacKinnon 1989, S. 295, Nr. 2. Manche Staaten haben die gesetzliche Definition von »Geschlechtsverkehr« oder »sexuelle Handlung« dahingehend erweitert, dass sie auch orale und anale Penetration umfasst. Im Staat Michigan schließt Vergewaltigung auch »jedes andere Eindringen in den Körper einer anderen Person, und sei es noch so klein, oder das Eindringen in genitale oder anale Körperöff-

Zweitens bedarf es für Vergewaltigung typischerweise der Anwendung von Gewalt, die über »das normale Maß« hinausgeht. Und drittens darf die Frau nicht eingewilligt haben. Aber, wie MacKinnon argumentiert, sind alle diese drei Anforderungen (zumindest so, wie sie in der Praxis ausgelegt werden) auf eigenartige Weise männlich orientiert. Sie weist auf Folgendes hin:

Das Gesetz zum Schutz der Sexualität von Frauen vor gewaltsamer Verletzung und Enteignung definiert diesen Schutz in Hinblick auf männliche Geschlechtsteile. Frauen verabscheuen erzwungene Penetration. Aber das Eindringen des Penis in die Vagina dürfte für die Sexualität, das Vergnügen oder den Missbrauch von Frauen weniger zentral sein als für die männliche Sexualität. Dieses maßgebliche Element der Vergewaltigung stellt [...] eine bestimmte Art, auf die Männer ihren Verlust an exklusiven Zugang definieren, ins Zentrum. In diesem Sinne erscheint Vergewaltigung, so wie sie gesetzlich definiert ist, mehr als Verstoß gegen die weibliche Monogamie (den exklusiven Zugang eines einzigen Mannes) als gegen die sexuelle Würde von Frauen oder ihre intime Integrität. (MacKinnon 1989, S. 172, Übersetzung T. E.)

Weiter setzt die Rede vom »normalen Maß an Gewaltanwendung«, das bei einer Vergewaltigung überschritten werden muss, voraus, dass die »normale« männliche Sexualität ein gewisses Maß an Gewaltanwendung beinhaltet. Was also Vergewaltigung von »normalem« Sex unterscheidet, ist nicht das »Verständnis von Verletzung« des Opfers, sondern was als sozial akzeptiertes männliches Sexualverhalten gilt. Und schließlich hängen die Anforderungen für die angenommene Einwilligung von Frauen maßgeblich von ihrer Beziehung zu Männern ab; von Töchtern, und im weiteren Sinne allen Mädchen und jungfräulichen Frauen, wird angenommen, dass sie nicht einwilligen, von Ehefrauen und Prostituierten wird angenommen, dass sie einwilligen (und in vielen Fällen gibt es keine Handlungen, die als Einwilligungsverweigerung gelten würden).[28]

nungen einer anderen Person mit einem Gegenstand« ein (zitiert in Estrich 1987, S. 83, Übersetzung T. E.). Es gilt jedoch zu beachten, dass eine Penetration oder ein »Eindringen« weiterhin erforderlich bleibt; also bleibt die Frage bestehen: Warum wird ein sexueller Übergriff, der eine Penetration oder ein »Eindringen« umfasst, einer besonderen Behandlung für würdig erachtet? Gibt es nicht andere Handlungen, die aus der Sicht einer Frau als in höherem Maße sexuell verletzend empfunden würden als manche Penetrationen?

28 Ebd., 175.

Die Komplexität der Einwilligung verschärft sich, wenn wir weiter beachten, dass es bei der Begründung einer Vergewaltigungsanklage darauf ankommt, ob der Täter Grund hatte anzunehmen, dass die Frau einwilligt und nicht, ob sie tatsächlich eingewilligt hat. Bei der Überlegung, ob eine angebliche Vergewaltigung real war, scheint es also darauf anzukommen, welche Bedeutung das fragliche Ereignis für Männer hat und ob sie ein Interesse daran haben, es als real anzusehen. Das Beispiel der Vergewaltigung scheint ein paradigmatischer Fall zu sein, in dem die (gesetzliche?) Unterscheidung zwischen dem, was real ist, und dem, was nicht real ist, aus der Sicht einer bestimmten Gruppe getroffen wird.[29]

Als weitere Illustration dessen, wie sich die Sichtweise der Männer auf die Definition der Ausdrücke auswirkt, die wir verwenden, erwähnt MacKinnon häufig den Ausspruch des obersten Richters Potter Stewart, als er aufgefordert wurde, Obszönität zu definieren. Er sagte: »Ich erkenne sie, wenn ich sie sehe.«[30] Aus ihrer Sicht liegt er auf eine Weise richtig, die er so nicht erkannt hat; denn etwas ist nicht an sich obszön, sondern nur aufgrund dessen, dass es bestimmte Reaktionen in Männern auslöst; weil Stewart es als obszön wahrnimmt, ist es obszön, und er ist in der Lage, dies zu erkennen. Gemäß MacKinnons Analyse der maskulinistischen Praxis zählt eine Vergewaltigung oder ein obszönes Foto nicht »an sich« als real und auch nicht, weil eine »vernünftige Person« sie so sehen würde, sondern aufgrund dessen, wie Männer auf solche Ereignisse und Objekte reagieren.

Wenn man über das Beispiel der Vergewaltigung nachdenkt, scheint das Problem darin zu bestehen, wie wir Vergewaltigung definieren sollten. Angenommen, der Maskulinist definiert Vergewaltigung unter Bezugnahme auf die drei erwähnten Bedingungen (Penetration, Gewaltanwendung, Nichteinwilligung) und behaup-

29 Es ist wichtig anzumerken, dass der »Standpunkt« einer Person gemäß MacKinnon nicht dasselbe wie die Erfahrung oder Wahrnehmung dieser Person ist. So kann beispielsweise die rechtliche Behandlung von Vergewaltigung durch den »männlichen Standpunkt« gerahmt sein, auch wenn es viele Männer gibt, die den Wunsch nach sexuellem Besitztum nicht empfinden. Entscheidend ist, ob das Gesetz so gerahmt ist, dass es den Bedürfnissen und Interessen derjenigen entspricht, welche die für Männer vorgesehene soziale Position hervorragend ausfüllen; diejenigen, die dies tun, haben typischerweise die Normen internalisiert und haben dadurch die damit verbundenen Erfahrungen, z. B. Wünsche, Ängste etc.

30 MacKinnon 1987, S. 90, 147; 1989, S. 196-7.

tet, dass, ob eine Vergewaltigung stattgefunden hat oder nicht, dadurch bestimmt werden müsse, wie eine vernünftige Person auf der Grundlage aller Tatsachen entscheiden würde. Dagegen formuliert MacKinnon zwei Einwände. Erstens ist die angenommene Definition von Vergewaltigung parteiisch, weil die implizit vorausgesetzte Definition von sexueller Integrität parteiisch ist: Sie privilegiert die Reaktion von Männern auf sexuelle Situationen und trägt ihren Bedürfnissen, Ängsten und Interessen Rechnung. Und zweitens behauptet sie, dass es keine neutrale oder »objektive« Tatsache darüber gibt, was Vergewaltigung »wirklich« ist; und ebenso wenig gibt es einen neutralen oder objektiven Standpunkt, von dem aus Vergewaltigung definiert werden könnte. (Es gibt jedoch, aus ihrer Sicht, einen nicht-neutralen Standpunkt – nämlich denjenigen der Frau oder den feministischen Standpunkt –, auf den wir uns bei der gesetzlichen Definition von Vergewaltigung stützen dürfen.)

Wie wenden wir das Modell der stark pragmatischen Konstruktion auf diese Art von Fall an; d.h. worin besteht die Illusion, die auf die Welt projiziert wird? Hier ist ein Vorschlag: Unter Berücksichtigung der oben skizzierten gesetzlichen Bedingungen könnte man versuchen, Vergewaltigung in zwei Schritten zu definieren. Der erste Schritt versucht das eher vage Alltagsverständnis von Vergewaltigung einzufangen:

> (V) X vergewaltigt y genau dann, wenn x und y Sex haben, der die sexuelle Integrität von y verletzt; der zweite Schritt versucht dies auszubuchstabieren:
>
> (SI) X und y haben genau dann Sex, der die sexuelle Integrität von y verletzt, wenn der Sex nicht einvernehmlich ist und die erzwungene Penetration der Vagina von y durch den Penis von x beinhaltet.

Diese zweistufige Definition ist eindeutig inakzeptabel, weil sie voraussetzt, dass bei einer Verletzung der sexuellen Integrität ein Penis und eine Vagina involviert sein müssen, was sie zutiefst heterosexistisch macht; und weil sie voraussetzt, dass es immer die Person mit der Vagina ist, deren sexuelle Integrität verletzt wird, was sie zutiefst sexistisch macht. Aber gemäß MacKinnons Diskussion gibt es, wie oben angedeutet, noch ein tiefgreifenderes Problem, da uns die Definition darauf festlegt, sexuelle Integrität auf eine Weise zu verstehen, die lediglich den Wunsch heterosexueller Männer nach exklusivem Zugang zu Frauenkörpern widerspiegelt. Im Rahmen der vorgeschlagenen Definition wird die Verletzung der Sexualität von Frauen (entgegen dem Anschein) nicht in Hinblick auf Wünsche oder Bedürfnisse von Frauen verstanden; stattdessen wird sie definiert, indem auf Frauen projiziert wird, was gegen den Wunsch heterosexueller Männer nach sexuellem Besitztum verstößt.

Entscheidend ist hier, dass das gesetzliche Verständnis von »Vergewaltigung« auf einem Verständnis der sexuellen Integrität von Frauen basiert, das eine Illusion ist. Streng genommen definiert (SI), was die sexuelle Integrität von Frauen *verletzt*, aber dies beruht offensichtlich auf Annahmen darüber, was die sexuelle Integrität von Frauen *ausmacht*; weil z. B. die nicht-einvernehmliche erzwungene Penetration nicht nur für hinreichend, sondern auch für notwendig für eine Verletzung der sexuellen Integrität erachtet wird, wird angenommen, dass jede andere Art von sexueller Handlung mit der sexuellen Integrität von Frauen vereinbar ist. Aber dieses Verständnis der »*Sexuellen Integrität von Frauen*« ist eine Illusion. Anders ausgedrückt: Die sogenannte »sexuelle Integrität«, die (SI) voraussetzt, existiert nicht. Warum nicht? Denn bereits wenn wir Frauen zuhören, die darüber sprechen, wie sie ihre Sexualität erfahren, werden wir feststellen, dass sie eine ganz andere Vorstellung (bzw. ganz andere Vorstellungen) dessen haben, was ihre sexuelle Integrität verletzt – nicht einvernehmliche erzwungene Penetration mag Teil davon sein, ist aber sicherlich nicht alles. Wenn Vergewaltigung durch (V) gemeinsam mit (SI) definiert ist, dann ist Vergewaltigung auch eine Art von Illusion – man kann nichts verletzen (die so verstandene »*Sexuelle Integrität von Frauen*«), das nicht existiert.

Aber natürlich wollen wir sagen, dass Vergewaltigung existiert, dass Vergewaltigung keine Illusion ist. Wie können wir diese Behauptung im Rahmen dieser Analyse machen? Wenn wir die Analogie mit »cool« aufrechterhalten, erlaubt uns MacKinnons Strategie nicht zu behaupten, dass es eine »reale« Essenz von Vergewaltigung oder Obszönität gibt, die die gängige Verwendung solcher Ausdrücke (wie in (V) und (SI)) verfehlt. Wir sollten, anders gesagt, nicht denken, dass es eine »objektive« Tatsache – eine, die unabhängig von uns und unseren Selbstverständnissen ist – darüber gibt, was Vergewaltigung ist und was nicht (genauso wenig wie wir denken sollten, dass es unabhängig von uns und unseren Selbstverständnissen eine »objektive« Tatsache darüber gibt, was cool ist). Laut MacKinnon ist Vergewaltigung keine objektive Tatsache, aber auch keine Illusion; es ist eine Tatsache der Erfahrung von Frauen, die vom Standpunkt der Frauen – bzw. genauer: von einem feministischen Standpunkt – her verstanden werden muss. Gemäß dieser Auffassung ist es nur möglich, Vergewaltigung – und damit auch sexuelle Integrität – von einem bestimmten Standpunkt aus zu definieren; die Frage ist aber, wessen Standpunkt zählt? Um einen Slogan zu verwenden: Vergewaltigung ist, was Vergewaltigung bedeutet, und Sexualität ist, was Sexualität bedeutet. Die Frage ist: Für wen? Und noch allgemeiner formuliert: Realität ist, was Realität bedeutet. Und wiederum ist die Frage: Für wen?

Obwohl diese letzten Fragen drängend sind und eine wohldurchdachte Antwort erfordern, sind sie nicht direkt auf unser Thema bezogen; deswegen werde ich nicht einmal eine vorläufige Antwort darauf anbieten. Vielmehr geht es beim Beispiel der Vergewaltigung darum zu erklären, was es heißen könnte, Realität als »männlich« zu beschreiben, und allgemeiner: wie unsere klassifikatorischen Praktiken und Entscheidungen darüber, was als »real« zählt, entscheidend von den Reaktionen und dem Standpunkt einer bestimmten Gruppe abhängen können (ohne dass dies offensichtlich ist). Das Beispiel zeigt auch, wie die Behauptung, »objektive« Realität abzubilden, bei der Gestaltung von Klassifikationsschemata beunruhigende politische Folgen haben kann, da die Rhetorik der Objektivität dazu dienen kann, die Privilegierung der Interessen der herrschenden Gruppe zu verdecken. In vielen Zusammenhängen ist das Ringen bei der Bestimmung dessen, was real ist, Teil eines politischen Kampfes darum, welche Beziehungen für »uns« relevant sind und wer bei diesem »wir« eingeschlossen ist.

Aber es ist unklar, welche allgemeine Schlussfolgerung wir mit Blick auf unsere Klassifkationsbemühungen aus diesem Beispiel ziehen dürfen. Denken wir daran, dass die Pointe unserer Betrachtung dieses Beispiels war, die umfassende Behauptung zu plausibilisieren, dass die Realität *als Ganzes* in dem starken Sinn sozial konstruiert sei, dass sie, wie »Coolness«, eine sozial nützliche Fiktion sei. Können wir die Analyse von Coolness und nun auch des maskulinistischen Verständnisses von Vergewaltigung auf andere Dinge ausdehnen? Auf alles?

5. Konstruierte Realität?

MacKinnon betont, dass es keine objektive Realität gebe und dass Realität in einem starken Sinne sozial konstruiert sei. Und doch haben wir keinen klaren Hinweis darauf, wie sich ihre Analyse von Vergewaltigung auf andere Begriffe verallgemeinern ließe. Auf den ersten Blick scheint dies eine schwierige Aufgabe zu sein; sind unsere Begriffe wie »Wasser«, »Hund«, »Baum« auf die Reaktionen bestimmter Gruppen bzw. den Standpunkt von Männern zurückzuführen? Darüber hinaus ist MacKinnon, wie das Zitat zu Beginn dieses Artikels über den Brückenpfeiler zum Ausdruck bringt, nicht bereit, den Begriff der Realität – ja nicht einmal denjenigen einer unabhängigen Realität – gänzlich aufzugeben. Wie ist dies zu verstehen? Was ist ihre Auffassung einer sozial konstruierten Realität?

Ihre Sichtweise basiert auf einer Analyse der Praxis. Wenn der Maskulinist Ausdrücke wie »Vergewaltigung« oder »obszön« oder, was für unsere Zwecke wichtig ist, »real« verwendet, tut er dies auf der Grundlage seiner eigenen Reaktionen auf die Dinge. Aber dies ist keine Besonderheit des Maskulinisten. Ganz allgemein, wann immer jemand von uns über ein Objekt spricht, verwenden wir Kriterien, die eine Beziehung betreffen, in der das Objekt zu uns steht; wenn wir etwas F nennen, tun wir das wegen seiner Position in unserer Sicht der Dinge oder der Bedeutung, die es von unserem Standpunkt aus hat. Wenn das jedoch alles ist, was wir jemals tun, wenn wir ein Ding F nennen, könnten wir weitergehen und behaupten, dass F zu sein nur heißt, eine solche Position in unserer Sicht der Welt zu haben. Der Leitgedanke hier ist, dass wir – weil das, was wir über Dinge denken oder wissen, immer von unserer bestimmten sozialen Position abhängt – in Bezug auf die Dinge nur darüber eine sinnvolle Aussage machen können, in welcher Beziehung sie zu dieser Position stehen. Obwohl wir manchmal darüber zu sprechen scheinen, wie Dinge »an sich« sind, sprechen wir eigentlich nur darüber, wie die Dinge uns erscheinen, d. h. von sozialen Tatsachen.[31] Daraus leitet MacKinnon ab, dass wir die

31 Es mag seltsam erscheinen, die fragliche Tatsache als »soziale Tatsache« zu bezeichnen, denn wenn ich etwas beschreibe oder klassifiziere, dann tue ich das auf der Grundlage der Beziehung, in der das fragliche Objekt zu mir steht, und welche Beziehung auch immer zwischen mir und dem Objekt besteht, sie ist nicht offensichtlich sozialer Art. (Auch wenn es alles andere als klar ist, was als »soziale

Vorstellung aufgeben müssen, dass unser Denken eine »Realität« mit einem »nicht-sozial perspektivischem« Gehalt abdecke;[32] genauer gesagt behauptet sie, dass es »keine von *gender* unabhängige Realität oder Perspektive« gebe.[33] Sie fragt: »Was ist eine rein ontologische Kategorie, eine Kategorie des ›Seins‹ frei von sozialer Wahrnehmung?«[34]

Gemäß dieser Lesart nutzt MacKinnon die Einsicht, dass soziale Kriterien unseren Gebrauch eines bestimmten Ausdrucks F regeln, dazu, unser »Alltagsverständnis« dessen, was es heißt, F zu sein, zu widerlegen. Nichts ist F »an sich«; vielmehr heißt, ein F zu sein, in einer Beziehung zu uns (eine Beziehung, die von Fall zu Fall variieren kann) zu stehen.[35] Mithilfe der Terminologie ausgedrückt, die

Beziehung« zählt.) Die von mir verwendeten Kriterien sind jedoch insofern sozial, als die Kriterien zur Anwendung eines jedes Ausdrucks sozial, nicht privat, festgelegt werden; bei der Behauptung, dass ich nur darüber sprechen kann, wie die Dinge von hier aus scheinen, ist das relevante »hier« nicht das individuelle Bewusstsein, sondern der soziale Kontext, der Bedeutungen bestimmt.

32 MacKinnon, 1989, 83.

33 Ebd., 114, Übersetzung T. E.

34 Ebd., 119.

35 Bei genauerer Betrachtung sehen wir, dass MacKinnon ihre Position in zwei Schritten entwickelt: Zuerst müssen wir berücksichtigen, dass alle sinnvollen *Kriterien* für die Anwendung eines Ausdrucks uns immer einschließen; z. B. werden die Kriterien Bezug nehmen auf die Bedingungen, unter denen das fragliche Objekt uns normalerweise erscheint oder für uns von Bedeutung ist. Zweitens sollen wir die Kriterien für die Anwendung eines Begriffs als seine *Bedeutung* oder *Intension* behandeln; d. h. wir setzen die epistemische Grundlage für die Zuschreibung mit der Eigenschaft gleich, die wir zuschreiben. Wie gesagt, betreffen beide Schritte alle Ausdrücke, aber sie haben das besondere Ergebnis, dass die Eigenschaft, die wir zuschreiben, wenn wir von etwas sagen, dass es real sei, eine Art von sozialer Eigenschaft ist: Real zu sein ist immer real für jemanden zu sein, real für eine soziale Gruppe oder von einem Standpunkt aus. Obwohl der Bezug auf »uns« oder »Andere« nicht zu beseitigen ist, erfassen wir mit Aussagen darüber, was real ist, dennoch echte soziale Tatsachen, die »uns« betreffen.
Ich greife hier auf einige Unterscheidungen zurück, die in der bisherigen Diskussion implizit eine Rolle gespielt haben. Bei der Anwendung eines jeden Ausdrucks stehen verschiedene Dinge zur Debatte: Erstens gibt es eine Klasse von Dingen, auf die der Ausdruck zutrifft, d. h. die *Extension* des Ausdrucks. (Hier könnte man zusätzlich auch auf den Unterschied zwischen der Klasse an Dingen, auf die ein Ausdruck wirklich zutrifft, und der Klasse derjenigen Dinge, auf die er, gegeben ein bestimmtes Verwendungsmuster, zuzutreffen scheint, unterscheiden; so könnten wir zwischen der Extension und der augenscheinlichen Exten-

wir oben besprochen haben, sind alle Begriffe (genauer gesagt alle unsere operativen Begriffe) konstitutiv konstruiert. Sie verwendet diese Idee, um ein bestimmtes Verständnis einer »unabhängigen« Realität infrage zu stellen und ein alternatives Verständnis dessen, was es heißt, real zu sein, auszuformulieren. Wenn wir mit »unabhängiger Realität« das meinen, was die Dinge »an sich« sind, dann gibt es, so ihr Argument, keine Möglichkeit, von einer Welt zu sprechen (oder an sie zu denken oder sie zu erfahren), die »unabhängig« ist von uns, weil die einzige Welt, über die wir sprechen, die ist, die durch unsere Perspektive bestimmt ist. Die reale Welt, im einzigen bedeutungsvollen Sinne des Wortes, ist die Welt, über die wir sprechen (und nachdenken und die wir erfahren); daher müssen wir, so ihre Schlussfolgerung, akzeptieren lernen, dass das, was real ist, im Allgemeinen durch Perspektiven geprägt ist.[36] In diesem Zusammenhang ist es wichtig festzustellen, dass, obwohl MacKinnons Strategie darauf abzielt, patriarchale Begriffe als Ver-

sion unterscheiden.) Zweitens gibt es die Eigenschaften, die einem Ding mittels eines Ausdrucks zugeschrieben werden, d. h. die *Intension* des Ausdrucks. (In Anbetracht der Unterscheidung zwischen dem manifesten und operativen Begriff könnten wir die Intension des Begriffs von der augenscheinlichen Intension unterscheiden.) Und drittens gibt es das Kriterium, mithilfe dessen wir beurteilen, ob etwas in eine Klasse fällt oder nicht. Ein Kriterium für die Verwendung ist die epistemische Vorstellung der Bedingungen, unter denen wir den Begriff anwenden (sollten). (Man beachte, dass der Begriff eines Kriteriums sowohl deskriptiv als auch normativ verwendet wird.)

36 MacKinnon ist besorgt, dass ihre Ansicht als Relativismus abgetan wird. Sie lässt nicht zu, dass jede Bestimmung des Realen durch eine Gruppe gleich gut ist oder dass es egal ist, welche »Realität« wir annehmen. Es ist eine politische Frage, welche »Realität« wir als Grundlage für unser Handeln nehmen; in der Tat erzeugen unterschiedliche Standpunkte konkurrierende Realitäten und sich zwischen ihnen zu entscheiden heißt, eine moralische Haltung einzunehmen. MacKinnons eigene moralische Haltung ist eindeutig; sie schlägt vor, dass wir aufhören, auf der Grundlage dessen, was real für Männer ist, zu handeln, und stattdessen beginnen, das, was für Frauen real ist, ernst zu nehmen. Genauer gesagt, sollten wir den Standpunkt des Feminismus (»unverändert«) einnehmen und die Realität akzeptieren (und herzustellen helfen), die er unterstützt. Das ist keine »weibliche Realität« im Sinne dessen, was weibliche Menschen denken; man könnte sagen, dass es ein feministischer Standpunkt ist, der keinen Anspruch auf größere Objektivität erhebt als andere Standpunkte, der jedoch unsere Loyalität auf der Grundlage seines Beitrags zur *gender*-Gleichstellung beansprucht. (Siehe auch Fußnote 29.)

dinglichung der Interessen und des Standpunktes von Männern zu entlarven, ihr nächster Schritt nicht darin besteht, Begriffe anzustreben, die jeglicher Perspektive entledigt sind. Stattdessen fordert sie uns dazu auf, eine feministische Perspektive einzunehmen und mit ihr die Welt neu zu gestalten.

Aus MacKinnons Sicht sind die maskulinistischen und feministischen Welten, die wir gestalten, in einem wichtigen Sinne nicht unabhängig von uns, da wir die Tatsache, dass sie aus und durch Perspektiven gestaltet sind, weder loswerden können noch ignorieren sollten; dennoch sind sie vielleicht in einem anderen (und schwächeren) Sinne unabhängig von uns, da wir keine Halbgött:innen sind und wir sie weder erschaffen noch kontrollieren – sie mögen zwar nicht gänzlich unabhängig von uns sein, aber wir sollten auch nicht zum Schluss kommen, dass sie gänzlich von uns abhängig sind. Wie MacKinnon zuvor verdeutlicht hat, kann etwas z. B. als Brückenpfeiler zu beschreiben oder benennen es nicht allein zu einem solchen machen. Sie widersetzt sich dem Realismus, lehnt aber auch jegliche Form von Idealismus entschieden ab; eine feministische Welt können wir durch Gedanken allein nicht aufbauen, wir brauchen auch Taten.

Es gibt vieles, was an MacKinnons Gesamtposition überzeugend ist – insbesondere MacKinnons Berücksichtigung der sozialen und politischen Faktoren in allem Wissen ist wichtig; und sie liegt richtig mit ihrer Behauptung, dass die Bedeutungen einiger Ausdrücke irreduzibel sozial seien. Aber die Frage ist, wie weit sich diese Einsicht erweitern lässt. Leider beruht ihr Argument für perspektivische Realitäten entscheidend auf der zweifelhaften Behauptung, dass – weil wir nur eine Grundlage zur Klassifizierung oder Beschreibung von etwas haben, wenn es in einer Beziehung zu uns steht – der Gehalt unserer Klassifizierungen diese Beziehungen zwangsläufig abbilden müsse.[37] Das Problem ist, dass wir,

37 Es gibt Gründe, meine Interpretation von MacKinnons Argument infrage zu stellen, insbesondere die Unterstellung, dass wir den Gehalt eines Begriffs anhand seiner Anwendungskriterien verstehen müssen. Es gibt einige Hinweise in ihrem Werk, dass sie aus ähnlichen Gründen wie Rorty eine repräsentationale Epistemologie ablehnt; wenn dies der Fall ist, bin ich mir nicht sicher, wie, falls überhaupt, der Gehalt eines Ausdrucks bestimmt werden könnte. Für eine ausgezeichnete Diskussion von MacKinnons Epistemologie siehe Hackett 1996. Ausgehend von Parallelen zu Rorty und Kuhn, liefert Hacketts Interpretation

selbst wenn wir zugestehen, dass die epistemischen Kriterien für die Anwendung von Ausdrücken uns einschließen, solche sozialen *Kriterien* nicht mit dem *Gehalt* unserer Zuschreibung gleichsetzen müssen.[38] Zum Beispiel ist das Kriterium, das wir verwenden (und wahrscheinlich auch verwenden sollten), um zu beurteilen, ob etwas Wasser ist, wie es aussieht und schmeckt; aber zu sagen, dass etwas Wasser ist, heißt, es als eine Art von Flüssigkeit (d. h. H_2O) zu klassifizieren, wobei diese Klassifizierung die Zusammensetzung der Flüssigkeit betrifft und nicht, wie sie uns erscheint.[39] In diesem Fall und auch in den meisten anderen besteht ein deutlicher Kontrast zwischen den Kriterien für die Anwendung eines Begriffs und seinem Gehalt und bisher wurde uns kein Grund zur Annahme gegeben, dass eine Zusammenführung der beiden notwendig sei. Mit anderen Worten, soziale Faktoren mögen eine unvermeidliche Rolle bei der Bestimmung der Weise haben, wie wir Begriffe anwenden, aber dies ist kein Grund dafür zu denken, dass unsere Begriffe keine Tatsachen über die Welt, wie sie »an sich« ist, erfassen können. Gelegentlich liegen wir richtig, manchmal zufällig, manchmal aufgrund von harter Arbeit oder sogar Einsicht.

Zusammenfassend zeigt MacKinnons Analyse von Vergewaltigung im Detail, wie wirkmächtig pragmatische Konstruktionen typischerweise sind: Die Interessen und Wünsche einer bestimmten Gruppe werden im Dienste eines (oft bösartigen) sozialen Ziels auf die Welt projiziert, wo die vermeintliche Tatsache, die repräsentiert wird, nicht vorhanden ist. So projiziert der Maskulinist beispielsweise sein Bedürfnis nach sexuellem Besitztum auf Frauen und deutet sie als die »*Sexuelle Integrität von Frauen*« (und erwartet von

MacKinnons eine viel differenziertere Position, als ich hier zu berücksichtigen vermag.

38 Zugegebenermaßen ist es nicht ungewöhnlich, dass Autor:innen die Kriterien zur Anwendung eines Ausdruckes mit dessen Bedeutung verschmelzen. (Dies ist nicht verwunderlich, da vieles, was wir diesbezüglich sagen, nicht eindeutig ist: Bei der Betrachtung der Grundlage für die Anwendung des Ausdruckes ist es oftmals unklar, ob wir nach den Wahrheitsbedingungen oder der Beweisgrundlage suchen.) Aber in den meisten Fällen ist die Zusammenführung von Kriterien und Wahrheitsbedingungen ein Fehler.

39 Ironischerweise hallt in MacKinnons Epistemologie der Verifikationismus nach; denn zumindest im gerade betrachteten Argument muss sie die Bedeutung eines Ausdrucks mit unseren Methoden, um zu bestimmen, ob er auf etwas zutrifft, gleichsetzen.

Frauen nicht nur, dass sie dieses Verständnis übernehmen, sondern setzt es auch gesetzlich durch); aber seine Sicht der Dinge wird von der tatsächlichen Sexualität von Frauen nicht gestützt.[40] In solchen Fällen von Projektion werden die sozialen Faktoren, die bestimmen, wie wir unsere Ausdrücke verwenden, verschleiert, sodass die Projektionen »objektiv«, »natürlich« oder »unvermeidlich« erscheinen, obwohl sie es selbstverständlich nicht sind. Aber wir müssen vorsichtig sein, bevor wir dieses Modell auf alle Fälle verallgemeinern; manchmal beeinflussen soziale Kräfte, wie und warum wir die Welt auf eine bestimmte Art sehen, ohne zu verhindern, dass wir korrekte Überzeugungen über die Welt bilden, die außerhalb unserer Perspektive existiert. Soziale Kräfte sind (gemeinsam mit meinen Wünschen und Interessen) für meine Überzeugung verantwortlich, dass die Straße vor meinem Fenster momentan nass ist (es hat geregnet); aber ihre Nässe beruht auf Eigenschaften des Straßenbelags, die nichts mit meinem begrifflichen Repertoire zu tun haben. MacKinnons Beispiel und das daraus entwickelte Argument liefert uns weder einen Grund zur Annahme, dass die Realität als Ganzes eine stark pragmatische Konstruktion ist, noch dafür, dass wir unser Verständnis einer »unabhängigen« Realität derart ändern sollten, dass daraus folgt, dass die ganze Realität sozial bedingt ist. Was wir für real *halten*, mag stark durch unseren Standpunkt beeinflusst sein; was aber real ist, ist eine andere Angelegenheit.

40 Meine Verwendung des männlichen Pronomens sollte hier nicht irreführen, denn es ist wichtig, dass auch Frauen eine maskulinistische Perspektive einnehmen können und so ihre eigene sexuelle Integrität und diejenige anderer Frauen auf maskulinistische Weise sehen können. Die Widersprüche zwischen dem, was Frauen über sich selbst zu denken lernen, und dem, was sie tatsächlich erleben, sind oft eine Quelle von Verwirrung, Schmerz und inneren Konflikten. Ob es eine Möglichkeit gibt, die »sexuelle Integrität von Frauen« oder die »Erfahrung von Frauen« zu definieren, die alle Frauen einbezieht, ist eine in hohem Maße umstrittene Frage; MacKinnon wird oft als »Essenzialistin« bezeichnet (und abgelehnt), weil sie nahezulegen scheint, dass dies möglich ist. Beachten wir jedoch, dass MacKinnons Projekt in erster Linie negativ ist – ihr Unterfangen ist zu zeigen, dass das, was wir in einer maskulinistischen Welt lebend für die Erfahrung(en) von Frauen oder den (bzw. die) Standpunkt(e) der Frauen halten mögen, diesen nicht entspricht.

6. Objektive Realität

Auch wenn MacKinnons Argument nicht überzeugend ist, hinterlässt ihre Diskussion doch eine gewisse Unsicherheit mit Blick auf die Frage, was aus der Idee einer unabhängigen Realität werden soll. Worauf läuft die Idee hinaus und welche Arbeit leistet sie für uns? Indem wir uns diesen Fragen stellen, gehen wir über zur zweiten Argumentationsebene, die ich bereits erwähnt habe: Statt wie bei der ersten Strategie eine Analyse zur Widerlegung all unserer Bemühungen, die Welt zu beschreiben, zu entwickeln, konzentrieren wir uns direkt auf die Unterscheidung zwischen real und nicht real sowie den Begriff einer unabhängigen Realität. Die Sorge ist, dass wir – wenn die Real-/Nicht-real-Unterscheidung im Besonderen in dem Sinne konstruiert ist, dass sie nichts mehr ist als eine soziale Projektion – zum Schluss kommen müssten, dass es keine Tatsachen darüber gibt, was real ist und was nicht, und dass die Idee einer unabhängigen Realität eine Art Fiktion ist.

Beginnen wir noch einmal mit der Einsicht, dass alle unsere Unterscheidungen schwach pragmatisch konstruiert sind – welcher wir uns zu bedienen entscheiden und wie wir uns ihrer bedienen, ist zumindest teilweise von sozialen Faktoren bestimmt; daraus folgt, dass unsere Verwendung der Real-/Nicht-real-Unterscheidung schwach pragmatisch konstruiert ist. Die Frage ist nun, ob es weitere Überlegungen gibt, die uns von der Anerkennung des Einflusses von sozialen Faktoren auf unser Wissen zum umstritteneren Vorschlag führen sollten, dass wir die Vorstellung einer »unabhängigen Realität« als Fiktion betrachten sollten. Das folgende Argument ist eines, das explizit bei einigen Autor:innen zu finden ist und von anderen implizit vorausgesetzt wird.[41] Die allgemeine Strategie war zunächst als Kritik an einem angeblich modernistischen Verständnis von Wissen und Realität motiviert, hat inzwischen aber eine Eigendynamik entwickelt. (Ob dieses Verständnis tatsächlich von irgendeinem/irgendeiner modernistischen Philosoph:in vertreten wurde, ist eine schwierige historische Frage, auf die ich nicht eingehen werde.)

Gemäß der kritisierten Vorstellung sind Wissen und Realität

41 Meine Darstellung des Arguments ist stark vereinfacht, aber ich denke da an Werke wie Rorty 1979; Putnam 1981; MacKinnon 1989, insb. Kap. 6; Harding 1991, insb. Kap. 6; und andere.

eng miteinander verknüpft: Das Reale ist das objektiv Erkennbare.[42] Aus dieser Sicht ist Objektivität in erster Linie ein epistemischer Begriff. Ungefähr:

(ObjUnt) Eine Untersuchung ist im relevanten Sinne nur dann *objektiv*, wenn die Art und Weise, wie die Welt ist, und die Rationalität der Befragten die einzigen Faktoren sind, die ihr Ergebnis bestimmen.

Eine objektive Sicht auf einen Gegenstand ist also eine, zu der eine rein rationale Untersuchung des Gegenstands letztlich kommen würde.[43] Dieser epistemische Begriff der »Objektivität« wird dann – wie im Fall der »objektiven Realität« – in abgeleiteter Weise vermittels der folgenden Äquivalenz auf die Ontologie angewendet:

(ObjReal) Ein Objekt oder eine Tatsache ist nur dann objektiv real, wenn es/sie objektiv erkannt wird (oder objektiv erkennbar ist).

Darüber hinaus gibt es aus dieser Sicht keinen anderen Begriff von Realität als denjenigen der objektiven Realität. (Beachten wir, dass dies nur eines von vielen Verständnissen von Objektivität ist; ich werde jedoch im weiteren Verlauf dieses Abschnitts den Ausdruck »objektiv« wie hier angegeben verwenden.) Zumindest in dieser unausgereiften Formulierung ist eine solche Konzeption von »objektiver« Untersuchung nicht überzeugend und es ist mittlerweile ein Gemeinplatz zu leugnen, dass eine solche reine Untersuchung möglich ist. Denn (bereits) aus den oben skizzierten Gründen müssen wir anerkennen, dass die Ergebnisse aller menschlichen Untersuchungen durch soziale Faktoren bedingt sind.[44] Aber wenn wir

42 Für eine typische Formulierung des objektivistischen Ziels siehe MacKinnon 1989, S. 97.

43 Siehe Gideon Rosen 1994. Rosens Artikel bietet eine ausgezeichnete Diskussion der Probleme, die bereits bei der Formulierung eines Begriffs von objektiver Realität entstehen.

44 Es ließen sich natürlich Feinheiten zu der Formulierung hinzufügen, dass die genannten sozialen Faktoren nicht verhindern, dass eine Untersuchung objektiv ist; und es kann sein, dass eine so krude Ansicht nie wirklich von jemandem vertreten wurde. Aber historische Richtigkeit ist hier nicht mein Anliegen, denn es geht darum, die Motivation der globalen Anti-Objektivist:innen zu erfassen.

weiterhin daran festhalten, dass Realität mit dem objektiv Erkennbaren gleichzusetzen ist, dann scheint es, als müssten wir – weil (im relevanten Sinne) nichts objektiv erkennbar ist – zum Schluss kommen, dass es so etwas wie »Realität« nicht gibt, d.h., dass nichts objektiv real ist. Kurz gesagt, »Realität« oder »objektive Realität« ist ebenso eine Illusion wie »reine Untersuchende« und »objektives Wissen«.

Nachdem man die Vorstellung, dass es eine »objektive Realität« gibt, zurückgewiesen hat, scheint es dann allerdings plausibel, eine Analyse unserer angeblichen Verweise auf das, was real ist, analog zu unserem vorherigen Beispiel »cool«, zu entwickeln. Wenn wir etwas »Realität« zuschreiben, erfasst unsere Zuschreibung keine Tatsache über das Objekt an sich (denn gemäß unserer Annahme ist die Tatsache, die wir angeblich zuschreiben, nicht erreichbar); vielmehr entsprechen solche Zuschreibungen einer Unterscheidung bezüglich der Art und Weise, wie die Dinge zu uns stehen; Dinge werden, anders gesagt, von uns nicht aufgrund einer intrinsischen Eigenschaft, die ihnen tatsächlich zukommt, als »real« bezeichnet, sondern aufgrund einer relevanten sozialen Tatsache, z. B. weil wir sie nützlich oder vielleicht politisch zielführend finden.[45] Doch wie im Fall von »cool« gibt es eine versteckte Illusion in unseren Zuschreibungen, weil die Hintergrundannahme ist, dass das, was real ist, nicht eine Frage der Beziehung ist, in der Dinge zu uns stehen, sondern einer intrinsischen Eigenschaft der Dinge. Diese Illusion ist natürlich politisch bedeutsam, da die Unterscheidung zwischen dem, was real ist und dem, was es nicht ist, wichtige soziale Folgen hat. Wie wir bereits erwähnt haben, verschleiern wir, indem wir unseren eigenen Beitrag dazu, was als real zählt, verbergen, problematische politische Motivationen hinter solchen Unterscheidungen und stellen sie oftmals als natürlich oder unvermeidlich dar. Aus dieser Sicht müssen wir also zum Schluss kommen, dass »objektive Realität« eine Illusion ist, welche die sozialen Faktoren verschleiert, die eigentlich verantwortlich sind für die Unterscheidungen, die wir zwischen dem, was real ist, und dem, was es nicht ist, treffen.

45 Siehe z.B. MacKinnon 1987, S.173: »Die Objektwelt ist im Hinblick auf die für uns erkennbaren Nutzungsmöglichkeiten konstruiert.« (Übersetzung T.E.)

So weit die Skizze des Arguments; wir können dieses nun etwas sorgfältiger durchgehen. Zunächst sollten wir zur Kenntnis nehmen, dass das Argument eine spezifische Verwendungsweise der Ausdrücke »real«, »Realität« und verwandter Ausdrücke betrifft; bisher habe ich vage von »unserer Verwendung« der Ausdrücke gesprochen, aber dies ist möglicherweise irreführend, da unklar ist, wer dieses »wir« ist, dessen Verwendungsweise zur Debatte steht.[46] Nennen wir sie für den Moment einfach die »objektivistische Verwendungsweise« der Ausdrücke, ohne zu vergessen, dass wir damit nur eine bestimmte Verwendungsweise analysieren.

Die objektivistische Verwendung der Ausdrücke »real« und »irreal« umfasst sowohl eine Unterscheidung zwischen zwei Klassen von Dingen (der Klasse der Dinge, die als »real« bezeichnet werden, und diejenige der Dinge, die als »irreal« bezeichnet werden) als auch eine Interpretation der Grundlage für diese Unterscheidung. Das anti-objektivistische Argument richtet sich vor allem gegen diejenigen, die den Ausdruck »real« eher eng verwenden und behaupten, die Frage, ob es möglich ist, objektives Wissen über das Ding zu haben oder nicht, als Anwendungskriterium zu verwenden. Das kritische Argument gegen diese Verwendung des Begriffs zielt darauf ab zu zeigen, dass erstens nichts das angebliche Kriterium erfüllt, und zweitens, dass beim Treffen der relevanten Unterscheidung in Wirklichkeit ein anderes Kriterium zur Anwendung kommt, eines, das auf bestimmten Reaktionen auf die fraglichen Dinge beruht.

An dieser Stelle sollten wir meiner Meinung nach einräumen, dass mit dem objektivistischen Kriterium zur Anwendung des Ausdrucks »real« (d. h. eines, das »objektives Erkennen« voraussetzt) etwas nicht stimmt, weswegen es unplausibel ist, dass die Klassen von Dingen, die der/die Objektivist:in als »real« und »nicht real« bezeichnet, korrekterweise anhand dieses Standards voneinander

46 Es ist z. B. unklar, ob es sich um Philosoph:innen (Modernist:innen oder andere), Richter:innen oder Personen auf der Straße handeln soll, die die Begriffe angeblich genau so verwenden, wie wir sie skizziert haben. Es könnte auch sein, dass es sich bei der fraglichen Verwendung um eine handelt, mit der nur wenige Menschen völlig übereinstimmen und die stattdessen tendenziell bei Menschen mit bestimmten sozialen Rollen auftritt.

unterschieden werden, obwohl er/sie glaubt, dass dies der Fall sei. Die Frage ist, ob es ein anderes Kriterium, oder eine Reihe von Kriterien, gibt, das/die in den Unterscheidungen der Objektivist:innen implizit enthalten ist/sind und worin es/sie bestehen könnte(n). An dieser Stelle werden Anti-Objektivist:innen behaupten, dass es immer ein anderes Kriterium gibt, das diese Arbeit leistet, und zwar eines, das sich auf soziale Faktoren stützt oder auf irgendeine Weise durch »uns« geprägt ist (indem das fragliche Objekt in Beziehung zu unseren Bedürfnissen, Interessen, Wünschen, sozialen Rollen usw. gesetzt wird).

Dieser Punkt ist natürlich etwas vage formuliert, aber welche sozialen Tatsachen relevant sind und worin »unser« Einfluss besteht, hängt davon ab, wessen anti-objektivistische Position man betrachtet – in derjenigen von MacKinnon, die wir zuvor besprochen haben, stehen männliche Bedürfnisse und Interessen im Mittelpunkt. Darüber hinaus können von sozialem Kontext zu sozialem Kontext verschiedene soziale Faktoren die Verwendung der Ausdrücke bestimmen. Aber trotz dieser Vagheit denke ich, dass Grund zur Sorge bezüglich dieser ganzen Argumentationsstrategie besteht.

Einmal angenommen, dass wir zugestehen, dass es objektivistische Verwendungsweisen des Ausdrucks »real« und »Realität« gibt, oder allgemeiner, dass es Ansätze gibt, zu bestimmen, was real ist und was nicht, die vorgeben, epistemisch objektiv zu sein, aber tatsächlich auf sozial aufgeladenen Kriterien beruhen. Dies stellt nur dann eine Herausforderung für eine unabhängige Realität dar, wenn wir die These akzeptieren, dass eine solche Realität per definitionem eine sei, die objektiv erkennbar ist, d. h., nur wenn wir (ObjReal) als Charakterisierung dessen akzeptieren, was es heißt, objektiv (oder auf unabhängige Weise) real zu sein. Diese These ist leicht zurückzuweisen, insbesondere für diejenigen, die dem Realismus zugeneigt sind; denn der Hauptpunkt der Rede von einer unabhängigen Realität ist es, zu betonen, dass es keine notwendige Verbindung zwischen dem gibt, was real ist, und dem, was Menschen wissen oder (in der Praxis) wissen können. Seltsamerweise scheint das Argument, wie ich es skizziert habe, nur für jemanden überzeugend zu sein, der/die sich bereits einer epistemisch eingeschränkten Vorstellung von Realität verschrieben hat, aber nicht für die Realist:innen, die es zu überzeugen versucht.

Es gibt also mehrere plausible Erwiderungen auf das Argument dafür, dass »objektive Realität« eine Illusion sei. Wir könnten damit beginnen, seine fragwürdigsten Prämissen abzulehnen: Wir könnten den angeblichen Zusammenhang zwischen (objektivem) Wissen und (objektiver) Realität zurückweisen, wie er in (ObjReal) formuliert wird. Oder wir könnten die vorgeschlagene Definition von objektivem Wissen in (ObjUnt) zurückweisen. Ich finde beide Optionen attraktiv. Aber nehmen wir einmal um des Arguments willen an, dass wir uns eine »objektive Realität« nur unter Bezug darauf vorstellen können, was objektiv gewusst wird; d. h. nehmen wir an, wir beschließen, diese beiden Prämissen zu akzeptieren. Dann sollten wir wahrscheinlich zum Schluss kommen, dass die entsprechende Vorstellung von Realität ebenso unsinnig ist.[47] Aber selbst wenn wir zugeben, dass es keine objektive Realität gibt, folgt daraus immer noch nicht, dass es keine unabhängige Realität gibt oder dass es keine genuinen Tatsachen gibt, die zu erkennen gut wäre. Die Vorstellung der »objektiven Realität«, wie wir sie betrachtet haben, aufzugeben, heißt einfach, die Idee aufzugeben, dass es Dinge gibt, die an sich, ohne dass irgendwelche sozialen Faktoren eine Rolle spielen, bestimmten, auf welche Weise sie erkannt werden können. Es scheint klar zu sein, dass es, weil Sprache und Wissen sozial bedingt sind, so etwas nicht gibt.

Hier geht es zumindest teilweise darum, wie wir den Begriff des »Realen« oder der »Realität« verwenden wollen. Die Annahme, dass die Idee einer unabhängigen Realität nur unter Bezugnahme auf objektive Erkenntnis definiert werden kann, gesteht den Objektivist:innen zu viel zu. Denn wie oben vorgeschlagen, gibt es mindestens eine plausible Vorstellung einer »unabhängigen« Realität, die keine epistemischen Bedingungen daran stellt, was es heißt, real zu sein. Zumindest anfänglich können wir die Eigenschaft, real zu sein, für bare Münze nehmen: Real zu sein, heißt zu existieren. Oder vielleicht: Dass ein Objekt real ist, heißt, dass es existiert; dass ein Ereignis real ist, heißt, dass es stattfindet; dass eine Tatsache real ist, heißt, dass sie der Fall ist. Gewiss, diese Ausführungen sind nicht aufschlussreich und bedürfen möglicherweise weiterer Analyse; es geht mir nicht darum, eine absichtlich naive Sichtweise zu vertreten, sondern erste Schritte in Richtung einer Theorie, die das Reale auf nicht-epistemische und nicht-soziale Weise aus-

47 Dies ist, so scheint mir, manchmal Rortys Ansicht. Siehe z. B. Rorty 1989.

buchstabiert, vorzuschlagen. Wir werden natürlich eine (wie ich denke feministische) Erkenntnistheorie brauchen, die uns bei der Entscheidung hilft, wovon wir glauben sollen, dass es existiert, und welche Definitionen wir akzeptieren sollen und so weiter. Aber ich sehe in den Argumenten, die wir bisher betrachtet haben, keinen guten Grund, die Unterscheidung zwischen Erkenntnistheorie und Ontologie aufzugeben. Wenn ich sage, dass etwas real ist, ist meine Behauptung genau dann wahr, wenn die fragliche Sache existiert; dies ist so, selbst wenn die Kriterien, die ich verwende, um das Urteil zu fällen, sozial aufgeladen sind und selbst wenn meine Äußerung auch den Wert zum Ausdruck bringt, den sie meiner Auffassung nach hat.

8. Fazit

Gibt es allgemeine Schlussfolgerungen, die wir aus dieser Diskussion ziehen können? Wie tiefgreifend wirkt sich die Idee der sozialen Konstruktion auf unsere metaphysischen und epistemologischen Projekte aus? Es besteht kein Zweifel daran, dass die Idee der diskursiven Konstruktion eine wichtige Rolle in unserer ontologischen Theoriebildung spielen sollte. Weil die Realität sich oft an unsere Vorstellung von ihr anpasst, muss die Grenze zwischen Artefakten und natürlichen Objekten ständig infrage gestellt und angefochten werden. Wir müssen uns bewusst sein, dass die Klassifizierungen, die wir bei unserer Theoriearbeit verwenden, möglicherweise nicht vorgefertigte Unterschiede erfassen, sondern für deren Entstehung verantwortlich sind. Aber wir haben noch keinen Grund zu schlussfolgern, dass es nur Artefakte gibt oder dass unsere Klassifizierungsbemühungen so wirkmächtig sind, dass sie nichts unberührt lassen.

Außerdem gilt es aus epistemischer Sicht die Wirkmächtigkeit der pragmatischen Konstruktion anzuerkennen. Unsere Klassifizierungssysteme, unsere Unterscheidungen und unsere Urteile sind zwangsläufig von vielen verschiedenen sozialen Faktoren beeinflusst; und manche unserer Urteile erfassen keine Tatsachen, sondern erhalten nur sozial bedeutungsvolle Illusionen aufrecht. Darüber hinaus müssen wir auf die Möglichkeit achten, dass die von uns verwendeten Begriffe von herrschenden sozialen Gruppen und in deren Interesse definiert werden. Aber daraus folgt nicht, dass die einzige Funktion eines Urteils die soziale Funktion der Aufrechterhaltung von nützlichen Geschichten ist oder dass unsere Urteile nur die soziale Welt abbilden können. Es mag durchaus sein, dass unser Blick auf die Welt immer sozial bedingt ist; aber es besteht kein Grund, daraus abzuleiten, dass die Welt, auf die wir blicken, ebenfalls sozial bedingt ist. Wir müssen uns von objektivistischen Tendenzen distanzieren, die unser Verständnis dessen, was real ist, einschränken, aber gleichzeitig müssen wir uns auch davor hüten, stattdessen einfach perspektivistische Beschränkungen zu akzeptieren. Ich würde vorschlagen, dass die vor uns liegende Aufgabe darin besteht, alternative, moderat realistische Ontologien zu entwickeln, die es uns ermöglichen, angemessenere und gerechtere Vorstellungen dessen, was ist, was sein könnte und was sein sollte, zu erreichen.

Aus dem Amerikanischen von Thyra Elsasser

Literatur

Alcoff, Linda. 1998. Cultural Feminism versus Post-Structuralism. *Signs* 13, 405-36.

Anderson, Elizabeth. 1995. Knowledge, Human Interests, and Objectivity in Feminist Epistemology. *Philosophical Topics* 23(2), 27-58.

Berger, Peter/Luckmann, Thomas. 1966. *The Social Construction of Reality*. New York: Doubleday.

Boghossian, Paul. The Status of Content. *Philosophical Review* 99 (1990), 157-84.

Butler, Judith. 1993. *Bodies That Matter*. New York: Routledge.

–. 1990. *Gender Trouble*. New York: Routledge.

de Lauretis, Teresa. 1986. Feminist Studies/Critical Studies: Issues, Terms, and Contexts. In Teresa de Lauretis (Hg.), *Feminist Studies/ Critical Studies*. Bloomington: Indiana University Press 1986, 1-19.

Dupré, John. 1993. *The Disorder of Things*. Cambridge, Mass.: Harvard University Press.

Estrich, Susan. 1987. *Real Rape*. Cambridge, Mass.: Harvard University Press.

Fine, Kit. 1994. Essence and Modality. *Philosophical Perspectives* 8, 1-16.

Flax, Jane. 1990. *Thinking Fragments*. Berkeley: University of California Press.

Fraser, Nancy. 1992. The Uses and Abuses of French Discourse Theories for Feminist Politics. In Nancy Fraser und Sandra L. Bartky (Hg.), *Revaluing French Feminism*. Bloomington: Indiana University Press, 177-94.

–. 1989. *Unruly Practices*. Minneapolis: University of Minnesota Press.

Frye, Marilyn. 1983. *The Politics of Reality*. Freedom, Calif.: The Crossing Press.

Gatens, Moira. 1983. A Critique of the Sex-Gender Distinction. In Judith Allen und Paul Patton (Hg.), *Beyond Marxism? Interventions after Marx*, Leichhardt: Interventions Publications, 143-60.

Hackett, Elizabeth. 1996. *Catharine MacKinnon's Feminist Epistemology*. Dissertation, University of Pennsylvania.

Hacking, Ian. 1990/91. The Making and Molding of Child Abuse. *Critical Inquiry* 17, 253-288.

–. 1988. The Sociology of Knowledge about Child Abuse. *Nous* 22, 53-63.

–. 1986. Making Up People. In Thomas Heller, Morton Sosna und David Wellberg (Hg.), *Reconstructing Individualism*. Stanford, Calif.: Stanford University Press, 222-36.

Haraway, Donna. 1991. *Simians, Cyborgs, and Women*. New York: Routledge.

Harding, Sandra, 1991. *Whose Science? Whose Knowledge?* Ithaca, N.Y.: Cornell University Press.

Haslanger, Sally. 1996. Objective Reality, Male Reality, and Social Construction. In Ann Gamy und Marilyn Pearsall (Hg.), *Women, Knowledge, and Reality*. New York: Routledge, 64-107.

–. 1993. On Being Objective and Being Objectified. In Louise M. Antony und Charlotte E. Witt. (Hg.), *A Mind of One's Own: Feminist Essays on Reason and Objectivity*, Boulder, CO: Westview Press, 85-125.

hooks, bell. 1989. *Talking Back*. Boston: South End Press.

Keller, Evelyn Fox. 1986. Making Gender Visible in the Pursuit of Nature's Secrets. In Teresa de Lauretis (Hg.), *Feminist Studies/Critical Studies*. Bloomington: Indiana Univ. Press, 67-77.

Latour, Bruno und Steve Woolgar. 1979. *Laboratory Life: The Social Construction of Scientific Facts*. London: Sage.

MacKinnon, Catharine. 1989. *Toward a Feminist Theory the State*. Cambridge, Mass.: Harvard University Press.

–. 1987. *Feminism Unmodified*. Cambridge, Mass.: Harvard University Press.

Rorty, Richard. 1989. The Contingency of Language. In *Contingency, Irony, and Solidarity*. Cambridge: Cambridge University Press, 3-22.

–. 1979. *Philosophy and the Mirror of Nature*. Princeton, N.J.: Princeton University Press.

Putnam, Hilary. 1981. *Reason, Truth, and History*. Cambridge: Cambridge University Press.

Rosen, Gideon. 1994. Objectivity and Modern Idealism. In Murray Michael und John O'Leary-Hawthorne (Hg.), *Philosophy in Mind*. Dordrecht: Kluwer, 277-319.

Sayre-McCord, Geoffrey. 1988. Introduction: The Many Moral Realisms. In *Essays on Moral Realism*. Ithaca, N.Y.: Cornell University Press.

Scheman, Naomi. 1993. From Hamlet to Maggie Verver: The History and Politics of the Knowing Subject. In *Engenderings: Constructions of Knowledge, Authority and Privilege*. New York: Routledge, 106-25.

Scott, Joan. 1988. Deconstructing Equality-versus-Difference: or, The Uses of Poststructuralist Theory for Feminism. *Feminist Studies*, 33-50.

–. 1986. Gender: A Useful Category of Historical Analysis. *American Historical Review* 91, 1053-75.

Sismondo, Sergio. 1993. Some Social Constructions. *Social Studies Science* 23, 515-53.

Weedon, Chris. 1987. *Feminist Practice and Poststructuralist Theory*. Oxford: Basil Blackwell.

Wylie, Alison. 1995. Doing Philosophy as a Feminist: Longino on the Search for a Feminist Epistemology. *Philosophical Topics* 23(2), 345-58.

2

Gender und *Race*:[1] (Was) Sind sie? (Was) Sollen sie sein?[2]

> Wenn die Funktion des »Weibchens« nicht ausreicht, um die Frau zu definieren, wenn wir es auch ablehnen, sie mit dem Ewigweiblichen zu erklären, aber gelten lassen, dass es, zumindest vorläufig, Frauen auf der Erde gibt, müssen wir uns wohl die Frage stellen: was ist eine Frau?
>
> – Simone de Beauvoir, *Das andere Geschlecht*

> Ich schätze, man könnte leise in sich hineinlachen und sagen, dass ich nur eine Frau sei, die im Körper einer Frau gefangen ist.[3] – Ellen de Generes, *My* Point … *And I Do Have One*

> In Wahrheit gibt es *race* nicht: Es gibt nichts in der Welt, was alles für uns leisten kann, was wir von *race* verlangen.[4]
>
> – Kwame Anthony Appiah, *In My Father's House*

1 A. d. Ü.: Wir haben uns entschlossen, die englischen Originalausdrücke »*race*« und »*gender*« (sowie auch »*sex*« für das biologische Geschlecht) unübersetzt zu verwenden.

2 Für ihre hilfreichen Kommentare zu früheren Versionen dieses Aufsatzes möchte ich mich besonders bei Elizabeth Anderson, Larry Blum, Tracy Edwards, Marilyn Frye, Stephen Darwall, Elizabeth Hackett, Elizabeth Harman, Donald Herzog, Will Kymlicka, Ishani Maitra, Mika Lavaque-Manty, Joe Levine, Elisabeth Lloyd, Mary Kate McGowan, Toril Moi, Christine Overall, Gerald Postema, Phyllis Rooney, Debra Satz, Geoff Sayre-McCord, Barry Smith, Jacqueline Stevens, Natalie Stoljar, Martin Stone, Ásta Sveinsdóttir, Paul Taylor, Greg Velazco y Trianosky, Catherine Wearing, Ralph Wedgwood und Stephen Yablo bedanken. Ganz besonders möchte ich mich bei Louise Anthony für ihre umfangreichen und äußerst aufschlussreichen Kommentare und ihre redaktionelle Beratung bedanken. Außerdem bedanke ich mich auch bei den Vortragsteilnehmer:innen der philosophischen Institute der Universitäten von Kentucky, North Carolina, der Queens-Universität, der Stanford-Universität, der Tufts-Universität sowie der Universität von Utah, wo ich dieses Material präsentiert habe. Die Arbeit an diesem Projekt wurde vom National Humanities Center unterstützt, dessen Stipendiatin ich 1995-1996 war. Ich bedanke mich bei der Delta-Delta-Delta-Schwesternschaft, deren Unterstützung des NHC mein Stipendium dort sicherte.

3 Übersetzung von T. E.

4 Übersetzung von T. E.

Es ist immer unangenehm, wenn ich in informellen Zusammenhängen gefragt werde, wozu ich arbeite, und ich antworte, dass ich herauszufinden versuche, was *gender* ist. Denn außerhalb eines eher engen Bereichs der akademischen Welt hat sich der Ausdruck »*gender*« als die höfliche Art, über *sexes* zu sprechen, durchgesetzt. Und eine Sache, bezüglich derer sich die Leute ziemlich sicher fühlen, ist ihr Wissen über den Unterschied zwischen männlichen und weiblichen Menschen. Männliche Menschen verfügen über eine Reihe von bekannten primären und sekundären Geschlechtsmerkmalen, von welchen der Penis das wichtigste ist; weibliche Menschen verfügen über eine andere Menge an primären und sekundären Geschlechtsmerkmalen, wovon die Vagina oder vielleicht die Gebärmutter das wichtigste ist. So weit, so gut. Vor diesem Hintergrund ist es nicht klar, was der Sinn einer – insbesondere einer philosophischen – Untersuchung der Frage, was *gender* ist, sein könnte.

In diesem eher engen Bereich der akademischen Welt, der sich mit Geschlechterfragen beschäftigt, wird sowohl die Gleichsetzung von *gender* und *sex* als auch die scheinbar einfache anatomische Unterscheidung zwischen den *sexes* infrage gestellt.[5] Was mit der Feststellung begann, dass sich Männer und Frauen sowohl sozial als auch anatomisch unterscheiden, hat zu einer Explosion an unterschiedlichen Verwendungsarten des Ausdrucks »*gender*« geführt. Innerhalb dieser Debatten ist es nicht nur unklar, was *gender* ist und wie wir es verstehen sollten, sondern auch, ob es *gender* überhaupt gibt.

Ähnlich, wenn nicht sogar noch schlimmer, ist die Situation in Bezug auf *race*. Die Selbstverständlichkeit von Unterschieden in Sachen *race* im amerikanischen Alltag steht im krassen Widerspruch zur Unklarheit der Kategorie *race* im Recht und in der Akademie. Die biologische Forschung hat uns gezeigt, dass sich unsere Praktiken der Kategorisierung nach *race* nicht sauber auf eine nützliche biologische Klassifizierung abbilden lassen; dadurch ist jedoch

5 A. d. Ü.: Zur Unterscheidung zwischen dem biologischen und dem sozialen Geschlecht werden im Englischen die Ausdrücke »*sex*« und »*gender*« verwendet. Da sich diese Ausdrücke (oder zumindest »*gender*«) auch im Deutschen immer mehr einbürgern, werden im Folgenden die englischen Originalausdrücke »*sex*« und »*gender*« immer dort unübersetzt übernommen, wo der deutsche Ausdruck »Geschlecht« nicht fein genug unterscheidet.

nur wenig, wenn überhaupt etwas, geklärt. Was sollten wir von unserer Neigung halten, Individuen scheinbar auf der Grundlage ihrer körperlichen Erscheinung nach *race* zu unterteilen? Und was sollten wir von den sozialen und wirtschaftlichen Auswirkungen solcher Einteilungen halten? Gibt es *race* überhaupt?

Dieses Kapitel ist Teil eines größeren Projekts, dessen Ziel es ist, Theorien von *gender* und *race* zu entwickeln, welche durch die feministische Erkenntnistheorie informiert sind. Hier geht es mir darum, einige der Kerngedanken dieser Theorien zu skizzieren. Es sei angemerkt, dass ich nicht argumentieren möchte, dass meine Vorschläge die *einzigen* akzeptablen Ansätze zur Definition von *race* und *gender* sind; vielmehr ist der von mir verwendete erkenntnistheoretische Rahmen explizit dafür gedacht, in Hinblick auf verschiedene Anliegen unterschiedliche Definitionen zu ermöglichen. Manchmal ist es nützlich, *race* oder *gender* einzeln zu betrachten oder das, was sie voneinander unterscheidet, hervorzuheben; hier möchte ich jedoch zunächst gewisse bedeutsame Parallelen erkunden. Obwohl es gefährlich ist, die Analogien zwischen *gender* und *race* zu weit zu fassen, hoffe ich, dass meine Diskussion zeigen kann, dass es für das Nachdenken über eine Vielzahl an Problemen von Nutzen sein kann, *race* und *gender* gemeinsam zu theoretisieren. Die Arbeit mit einem Modell, welches einige der Parallelen zwischen *race* und *gender* aufzeigt, hilft uns auch dabei, wichtige Unterschiede auszumachen.

1. Die Frage(n)

Es ist sinnvoll, zunächst grundsätzlich über Fragen wie »Was ist *gender*?«, »Was ist *race*?« und verwandte Fragen wie »Was heißt es, ein Mann oder eine Frau zu sein?«[6] oder »Was heißt es, Weiß/Lateinamerikanisch/Asiatisch zu sein?« nachzudenken. Es gibt verschiedene Möglichkeiten, Fragen der Form »Was ist X?« oder »Was heißt es, ein X zu sein?« zu verstehen, und folglich auch verschiedene Arten, sie anzugehen. Zum Beispiel könnte man die Frage »Was ist Wissen?« auf unterschiedliche Weisen verstehen. Man könnte

6 Ich verwende die Ausdrücke »Mann« und »Frau« zur Unterscheidung von Individuen nach *gender*. Zur Unterscheidung von Individuen nach *sex* verwende ich die Ausdrücke »männlicher Mensch« und »weiblicher Mensch«.

fragen: »Was ist *unser* Begriff von Wissen?« (und dabei auf A-priori-Methoden zur Beantwortung der Frage abzielen). Oder aber man könnte die Frage naturalistischer lesen und fragen: »Auf welche (natürliche) Art zielt unser epistemisches Vokabular ab?« Oder aber man könnte ein stärker revisionistisches Projekt verfolgen und fragen: »Was bezwecken wir mit einem Begriff von Wissen? Welcher Begriff (sofern wir einen solchen überhaupt brauchen) würde diesen Zweck am besten erfüllen?«[7] Diese unterschiedlichen Arten von Projekten können nicht vollständig voneinander abgetrennt werden, greifen jedoch auf unterschiedliche methodische Strategien zurück. In Hinblick auf die beiden Fragen »Was ist *race*?« und »Was ist *gender*?« können wir damit also drei verschiedene Arten von Projekten mit unterschiedlichen Schwerpunkten unterscheiden: *begriffliche*, *deskriptive* und *analytische* Projekte.

Eine *begriffliche* Untersuchung von *race* und *gender* würde darauf abzielen, unsere *Begriffe* von *race* oder *gender* auszuformulieren (Riley 1988). Eine Art, diese begriffliche Frage zu beantworten, bestünde darin, die Methode des Überlegungsgleichgewichts zu verwenden. (Obwohl dies im Kontext der analytischen Philosophie als Aufforderung, eine begriffliche *Analyse* der Ausdrücke zu liefern, aufgefasst werden könnte, möchte ich die Bezeichnung »analytisch« für eine andere [weiter unten beschriebene] Art von Projekt reservieren.)

Im Gegensatz zu begrifflichen Projekten beschäftigt sich ein *deskriptives* Projekt nicht mit den Nuancen *unseres* (oder irgendjemandes) Begriffs; stattdessen liegt der Fokus eines deskriptiven Projekts auf der Extension des Begriffs. Dabei geht es darum, durch eine sorgfältige Betrachtung der Phänomene, zumeist unter Zuhilfenahme von empirischen oder quasi-empirischen Methoden, einen potenziell genaueren Begriff zu entwickeln. Paradigmatische deskriptive Projekte bestehen in der Erforschung von Naturphänomenen. Oben hatte ich als Beispiel für ein deskriptives Projekt die naturalistische Untersuchung von Wissen genannt: Das Ziel ist es, die (natürliche) Art zu ermitteln (sofern eine solche existiert), auf welche wir uns mit unserem epistemischen Vokabular (zu) beziehen (versuchen). Allerdings müssen deskriptive Projekte nicht unbedingt auf *natür-*

7 Siehe Stich 1998. Jedoch verwendet Stich die Bezeichnung »analytische Epistemologie« für die Art von Projekt, welche ich nicht »analytisch«, sondern »begrifflich« nennen würde.

liche oder *physische* Arten abzielen; auch Fragen wie »Was heißt es, ein Menschenrecht/ein Bürger oder eine Bürgerin/eine Demokratie zu sein?« könnten dadurch angegangen werden, dass die Bandbreite an Phänomenen, die dazu gezählt werden, betrachtet wird, um eine zugrunde liegende (möglicherweise soziale) Art zu ermitteln, welche unsere Neigung zu erklären vermag, die untersuchten Phänomene auf diese Weise zu gruppieren. So wie die Naturwissenschaft unser Alltagsverständnis von Naturphänomenen erweitern kann, können die Sozialwissenschaften (wie auch die Künste und die Geisteswissenschaften) unser Alltagsverständnis von sozialen Phänomenen erweitern. Eine deskriptive Untersuchung von *race* und *gender* muss also nicht voraussetzen, dass es sich dabei um biologische Arten handelt; vielmehr könnte sie untersuchen, ob unser Gebrauch von Vokabular in Sachen *race* und *gender* soziale Arten herausgreift und, falls ja, um welche soziale Arten es sich dabei handelt.

Die dritte Art von Projekt geht *analytisch* an die Fragen »Was ist *gender*?« und »Was ist *race*?« heran (Scott 1986). Bei diesem Ansatz geht es weder darum, unsere alltagssprachlichen Begriffe zu klären, noch darum, die Art zu ermitteln, auf welche unser alltäglicher Begriffsapparat abzielt; stattdessen geht es darum, die Pragmatik unserer Art und Weise, die betreffenden Ausdrücke zu verwenden, umfassender zu betrachten. Was nützt es uns, diese Begriffe zu haben? Welche kognitiven oder praktischen Aufgaben erfüllen sie bzw. sollten sie für uns erfüllen? Handelt es sich um effektive Instrumente zur Erfüllung unserer (legitimen) Ziele? Falls nicht: Welche Begriffe würden diese Ziele besser erfüllen? Der Grenzfall eines analytischen Projektes besteht darin, dass der fragliche Begriff eingeführt wird, indem die Bedeutung eines neuen Ausdrucks stipuliert und sein Inhalt gänzlich durch dessen Rolle in der Theorie bestimmt wird. Aber wenn wir zulassen, dass unser Alltagsvokabular sowohl kognitiven als auch praktischen Zwecken dient – Zwecken, denen auch unsere Theoriebildung dienen kann –, dann kann eine Theorie, die ein verbessertes Verständnis unserer (legitimen) Zwecke und/oder verbesserte begriffliche Ressourcen für die anstehenden Aufgaben anbietet, vernünftigerweise so aufgefasst werden, dass sie uns eine (möglicherweise revisionäre) Theorie unserer Alltagsbegriffe liefert.[8]

8 Vgl. Appiah und Gutmann 1996, S. 30-105. Mit Ausnahme einer elliptischen Stelle auf S. 42 zieht Appiah keine analytische Herangehensweise an *race* in Betracht.

Im Rahmen eines analytischen Projekts erfordern die Fragen »Was ist *gender*?« und »Was ist *race*?« also, dass wir uns darüber Gedanken machen, welche Arbeit diese Begriffe für uns leisten sollen und warum wir sie überhaupt benötigen. Es ist in unserer Verantwortung, sie in Hinblick auf unsere Ziele zu definieren. Dabei werden wir gewisse Aspekte unseres alltäglichen Gebrauchs (sowie Aspekte der Konnotation und der Extension der Ausdrücke) berücksichtigen. Jedoch sind dabei weder der Alltagsgebrauch noch die empirische Untersuchung vorrangig, da das Projekt ein bestimmtes stipulatives Element aufweist: *Dies* ist das Phänomen, über welches wir nachdenken sollten. *Hierauf* soll der fragliche Ausdruck verweisen. Bei dieser Herangehensweise kann uns die Welt allein nicht sagen, was *gender* oder *race* ist; es liegt an uns zu entscheiden, welche Phänomene in der Welt *gender* oder *race* sind (sofern sie überhaupt existieren).

Dieser Aufsatz verfolgt einen analytischen Ansatz zur Definition von *race* und *gender*. Seine analytischen Ziele sind jedoch mit dem deskriptiven Projekt verbunden, festzustellen, ob unser Vokabular in Sachen *gender* und *race* tatsächlich soziale Arten herausgreift, die normalerweise durch den manifesten Inhalt unserer Alltagsbegriffe von *race* und *gender* verdeckt sind.[9] Obwohl die angebotenen Analysen auf bestehende soziale Arten hinweisen (und dies kein Zufall ist), bin ich nicht bereit, die Behauptung zu verteidigen, dass dies die sozialen Arten sind, um die es bei unserer Rede über *gender* und *race* »eigentlich« geht. Mein Schwerpunkt bei dieser Untersuchung liegt nicht darauf, das zu erfassen, was wir meinen, wenn wir bestimmte Ausdrücke verwenden, sondern wie wir das, was wir damit meinen, sinnvollerweise für bestimmte theoretische und politische Zwecke abändern können.

Meine Charakterisierung aller drei Ansätze bleibt skizzenhaft, aber es gibt einen Grund, dem analytischen Ansatz gegenüber skeptisch zu sein, der von Anfang an angesprochen werden sollte. Die verschiedenen Ansätze, die ich skizziert habe, unterscheiden sich nicht nur in ihrer Vorgehensweise, sondern auch hinsichtlich ihres Gegenstandsbereichs. Da wir unsere Untersuchung mit einem begrifflichen Repertoire angehen, mit dessen Hilfe wir unsere Fragen formulieren und nach Antworten suchen, scheint der Gegen-

9 Zur Unterscheidung zwischen manifesten und operativen Begriffen siehe Haslanger 1995, insb. S. 102).

standsbereich einer jeden Untersuchung von Beginn an festgelegt zu sein. Wenn wir fragen, was *race* oder was *gender* ist, drücken wir unsere Ausgangsfragen im Alltagsvokabular von *race* und *gender* aus; wie können wir also diese Fragen sinnvoll beantworten, ohne den alltäglichen Begriffen (oder zumindest unserer alltäglichen Verwendungsweise der Ausdrücke) verpflichtet zu sein? Revisionäre Projekte laufen Gefahr, Antworten auf Fragen zu geben, die nicht gestellt wurden.

Aber Alltagsbegriffe sind bekanntlich vage; individuelle Konzeptionen und sprachliche Verwendungsweisen variieren stark. Darüber hinaus zeigt eine Untersuchung oft, dass Alltagsbegriffe in ihrer jetzigen Form nicht gut für die entsprechende theoretische Aufgabe geeignet sind. (Dies ist ein Grund dafür, von einem *begrifflichen* zu einem *analytischen* Projekt überzugehen.) Aber gerade weil unsere Alltagsbegriffe vage sind (oder es unklar ist, welchen Begriff wir mit unserem alltäglichen Gebrauch ausdrücken), gibt es Raum dafür, das, worüber wir sprechen, in neue und manchmal unerwartete Richtungen zu erweitern, zu verengen oder neu aufzuziehen.

In einem ausdrücklich revisionären Projekt ist es jedoch keineswegs klar, wann es gerechtfertigt ist, sich vorhandene Terminologie zu eigen zu machen. Angesichts der Schwierigkeit festzustellen, welches »unser« Begriff ist, ist es nicht ganz klar, wann ein explikatives Projekt zu einem revisionären wird und wann es kein revisionäres Projekt mehr ist, sondern einfach das Thema wechselt. Wenn es unser Ziel ist, eine Analyse »unseres« Begriffes von X zu liefern, dann ist die Grenze zwischen explikativ und nicht-mehr-explikativ wichtig. Wenn unser Ziel aber ist, einen Begriff zu finden, welcher unseren umfassenderen Zwecken dient, dann ist die Frage der Terminologie in erster Linie eine pragmatische und manchmal eine politische: Sollten wir die Ausdrücke der Alltagssprache verwenden, um uns auf unsere theoretischen Kategorien zu beziehen, oder sollten wir stattdessen neue Ausdrücke erfinden? Die Frage der terminologischen Aneignung ist dann von besonderer Bedeutung und besonders heikel, wenn die fraglichen Ausdrücke, wie z. B. »*race*« und »*gender*«, Kategorien sozialer Identität bezeichnen.

Gibt es Prinzipien, die bestimmen, wann es legitim ist, sich Ausdrücke der Alltagssprache für theoretische Zwecke anzueignen? Eine Antwort, so scheint mir, sollte sowohl eine semantische als auch eine politische Bedingung beinhalten (obwohl die Politik der

Aneignung in manchen Fällen unstrittig sein wird). Die semantische Bedingung ist nicht überraschend: Die vorgeschlagene Bedeutungsverschiebung scheint semantisch gerechtfertigt zu sein, wenn die zentralen Funktionen des Ausdrucks gleichbleiben; z. B. wenn der neu eingeführte Begriff eine Grundmenge der Phänomene zu organisieren oder erklären hilft, die auch mit dem alltagssprachlichen Ausdruck identifiziert oder beschrieben werden.[10] Eine allgemeine politische Bedingung zu formulieren ist jedoch viel schwieriger, da die Politik einer solchen Aneignung von der Annehmbarkeit der zu erreichenden Ziele, den beabsichtigten und unbeabsichtigten Auswirkungen der Veränderung, der Politik des Sprachkontexts und der Rechtfertigung der zugrunde liegenden Werte abhängen wird. Auf einige dieser Aspekte werden wir später in diesem Kapitel zurückkommen, nachdem ich meine Analysen vorgestellt habe.

2. Kritische (feministische, antirassistische) Theorie

Bei einem analytischen Projekt müssen wir zunächst überlegen, zu welchem Zweck wir den betreffenden Begriff einsetzen wollen. Man könnte nun argumentieren, dass die Antwort ganz einfach ist: Unsere Begriffe müssen es uns ermöglichen, wahre Aussagen zu formulieren. Aber natürlich würde eine uneingeschränkte Suche nach Wahrheit zu Chaos führen, nicht zu einer Theorie; wahre Aussagen sind allzu leicht zu haben, es gibt zu viele von ihnen. Hätte ich Zeit und Lust, könnte ich Ihnen viele wahre Aussagen – einige trivial, einige interessant und viele langweilig – über meine physische Umgebung liefern. Aber eine zufällige Ansammlung wahrer Aussagen ist noch keine Theorie; sie ist ein unorganisiertes Durcheinander. Beim Theoretisieren sind manche wahren Aussagen signifikanter als andere, weil sie relevant zur Beantwortung der Frage sind, die der Untersuchung zugrunde liegt (Anderson 1995).

Theoretische Überlegungen müssen, auch wenn sie aufrichtig als Suche nach der Wahrheit unternommen werden, von mehr als dem Ziel, gerechtfertigte wahre Meinung zu erreichen, geleitet sein. Gute Theorien sind systematische Wissensbestände, die aus

10 Es ist wichtig, zu bedenken, dass es hier nicht um Kriterien für die Bedeutungs*gleichheit*, sondern um die Grenze zwischen einem revisionären und einem gänzlich neuen Projekt geht.

der Masse der wahren Aussagen diejenigen auswählen, die sich mit unseren umfassenderen kognitiven und praktischen Anforderungen befassen. In vielen Zusammenhängen ist man sich über die Fragen und Zwecke, die den Rahmen des Projekts bilden, im Klaren und Fortschritt erfordert nicht, dass man sie untersucht. Aber in anderen Kontexten, insbesondere wenn die Debatte zusammenzubrechen scheint und die Parteien aneinander vorbeireden, ist eine angemessene Bewertung einer bestehenden Theorie oder die erfolgreiche Entwicklung einer neuen Theorie nur möglich, wenn geklärt wird, was die übergeordneten Ziele sind.

Nach dieser Skizze einiger der theoretischen Optionen kann ich mein eigenes Projekt als *kritisch-analytische* Bemühung zur Beantwortung der Fragen »Was ist *gender*?« und »Was ist *race*?« sowie verwandter Frage wie »Was heißt es, ein Mann/eine Frau/Weiß/Lateinamerikanisch etc. zu sein?« einordnen. Genauer gesagt ist es das Ziel des Projekts zu überlegen, welche Arbeit die Begriffe *gender* und *race* für uns im Rahmen einer kritischen – insbesondere einer feministischen und antirassistischen – Sozialtheorie leisten könnten, und Begriffe vorzuschlagen, welche zumindest wichtige Teile dieser Arbeit erbringen können (Geuss 1981). Wir beginnen also mit der Frage: Warum sollten feministische Antirassist:innen die Begriffe *gender* und *race* wollen oder brauchen? Welche Arbeit können sie für uns leisten?

Ganz grundsätzlich ausgedrückt besteht die Aufgabe darin, Theorien von *gender* und *race* zu entwickeln, die wirksame Instrumente im Kampf gegen Ungerechtigkeit sein werden. Das umfassende Projekt wird von vier Anliegen geleitet:

(i) Das Erfordernis, anhaltende Ungleichheit zwischen weiblichen und männlichen Menschen sowie zwischen Menschen von unterschiedlicher *color*[11] zu identifizieren und zu erklären;

11 Wir brauchen hier einen Ausdruck für diejenigen physischen Merkmale von Individuen, die diese als Mitglieder einer *race* markieren. Man könnte diese Merkmale als »*race*-Merkmale« (*racial features*) bezeichnen, aber um jeden Anklang an »*race*-Essenzen« (*racial essences*) zu vermeiden, werde ich stattdessen den Ausdruck »*color*« verwenden, um auf die (kontextuell unterschiedlichen) physischen »Markierungen« von *race* Bezug zu nehmen [analog zum Ausdruck »*sex*«, den ich verwende, um mich auf die (kontextuell unterschiedlichen] physischen »Markierungen« von *gender* zu beziehen). Mit »*color*« meine ich mehr als nur die Haut-

dies schließt das Anliegen ein, die sozialen Kräfte zu ermitteln, die, oftmals unter dem Deckmantel des Biologischen, solche Ungleichheiten aufrechterhalten.

(ii) Das Erfordernis eines theoretischen Rahmens, der sowohl Ähnlichkeiten und Unterschiede zwischen männlichen und weiblichen Menschen als auch Ähnlichkeiten und Unterschiede zwischen Mitgliedern einer Gruppe, die durch *color* abgegrenzt wird, erfassen kann; dies schließt das Anliegen ein, die Auswirkungen von ineinandergreifenden Formen der Unterdrückung erfassen zu können, z. B. die Intersektionalität von *race*, *gender* und Klasse (Crenshaw 1993).

(iii) Das Erfordernis einer Theorie, die erfassen kann, wie *gender* und *race* in eine große Bandbreite sozialer Phänomene eingelassen sind, darunter auch solche, die auf den ersten Blick nichts mit Unterschieden in Sachen *gender* oder *race* zu tun haben; z. B. ob Kunst, Religion, Philosophie, Wissenschaft oder das Recht von *gender* und/oder *race* durchzogen ist.

(iv) Das Erfordernis, *gender* und *race* auf eine Weise zu theoretisieren, die die Handlungsfähigkeit von Frauen und *people of color* beider *gender* ernst nimmt und die es erlaubt, ein Verständnis von Handlungsfähigkeit zu entwickeln, das feministischen und antirassistischen Bemühungen darin hilft, kritische soziale Akteur:innen zu ermächtigen.

In diesem Kapitel werde ich damit beginnen, auf die ersten beiden Anliegen einzugehen, obwohl das vierte in der späteren Diskussion ebenfalls relevant sein wird. Ich möchte jedoch betonen, dass es nicht mein Ziel ist, in diesem Kapitel eine tiefgehende Erklärung von Sexismus und Rassismus zu liefern, sofern man darunter eine kausale Theorie versteht, die erklärt, warum und wie weibliche Menschen im Lauf der Geschichte systematisch untergeordnet wurden oder warum »*color*« zu einer Grundlage für soziale Stratifizierung wurde. Mein Ziel hier ist in gewisser Weise bescheidener und in anderer Hinsicht umstrittener. Bevor ich dieses erkläre, ist

farbe: Zu den gängigen Markierungen gehören auch Augen-, Nasen- und Lippenform, Haarstruktur, Körperbau etc. Und ich möchte, dass es möglich ist, dass auch die Markierungen des »Weißseins« als »*color*« zählen, obwohl der Ausdruck »*people of color*« verwendet wird, um sich auf Nicht-Weiße Personen zu beziehen.

es hilfreich, klare begriffliche Kategorien zur Identifikation des erklärungsbedürftigen Phänomens bereitzustellen; z. B. Kategorien, welche die fragliche Art der Ungerechtigkeit und die davon betroffene Gruppe herausgreifen. Im Falle der Unterordnung aufgrund von *sex* und *color* ist dies nicht so einfach, wie es vielleicht erscheinen mag. Erstens sind die Formen, die Unterordnung aufgrund von *sex* und *color* annimmt, ausgesprochen heterogen und es wäre hilfreich, Theorien zu haben, die es uns ermöglichen, Unterordnung aufgrund von *sex* und Unterordnung aufgrund von *color* von anderen Arten der Unterordnung abzugrenzen. Darüber hinaus müssen wir aber auch vorsichtig sein, wenn es darum geht, vertraute Einteilungen nach *color* und *sex* als rein natürliche Kategorien zu behandeln; als ob die zu beantwortende Frage einfach nur wäre, warum *color* oder *sex* (im Sinne unseres Alltagsverständnisses von *color* und *sex*) jemals sozial bedeutungsvoll wurden. Zumindest in diesem Stadium der Untersuchung müssen wir zulassen, dass die Kriterien zur Unterscheidung von Menschen aufgrund von *color* oder *sex* je nach Zeit und Ort unterschiedlich sind und dass die Abgrenzungen zumindest teilweise politisch sind; aber trotz dieser Wandelbarkeit haben wir es immer noch mit den übergreifenden Phänomenen der rassistischen und der sexistischen Unterordnung zu tun.

3. Was ist *gender*?

Schon ein kurzer Literaturüberblick zeigt, dass in feministischen Theorien eine ganze Reihe von Dingen als »*gender*« angesehen wurden. Die Grundidee wird manchmal durch die Formel »*gender* ist die soziale Bedeutung von *sex*« ausgedrückt. Aber wie jede solche Formel lässt auch diese verschiedene Interpretationen zu. Manche Theoretiker:innen verwenden den Ausdruck »*gender*«, um sich auf die subjektive Erfahrung geschlechtlicher Verkörperung oder eine breitgefasste psychologische Orientierung zur Welt (»Geschlechtsidentität«[12]) zu beziehen. Andere beziehen sich damit auf eine Rei-

12 Es gibt mindestens vier verschiedene Verwendungsweisen des Ausdrucks »Identität«, die im Zusammenhang mit *gender* und *race* von Bedeutung sind. Meine Bemerkungen zur »Geschlechtsidentität« fallen hier zugegebenermaßen sehr oberflächlich aus.

he von Attributen oder Idealen, die als Normen für männliche und weibliche Menschen fungieren (»Maskulinität« und »Femininität«). Wiederum andere verstehen darunter ein System sexueller Symbole und noch einmal andere beziehen sich damit auf die traditionellen sozialen Rollen von Männern und Frauen. Meine Strategie ist es, eine fokale Analyse anzubieten, die *gender* voranging als soziale Klasse versteht. Eine fokale Analyse erklärt eine Vielzahl zusammenhängender Phänomene durch ihre Verbindung zu einem bestimmten Phänomen, das als das zentrale oder Kernphänomen verstanden wird. Meiner Ansicht nach ist das Kernphänomen im Fall von *gender* das Muster sozialer Beziehungen, welche die soziale Klasse der Männer als über- und diejenige der Frauen als untergeordnet konstituiert; Normen, Symbole und Identitäten sind deswegen *gendered*, weil sie eng mit den sozialen Beziehungen, die *gender* konstituieren, verbunden sind.[13] Wie sich unten noch deutlicher zeigen wird, sehe ich meine Schwerpunktsetzung in der Tradition des materialistischen Feminismus, dem ich mich jedoch nicht kritiklos verschreibe.[14]

Unter feministischen Theoretiker:innen gibt es zwei Probleme, die in Hinblick auf das Ziel, eine einheitliche Theorie dessen, was eine Frau ist, bereitzustellen, zu Pessimismus geführt haben. Ich werde sie das *Problem der Gemeinsamkeit* und das *Problem der Normativität* nennen. Kurz gesagt, stellt das *Problem der Gemeinsamkeit* infrage, dass es etwas Soziales gibt, was allen weiblichen Menschen gemeinsam ist und als ihr *»gender«* angesehen werden könnte. Wenn wir *alle* weiblichen Menschen – über alle Zeiten, Orte und Kulturen hinweg – betrachten, haben wir Grund zu bezweifeln, dass es neben dem Körperbau (wenn überhaupt) etwas gibt, das ihnen allen gemein ist (Spelman 1988). Das *Problem der*

13 Grob gesagt, sind feminine Normen diejenigen, die es ermöglichen, sich in der sozialen Position, welche die Klasse der *Frauen* konstituiert, hervorzutun; eine feminine Geschlechtsidentität (zumindest in einem Sinne des Wortes) ist eine psychologische Orientierung zur Welt, welche die Internalisierung von femininen Normen beinhaltet. Und feminine Symbole sind diejenigen Symbole, in die idealisierte feminine Normen eingeschrieben sind. Was als »feminine« Norm, »feminine« Geschlechtsidentität oder als »feminines« Symbol gilt, ist abgeleitet (d. h. Normen, Symbole und Identitäten sind an sich weder feminin noch maskulin) und hängt davon ab, wie die soziale Klasse der Frauen lokal konstituiert ist.

14 Für eine Auswahl an materialistisch-feministischen Arbeiten siehe Hennessy und Ingraham 1997.

Normativität wirft das Bedenken auf, dass jede Definition dessen, was eine Frau ist, mit einer Bewertung einhergeht und bestimmte weibliche Menschen marginalisieren, andere privilegieren und aktuelle Geschlechternormen bekräftigen wird (Butler 1990, Kap. 1).

Es ist wichtig, zumindest kurz darauf hinzuweisen, dass diese Probleme sich anders ausnehmen, wenn sie in einem *kritisch-analytischen* Projekt auftreten. Der Schwerpunkt eines analytischen Projekts liegt nicht darauf, Gemeinsamkeiten zwischen weiblichen Menschen zu entdecken: Auch wenn empirische Ähnlichkeiten und Unterschiede zwischen weiblichen Menschen relevant sind, besteht das primäre Ziel darin, *gender* auf eine Art zu definieren, dass es dem Streben nach Geschlechtergerechtigkeit dient (siehe Abschnitt 2). Darüber hinaus kann ein kritisches Projekt das Ergebnis akzeptieren, dass der Versuch, zu definieren, »was Frauen sind«, normative Auswirkungen hat, da kritische Projekte normative Ergebnisse ausdrücklich begrüßen; die Hoffnung ist, dass die Auswirkungen der Theorie die Strukturen der Unterdrückung aufgrund von *sex* nicht verstärken, sondern untergraben helfen. Ich werde später auf diese Fragen zurückkommen.

Angesichts meines Fokus auf Gerechtigkeit und Geschlechterungleichheit sehe ich die Hauptmotivation dafür, *sex* von *gender* zu unterscheiden, darin, anzuerkennen, dass männliche und weibliche Menschen sich nicht nur physisch, sondern sich auch systematisch in Hinblick auf ihre soziale Stellung unterscheiden. Entscheidend ist, einfach gesagt, dass Gesellschaften im Großen und Ganzen Individuen mit männlichen Körpern privilegieren. Obwohl die spezifischen Formen und Mechanismen der Unterdrückung von Kultur zu Kultur unterschiedlich sind, haben Gesellschaften viele – teils erfinderische, teils plumpe – Wege gefunden, die sexuellen und reproduktiven Fähigkeiten von weiblichen Menschen auszubeuten.

Die Hauptstrategie materialistisch-feministischer Theorien von *gender* ist es gewesen, *gender* durch Verweis auf die untergeordnete Stellung von Frauen in Systemen männlicher Vorherrschaft zu definieren.[15] Obwohl materialistisch-feministische Theorien Wurzeln

15 Einige Theoretiker:innen (Delphy, Hartmann) konzentrieren sich auf die wirtschaftliche Ausbeutung von Frauen in häuslichen Produktionsbeziehungen; andere (Wittig) konzentrieren sich auf die sexuelle und reproduktive Ausbeutung unter Zwangsheterosexualität; wieder andere (MacKinnon) konzentrieren sich auf die sexuelle Verdinglichung.

im Marxismus haben, widersetzen sich zeitgenössische Versionen dem Gedanken, dass sich alle sozialen Phänomene durch ökonomische Phänomene erklären bzw. auf sie reduzieren lassen; und obwohl materialistische Feminist:innen die Rolle von Sprache und Kultur bei der Unterdrückung von Frauen betonen, scheuen sie vor extremen Formen des sprachlichen Konstruktivismus zurück und verpflichten sich stattdessen darauf, in den materiellen Lebensrealitäten von Frauen verankert zu bleiben. In der Tat gibt es eine konzertierte Anstrengung zu zeigen, wie kulturelle und materielle Kräfte die Unterdrückung aufgrund von *gender* aufrechterhalten.

Kritik an universalisierenden Formen des Feminismus haben uns gelehrt, auf die Vielfalt der Formen, die *gender* annimmt, und die konkreten sozialen Positionierungen von weiblichen Menschen zu achten. Es ist jedoch mit diesen Verpflichtungen vereinbar, die Kategorie *gender* als eine Gattung zu betrachten, die in verschiedenen Kontexten auf unterschiedliche Weise realisiert wird; dies ermöglicht es uns, wesentliche Muster in der Art und Weise zu erkennen, wie *gender* eingerichtet ist und verkörpert wird. Auf der allgemeinsten Ebene liefert uns die materialistische Strategie drei Grundprinzipien, die das Verständnis von *gender* leiten:

(i) *Gender*-Kategorien werden dadurch definiert, wie jemand sozial positioniert ist. Wie jemand sozial positioniert ist, hängt z. B. davon ab, wie jemand gesehen, wie jemand behandelt und wie sein/ihr Leben sozial, rechtlich und wirtschaftlich strukturiert ist. *Gender* wird nicht unter Bezugnahme auf die intrinsischen physischen oder psychologischen Eigenschaften eines Individuums definiert.

(Dies ist damit vereinbar, dass es andere Kategorien – wie z. B. *sex* – gibt, die in Bezug auf intrinsische physische Eigenschaften definiert werden. Es gilt jedoch zu beachten, dass wir, wenn wir unsere Aufmerksamkeit auf *gender* als soziale Position richten, zulassen müssen, dass jemand eine Frau sein kann, ohne sich jemals (im herkömmlichen Sinn) »wie eine Frau zu benehmen«, »sich wie eine Frau zu fühlen« oder gar einen weiblichen Körper zu haben.)

(ii) *Gender*-Kategorien werden hierarchisch innerhalb eines breiteren Komplexes von Beziehungen der Unterdrückung definiert.

Eine Gruppe (die der Frauen) ist relativ zu einer anderen (die der Männer) sozial untergeordnet positioniert. Dies geschieht typischerweise im Kontext anderer Formen wirtschaftlicher und sozialer Unterdrückung.

(iii) Unterschiede mit Blick auf *sex* fungieren als physische Markierungen zur Unterscheidung der beiden Gruppen und diese werden als Rechtfertigung dafür verwendet, die Mitglieder der beiden Gruppen anders zu sehen und zu behandeln.

Wir können diese wesentlichen Punkte (vorläufig) durch die folgende Analyse erfassen:

> **S ist eine Frau** gdw. S entlang einer Dimension (d. h. ökonomisch, politisch, rechtlich, sozial etc.) systematisch untergeordnet ist und S als Empfängerin dieser Behandlung durch beobachtete oder vorgestellte körperliche Eigenschaften »markiert« ist, die als Evidenz für die biologische Rolle eines weiblichen Menschen bei der Reproduktion gehalten werden.[16]

> **S ist ein Mann** gdw. S entlang einer Dimension (d. h. ökonomisch, politisch, rechtlich, sozial etc.) systematisch privilegiert ist und S als Empfänger dieser Behandlung durch beobachtete oder vorgestellte körperliche Eigenschaften »markiert« ist, die als Evidenz für die biologische Rolle eines männlichen Menschen bei der Reproduktion verstanden werden.

Ich halte es für einen Vorzug dieser Theorien, dass jemandes *sex* je nach Kontext sehr unterschiedliche Bedeutungen haben kann und einen in sehr unterschiedliche Hierarchien platzieren kann. Dies ist auf jeden Fall von Kultur zu Kultur (und Subkultur zu Subkultur) der Fall; z. B. kann es sehr unterschiedliche soziale Beziehungen und Unterdrückungsformen beinhalten, eine Chinesin in den 1790er Jahren, eine Brasilianerin in den 1890er Jahren oder eine

16 Diese Analysen berücksichtigen, dass es über die Zeiten und Orte hinweg kein gemeinsames Verständnis von »*sex*« gibt. Nach meiner Theorie handelt es sich bei *gender* um soziale Positionen, die durch Bezugnahme auf Merkmale gekennzeichnet sind, die *im relevanten Kontext* allgemein als Erklärung von oder Hinweis auf reproduktive Rollen verstanden werden (unabhängig davon, ob *wir* diese Eigenschaften als »*sex*« bezeichnen würden).

Amerikanerin in den 1990er Jahren zu sein. Doch nach der vorgeschlagenen Analyse zählen alle diese Gruppen insofern als Frauen, als ihre untergeordnete soziale Stellung durch Bezugnahme auf ihr (weibliches) *sex* gekennzeichnet ist und dadurch gerechtfertigt wird (siehe auch Hurtado 1994, insb. 142). Ebenso kann diese Theorie erfassen, dass sich *gender* selbst innerhalb einer Kultur von Individuum zu Individuum unterschiedlich auswirkt, je nachdem wie die Bedeutung von *sex* mit anderen hervorstechenden sozialen Eigenschaften (z. B. *race*, Klasse, sexuelle Orientierung) interagiert. So zählen z. B. sowohl privilegierte Weiße Frauen als auch Schwarze Frauen der Unterschicht als Frauen, da ihre soziale Position durch die soziale Bedeutung dessen, ein weiblicher Mensch zu sein, beeinflusst wird; weil aber Sexismus mit Unterdrückung aufgrund von *race* und Klasse verknüpft ist, wirkt sich ihr weibliches *sex* dennoch sozial sehr unterschiedlich aus.

Einige Punkte der vorgeschlagenen Analyse bedürfen jedoch einer Klärung. Was bedeutet es zu sagen, dass jemand »systematisch untergeordnet« oder »privilegiert« sei, und weiter, dass die Unterordnung »auf der Grundlage« bestimmter Merkmale erfolge. Die Grundidee ist, dass Frauen unterdrückt werden und dass sie *als Frauen* unterdrückt werden. Aber wir müssen weiter fragen: Was bedeutet es zu sagen, dass Frauen unterdrückt seien, und was fügt die Einschränkung »als Frauen« hinzu?

Als nützlicher Ausgangspunkt zur Klärung dieser Fragen dient Marilyn Fryes Theorie der Unterdrückung zusammen mit deren Weiterentwicklung durch Iris Young (Frye 1983; Young 1990). Obwohl diese Ideen in bestimmten intellektuellen Kreisen allgemein bekannt sind, scheint es dennoch sinnvoll, sie hier ganz kurz zusammenzufassen. Es gibt natürlich ungelöste Schwierigkeiten bei der Ausarbeitung einer zufriedenstellenden Theorie der Unterdrückung; ich fürchte, ich kann diese weitergehende Aufgabe hier nicht übernehmen, sodass ich nur – in der Hoffnung, dass eine angemessene Theorie irgendwann bereitgestellt werden kann – die groben Umrisse der Grundidee anführen kann. Auf jeden Fall ist Unterdrückung im hier beabsichtigten Sinn ein strukturelles Phänomen, das bestimmte Gruppen als benachteiligt und andere im Verhältnis zu den ersteren als bevorteilt oder privilegiert positioniert. Unterdrückung ist »eine umschließende Struktur von Kräften und Schranken, die für die Unbeweglichkeit und Einschränkung einer Gruppe oder Kategorie von Menschen sorgt« (Frye 1983: 11, Übersetzung von T. E.). Wichtig ist, dass solche Strukturen, zumindest so, wie wir sie kennen, nicht von Machthabenden absichtlich gestaltet und durchgesetzt werden:

In diesem weiten, strukturellen Sinn bezieht sich Unterdrückung auf die gewaltigen und tiefgehenden Ungerechtigkeiten, die manche Gruppen als Folge von oftmals unbewussten Annahmen und Reaktionen wohlmeinender Menschen in alltäglichen Interaktionen, medialen und kulturellen Stereotypen und strukturellen Merkmalen bürokratischer Hierarchien und Marktmechanismen – kurz: als Folge der normalen Vorgänge des Alltagslebens – erleiden. (Young 1990, 41, Übersetzung von T. E.)

Im Zuge ihrer Entwicklung dieses Begriffs der Unterdrückung unterscheidet Young fünf Formen, die diese annehmen kann: Ausbeutung, Marginalisierung, Machtlosigkeit, kultureller Imperialismus und (systematische) Gewalt. Der entscheidende Punkt für uns ist, dass Unterdrückung in verschiedenen Formen auftritt und jemand, selbst wenn sie/er entlang einer Dimension privilegiert ist (z. B. bezüglich Einkommen oder Ansehen), in einer anderen unterdrückt sein kann.[17] Tatsächlich könnte jemand entlang einer sozialen Achse systematisch untergeordnet sein, aber dennoch *insgesamt* in seiner/ihrer sozialen Stellung enorm privilegiert sein.

Es ist klar, dass Frauen in dem Sinne unterdrückt sind, dass sie Gruppen angehören, die Ausbeutung, Marginalisierung usw. erleiden. Aber wie sollen wir die Behauptung verstehen, dass Frauen *als Frauen* unterdrückt werden? Frye erklärt dies wie folgt:

Man ist aufgrund der Mitgliedschaft in einer Gruppe oder Kategorie als Zielscheibe für die Ausübung unterdrückerischer Kräfte markiert. […] Im vorliegenden Fall ist es die Kategorie Frau. […] Wenn eine Frau wenig oder keinen wirtschaftlichen oder politischen Einfluss hat oder wenig von dem erreicht, was sie erreichen möchte, ist die Tatsache, dass sie eine Frau ist, dabei ein wichtiger kausaler Faktor. Denn für alle Frauen ist ihr Frausein maßgeblich mit den Nachteilen und Entbehrungen, die sie erleiden – seien sie groß oder klein –, verbunden, unabhängig davon, welche *race* sie haben oder welcher ökonomischen Klasse sie angehören. […] [Im Gegensatz dazu ist] das Männlichsein etwas, was für einen Mann arbeitet, unabhängig

17 Dazu, wie wichtig es ist, Macht und Unterdrückung voneinander zu unterscheiden, siehe Ortner 1996.

davon, ob seine *race*, seine Klassenzugehörigkeit, sein Alter oder seine Behinderung ihn benachteiligt. (Frye 1983: 15-16, Übersetzung von T. E.)

Aber wie sollten wir angesichts der Streuung der Macht in einem Modell der strukturellen Unterdrückung das »Markiertsein« und die »Ausübung« von Kräften verstehen? Im Kontext der Unterdrückung sind bestimmte Eigenschaften von Individuen sozial bedeutungsvoll. Das heißt, dass die Eigenschaften eine Rolle in einer allgemein akzeptierten (wenn auch gewöhnlicherweise nicht gänzlich bewussten) Repräsentation der Welt spielen, die dazu dient, bestimmte Formen des sozialen Umgangs zu rechtfertigen und zu motivieren. Die fraglichen bedeutungsvollen Eigenschaften – in den vorliegenden Fällen: angenommene oder tatsächliche Körpereigenschaften – markieren uns »als Zielscheibe für die Ausübung unterdrückerischer Kräfte«, und zwar insofern, als die Zuschreibung dieser Eigenschaften im Lichte dieser Hintergrundrepräsentation als angemessen zur Erklärung und Rechtfertigung unserer Stellung in einer Struktur von unterdrückerischen sozialen Beziehungen aufgefasst wird. Im Falle von Frauen ist die Idee, dass Gesellschaften von Repräsentationen geleitet werden, die das Weiblichsein mit anderen Tatsachen verbinden, die Auswirkungen darauf haben, wie jemand gesehen und behandelt werden sollte; insofern als wir unser soziales Zusammenleben so strukturieren, dass es der kulturellen Bedeutung von weiblichen (und männlichen) Körpern Rechnung trägt, nehmen Frauen eine unterdrückte soziale Stellung ein.

Obwohl ich mit Frye darin übereinstimme, dass in sexistischen Gesellschaften soziale Institutionen so strukturiert sind, dass sie insgesamt weibliche Menschen benachteiligen und männliche Menschen bevorteilen, dürfen wir nicht vergessen, dass Gesellschaften nicht monolithisch sind und dass Sexismus nicht die einzige Quelle von Unterdrückung ist. Zum Beispiel gibt in den USA gegenwärtig Kontexte, in denen Männlichsein in Kombination mit Schwarzsein einen zur Zielscheibe für bestimmte Formen der systematischen Gewalt (z. B. durch die Polizei) macht. In diesen Kontexten ist Männlichsein, entgegen Fryes Vorschlag, nichts, »was *für* einen arbeitet«, obwohl es natürlich (in den zeitgenössischen USA) auch andere Kontexte gibt, in denen Schwarze männliche Menschen davon profitieren, männlich zu sein. In Kontexten der ersteren Art ist die systematische Gewalt gegen männliche Menschen *als männliche Menschen* entmännlichend (was beabsichtigt sein kann); aber es gibt wichtige Unterschiede zwischen einem entmannten Mann und einer Frau. Nach der von uns betrachteten Auffassung ist eine Frau jemand, deren untergeordneter Status durch Verweis auf eine (angenommene) weibliche Anatomie gekennzeichnet ist; jemand, der mit Verweis auf eine (angenommene) männliche Anatomie für eine untergeordnete Stellung markiert ist, erfüllt nicht die Kriterien dafür, Frau zu sein, ist aber in einem bestimmten Kontext sozial auch nicht als Mann positioniert.

Diese Betrachtungen legen nahe, dass es sinnvoll sein könnte, in unserer Theorie den Kontext ausdrücklich zu berücksichtigen. Weiter unterstützen auch neueste Erkenntnisse zur Geschlechtersozialisation die Idee, dass es – obwohl die meisten von uns bereits im Alter von drei Jahren eine verhältnismäßig feste Geschlechtsidentität entwickelt haben – vom Kontext abhängt, wie stark der markierte Körper einen sozialen Unterschied macht. In ihrer Studie über Grundschulkinder legt Barrie Thorne Folgendes nahe:

> Die Übergänge zwischen *gender* sind episodisch und mehrdeutig und *der Begriff der »Grenzarbeit«* [d. h. die Arbeit, die investiert wird, um Grenzen infrage zu stellen und zu verteidigen] *sollte um einen parallelen Begriff – z. B. »Neutralisierung« – für den Prozess ergänzt werden, durch welchen Mädchen und Jungen (sowie auch Erwachsene) das Empfinden von* gender *als etwas Trennendes und Gegensätzliches neutralisieren oder unterlaufen.* (Thorne 1993: 84, Übersetzung von T. E.).

Thornes Untersuchung ist durch die Einsicht motiviert, dass *gender* ein fest verankertes System der Unterdrückung ist. Ihre Bemerkungen hier sind jedoch als Gegenmittel für zwei problematische Tendenzen bei der Rede von Mädchen und Jungen, Männern und Frauen gedacht: Erstens, die Tendenz, Unterschiede in Sachen *gender* auf der Grundlage von paradigmatischen Beispielen oder stereotypen Interaktionen zu verallgemeinern; zweitens, die Tendenz, Individuen (insbesondere Kinder) als passive Teilnehmer:innen an der Geschlechtersozialisierung sowie an geschlechtsspezifischen Lebensweisen ganz allgemein zu sehen.

In mancher Hinsicht scheint zwischen den Ansätzen von Frye und Thorne eine Spannung zu bestehen. Frye ist bestrebt, die strukturellen Aspekte der sexistischen Unterdrückung hervorzuheben: Ob es uns gefällt oder nicht, unser Körper verortet uns innerhalb einer sozialen Hierarchie. Thorne hingegen untersucht, wie Unterdrückung auf der Mikroebene gelebt, durchgesetzt und bekämpft wird. Beide Ansätze haben wichtige Vorteile: Ohne Einsicht in Strukturen der Unterdrückung und allgemeine Muster der Bevorteilung und Benachteiligung können einzelne Kränkungen und Konflikte harmlos erscheinen. Aber ohne die Anerkennung von individueller Abweichung und der Handlungsfähigkeit Einzelner nehmen Strukturen ein Eigenleben an und erhalten den Anschein, unvermeidlich und unüberwindbar zu sein. Aber können beide Blickwinkel in einer Theorie von *gender* berücksichtigt werden? Die Idee scheint einfach genug: Es gibt vorherrschende Ideologien und vorherrschende soziale Strukturen, die zusammen die Interaktionen auf der Mikroebene, so unterschiedlich und komplex sie auch sein mögen, dahingehend beeinflussen, dass männliche Menschen meistens privilegiert und weibliche meistens benachteiligt werden.

Obwohl eine angemessene Theorie von *gender* sehr sensitiv für kontextspezifische Variation sein muss, können wir, wenn wir uns gänzlich auf diejenigen Kontexte konzentrieren, in denen unser *gender* ausgehandelt wird, allzu leicht aus den Augen verlieren, dass für die meisten von uns gilt, dass unsere Körper relativ konstant als männlich bzw. weiblich interpretiert werden; eine Interpretation, die uns in einem System sexistischer Unterdrückung als nur für bestimmte Positionen und Chancen infrage kommend markiert. Da unser Fokus darauf liegt, Systeme der Ungleichheit zu theoretisieren, ist es wichtig, zunächst die beiden sozialen Klassen Männer und Frauen in einer umfassenden Struktur der Unterordnung und Privilegierung zu verorten:[18]

18 Dieser Vorschlag beruht auf der Annahme, dass zumindest einige Gesellschaften eine »vorherrschende Ideologie« haben. Andere sprechen in diesem Zusammenhang von »Hintergrund«, »Hegemonie« oder »Habitus«. Anstatt darüber zu diskutieren, wie dieses Phänomen am besten zu fassen ist, begnüge ich mich damit, den Ausdruck »vorherrschende Ideologie« als Platzhalter für eine Theorie zu verwenden, über die später entschieden werden soll. Um mit meinen Theorien von *gender* und *race* vereinbar zu sein, muss jedoch sichergestellt werden, dass die zu ermittelnde Theorie mehrere ideologische Stränge innerhalb einer Gesellschaft zulässt. Siehe Geuss 1981, Hoy 1994.

S *ist eine Frau* gdw.

(i) S regelmäßig und größtenteils aufgrund von Beobachtung oder Einbildung für jemand gehalten wird, die bestimmte körperliche Merkmale hat, welche als Hinweis auf die weibliche biologische Rolle in der Fortpflanzung aufgefasst werden;

(ii) die Tatsache, dass S diese Merkmale hat, S in der vorherrschenden Ideologie von S' Gesellschaft als jemanden markiert, die bestimmte Arten von sozialen Positionen, welche faktisch untergeordnet sind, einnehmen sollte (und in diesem Sinne S' Einnehmen dieser sozialen Position motiviert und rechtfertigt); und

(iii) die Tatsache, dass S die Bedingungen (i) und (ii) erfüllt, eine Rolle bei S' systematischer Unterordnung spielt; d. h. S' soziale Position *entlang einer Dimension* unterdrückt ist und die Tatsache, dass S die Bedingungen (i) und (ii) erfüllt, eine Rolle in dieser Dimension der Unterordnung spielt.

S *ist ein Mann* gdw.

(i) S regelmäßig und größtenteils aufgrund von Beobachtung oder Einbildung für jemand gehalten wird, der bestimmte körperliche Merkmale hat, die als Hinweis auf männliche biologische Rolle in der Fortpflanzung aufgefasst werden;

(ii) die Tatsache, dass S diese Merkmale hat, S in der vorherrschenden Ideologie von S' Gesellschaft als jemanden markiert, der bestimmte Arten von sozialen Positionen, die faktisch privilegiert sind, einnehmen sollte (und in diesem Sinne S' Einnehmen dieser sozialen Position motiviert und rechtfertigt); und

(iii) die Tatsache, dass S die Bedingungen (i) und (ii) erfüllt, eine Rolle bei S' systematischer Privilegierung spielt; d. h. S' soziale Position *entlang einer Dimension* privilegiert ist und die Tatsache, dass S die Bedingungen (i) und (ii) erfüllt, eine Rolle in dieser Dimension der Privilegierung spielt.

Diese Theorien sind jedoch mit der Vorstellung vereinbar, dass *gender* (zumindest für einige von uns) nicht gänzlich stabil ist und es in bestimmten Kontexten durch andere Unterdrückungssysteme durchbrochen werden kann: Um eine Frau zu sein, muss jemand sozial nicht immer als Frau fungieren; um ein Mann zu sein, muss jemand sozial nicht immer als Mann fungieren.[19] Um auf ein früheres Beispiel zurückzukommen: Wenn Systeme der Weißen Vorherrschaft und der männlichen Dominanz aufeinanderprallen, kann das männliche Privileg eines Schwarzen Mannes als so bedrohlich angesehen werden, dass es ihm gewaltsam entrissen werden muss. Zur Berücksichtigung solcher Abweichungen können wir hinzufügen:

S fungiert als Frau im Kontext K gdw.$_{\mathrm{df}}$
(i) S im Kontext K aufgrund von Beobachtung oder Einbildung für jemand gehalten wird, die bestimmte körperliche Merkmale hat, welche als Hinweis auf die weibliche biologische Rolle in der Fortpflanzung aufgefasst werden;
(ii) die Tatsache, dass S diese Merkmale hat, S in der Hintergrundideologie von K als jemanden markiert, die bestimmte Arten von sozialen Positionen, welche faktisch untergeordnet sind, einnehmen sollte (und in diesem Sinne S' Einnehmen dieser sozialen Position motiviert und rechtfertigt); und
(iii) die Tatsache, dass S die Bedingungen (i) und (ii) erfüllt, eine Rolle bei S' systematischer Unterordnung im Kontext K spielt; d. h. S' soziale Position im Kontext K *entlang einer Dimension* unterdrückt ist und die Tatsache, dass S die Bedingungen (i) und (ii) erfüllt, eine Rolle in dieser Dimension der Unterordnung spielt.

Was es heißt, in einem Kontext K als Mann zu fungieren, lässt sich analog dazu definieren.

Es ist wichtig, anzumerken, dass die Definitionen nicht voraussetzen, dass die fraglichen Hintergrundideologien die (angenommene) reproduktive Funktion als solche zur Rechtfertigung der »angemessenen« Art und Weise, Männer und Frauen zu behandeln, verwenden; (angenommene) reproduktive Merkmale können stattdessen auch einfach als Hinweis auf angeblich tieferliegende (und moralisch bedeutsame?) Eigenschaften verstanden werden, von

19 Wie bereits erwähnt, fallen *sex* und *gender* in einer materialistischen Theorie nicht immer zusammen. Hier gehe ich jedoch noch einen Schritt weiter: Jemand kann seinem/ihrem *gender* nach ein Mann/eine Frau sein, ohne in jedem Lebensmoment sozial als diesem *gender* zugehörig zu funktionieren.

denen die Ideologie annimmt, dass sie die fragliche Behandlung rechtfertigen (Appiah 1992, 13-15).

Obwohl ich letztendlich diese Analysen von *Mann* und *Frau* verteidigen werde, werde ich weiter unten argumentieren, dass es Gründe gibt, die umfassendere materialistische Strategie bei der Definition von *gender* anzupassen. Kurz gesagt, glaube ich, dass *gender* gewinnbringend als eine Gattung höherer Ordnung verstanden werden kann, die nicht nur die hierarchischen sozialen Positionen von Mann und Frau, sondern potenziell auch andere nicht-hierarchische teilweise unter Bezugnahme auf reproduktive Funktionen definierte soziale Positionen miteinschließt. Ich glaube, dass *gender*, wie wir es kennen (als Männer und Frauen), hierarchisch strukturiert ist; aber der theoretische Schritt, Männer und Frauen nur als zwei Arten von *gender* zu sehen, liefert uns die Mittel, um über andere (tatsächliche) *gender* und die politische Möglichkeit, nicht-hierarchische *gender* zu erschaffen, nachzudenken.

4. Was ist *race*?

Ein Vorteil dieser Theorie von *gender* ist die sich anbietende Parallele zu *race*. Lassen Sie mich zunächst einige Punkte wiederholen, die ich für erwiesene Wahrheiten halte: Erstens gibt es keine »Rassengene«, welche für die komplexen Morphologien und kulturellen Muster verantwortlich sind, die wir mit einer bestimmten *race* verbinden. Zweitens werden Unterscheidungen in Sachen *race* in verschiedenen Kontexten auf der Grundlage verschiedener Eigenschaften getroffen; z. B. unterscheiden sich das brasilianische und das US-amerikanische Klassifikationssystem in Hinblick auf die Frage, wer als »Schwarz« zählt. Aus diesen und anderen Gründen scheint es aussichtsreich, *race* – analog zu *gender* – als Position in einem breiten sozialen Netzwerk aufzufassen.

Obwohl diese Idee vielversprechend scheint, ist es nicht einfach, sie auszuarbeiten. Es ist eine Sache anzuerkennen, dass *race* – obwohl biologisch gesehen eine Illusion – *sozial* real ist; aber es ist eine andere, die »soziale Bedeutung von *color*« allgemeingültig auszuformulieren. *Race* scheint zu viele verschiedene Formen anzunehmen. Bei *gender* sind wir jedoch auf ein ähnliches Problem gestoßen: Besteht Aussicht auf eine einheitliche Analyse der »sozialen

Bedeutung von *sex*«? Der materialistisch-feministische Ansatz bot eine hilfreiche Strategie: Statt nach einer Analyse zu suchen, die voraussetzt, dass die Bedeutung immer und überall gleich ist, wird betrachtet, wie Angehörige der Gruppe *sozial positioniert* sind und welche *physischen Merkmale* als vermeintliche Grundlage für diese Behandlung dienen.

Wie können wir diese Strategie auf *race* übertragen? Die Formel übernehmend, könnten wir sagen, dass *race* die soziale Bedeutung des geografisch markierten Körpers ist: mit Hautfarbe, Haartyp, Augenform und Körperbau als geläufigen Markierungen. Diese Idee ausarbeitend, schlage ich folgende Definition von *race* vor.[20]

Eine erste Annäherung:

> Eine Gruppe ist *rassifiziert* (*racialized*) gdw.$_{df}$ ihre Mitglieder entlang einer Dimension (ökonomisch, politisch, rechtlich, sozial usw.) untergeordnet oder privilegiert positioniert sind und die Gruppe für diese Behandlung aufgrund von beobachteten oder eingebildeten Körpermerkmalen markiert ist, die für Hinweise auf Vorfahren aus einer bestimmten geografischen Region gehalten werden.

Oder hier eine stärker ausgearbeitete Version:

> Eine Gruppe G ist relativ zu einem Kontext K *rassifiziert* gdw. (alle und nur) deren Mitglieder folgende Bedingungen erfüllen:

(i) Es wird von ihnen aufgrund von Beobachtung oder Einbildung angenommen, dass sie bestimmte Körpermerkmale haben, die in K für Hinweise auf Vorfahren aus einer bestimmten geografischen Region (oder Regionen) gehalten werden;
(ii) ihr (vermeintliches) Aufweisen dieser Merkmale markiert sie in der Hintergrundideologie von K als Personen, die bestimmte Arten von sozialen Positionen, die faktisch untergeordnet sind, einnehmen sollten (und in diesem Sinne ihr Einnehmen dieser sozialen Position motiviert und rechtfertigt); und
(iii) die Tatsache, dass sie die Bedingungen (i) und (ii) erfüllen,

20 Hier stütze ich mich stark auf Stevens 1999, Kapitel 4 und Omi und Winand 1994, insbesondere S. 53-61.

spielt eine Rolle bei ihrer systematischen Unterordnung im Kontext K (bzw. würde eine Rolle spielen); d. h., sie sind im Kontext K *entlang einer Dimension* untergeordnet und die Tatsache, dass sie die Bedingungen (i) und (ii) erfüllen, spielt eine Rolle in dieser Dimension der Privilegierung oder Unterordnung (bzw. würde eine Rolle spielen).[21]

21 Einige Aspekte dieser Definition müssen weiter ausgearbeitet oder eingeschränkt werden. Auf vier dieser Aspekte möchte ich hier eingehen.
Erstens zählen diejenigen, die zwar Vorfahren aus einer bestimmten Region haben, aber als jemand »durchgehen«, der/die keine Vorfahren aus dieser Region hat, nicht als Mitglieder der rassifizierten Gruppe, die mit jener Region assoziiert wird. Dieser Fall verhält sich analog zu demjenigen eines weiblichen Menschen, der sozial als Mann, oder eines männlichen Menschen, der sozial als Frau funktioniert. Da das Ziel darin besteht, *race* und *gender* als soziale Positionen zu definieren, begrüße ich diese Folge meiner Definitionen.
Zweitens kann die Definition in ihrer jetzigen Form Kontexte wie z. B. Brasilien, in denen die Mitgliedschaft in einer *race* teilweise vom Bildungsgrad und der Klassenzugehörigkeit abhängt, nicht erfassen. Sie schließt privilegierte (»weißer gemachte«) Mitglieder einer untergeordneten *race* und untergeordnete (»dunkler gemachte«) Mitglieder einer privilegierten *race* aus, weil sie die dritte Bedingung nicht erfüllen. Aber weil sie die erste Bedingung nicht erfüllen, können die »weißer gemachten« Individuen nicht als Mitglieder der privilegierten und »dunkler gemachte« Individuen nicht als Mitglieder der untergeordneten Gruppe erfasst werden. Wir könnten die Definition jedoch für *starke* Formen der Rassifizierung reservieren und eine zusätzliche Version entwickeln, in welcher eine bestimmte *color* zwar relevant ist, aber keine notwendige Bedingung darstellt, indem wir die zweite Bedingung folgendermaßen abändern:

> (ii*) ihr (vermeintliches) Aufweisen dieser Eigenschaften sie – *allenfalls in Kombination mit anderen Eigenschaften* – in der Hintergrundideologie von K als Personen markiert, die bestimmte Arten von sozialen Positionen, die faktisch untergeordnet sind, einnehmen sollten (und in diesem Sinne ihr Einnehmen dieser sozialen Position motiviert und rechtfertigt).

Die erste Bedingung lässt es bereits zu, dass von den Mitgliedern einer Gruppe angenommen werden kann, dass sie Vorfahren in mehr als einer Region haben (was ursprünglich erforderlich war, um die Rassifizierung von Gruppen mit einer »gemischten« *race* zu erfassen). Die Abänderung der zweiten Bedingung erlaubt nun, dass rassifizierte Gruppen Menschen mit unterschiedlicher *color* einschließen und von einer Vielzahl an Faktoren abhängen können.
Drittens müssen wir uns fragen, ob rassifizierte Gruppen durch einen tatsächlichen oder unterstellten Körpertyp »markiert« sein müssen. Was ist mit Juden und Jüdinnen, amerikanischen Ureinwohner:innen und Roma? (Roma sind auch deswegen interessant, weil es nicht gänzlich klar ist, ob sie mit einem bestimmten Herkunftsort verbunden werden; ich halte aber »kein Herkunftsort« für einen Faktor in ihrer Rassifizierung und für den Grenzfall »einer bestimmten

Mit anderen Worten: *Races* sind diejenigen Gruppen, die durch die geografischen Verbindungen voneinander abgegrenzt sind, die mit wahrgenommenen Körpertypen einhergehen, sofern diese Assoziationen eine bewertende Bedeutung in Hinblick darauf angenommen haben, wie die Mitglieder dieser Gruppe gesehen und behandelt werden sollen. Wie im Falle von *gender* muss die Ideologie die physische Morphologie oder die Verbindung zu einer geografischen Region nicht als die vollständige Grundlage der »angemessenen« Behandlung ansehen; diese Merkmale können stattdessen einfach als »Hinweise« auf andere Charakteristika verstanden werden, die die Ideologie verwendet, um die fragliche Behandlung zu rechtfertigen.

Diese Definition voraussetzend können wir sagen, dass S [in K] seiner/ihrer *race* nach genau dann Weiß (Schwarz, Asiatisch ...) ist, wenn Weiße (Schwarze, Asiatische ...) Menschen [in K] eine rassifizierte Gruppe sind und S ein Mitglied dieser Gruppe ist.[22] Ob eine

geografischen Region«.) Ich würde vorschlagen, dass es in Kontexten, in denen Jüdinnen und Juden und amerikanische Ureinwohner:innen rassifiziert sind, einige (unter Umständen eingebildete) körperliche Merkmale gibt, welche für hervorstechend gehalten werden, obschon nicht alle Mitglieder der Gruppe diese Merkmale haben müssen, wenn andere Hinweise auf Vorfahren aus der relevanten Region vorliegen. Letztlich könnte es jedoch sinnvoller sein, zuzulassen, dass die Zugehörigkeit zu einer *race* über ein Bündel von Eigenschaften (wie physische Erscheinung, Abstammung und Klassenzugehörigkeit) festgelegt wird, die in unterschiedlichen Kontexten unterschiedlich gewichtet werden.

Und schließlich soll die Definition die Idee einfangen, dass Mitglieder einer *race* über verschiedene soziale Kontexte verstreut sein können und daher nicht alle tatsächlich (direkt) durch lokale Strukturen der Privilegierung und Unterordnung betroffen sein müssen. So sind beispielsweise Schwarze Afrikaner:innen und Afroamerikaner:innen beide Mitglieder einer Gruppe, die in den USA derzeit rassifiziert ist, auch wenn gewisse ideologische Interpretationen ihrer *color* nicht bei der Unterordnung aller Schwarzen Afrikaner:innen eine Rolle gespielt haben. Deshalb schlage ich vor, dass alle als Mitglieder einer in K rassifizierten Gruppe zählen, die in K markiert und entsprechend untergeordnet oder privilegiert sind oder es *wären,* wenn sie sich darin aufhalten würden. Diejenigen, die (berechtigterweise) glauben, dass alle Schwarzen Menschen weltweit durch die Strukturen und die Ideologie der Weißen Vorherrschaft betroffen sind, brauchen diesen Zusatz nicht; und diejenigen, die eine potenziell feinkörnigere Grundlage für die Mitgliedschaft in einer *race* wollen, können sie weglassen.

22 Wie im Falle von *gender* schlage ich vor, die Mitgliedschaft in einer *race*/einer ethnischen Gruppe in Abhängigkeit davon zu verstehen, wie ein Individuum im fraglichen Kontext regelmäßig und größtenteils gesehen und behandelt wird;

Gruppe und dementsprechend auch ein Individuum rassifiziert ist, ist gemäß dieser Auffassung von *race* keine absolute Tatsache, sondern wird vom Kontext abhängen. Beispielsweise sind Schwarze, Weiße, Asiat:innen und amerikanische Ureinwohner:innen in den heutigen USA insofern rassifiziert, als alle diese Gruppen unter Bezugnahme auf physische Merkmale definiert werden, die mit Herkunftsregionen verbunden werden und die Mitgliedschaft in diesen Gruppen sozial als Bewertungsgrundlage fungieren. Hingegen sind gewisse andere Gruppen, wie z. B. Italiener:innen, Deutsche und Ir:innen, in den USA derzeit nicht mehr rassifiziert, obwohl sie es in der Vergangenheit waren, es in anderen Kontexten noch sind und es zukünftig auch in den USA wieder sein könnten.

Es ist hilfreich, einen möglichen Unterschied zwischen *race* und Ethnizität hervorzuheben. Ich habe keine Theorie der Ethnizität anzubieten; dies sind lediglich vorläufige Gegenüberstellungen. Jemandes Ethnizität betrifft die Verbindung, die jemand aufgrund seiner/ihrer Vorfahren zu einer bestimmten geografischen Region hat (allenfalls zusammen mit der Teilnahme an kulturellen Praktiken dieser Region); oftmals wird Ethnizität mit typischen physischen Merkmalen in Verbindung gebracht. Für unsere Zwecke könnte es jedoch nützlich sein, den Begriff der »Ethnizität« für Gruppen zu verwenden, die wie rassifizierte Gruppen (in dem von mir definierten Sinne) sind, deren Mitglieder jedoch im fraglichen Kontext weder systematische Unterordnung noch Privilegierung erfahren.[23] Ethnische Gruppen können rassifiziert sein (und sind es oft); wenn sie es sind, dann wird man durch die Mitgliedschaft in der Gruppe in einer sozialen Hierarchie positioniert. Wenn dies geschieht, dann ist die Gruppe mehr als eine bloß ethnische Gruppe, sondern fungiert in jenem Kontext als *race*. Kurz gesagt können

jedoch könnte man wie vorher zwischen dem Mitglied*sein* und dem als Mitglied *Funktionieren* unterscheiden, wenn man (nicht auf Grundlage ihrer Biologie oder Abstammung) das Ausmaß der Verankerung eines einzelnen Individuums in einer bestimmten rassifizierten sozialen Position betrachten möchte.

23 Vielleicht sollten wir zulassen, dass es Arten der Stratifizierung zwischen ethnischen Gruppen gibt, die hinter der Art von systematischer Unterordnung zurückfällt, die konstitutiv für *race* ist. Meine Theorie bleibt in diesem Punkt unbestimmt. Dies könnte geklärt werden, indem man eine differenziertere Theorie von sozialen Hierarchien beizieht. Der Körper ist ebenfalls relevant: Unterscheiden sich Ethnien von rassifizierten Gruppen vielleicht dadurch, dass ihre Mitglieder für unterschiedlich anpassungsfähig gehalten werden?

wir zwischen dem Einteilen von Individuen in Gruppen auf der Grundlage ihrer (angenommenen) Herkunft und dem *hierarchischen* Einteilen von Individuen aufgrund ihrer (angenommenen) Herkunft unterscheiden und das Begriffspaar von *race* und Ethnizität könnte eine hilfreiche Art sein, diese Unterscheidung einzufangen.

5. Normativität und Gemeinsamkeit

Was (wenn überhaupt etwas) erreichen wir mit der Übernahme der beiden oben dargelegten Analysen? Sind sie die Werkzeuge, die wir brauchen? Betrachten wir zunächst die Probleme der Gemeinsamkeit und der Normativität und beginnen wir mit *gender*.

Zur Erinnerung: Das Problem der Gemeinsamkeit wirft die Frage auf, ob es etwas Soziales gibt, von dem wir gerechtfertigterweise annehmen können, dass es allen weiblichen Menschen gemeinsam ist. Wenn wir fragen, ob weibliche Menschen irgendwelche intrinsischen (nicht-anatomischen) Merkmale wie psychologische Verfasstheit, Charakterzüge, Überzeugungen, Werte, Erfahrungen teilen oder ob es alternativ dazu vielleicht eine bestimmte soziale Rolle gibt, welche weibliche Menschen kultur- und epochenübergreifend ausgefüllt haben, scheint die Antwort »Nein« zu sein.

Nach meiner Analyse sind Frauen diejenigen, die eine bestimmte *Art* von sozialer Position einnehmen; nämlich diejenige einer Untergeordneten, die durch ihr *sex* für diese Unterordnung markiert ist. Frauen ist also gemeinsam, dass ihr (angenommenes) *sex* sie sozial benachteiligt; aber das ist vereinbar mit der kulturellen Variabilität, die feministische Untersuchungen aufgedeckt haben, da die spezifische Ausprägung der Position von Frauen und die Art, wie sie gerechtfertigt wird, sehr unterschiedlich ausfallen kann. Zugegebenermaßen kann die Theorie dieser Variabilität deswegen gerecht werden, weil sie sehr abstrakt ist; aber sie liefert dennoch eine schematische Darstellung, welche die wechselseitige Abhängigkeit von materiellen Kräften, die Frauen unterordnen, und ideologischen Bezugssystemen, die diese aufrechterhalten, hervorhebt.

Man könnte einwenden, dass es *einige* Frauen (bzw. weibliche Menschen) geben müsse, die nicht unterdrückt und vor allem nicht *als Frauen* unterdrückt sind. Vielleicht gibt es solche; z. B.

könnte es sein, dass manche als Männer »durchgehen« und andere zwar als weibliche Menschen erkennbar sind, aber nicht auf eine Art unterdrückt sind, die mit dieser Zuschreibung verbunden wäre. Ich glaube nicht, dass es (wenn überhaupt) viele solche Fälle gibt, gestehe aber auf jeden Fall zu, dass es weibliche Menschen *geben könnte*, welche die von mir vorgeschlagene Definition nicht erfüllen. Vielmehr glaube ich sogar, dass es Teil des feministischen Projekts ist, darauf hinzuarbeiten, dass es eines Tages keine Frauen (aber natürlich sehr wohl noch weibliche Menschen!) mehr gibt. Ich gebe gerne zu, dass es weibliche Menschen geben könnte, die keine Frauen in dem von mir definierten Sinne sind, aber solche Individuen (oder mögliche Individuen) sind keine Gegenbeispiele zur Analyse. Denn diese soll eine für kritisch-feministische Bemühungen bedeutsame politische Kategorie herausgreifen und nicht-unterdrückte weibliche Menschen fallen nicht in diese Kategorie (obwohl sie aus anderen Gründen von Interesse sein können).

Aber dies führt uns direkt vom Problem der Gemeinsamkeit zu demjenigen der Normativität. Das Problem der Normativität erhebt den Einwand, dass jedwede Bemühung, *Frauen* zu definieren, einige Frauen auf eine problematische Weise privilegieren und andere (theoretisch) marginalisieren und damit selbst normativ werden wird. Eine Sorge ist, dass unweigerlich Verzerrungen auftreten, wenn es darum geht zu entscheiden, wessen Erfahrungen oder soziale Rollen maßgeblich sind. Eine zweite Sorge ist, dass die bereitgestellte Definition zu etwas wird, woran jemand sich halten muss, wenn sie eine »richtige« Frau sein will, und dass dies die männliche Dominanz verstärkt, anstatt sie infrage zu stellen.

Gemäß der von mir vorgeschlagenen Definition ist es tatsächlich so, dass gewisse weibliche Menschen nicht als »richtige« Frauen zählen; und es stimmt auch, dass ich gewisse Lebensumstände von Frauen für maßgeblich erachtet habe. Gegeben den oben skizzierten erkenntnistheoretischen Rahmen ist es allerdings sowohl unvermeidlich als auch entscheidend, dass wir auf der Grundlage ausdrücklicher und wohlüberlegter Werte diejenigen Tatsachen auswählen, die bedeutsam sind. Für die Zwecke einer kritisch-feministischen Untersuchung ist das Vorliegen von Unterdrückung eine wichtige Tatsache, um die wir unsere theoretischen Kategorien organisieren sollten; es mag sein, dass nicht-unterdrückte weibliche Menschen in meiner Theorie marginalisiert werden, aber das liegt daran – in Bezug auf die weitergefassten Ziele, die sich aus den unser Projekt leitenden feministischen und antirassistischen Werten ergeben – dass sie nicht diejenigen sind, die zählen. Die wichtige Frage in diesem Zusammenhang ist nicht, ob eine bestimmte Theorie Individuen »marginalisiert«, sondern ob der Umstand, dass sie es tut, den feministischen Werten, welche die Untersuchung motivieren, zuwiderläuft. Und soweit ich das beurteilen kann, würde ein solcher Widerspruch vielmehr dann auftreten, wenn wir unsere theoretischen Bemühungen *nicht* auf die Situation von unterdrückten weiblichen Menschen richteten.

Es bleibt uns noch die Frage, ob meine Definition von *Frau* eine *gender*-Hierarchie aufrechterhält, indem sie implizit ein normatives Ideal des Frauseins vermittelt. Angesichts dessen, dass Frauen gemäß meiner Definition eine unterdrückte Gruppe sind, hoffe ich natürlich, dass dem nicht so ist! Stattdessen bietet die Definition viel eher ein negatives Ideal, das männliche Dominanz infrage stellt.

Ich verzichte an dieser Stelle darauf, meine Definition von rassifizierten Gruppen gegen erweiterte Versionen des Normativitäts- und des Gemeinsamkeitseinwandes zu verteidigen, da ich die soeben verfolgte Strategie einfach wiederholen würde. Obwohl es bei der Anpassung der Argumente an den Fall der rassifizierten Gruppen interessante Feinheiten gibt, sehe ich nichts Eigentümliches an *race*, was ein Hindernis für die Entwicklung derselben Art von Entgegnung darstellen würde.

6. Begriffe aushandeln

Fassen wir nun einige der Vorteile der vorgeschlagenen Definitionen zusammen. An dieser Stelle können wir terminologische Fragen ausklammern und einfach überlegen, ob es sich bei den fraglichen Gruppen um welche handelt, die in Bezug auf unsere Erkenntnisziele wert sind, berücksichtigt zu werden. Ich hoffe, dass aus dem, was ich bereits gesagt habe, klar hervorgeht, wie die Analysen uns dabei helfen können, umfassende Muster der Unterdrückung aufgrund von *color* und *sex* zu identifizieren und zu kritisieren (MacKinnon 1987) und wie sie die Intersektionalität von sozialen Kategorien zu erfassen vermögen. Aber eine weitere, und meiner Ansicht nach interessantere, Frage ist, ob es hilfreich ist, diese Gruppen *auf diese Weise* zu sehen: Dient es den Zielen, Unterdrückung aufgrund von *color* und *sex* zu verstehen und *race* und *gender* betreffende Ungleichheit abzuschaffen, wenn wir uns als *Männer* und *Frauen* oder als *rassifiziert* in dem von mir vorgeschlagenen Sinne verstehen?

Indem wir uns das Alltagsvokabular in Sachen *race* und *gender* aneignen, laden die von mir präsentierten Analysen uns dazu ein, den Einfluss von Unterdrückungssystemen auf die Ausgestaltung unserer persönlichen und politischen Identitäten anzuerkennen. Jede und jeder von uns ist der eigenen *race* und dem eigenen *gender* auf irgendeine Weise verbunden: Ich bin eine Weiße Frau. Gemäß meinen Definitionen verortet mich dies innerhalb von sozialen Systemen, die mich in gewissen Hinsichten privilegieren und in anderen unterordnen. Weil *gender* und *race* betreffende Ungleichheiten nicht nur eine Frage der öffentlichen Ordnung sind, sondern den Kern unseres Selbstverständnisses betreffen, zwingt uns die vorgeschlagene terminologische Verschiebung dazu zu überdenken, für wen wir uns halten.

Dieser Punkt zeigt auf, warum die Frage der terminologischen Aneignung besonders heikel ist, wenn die Ausdrücke Kategorien sozialer Identität bezeichnen. Als Antwort auf einen Leitartikel der *New York Times*, der den terminologischen Übergang von »Schwarz« zu »afroamerikanisch« befürwortet hatte, schrieb Trey Ellis:

> Meine Mutter hat mich dazu erzogen, Leuten, die mir sagen, wie ich mich in allen Verwendungszusammenhängen zu bezeichnen habe, nur weil sie auf einer Cocktailparty, zu der ich nicht einmal eingeladen war, eine Entscheidung gefällt haben, dazu aufzufordern, meinen schwarzen Arsch zu küssen (*kiss my black ass*). In vielen Zusammenhängen wird *afroamerikanisch* (*African-American*) schlicht nicht ausreichen.[24] (Übersetzung von T.E.)

Es geht nicht nur darum, welche Worte wir verwenden sollten und wer sagen darf, welche Worte wir verwenden sollten, sondern auch darum, für wen wir uns halten, und damit in gewisser Weise

24 Trey Ellis, *Village Voice*, 13. Juni 1989. Zitiert nach H. L. Gates 1992: »What's in a Name?«, S. 139. Gates zitiert die Stelle anders; er lässt »schwarz« vor »Arsch« weg. Obschon er Ellis' Konklusion anführt, beraubt er das Zitat durch diese Abänderung seiner selbsterklärenden Kraft.

darum, wer wir sind. Ausdrücke für soziale Gruppen können als deskriptive Ausdrücke fungieren: Es kann zutreffend sein, dass jemand eine Frau ist, wenn sie gewisse Bedingungen erfüllt. Ausdrücke für soziale Gruppen dienen jedoch auch andern rhetorischen Zwecken. Typischerweise beschwört der Akt, jemanden als Mitglied einer sozialen Gruppe zu klassifizieren, eine Menge an »angemessenen« (kontext-spezifischen) Normen und Erwartungen. Er stellt die klassifizierte Person in einen sozialen Rahmen und macht bestimmte Arten der Bewertung verfügbar; kurz gesagt, er hat präskriptive Kraft. Das Annehmen von oder die Selbstidentifizierung mit einer Klassifizierung geht normalerweise mit der Zustimmung zu einigen Normen und Erwartungen einher, wenn auch nicht immer die sozial anerkannten. Die Frage, ob ich als »*woman*« oder »*wommon*«,[25] »Weiß« oder »Euroamerikaner:in« bezeichnet werden soll, ist nicht nur eine Frage der zu verwendenden Worte, sondern eine Frage der Normen und Erwartungen, die angemessen sind; zu fragen, wie ich bezeichnet werden soll, heißt zu fragen, nach welchen Normen ich beurteilt werden soll (siehe insbesondere Haslanger 2012 [1993]).

Obwohl die »Identifizierung« von jemandem als Mitglied einer sozialen Gruppe eine Menge von »angemessenen« Normen beschwört, sind diese Normen nicht unveränderlich. Was es heißt, eine Frau, Weiß oder Lateinamerikaner:in zu sein, ist nicht stabil und kann immer infrage gestellt werden. Die Instabilität über die Zeit hinweg ist notwendig, um die grundlegende Struktur von *gender* und *race* durch andere soziale Veränderungen hindurch aufrechtzuerhalten: Mit dem Wandel von sozialen Rollen – ausgelöst durch ökonomische Entwicklungen, Einwanderung, politische Bewegungen, Naturkatastrophen, Krieg usw. – werden die Inhalte der normativen *race*- und *gender*-Identitäten neu justiert. Die flexible Anpassung an verschiedene Kontexte trägt der Komplexität des gesellschaftlichen Lebens Rechnung: Von welchen Normen angenommen wird, dass sie gelten, hängt von der vorherrschenden sozialen Struktur, dem ideologischen Kontext und anderen Dimensionen der eigenen Identität (wie z. B. Klasse, Alter, Befähigung,

25 A. d. Ü.: Bei »wommon« handelt es sich um eine veraltete Schreibweise von »woman«, die sich Feminist:innen angeeignet haben, um das Wort »man« aus dem Schriftbild zu entfernen. Als Pluralform dient z. B. »womyn« (siehe weiter unten).

Sexualität) ab. Aber diese Instabilität und Flexibilität sind auch genau das, was Gruppen die Möglichkeit eröffnet, sich auf eine neue Weise zu definieren. Eine Strategie ist es, sich als Gruppe einen neuen Namen zu geben (»Afroamerikaner:innen«, »womyn«); eine andere ist es, sich alte Namen mithilfe einer normativen Umkehrung wieder anzueignen (»queer«); aber in manchen Fällen wird um die Bedeutung von gewöhnlichen Ausdrücken gestritten (»Ain't I a woman?«[26]). Da Individuen so stark mit *gender-* und (zumindest in den USA) *race*-Kategorien verbunden sind, bleibt es von entscheidender Bedeutung, ob jemand als »Frau« oder »Mann« und einer der üblichen *races* zugehörig wahrgenommen wird. Aber dennoch ist es möglich (auch wenn dies leicht übertrieben ist), unser Vokabular in Sachen *gender* und *race* als etwas zu verstehen, das uns terminologische Platzhalter an die Hand gibt, die Raum für uns das kollektive Aushandeln unserer sozialen Identitäten markieren.

Wie bewerten wir – angesichts der normativen Kraft und des politischen Potenzials dessen, jemanden (oder sich selbst) *race* oder *gender*-Kategorien zuzuordnen – eine terminologische Aneignung der Art, wie ich sie vorschlage? Ist es z. B. nicht unredlich, sich *race* und *gender*-Vokabular anzueignen, mit dem wir unser Selbstbild sowie das Bild, das wir uns von anderen machen, formen und dieses dann für neue Begriffe zu verwenden, die *nicht* Teil unserer Selbstverständnisse sind?

Diese Frage ist besonders dringlich, weil die fragliche Aneignung absichtlich etwas aufgreift, was viele als positive Selbstverständnisse verstehen – Latina zu sein, ein Weißer Mann zu sein –, und eine Analyse präsentiert, die den weitergefassten Zusammenhang der Ungerechtigkeit betont. Damit ist sie eine Einladung, nicht nur unser Verständnis dieser Kategorien zu revidieren (wegen ihrer Instabilität geschieht dies ohnehin oft genug), sondern auch unser Verhältnis zu ihrer präskriptiven Kraft zu verändern.

Indem ich Analysen dieser alltagssprachlichen Ausdrücke liefere, fordere ich uns auf, scheinbar positive soziale Identitäten abzulehnen. Ich schlage vor, dass wir daran arbeiten sollten, jene Kräfte zu untergraben, die es möglich machen, ein Mann, eine Frau oder ein

26 A. d. Ü.: Haslanger bezieht sich hier auf den Titel eines Vortrags, den die Abolitionistin und Frauenrechtlerin Sojourner Truth im Mai 1851 hielt und von dem eine Mitschrift im Monat darauf ursprünglich im *Anti-Slavery Bugle* veröffentlicht wurde.

Mitglied einer rassifizierten Gruppe zu sein; wir sollten es ablehnen, dem *gender* nach ein Mann oder eine Frau zu sein, wir sollten es ablehnen, rassifiziert zu werden. Dies geht darüber hinaus, essenzialistische Behauptungen über die eigene Verkörperung abzulehnen, und beinhaltet eine aktive politische Selbstverpflichtung dazu, das eigene Leben anders zu leben (Stoltenberg 1989). In gewisser Weise ist die Aneignung »nur« semantisch: Ich schlage vor, dass wir einen althergebrachten Ausdruck auf eine neue Art und Weise verwenden. Aber die Aneignung ist auch politisch: Ich fordere, dass wir uns selbst und die Menschen um uns herum als tiefgreifend von Ungerechtigkeit geprägt sehen und die entsprechenden präskriptiven Schlüsse daraus ziehen. Ich hoffe, dass dies dazu beitragen wird, kritische soziale Akteur:innen zu ermächtigen. Ob die von mir vorgeschlagene terminologische Verschiebung politisch nützlich ist, wird von den Kontexten abhängen, in denen sie vollzogen wird, und den Individuen, die sie vollziehen. Es geht mir nicht darum, vorzuschreiben, dass meine Begriffe von *gender* und *race* in allen Kontexten verwendet werden sollen; vielmehr gebe ich uns Ressourcen an die Hand, die umsichtig verwendet werden sollten.

7. Anhaltende Bedenken, vielversprechende Alternativen

Es gibt jedoch eine weitergehende Sorge, die man hinsichtlich der von mir gewählten Strategie haben könnte: Warum sollte man Hierarchie in die Definitionen einbauen? Warum definiert man *gender* und *race* nicht einfach als soziale Positionen, die durch kulturelle Reaktionen auf Körper motiviert und gerechtfertigt werden, ohne dabei vorauszusetzen, dass die sozialen Positionen hierarchisch angeordnet sind? Wäre das nicht das, was wir brauchen, um zu vermeiden, dass aus unseren Definitionen (unplausiblerweise) folgt, dass Frauen per definitionem untergeordnet, Männer per definitionem privilegiert und *races* per definitionem hierarchisch positioniert sind?

Wenn wir die Hierarchie aus den Definitionen entfernten, gäbe es noch zwei weitere Vorteile: Einerseits könnten wir besser erfassen, dass es das Haben eines *gender* und einer *race* auch positive Seiten hat, wenn unser Modell auch Platz für kulturelle Repräsentationen des Körpers hätte, die *nicht* zur Aufrechterhaltung von Unterordnung und Privilegierung beitragen. Und andererseits würden solche Theorien einen Rahmen bieten, in dem wir uns die Art von konstruktiven Veränderungen ausmalen können, die notwendig sind, um eine gerechtere Welt zu erschaffen. Der Vorschlag, dass wir *race* und *gender* abschaffen müssen, mag ein überzeugender Protestaufruf für diejenigen sein, die sich mit radikalen Anliegen identifizieren, aber es ist alles andere als klar, dass Gesellschaften es vermeiden können oder sollen, Körpern Bedeutung zu geben oder sich auf eine Weise zu organisieren, die Unterschiede hinsichtlich *sex* oder reproduktiver Fähigkeiten berücksichtigt. Brauchen wir nicht zumindest einen Begriff von *gender*, der nicht nur für destruktive, sondern auch für rekonstruktive Anstrengungen nützlich sein wird?

Betrachten wir also zuerst *gender*. Ich bin offen dafür, *sex* und *gender* radikal neu zu denken. Insbesondere glaube ich, dass wir es ablehnen sollten, Anatomie als die primäre Grundlage zur Klassifizierung von Individuen zu verwenden und dass jegliche Unterscheidungen von Individuen aufgrund von *sex* und reproduktiver Fähigkeiten maßgeblich politisch und anfechtbar sind. Einige Autor:innen haben argumentiert, dass wir dem Kontinuum der anatomischen Unterschiede gerecht werden sollten und mindestens fünf sich in Sachen *sex* unterscheidende Gruppen anerkennen sollten (Fausto-Sterling 1993). Und wenn Unterscheidungen in Sachen *sex* komplexer würden, müssten wir in der Folge auch sexuelle Orientierung überdenken, da sich sexuelles Verlangen dann nicht mehr sauber in bestehende homosexuell/heterosexuell-Paradigmata einordnen ließe.

Es ist jedoch möglich, die Vervielfältigung an Optionen in Sachen *sex* und Reproduktion voranzubringen, ohne zu behaupten, dass wir alle sozialen Auswirkungen des anatomischen *sex* und der Fortpflanzung beseitigen. Da es innerhalb der Spezies beträchtliche Unterschiede gibt hinsichtlich dessen, was menschliche Körper zur Fortpflanzung beitragen und welche Art von Körper die physische Hauptlast der Fortpflanzung trägt, und die Fortpflanzung nicht anders kann als sozial bedeutsam zu sein (schließlich bringt sie Kinder hervor), kann es schwierig scheinen, sich eine funktionsfähige Gesellschaft und, genauer noch, eine funktionsfähige *feministische* Gesellschaft vorzustellen, die den Unterschied zwischen jenen Arten von Körpern, die wahrscheinlich Kinder gebären können, und denjenigen, die dies wahrscheinlich nicht können, in keiner Weise berücksichtigt. Man könnte argumentieren, dass wir eine Gesellschaft anstreben sollten, die frei von *gender* im materialistischen Sinne ist – d. h. dass Unterdrückung aufgrund von *sex* in ihr nicht existiert –, gleichzeitig aber zulassen sollten, dass in einer gerechten Gesellschaft Unterschiede in Sachen *sex* und reproduktive Fähigkeiten berücksichtigt werden sollen (Frye 1996; Gatens 1996).

Ich werde hier nicht erörtern, inwieweit eine gerechte Gesellschaft Unterschiede in Sachen *sex* und reproduktive Fähigkeiten berücksichtigen muss. Ob wir uns als Feminist:innen dafür aussprechen sollten, Varianten von *gender* zu gestalten, die nicht-hierarchisch sind, oder uns für die vollständige Abschaffung von *gender* einsetzen sollten, ist eine normative Frage, die ich auf eine spätere Gelegenheit verschiebe. Gleichwohl wäre es hilfreich, zumindest die Terminologie zu haben, um diese Fragen diskutieren zu können. Ich schlage vor, dass wir die oben dargelegten Definitionen von *Mann* und *Frau* verwenden; es ist klar, dass die vorherrschenden Knotenpunkte in den gegenwärtigen *gender*-Strukturen hierarchisch sind. Die oben angewandten Strategien entlehnend, können wir einen generischen Begriff von *gender* definieren, unter den meine vorgeschlagenen Definitionen von *Mann* und *Frau* fallen,[27] der aber auch die Möglichkeit von nicht-hierarchischen Varianten von *gender* birgt und die binäre Gegenüberstellung von Mann und Frau aufbricht.

Eine Gruppe G ist ein *gender* in einem Kontext K gdw. (alle und nur) deren Mitglieder folgende Bedingungen erfüllen:

(i) Sie werden regelmäßig aufgrund von Beobachtung oder Einbildung für jemanden gehalten, der/die bestimmte körperliche Merkmale hat, von denen in K angenommen wird, dass sie Hinweise auf bestimmte reproduktive Fähigkeiten sind;[28]
(ii) ihr (vermeintliches) Haben dieser Merkmale markiert sie im Kontext der Ideologie von K als derart, dass es gewisse Aspekte ihrer sozialen Position motiviert und rechtfertigt; und
(iii) ihr Erfüllen der Bedingungen (i) und (ii) spielt eine Rolle dabei, dass ihre soziale Position den einen oder anderen dieser zugeteilten Aspekte aufweist.

27 Ich danke Geof Sayre-McCord, der mir diesen Ansatz vorgeschlagen hat.

28 Hier ist es zentral, dass die fragliche »Beobachtung« oder »Einbildung« nicht idiosynkratisch, sondern Teil eines allgemeineren Musters sozialer Wahrnehmung ist; jedoch ist es im Gegensatz zu den Fällen *Mann* und *Frau* nicht erforderlich, dass sie »größtenteils« auftreten; sie können sowohl regelmäßig als auch selten sein.

Ich biete diese Analyse als eine Weise an, die Standardformel »*gender* ist die soziale Bedeutung von *sex*« einzufangen. Beachten wir jedoch, dass wir es nicht als gegeben voraussetzen sollten, dass die relevanten biologischen Unterteilungen dem entsprechen werden, was *wir* unter »*sex*« verstehen.[29] (Alternative Gruppierungen könnten z. B. »schwangere Personen«, »stillende Personen«, »menstruierende Personen«, »unfruchtbare Personen« und vielleicht auch »Homosexuelle« sein (sofern man Homosexualität auf physische Ursachen zurückführt)). Ebenso wenig sollten wir annehmen, dass die Zugehörigkeit zu einem *gender* in einem erheblichen Maße unsere jeweilige personale oder psychologische Identität ausmacht. Zur Erinnerung: *Gender* und *race* sind gemäß den von mir vorgeschlagenen Definitionen beide in erster Linie als soziale Gruppen zu verstehen, die innerhalb einer Struktur von sozialen Beziehungen definiert sind; Verbindungen, die es zu Identitäten und Normen geben mag, sind höchst kontingent und würden von den Details des Gesamtbildes abhängen. Beispielsweise könnten wir uns vorstellen, dass *gender* »nach der Revolution« zwar eine Komponente unserer sozialen Positionierung ist, weil Individuen, denen eine bestimmte Art von *sex* zugeschrieben wird, z. B. rechtlicher Schutz oder medizinische Ansprüche zugestanden werden. Dies muss aber keine weitergehenden Auswirkungen auf die psychologische Identität oder alltägliche soziale Interaktionen haben; es könnte sogar sein, dass das »*sex*« eines Körpers nicht einmal öffentlich gekennzeichnet würde.

Wenn wir uns kurz *race* zuwenden, stellt sich dort dieselbe Frage: Brauchen wir einen nicht-hierarchischen Begriff von »*race*«, um unsere Visionen einer Gesellschaft formulieren und diskutieren zu können, die hinsichtlich »*race*« gerecht ist? Es scheint, dass uns die terminologischen Mittel dafür bereits zur Verfügung stehen: Wir können den Ausdruck »*race*« für die oben definierten hierarchisch organisierten Gruppen verwenden, welche (grob gesagt) durch physische Merkmale und (angenommene) geografische Herkunft definiert sind, und diejenigen, die (in einem bestimmten Kontext) nicht hierarchisch organisiert sind, »Ethnizitäten« nennen. Zugegebener-

29 Ich lasse die Frage, ob Gruppen, die als »drittes *gender*« bezeichnet werden, nach meiner Definition als *gender* zählen würden. Manche Theorien von *gender*, die den Anspruch erheben, ein solches drittes *gender* einzuschließen, schenken dem Körper jedoch nur unzureichende Aufmerksamkeit, sodass sie z. B. nicht zwischen *race* und *gender* unterscheiden können. Siehe z. B. Roscoe 1996.

maßen hat Ethnizität, so wie wir sie kennen, Auswirkungen auf sozialen Status und Macht, weshalb mein Vorschlag darin besteht, den Ausdruck für einen etwas idealisierten Begriff zu verwenden.

Wie im Falle von *gender* stellt sich die Frage, ob es Teil eines antirassistischen Projektes sein soll, die Erhaltung bestehender ethnischer Gruppen oder die »Neubildung« von Ethnizitäten zu befürworten. Und noch grundsätzlicher müssen wir uns fragen, ob ein feministischer Antirassismus *gender* und ethnischer oder *race*-Gruppen längerfristig gleich behandeln soll. Sollten wir beispielsweise die Abschaffung aller Arten von *gender* und ethnischer oder *race*-Gruppen anstreben? Oder sollten wir sie erhalten und vermehren? Oder sollten wir vielleicht *gender* abschaffen, Ethnizität aber erhalten (oder umgekehrt)? Diese Fragen verdienen sorgfältige Behandlung, ich kann sie hier jedoch nicht angehen.

Weil die Struktur der Definitionen ziemlich komplex geworden ist, könnte es an diesem Punkt hilfreich sein, sie schematisch darzustellen:

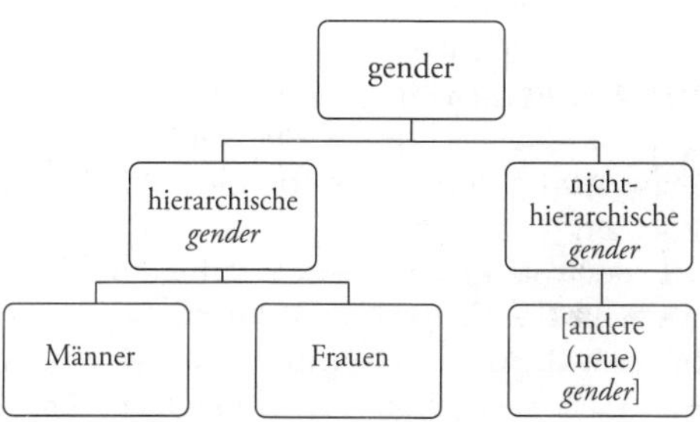

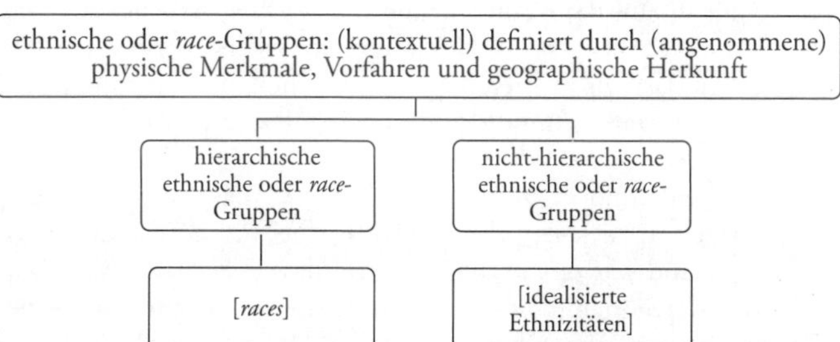

8. Konklusion

Gemäß meinen Definitionen gibt es auffällige Parallelen zwischen *race* und *gender*. Sowohl *gender* und *race* sind real und beide sind soziale Kategorien. Weder *gender* noch *race* sind etwas Selbstgewähltes, aber den Formen, die sie annehmen, kann man sich widersetzen und ihre spezifische Ausprägung kann verändert werden. Sowohl *race* als auch *gender* (so wie wir sie kennen) sind hierarchisch, aber die Systeme, die diese Hierarchien aufrechterhalten, sind kontingent. Und obwohl die Ideologien von *race* und *gender* sowie die hierarchischen Strukturen, die sie aufrechterhalten, ihrem Gehalt nach sehr unterschiedlich sind, sind sie miteinander verflochten.

Es gibt viele verschiedene Arten von menschlichen Körpern; es ist nicht der Fall, dass es eine einzige »richtige« Art gibt, sie zu klassifizieren, obwohl gewisse Klassifikationen für gewisse Zwecke nützlicher sein werden als andere. Wie wir Körper klassifizieren, ist politisch von Bedeutung, da unsere Gesetze, sozialen Institutionen und personalen Identitäten eng damit verbunden sind, wie wir den Körper und seine Möglichkeiten verstehen. Dies ist damit vereinbar, dass die Möglichkeiten, die ein menschlicher Körper hat, nicht vollständig davon abhängen, wie wir ihn verstehen. Trotz der Bedeutung, der wir ihnen geben, übertrumpfen und korrigieren uns unsere Körper oft.

Innerhalb des von mir skizzierten Rahmens gibt es sowohl Raum für theoretische Kategorien, die Hierarchie als konstitutives Element führen (wie Mann, Frau und *race* sowie einzelne rassifizierte Gruppen), als auch für solche, die dies nicht tun (wie *gender* und Ethnizität). Wie bereits angedeutet, bin ich bereit zuzugestehen, dass es andere Arten gibt, *race* oder *gender*, Mann oder Frau zu definieren, die der Beantwortung anderer Fragen dienen, welche durch andere Anliegen und Schwerpunkte motiviert sind. Ich bin mir sicher, dass wir mehrere Begriffe brauchen, um die komplexen Systeme der Unterordnung aufgrund von *race* und *gender* zu verstehen.

Kurz gesagt bin ich mit Blick auf meine Analysen weniger darauf festgelegt, zu sagen, dass es sich hierbei um *das* handelt, was *gender* ist und was *race* ist, als zu sagen, dass es sich bei *diesen* um wichtige Kategorien handelt, die eine feministische antirassistische Theorie braucht. Wie ich oben bereits erklärt habe, denke ich, dass es rhetorisch vorteilhaft wäre, die Ausdrücke »*gender*«, »Mann« und »Frau« und »*race*« für die Begriffe zu verwenden, die ich definiert habe; wenn aber jemand anderes auf diese Ausdrücke bestehen sollte, werde ich andere verwenden. Um auf einen Punkt zurückzukommen, den ich in meiner Charakterisierung analytischer Projekte gemacht habe: Es ist an uns, *gender* und *race* für unsere theoretischen Zwecke zu definieren. Die Welt als solche kann uns nicht sagen, was *gender* ist. Dasselbe gilt für race. Es mag sein, wie Appiah behauptet, dass »es nichts in der Welt gibt, was alles für uns leisten kann, was wir von *race* verlangen« (Appiah 1992, 45, Übersetzung von T. E.), da unser Projekt zwangsläufig die komplexe Geschichte des Begriffs erbt; aber wir könnten stattdessen andere Dinge von »*race*« erwarten, die bisher nicht verlangt wurden. Natürlich müssen wir, wenn wir unsere Begriffe definieren, unsere politischen Ziele bei der Untersuchung der Vergangenheit, der Gegenwart sowie der Entwicklung von alternativen Zukunftsvisionen klar vor Augen haben. Aber statt uns darum zu sorgen, »was *gender* eigentlich ist« oder »was *race* eigentlich ist«, sollten wir meines Erachtens damit beginnen, uns (sowohl im theoretischen als auch im politischen Sinne) zu fragen, was sie sein sollen.

Aus dem Amerikanischen von Thyra Elsasser

Literatur

Anderson, Elizabeth. 1995. Knowledge, Human Interests, and Objectivity in Feminist Epistemology. *Philosophical Topics* 23(2), 27-58.

Appiah, K. Anthony und Amy Gutmann. 1996. *Color Conscious*. Princeton, NJ: Princeton University Press.

Appiah, K. Anthony. 1992. *In My Father's House*. New York: Oxford University Press.

Butler, Judith. 1990. *Gender Trouble*. New York: Routledge.

Crenshaw, Kimberlé. 1993. Beyond Racism and Misogyny: Black Feminism and 2 Live Crew. In M. Matsuda, C. Lawrence, R. Delgado, und K. Crenshaw (Hg.), *Words that Wound*. Boulder, CO: Westview, 111-132.

Fausto-Sterling, Anne. 1993. The Five Sexes: Why Male and Female Are Not Enough. *The Sciences* 33(2), 20-24.

Frye, Marilyn. 1996. The Necessity of Differences: Constructing a Positive Category of Women. *Signs* 21(4), 991-1010.

–. 1983. *The Politics of Reality*. Freedom, CA: Crossing Press.

Gatens, Moira, 1996. A Critique of the Sex-Gender Distinction. In *Imaginary Bodies*. New York: Routledge, 3-20.

Gates, Jr., Henry Louis, 1992. *Loose Canons*. New York: Oxford University Press.

Geuss, Raymond, 1981. *The Idea of a Critical Theory*. Cambridge: Cambridge University Press.

Haslanger, Sally. 2012 [1995]. Ontology and Social Construction. In *Resisting Reality: Social Construction and Social Critique*, Oxford: Oxford University Press, 83-112.

–. 1993. On Being Objective and Being Objectified. In L. Antony/C. Witt. (Hg.) *A Mind of One's Own*, Boulder: Westview, 85-125.

Hennessy, Rosemary and Chrys Ingraham. 1997 (Hg.). *Materialist Feminism*. New York: Routledge.

Hoy, David. 1994. Deconstructing Ideology. *Philosophy and Literature* 18(1).

Hurtado, Aída. 1994. Relating to Privilege: Seduction and Rejection in the Subordination of White Women and Women of Color. In Anne Hermann und Abigail Stewart (Hg.), *Theorizing Feminism*. Boulder, CO: Westview Press, 136-154.

MacKinnon, Catharine. 1987. Difference and Dominance: On Sex Discrimination. In *Feminism Unmodified*. Cambridge, MA: Harvard University Press, 32-45.

Omi, M./H. Winant. 1994. *Racial Formation in the United States*. New York: Routledge.

Ortner, Sherry. 1996. Gender Hegemonies. In *Making Gender*. Boston: Beacon Press, 139-172.

Riley, Denise. 1988. *Am I That Name?* Minneapolis: University of Minnesota Press.

Roscoe, Will. 1996. How to Become a Berdache: Toward a Unified Analysis of Gender Diversity. In Gilbert Herdt (Hg.), *Third Sex, Third Gender*. New York: Zone Books, 329-372.

Scott, Joan. 1986. Gender: A Useful Category of Historical Analysis. *American Historical Review* 91(5), 1053-75.

Spelman, Elizabeth. 1988. *The Inessential Woman*. Boston: Beacon Press.

Stevens, Jacqueline. 1999. *Reproducing the State*. Princeton: Princeton University Press.

Stich, Stephen. 1988. Reflective Equilibrium, Analytic Epistemology, and the Problem of Cognitive Diversity. *Synthese* 74, 391-413.

Stoltenberg, John. 1989. *Refusing To Be a Man*. New York: Meridian Books.
Thorne, Barrie. 1993. *Gender Play*. New Brunswick, NJ: Rutgers University Press.
Young, Iris. 1990. *Justice and the Politics of Difference*. Princeton: Princeton University Press.

3
Was nützen unsere Intuitionen? Philosophische Analyse und soziale Arten

1. Einleitung

In den Geistes- und Sozialwissenschaften ist es für Wissenschaftler:innen eine Selbstverständlichkeit geworden, zu argumentieren, dass Kategorien, die einst als »natürlich« angesehen wurden, tatsächlich »sozial« bzw. im vertrauten Sprachgebrauch »sozial konstruiert« sind. Zwei gängige Beispiele für solche Kategorien sind *race* und *gender*, aber es gibt viele andere. Eine Interpretation dieser Behauptung ist, dass – obwohl typischerweise behauptet wird, dass die einzelnen Instanzen solcher Kategorien durch eine Reihe von *natürlichen* oder *physischen* Eigenschaften vereinheitlicht werden – ihre Zusammenführung zu einer Kategorie stattdessen auf *sozialen* Merkmalen der fraglichen Gegenstände beruht. Sozialkonstruktivist:innen, die diese Strategie verfolgen – und es sind diese Sozialkonstruktivist:innen, auf die ich mich in diesem Aufsatz konzentrieren werde –, zielen darauf ab, die übliche Annahme, dass die Kategorien natürlich sind, zu »entlarven«, indem sie die genauere soziale Grundlage der Klassifikation aufdecken.[1] Um Verwirrung zu vermeiden und einigen der Assoziationen bezüglich des Begriffs »soziale Konstruktion« zu entgehen, werde ich manchmal den Begriff »sozial fundiert« für die Kategorien verwenden, die diese Art von Konstruktivist als sozial und nicht natürlich entlarvt.[2]

Ich möchte betonen: Die Idee, dass eine Kategorie sozial fun-

1 In Haslanger 2012 [2003] stelle ich dieser Art von Interpretation eine solche gegenüber, die häufiger im Kontext der »Science Wars« vorkommt, welche z. B. bei Hacking 1999 ausführlich diskutiert werden.

2 Ich werde jedoch weiterhin von denen, deren Projekt es ist, zu argumentieren, dass eine Kategorie sozial fundiert ist, als »sozialen Konstruktivist:innen« sprechen, sowohl weil »soziale Fundamentalisten« eine ernsthafte Fehlbezeichnung wäre als auch weil es vernünftig ist, diejenigen Positionen zu bündeln, die eine Vielzahl verschiedener sozialer Argumente vorbringen, auch wenn ihre Ansichten nicht immer kompatibel sind. Es kann sein, dass diese Akzeptanz des »sozial-konstruktivistischen« Labels mehr Probleme bereitet, als es wert ist.

diert ist, soll nicht besagen, dass soziale Faktoren dafür verantwortlich sind, dass wir uns mit der betreffenden Kategorie befassen (was auch auf vollkommen natürliche Kategorien zutreffen kann); noch soll sie besagen, dass die Dinge in der Kategorie weniger als vollständig real sind (materielle Dinge können anhand sozialer Merkmale vereinheitlicht werden, und es gibt keinen Grund zu leugnen, dass soziale Eigenschaften und Beziehungen vollständig real sind). Der Punkt ist, grob gesagt, vielmehr, unser Verständnis einer Kategorie zu verändern, sodass wir die wirkliche Grundlage für die Vereinheitlichung ihrer Mitglieder erkennen. Wie wir sehen werden, gibt es sehr unterschiedliche Arten von Fällen. Aber weil der Unterschied zwischen einer natürlichen und einer sozialen Kategorie sowohl Bedeutung für das hat, was möglich ist, als auch für das, wofür wir verantwortlich sind, hat das allgemeine Projekt der Konstruktivistin im Erfolgsfall wichtige normative Implikationen.

Unter denen, die darauf abzielen, unsere gewöhnlichen *race*-Klassifizierungen zu analysieren, befinden sich Sozialkonstruktivist:innen oft im Widerspruch zu *Irrtumstheoretiker:innen* (manchmal auch *Eliminativist:innen* genannt) und *Naturalist:innen*. Irrtumstheoretiker:innen behaupten im Einvernehmen mit Sozialkonstruktivist:innen, dass die Gegenstände, die in die betreffende Kategorie fallen, nicht die angenommenen natürlichen oder physikalischen Bedingungen für die Mitgliedschaft erfüllen; der Irrtumstheoretiker geht oft noch weiter und behauptet, dass die Bedingungen nichtssagend sind: nichts erfüllt sie (manchmal sogar, dass nichts sie erfüllen *könnte*). Sie kommen zu dem Schluss, dass solche Dinge illusorisch sind und dass eine Redeweise, die beansprucht, sich auf solche Kategorien zu beziehen, falsch oder fehlgeleitet ist. So behauptet beispielsweise ein Irrtumstheoretiker hinsichtlich *race* (Appiah 1996; Zack 1997), dass es keine *races* gibt, wenn man bedenkt, was wir unter »race« verstehen. Natürlich steht es dann dem Irrtumstheoretiker offen, eine Terminologie für neue Kategorien vorzuschlagen – vielleicht soziale Kategorien mit einer Extension nahe an dem, was wir für die Extension unserer ursprünglichen Kategorien hielten, wie z. B. »*race*-Identitäten« (Appiah 1996) –, deren Bedingungen für die Mitgliedschaft erfüllt sind.

Die heutigen *race-Naturalist:innen* stimmen mit den Eliminativist:innen und Konstruktivist:innen darin überein, dass *races* nicht das sind, wofür sie einst gehalten wurden – sie sind zum

Beispiel keine Gruppen mit einer gemeinsamen *race*-Essenz, die ein breites Spektrum psychologischer und moralischer Merkmale der Gruppenmitglieder erklärt –, aber sie stimmen nicht mit den beiden anderen Positionen überein, wenn sie behaupten, dass die menschliche Spezies auf der Grundlage natürlicher (biologischer, genetischer, physischer) Merkmale in eine Reihe kleinerer Gruppen unterteilt werden kann, die *ungefähr* den gewöhnlichen *race*-Einteilungen entsprechen (Rosenberg et al. 2002; Mountain und Risch 2004). Das wäre an sich nicht besonders interessant, wenn die natürliche Grundlage für die Gruppierung biologisch »real«, aber für Erklärungen oder Vorhersagen ohne wirkliche Bedeutung wäre. Hartgesottene *race*-Naturalist:innen behaupten jedoch, dass es eine biologisch bedeutsame Klassifizierung gibt, die unsere derzeitigen *race*-Abgrenzungen irgendwie erfasst. Darüber hinaus argumentieren sie, dass die Anerkennung dieser Tatsache sozial und politisch wichtig ist, um Gerechtigkeit im Hinblick auf *race* zu erreichen, z. B. indem sie es uns ermöglicht, medizinische Bedürfnisse zu berücksichtigen, die sich hinsichtlich *race* unterscheiden (Risch et al. 2002; vgl. Lee et al. 2001).[3]

In diesem Aufsatz werde ich mich auf die Debatte zwischen dem Konstruktivisten und der Irrtumstheoretikerin konzentrieren; ich nehme die Meinungsverschiedenheiten zwischen dem Konstruktivisten und der Naturalistin anderswo auf (Haslanger 2006). Eine Möglichkeit, den Unterschied zwischen dem sozialen Konstruktivisten und der Irrtumstheoretikerin zu erfassen, besteht darin, sie als uneins über den Gehalt des relevanten Begriffs zu beschreiben. Nach Ansicht der Irrtumstheoretikerin gibt es, aufgrund unserer alltäglichen Annahme, die Kategorie habe eine natürliche Grundlage, gute Gründe, eine Einschränkung dessen vorzunehmen, was als angemessene Analyse des Begriffs gelten könnte: Eine erfolgreiche Analyse muss in Bezug auf natürliche Eigenschaften und Beziehungen erfolgen (oder sie zumindest in der Weise einbeziehen, die erforderlich ist, damit der Begriff als Ausdruck einer natürlichen Eigenschaft gilt). Im Gegensatz dazu, so der Sozialkonstruktivist, können wir den Begriff erfolgreich anwenden, obwohl wir eine falsche Überzeugung haben, welche Art von Eigenschaft er ausdrückt

3 Die interdisziplinäre Debatte über den *race*-Naturalismus und die Relevanz von »race« für die Medizin ist umfangreich und komplex. Ich habe nur einige der umstrittensten Artikel als Beispiele aufgeführt.

oder welche Art von Menge er bestimmt. Zum Beispiel wird eine Sozialkonstruktivistin, die sich mit *race* beschäftigt (wie ich selbst), behaupten, dass es *races* gibt und dass *races* soziale Kategorien sind, das heißt, dass *race* sozial fundiert ist, obwohl allgemein angenommen wird, dass *races* natürliche Kategorien sind. Es ist ein wichtiger Teil des sozial-konstruktivistischen Bildes, dass, um es einfach auszudrücken, unsere Bedeutungen für uns nicht transparent sind: Oft blockiert die Ideologie das Verständnis für das wahre Funktionieren unseres begrifflichen Rahmens und unserer Sprache. Genauer gesagt, blockiert die Ideologie (unter anderem) unser Verständnis unserer Klassifikationspraktiken, indem sie uns suggeriert, dass wir Unterteilungen in der Natur vorfinden, bei deren Hervorbringung wir jedoch eine wichtige Rolle gespielt haben.

Der Begriff *race*

Um einen anschaulichen Eindruck von der Kontroverse zu bekommen, kann es hilfreich sein, kurz zwei verschiedene Analysen von *race* zu betrachten, eine konstruktivistische und die, die der Irrtumstheoretiker verteidigt. Dies sind nur zwei Beispiele von vielen, die in der Literatur diskutiert werden.

Anthony Appiah ist vielleicht der bekannteste Irrtumstheoretiker mit Blick auf *race*. Seiner Ansicht nach ist der Begriff *race* der Kernbegriff in der Alltagstheorie, die er als »racialism« bezeichnet:

> Es gibt erbliche Charakteristika, die von Mitgliedern unserer Spezies besessen werden, die es uns ermöglichen, sie in eine kleine Gruppe von *races* einzuteilen, sodass alle Mitglieder dieser *races* bestimmte Eigenschaften und Tendenzen miteinander teilen, die sie nicht mit Mitgliedern einer anderen *race* teilen. Diese für eine *race* charakteristischen Merkmale und Tendenzen machen aus racialistischer Sicht eine Art *race*-Essenz aus; und es ist Teil des Inhalts von *racialism*, dass die wesentlichen vererbbaren Merkmale [...] mehr als die sichtbaren morphologischen Merkmale – Hautfarbe, Haartyp, Gesichtszüge – erklären, auf deren Grundlage wir unsere informellen Klassifizierungen vornehmen. (Appiah 1993, S. 5, Übersetzung P. H.)

Races sind also Gruppen mit einer gemeinsamen, vererbten *race*-Essenz. Die Implikationen für unsere Untersuchung sind offensichtlich: Es gibt keine solchen *race*-Essenzen, also keine *races*. Appiah argumentiert jedoch, dass es eine benachbarte Vorstellung von *race-Identität* gibt, *die* keine *race*-Essenzen voraussetzt und genau den Menschen zugeordnet werden kann. Eine *race*-Identität zu haben, bedeutet, sich mit einem Etikett (wie »Weiß« oder »Schwarz«)[4] zu identifizieren, das historisch mit einer *race*-Essenz assoziiert wurde (Appiah 1996, S. 81-2).

Im Gegensatz dazu habe ich mich für eine konstruktivistische Theorie von *race* ausgesprochen, die einer Theorie von *gender* entspricht (Haslanger 2012 [2000] [in diesem Band, 64-105]). Aus meiner Sicht (um es ein wenig zu vereinfachen) sind *races* rassifizierte Gruppen, und:

Eine Gruppe ist *rassifiziert* gdw. ihre Mitglieder entlang einer Dimension (ökonomisch, politisch, rechtlich, sozial usw.) als sozial untergeordnet oder privilegiert positioniert sind und die Gruppe für diese Behandlung aufgrund von beobachteten oder eingebildeten Körpermerkmalen markiert ist, die für Hinweise auf Vorfahren aus einer bestimmten geographischen Region gehalten werden.

Aus dieser Sicht hängt Weiß zu sein (in einem Kontext) davon ab, dass man als einem bedeutungsvollen Körperschema entsprechend betrachtet wird, das mit europäischer Abstammung assoziert ist – solche Schemata nenne ich *color* –, und dass man (in diesem Kontext) als in der sozialen Hierarchie so verortet behandelt wird, wie es Personen dieser *color* angemessen ist. In den heutigen Vereinigten Staaten bringt die Kennzeichnung als »Weiß« ein breites Spektrum an sozialen Privilegien mit sich, zumindest für den größten Teil der Weißen. Da *race*-Hierarchien jedoch mit anderen sozialen Hierarchien interagieren – *gender*, Klasse, Sexualität, Kultur, Religion, Nationalität –, variiert die konkrete Wirkung des Weißseins in Abhängigkeit von anderen Aspekten der eigenen sozialen Position. Zum Beispiel werden ein heterosexueller junger weißer Mann und eine ältere weiße Lesbe aufgrund ihres Weißseins Privilegien genießen, aber die Art der Privilegien, die sie genießen, kann sehr unterschiedlich sein.

An dieser Stelle drängen sich drei Fragen auf. Erstens ist es klar, dass die Analyse von *race*, die ich anbiete, nicht erfasst, was die Menschen bewusst *im Sinn haben,* wenn sie den Begriff »race« verwenden.

4 Ich werde Großbuchstaben wie »Weiß« und »Schwarz« für *races* verwenden, Kleinbuchstaben wie »weiß« und »schwarz« für die mit den *races* verbundenen »Farbmarkierungen«.

Der Ansatz ist überraschend und für viele hochgradig kontraintuitiv. (Obwohl ich selbst bezweifle, dass Appiahs Ansatz besser erfasst, was die Menschen bewusst *im Sinn haben*, wenn sie von *races* oder *race*-Identitäten sprechen, ist er zumindest vertraut und hat eine gewisse intuitive Plausibilität, wenn wir danach suchen, wie die Menschen im Allgemeinen über *races* denken.) Beachten wir, dass diese Kontraintuitivität immer ein Merkmal sozialkonstruktivistischer Analysen sein wird, denn (entlarvende) Sozialkonstruktivist:innen wollen zeigen, dass die Begriffe, die wir verwenden, nicht genau das sind, was wir denken. Aber wenn die Angemessenheit einer philosophischen Analyse eine Frage des Grades ist, in dem sie unsere Intuitionen erfasst und organisiert, und wenn konstruktivistische Analysen immer kontraintuitiv sind, dann scheint es, dass Philosoph:innen nie Grund haben würden, sozialkonstruktivistische Projekte für akzeptabel zu halten. Dieser Schluss scheint jedoch zu voreilig zu sein. Sicherlich können Philosoph:innen nicht einfach von vornherein konstruktivistische Analysen ausschließen.

Zweitens: Ergibt der sozialkonstruktivistische Ansatz Sinn? Gibt es Überlegungen, die im Rahmen der Sprachphilosophie (oder verwandter Bereiche) entwickelt wurden, die verhindern würde, dass man eine konstruktivistische *Analyse* von *race* oder *gender* durchführt, und uns zwingen, eine Irrtumstheorie anzunehmen? Ich werde argumentieren, dass es in der Tat in der zeitgenössischen Sprachphilosophie Überlegungen gibt, die einen konstruktivistischen Ansatz nicht nur zulassen, sondern in mancher Hinsicht *nahelegen*.

Drittens: Was für einen Unterschied macht es? Spielt es wirklich eine Rolle, ob wir zum Beispiel sagen, dass es keine *races* gibt, aber *race*-Identitäten, anstatt zu sagen, dass es *races* gibt, aber sie eher sozial als natürlich sind? Gibt es Fälle, in denen eine Irrtumstheorie falsch wäre, aber ein sozialkonstruktivistischer Ansatz gerechtfertigt? Nach welchen Kriterien entscheiden wir, und lohnt es sich, sich darüber Gedanken zu machen?

Die folgenden Argumente konzentrieren sich hauptsächlich auf die ersten beiden Fragen; anhand dieser Diskussion werde ich jedoch zum Ende des Aufsatzes hin auf die Frage zurückkommen, warum es wichtig sein könnte, ob wir eine konstruktivistische oder eine Irrtumsstrategie verfolgen. Die Probleme sind komplex. Meiner Meinung nach wird der bessere Ansatz vom jeweiligen Fall abhängen und seine Vorzugswürdigkeit von semantischen, pragmatischen und politischen Überlegungen. Darüber hinaus variieren die pragmatischen und politischen Faktoren je nach Kontext. Bevor wir fortfahren, sei jedoch darauf hingewiesen, dass ein potenzieller Vorteil eines konstruktivistischen Ansatzes darin besteht, dass er nicht einfach nur die Existenz der angeblich natürlichen Kategorie leugnet und eine andere (möglicherweise soziale Kategorie) an ihre Stelle setzt, sondern auch – zumindest im besten Fall – eine Diagnose unserer Rolle beim Herbeiführen der Wirkungen liefert, die uns (fälschlicherweise) als natürlich erscheinen, zusammen mit einer Erklärung der Illusion. In solchen Fällen wird die Selbsttäuschung offengelegt, die damit einhergeht, dass wir etwas meinen, und doch das, was wir meinen, vor uns selbst verbergen. Ein solches Entlarven kann ein wichtiger Schritt in der Motivation sozialen Wandels sein.

2. Arten der Analyse

Das Projekt der »begrifflichen Analyse« in der Philosophie nimmt viele Formen an, teils abhängig vom jeweiligen Begriff, teils abhängig davon, welche methodischen Annahmen die Philosophin mitbringt. Es gibt mindestens drei gängige Weisen, um »Was ist *X*«-Fragen zu beantworten: begrifflich, deskriptiv und ameliorativ.[5]

Betrachten wir zum Beispiel die Frage »Was ist Wissen?«. Im

5 Quine unterscheidet verschiedene Definitionsformen, wobei er die dritte (im Anschluss an Carnap) »explikativ« nennt. Wenn man explikative Definitionen gibt, »eine Aktivität, die Philosophen mögen und Wissenschaftler auch in ihren philosophischeren Momenten [...,] ist das Ziel nicht nur, das Definiendum durch ein regelrechtes Synonym zu paraphrasieren, sondern vielmehr das Definiendum durch Verfeinerung oder Ergänzung seiner Bedeutung zu verbessern« (Quine 1953, S. 24-5). ›Ameliorativ‹ erfasst besser als ›explikativ‹ die Art des Projekts, das Quine als spezifisch philosophisch charakterisiert; es ist diese Art von Projekt, die ich auch ›analytisch‹ genannt habe (Haslanger 2012[2000] [in diesem Band, 66-71]). Weil ›analytisch‹ häufig verwendet wird, um die angloamerikanische Philosophie im Allgemeinen zu charakterisieren, und weil ich hier versuche, einen feinkörnigeren Rahmen zu entwickeln, führt die Verwendung von ›ameliorativ‹ zu weniger Ambiguitäten als die von ›analytisch‹. Es sollte jedoch klar sein, dass meiner Meinung nach die Antwort auf die Frage, ob eine Analyse eine Verbesserung der existierenden Bedeutung darstellt oder nicht, von den Zielen der Untersuchung abhängt.

Rahmen eines *begrifflichen* oder, wie man auch präziser sagen könnte, eines *internalistischen Ansatzes* fragt man: »Was ist *unser* Begriff von Wissen?«, und verwendet A-priori-Methoden wie die Introspektion auf der Suche nach einer Antwort.[6] Unter Berücksichtigung der Intuitionen bezüglich bestimmter Fälle und Prinzipien hofft man, schließlich ein Überlegungsgleichgewicht zu erreichen. Bei einem *deskriptiven* Ansatz geht es darum herauszufinden, welche objektiven Typen (falls überhaupt) unser epistemisches Vokabular erfasst.[7] Die Aufgabe besteht darin, potenziell genauere Begriffe durch sorgfältige Betrachtung der Phänomene zu entwickeln, gewöhnlich, indem man sich auf empirische oder quasi-empirische Methoden stützt. Wissenschaftliche Essenzialist:innen und Naturalist:innen im Allgemeinen beginnen damit, paradigmatische Fälle zu identifizieren – diese dienen in der Regel dazu, den Referenten des Begriffs zu klären –, und bedienen sich dann empirischer (oder quasi-empirischer) Forschung, um die relevante Art oder den Typ, zu dem die Paradigmen gehören, zu erklären. Stellen Paradigmen einen objektiven Typ dar, und wenn ja, welchen Typ? Einige geläufige deskriptive Ansätze in der Philosophie des Geistes und der Erkenntnistheorie stützen sich auf die Kognitionswissenschaft.

Ameliorative Projekte hingegen beginnen mit der Frage: Was nützt es, den fraglichen Begriff zu haben, z. B., warum haben wir einen Begriff von Wissen oder von Überzeugung? Welcher Begriff (falls überhaupt einer) würde am besten funktionieren? Im Grenzfall wird ein theoretischer Begriff eingeführt, indem die Bedeutung eines neuen Ausdrucks stipuliert wird, und sein Inhalt wird ausschließlich durch die Rolle bestimmt, die er in der Theorie spielt. Wenn wir erlauben, dass unsere Alltagsvokabulare sowohl kognitiven als auch praktischen Zwecken dienen, zu denen unsere Theorien einen Beitrag leisten könnten, dann könnten diejenigen, die

6 In früheren Arbeiten habe ich dies als den »begrifflichen« Ansatz bezeichnet. Ich bin jedoch von anderen und durch Verwirrungen in Diskussionen überzeugt worden, dass er besser als ein »internalistischer« Ansatz beschrieben werden kann, um den Kontrast zum zugrunde liegenden Externalismus hervorzuheben, der vom deskriptiven Ansatz angenommen wird (und als Nächstes im Text beschrieben wird). Die Änderung ist nützlich, aber es gibt verschiedene Grade und Arten von Internalismus und Externalismus, und ich verwende die Begriffe hier nur suggestiv und nicht sehr präzise.

7 Zu objektiven Typen siehe Armstrong 1989.

einen ameliorativen Ansatz verfolgen, sich vernünftigerweise als diejenigen präsentieren, die eine Theorie unseres Begriffs – oder vielleicht des Begriffs, nach dem wir streben – bieten, die unsere begrifflichen Ressourcen erweitert, um unseren (kritisch untersuchten) Zielen zu dienen (siehe Anderson 1995). Begriffliche, deskriptive und ameliorative Projekte können natürlich nicht ganz getrennt gehalten werden, haben aber unterschiedliche Inhalte und Ziele.

Angesichts der unterschiedlichen Projekte der Analyse und der unterschiedlichen Themen für die ›Analyse‹ ist es nicht verwunderlich, dass Philosoph:innen, die die gleiche Frage zu stellen scheinen, tatsächlich aneinander vorbeireden. Während zum Beispiel eine Philosophin annimmt, dass eine angemessene Analyse unsere alltäglichen Intuitionen erfassen muss, kann ein anderer davon ausgehen, dass A-priori-Reflexion wahrscheinlich systematisch irreführend ist, wenn wir versuchen, den sozialen Bereich zu verstehen. Tatsächlich liefern jüngste Forschungen über *race* ein hervorragendes Beispiel für die Vielfalt der Ansätze. Einige Autor:innen sind an einem begrifflichen Projekt beteiligt, das versucht, unser gewöhnliches Verständnis von *race* zu explizieren (Appiah 1996, Zack 1997, Hardimon 2003, Mallon 2004); andere versuchen zu bestimmen, auf welche, wenn überhaupt, natürliche Art wir uns mit unseren *race*-Begriffen beziehen (Appiah 1996, Kitcher 1999, Andreason 2000, Zack 2002, Glasgow 2003); andere haben Genealogie betrieben (Omi und Winant 1994); wieder andere sind an so genannten ameliorativen Projekten beteiligt und stellen normative Fragen darüber, wie wir *race* verstehen sollten, jenseits dessen, wie wir sie derzeit verstehen (Gooding-Williams 1998, Alcoff 2000).

Was sollen wir von diesen verschiedenen Projekten halten? Sollten wir einfach zulassen, dass verschiedene Forscher:innen an unterschiedlichen Fragen interessiert sind und nichts getan werden kann, um die Frage aufzulösen, was *race wirklich* ist oder was wir mit »*race*« meinen? Obwohl ich nicht behaupten würde, dass es eine Sache gibt, die *race wirklich* ist, oder nur eine Sache, die »wir« mit »*race*« meinen, können wir hoffen, dass wir durch Reflexion und Diskussion zu dem Punkt kommen könnten, an dem (a) der Begriff, den wir verwenden, (b) der Begriff, der den Typ, mit dem wir uns beschäftigen, am besten erfasst, und (c) der Typ, mit dem wir uns beschäftigen sollten, übereinstimmen. In solchen Fällen springt bei begrifflichen, deskriptiven und ameliorativen Projekten der gleiche Begriff heraus. Es ist also ein Fehler, wenn die an der Begriffsanalyse Beteiligten andere Formen der Analyse ablehnen, mit der Begründung, dass nur das begriffliche Projekt »unseren« Begriff entdecken kann (siehe Mallon 2004, Hardimon 2003). Entdecken wir zum Beispiel, dass wir etwas abbilden, das sich bei der Verwendung unseres *race*-Vokabulars abzubilden lohnt, kann dies auch dann, wenn es nicht das ist, was wir ursprünglich »im Sinn hatten«, immer noch etwas sein, worüber wir geredet haben und weiterhin reden sollten.[8] Aber wie sollen wir vorgehen?

3. Manifeste und operative Begriffe

Eine der Funktionen von Begriffen besteht darin, dass wir Unterscheidungen zwischen Dingen treffen können. Manchmal kommt zuerst die Aktivität, Dinge zu unterscheiden und sie in Gruppen aufzuteilen, und wir entwickeln erst später einen Begriff von dem, was wir unterschieden haben; manchmal kommt der Begriff zuerst, und wir teilen danach die Dinge entsprechend ein. Zum Beispiel könnte ich meine Tochter regelmäßig bitten, ihre Musik leiser zu drehen, ohne zu bemerken, dass es in meiner Bitte ein Muster gibt, und dann in einem Gespräch mit ihr herausfinden, dass ich sie immer bitte, die Musik leiser zu drehen, wenn sie einen bestimmten Musiker hört; oder ich könnte zu dem Schluss kommen, dass die Texte eines bestimmten Musikers typischerweise anstößig sind, und sie bitten, die Musik herunterzudrehen, sobald ich merke, dass es dieser Musiker ist. Darüber hinaus beinhaltet unsere Tätigkeit der Gruppierung von Dingen, auch wenn wir einen Begriff im Sinn haben, in der Praxis nicht die explizite Anwendung des Begriffs auf jeden Fall, d. h. die Sicherstellung, dass jedes fragliche Objekt die Bedingungen für die Anwendung des Begriffs erfüllt. Wir stützen uns in der Regel auf empirische Annahmen, die leicht zugängliche Kriterien mit den Bedingungen für eine Zuteilung ver-

8 Es könnte nützlich sein, dies in Analogie zu anderen terminologischen Entwicklungen in der Wissenschaft zu sehen. Obwohl sich unser Verständnis und sogar unsere Definition von »Atom« im Laufe der Zeit verändert hat, ist es plausibel, anzunehmen, dass es da etwas gibt, über das es sich gelohnt hat zu sprechen und weiterhin zu sprechen lohnt.

binden. Im Lebensmittelgeschäft packe ich ein, was wie Kartoffeln aussieht und sich so anfühlt, ohne dies genetisch zu testen. Sobald ich erfahre, dass der Laden gentechnisch veränderte Kartoffeln verkauft, möchte ich vielleicht eine nähere Auskunft zur genetischen Beschaffenheit der von mir erworbenen Kartoffeln; aber selbst dann werde ich mich auf einen Aufkleber oder ein Etikett verlassen, anstatt die genetischen Kriterien selbst zu untersuchen.

Der Alltag erfordert eine stetige Aktivität des Unterscheidens, eine Aktivität, die eine Verwendung von Begriffen als Leitfaden sowie eine grobe und schnelle Reaktionsfähigkeit auf die Dinge kombiniert. Bei der Rückbesinnung auf unsere Tätigkeit gibt es eine Reihe von Möglichkeiten, diese Art von Geben und Nehmen zu beschreiben. Betrachten wir noch einmal meine Bitten an Zina (meine Tochter), dass sie die Lautstärke ihrer Musik verringert. Angenommen, ich will keine Musik mit frauenfeindlichen Texten hören. Ich habe einen Begriff von frauenfeindlichen Texten und ich bin auch grob für das empfänglich, was sie hört. Wenn Zina sich über meine Interventionen beschwert, werde ich vielleicht feststellen, dass meine Reaktionen doch nicht von frauenfeindlichen Texten ausgelöst werden, obwohl das der Begriff ist, mit dem ich versucht habe, meine Interventionen zu leiten. Nennen wir den Begriff, von dem ich dachte, dass er mich leitet und dass ich ihn anwenden würde, den *manifesten Begriff*. Anders gesagt: Ich finde heraus, dass mein manifester Begriff nicht mit meiner Praxis übereinstimmt, zu bestimmen, wann sie die Lautstärke ihrer Musik senken soll.

Es gibt mehrere Möglichkeiten, um der unangenehmen Position zu entgehen, in der meine Selbstdarstellung oder meine Absichten nicht mit meiner Praxis übereinstimmen.

(i) Ich kann bei meinen Interventionen vorsichtiger sein, sodass ich meine Bitte nur dann äußere, wenn der Text wirklich frauenfeindlich ist. Dies würde bedeuten, die Anlässe meiner Intervention zu ändern, um meine Empfänglichkeit mit meinem manifesten Begriff in Einklang zu bringen.
(ii) Ich könnte stattdessen feststellen, dass ein anderer Begriff mit meinem Interventionsmuster übereinstimmt. Ich könnte feststellen, dass meine Reaktionen z. B. durch sexuell explizite Texte veranlasst werden, nicht durch frauenfeindliche. Nen-

nen wir den Begriff, der am besten die Unterscheidung erfasst, die ich in der Praxis mache, den *operativen Begriff*. In einem solchen Fall lasse ich zu, dass der operative Begriff bei der Leitung meines Verhaltens Vorrang vor dem (ursprünglichen) manifesten Begriff hat; dadurch wird der operative Begriff manifest (und ist hoffentlich jetzt mit meiner Praxis vereinbar).

(iii) Anstatt den ursprünglichen manifesten Begriff durch einen neuen operativen Begriff zu ersetzen, ändere ich mein Verständnis des manifesten Begriffs im Lichte der neuen Fälle, die in der Praxis aufgetaucht sind. Anstatt mich also neu vom Begriff der sexuell expliziten Texte leiten zu lassen, ändere ich das, was ich unter frauenfeindlichen Texten verstehe. Nennen wir den *Zielbegriff* den Begriff, den ich anwenden sollte, wenn man alles (meine Zwecke, die Fakten etc.) berücksichtigt. Im Idealfall passe ich meine Praxis und mein Selbstverständnis dem Zielbegriff an.

Bisher habe ich den manifesten, den operativen und den Zielbegriff unterschieden. Wie oben veranschaulicht, entspricht der operative Begriff möglicherweise nicht meinem Verständnis davon, welche Unterscheidung ich mache. Das soll aber nicht heißen, dass die manifesten und operativen Begriffe immer oder sogar typischerweise auseinanderfallen. Typischerweise erfasst meine Praxis den objektiven Typ, den mein manifester Begriff bestimmt, d. h. mein manifester Begriff und mein operativer Begriff stimmen überein.[9] Im besten Fall stimmen alle drei (mein manifester, operativer und Zielbegriff) überein.

Das Beispiel meiner Reaktionen auf Zinas Musik verortet das Problem im Bereich der individuellen Widerspruchsfreiheit: Wie kann ich meine Praxis mit meinen Absichten in Einklang bringen?

9 Allerdings machen wir oft Fehler bei der Anwendung unserer manifesten Begriffe. Wenn wir einen einfachen Fehler machen, müssen wir dann einen operativen Begriff postulieren, der sich von dem manifesten unterscheidet? Ich bin mir nicht sicher, ob viel davon abhängt, aber es scheint mir, dass es, wenn wir eine sparsame Theorie objektiver Typen haben, ein besserer Ansatz wäre, die Praxis als die Suche nach einem nahegelegenen (oder dem nächstgelegenen?) objektiven Typ zu verstehen; wenn der nahegelegene Typ auch der Typ ist, der durch den manifesten Begriff bestimmt wird, haben wir Koinzidenz. Der operative Begriff wird dann der Begriff sein, der diesen Typ in einer Weise bestimmt, die in der Analyse der Praxis am meisten Sinn ergibt.

Um zu sehen, dass das Phänomen eine größere Tragweite hat, ist es hilfreich, ein Beispiel zu betrachten, das sich auf stärker kollektive Bedeutungen stützt. Betrachten wir den Begriff »Eltern«. Es ist üblich, zumindest in den Vereinigten Staaten, Mitteilungen der Grundschule an die »Eltern« zu senden und zu bestimmten Zeiten während des Schuljahres einen »Elternabend« oder ein »Elternfrühstück« sowie »Eltern-Lehrer-Konferenzen« abzuhalten, um die Fortschritte der Schüler:innen zu diskutieren, usw. In der Praxis soll der Begriff »Eltern« in diesem Zusammenhang jedoch die primären Betreuer:innen der Schülerin/des Schülers einschließen, unabhängig davon, ob es sich um biologische Eltern, Stiefeltern, Erziehungsberechtigte, Großeltern, Tanten, Onkel, ältere Geschwister, informelle Ersatzeltern usw. handelt. Es ist aber auch allen klar, dass die meisten auf der soeben genannten Liste nicht die Eltern der Schülerin/des Schülers sind. So zählt beispielsweise Taras Großmutter Denise (mit der sie zusammenlebt) in allen relevanten schulischen Kontexten als Taras Elternteil, es ist aber auch bekannt, dass sie ihre Großmutter und nicht ihre Mutter ist und damit nicht eine ihrer biologischen Eltern. Angesichts der Unterscheidung zwischen manifesten und operativen Begriffen scheint es, dass es hier zwei verschiedene Begriffe von »Eltern« gibt: Eltern als *direkte Vorfahren* und Eltern als *primäre Erziehungsberechtigte*. Taras Großmutter erfüllt den operativen Begriff des *Elternteils*, aber nicht den manifesten.

Man könnte sich der Vorstellung widersetzen, dass sich der manifeste Begriff des *Elternteils* auf eine biologische Mutter oder einen biologischen Vater bezieht; meine eigene Erfahrung als Adoptivmutter hat mich jedoch davon überzeugt, dass zumindest in vielen Kontexten das vorherrschende Verständnis von »Eltern« auf einen biologischen Begriff verweist. Wenn ich zum Beispiel Zinas biologischer Elternteil wäre, würde ich wohl nie (von Leuten, die uns kennen) gefragt werden: »Kennst du Zinas Eltern?« Wenn man sich mit der Annahme unwohl fühlt, dass der manifeste Begriff der *Eltern* biologisch ist, dann brauchen wir nur den Fall so aufzufassen, dass er eine mögliche Welt beschreibt, in der der manifeste Begriff der *Eltern* enger biologisch gefasst ist, möglicherweise eine Welt ähnlich den USA in einer früheren Ära, bevor Adoption üblich bzw. rechtlich institutionalisiert wurde.

Wie im früheren Beispiel der frauenfeindlichen Texte gibt es drei verschiedene Antworten auf die Kluft zwischen Idee und Praxis bei der Verwendung des Begriffs »Eltern«:

(i) Unsere Praxis mit dem manifesten Begriff in Einklang bringen: Darauf bestehen, dass man ein unmittelbarer Vorfahre einer Schülerin/eines Schülers sein muss, um an Elternabenden, Eltern-Lehrer-Konferenzen usw. teilnehmen zu dürfen. (Diese Option scheint eindeutig fehlgeleitet zu sein – nicht unbedingt als semantische Angelegenheit, sondern als soziale/politische Angelegenheit.)
(ii) Einen neuen manifesten Begriff finden, der unsere Praxis besser erfasst: Die Mitteilungen der Grundschule so korrigieren, dass sie an »primäre Erziehungsberechtigte« gerichtet sind.
(iii) Unser Verständnis des manifesten Begriffs, in diesem Fall »Eltern«, so verändern, dass er zu unserer Praxis passt. Dies würde einen Übergang in unserem Verständnis von Eltern als biologischer Kategorie hin zu Eltern als sozialer Kategorie bedeuten.

Dieses Beispiel soll zeigen, dass die Unterscheidung zwischen manifesten und operativen Begriffen sowohl öffentliche Bedeutungen als auch individuelle Überzeugungen und Absichten betrifft (siehe auch Haslanger 2012 [2005]). Wenn wir fragen: »Was ist der Begriff der ›Eltern‹?«, haben wir mindestens zwei Orte, an denen wir nach einer Antwort suchen können: der Begriff, den die Sprecher im Allgemeinen mit dem Wort assoziieren, und der Begriff, der erfasst, wie der Ausdruck in der Praxis funktioniert. Obwohl ich mich bisher auf das relativ einfache Beispiel von »Eltern« konzentriert habe, gibt es natürlich viele philosophisch reichhaltigere und überraschendere Beispiele. Feministische und *race*-Theoretiker:innen drängen seit einiger Zeit darauf, dass das eigentliche Ziel der Analyse nicht (oder nicht einfach) das ist, was wir im Sinn haben, sondern die soziale Matrix, in der unsere Begriffe ihre Arbeit verrichten. Zum Beispiel sagt Catharine MacKinnon: »[Das Verb ›sein‹ in der feministischen Theorie] ist ein sehr empirisches ›ist‹. Männer definieren Frauen als sexuelle Wesen; der Feminismus versteht, dass Weiblichkeit sexuell ›ist‹. Männer sehen Vergewaltigung als Geschlechtsverkehr; Feministinnen sagen, Geschlechtsverkehr ›ist‹ oft Vergewaltigung.« (MacKinnon 1987, S. 59) Charles Mills argumentiert, dass der Sozialvertrag der Aufklärung ein *racial con-*

tract ist (Mills 1997) und dass eine angemessene Analyse des Personenbegriffs ergibt, dass »alle Personen gleich sind, aber nur weiße Männer Personen sind« (Mills 1998, S. 70). Solche Analysen sollen zeigen, dass unser manifestes Verständnis von zentralen politischen Ideen die Funktionsweise der fraglichen Begriffe verdeckt (siehe auch Mills 1998, S. 139-66).

4. Begriffe, Konzeptionen und dergleichen

Können wir die manifeste/operative Unterscheidung im Sinne einer vertrauteren Unterscheidung zwischen Begriff und Konzeption verstehen? Es ist kein ungewöhnlicher Umstand in der Philosophie festzustellen, dass »der Begriff«, den wir selbst analysieren, nicht »der Begriff« ist, den Studierende in ihrer täglichen Praxis anzuwenden scheinen. Studienanfänger sind kompetente Nutzer von Begriffen wie »Wissen«, »Gerechtigkeit« und »Objekt« und dennoch häufig überrascht und sträuben sich, wenn sie philosophische Theorien über Wissen, Gerechtigkeit und Objekte kennenlernen. Man könnte argumentieren, dass die philosophischen Theorien alle falsch seien und die Studierenden recht darin haben, sie abzulehnen. Aber das ist oft nicht plausibel. Plausibler ist, dass die gewöhnliche Verwendung eines Begriffs nicht voraussetzt, dass man sich die damit einhergehenden Probleme genau genug überlegt hat, um eine konsistente Darstellung zentraler Begriffe im eigenen Repertoire zu entwickeln. Fälle wie diese (und Theorien des Spracherwerbs im Allgemeinen) unterstützen die Idee, dass wir verschiedene Weisen unterscheiden müssen, in denen Individuen mit dem Begriff des Wissens oder der Gerechtigkeit in Verbindung stehen können. Zum Beispiel unterscheidet James Higginbotham (1998, S. 149-50):

(i) Besitz
– nur ein Wort besitzen und es so mit seiner Bedeutung verwenden können;
– nur einen Begriff besitzen und ihn einsetzen können, ohne eine genaue oder vollständige Konzeption davon zu haben.

(ii) stillschweigende Konzeption
– die Bedeutung des Wortes kennen;
– eine vollständige Konzeption eines Begriffs besitzen.

(iii) explizites Verständnis
- eine angemessene bewusste Sicht auf die Bedeutung des Wortes haben;
- eine angemessene bewusste Sicht auf die Natur des Begriffs haben.

Es mag zusätzliche relevante Unterschiede geben, aber diese helfen, um Raum für eine kompetente Nutzung ohne vollständiges explizites Verständnis zu lassen. Im Laufe der wiederholten Verwendung eines Begriffs entwickeln wir Vorstellungen, wovon wir sprechen, aber wir könnten auf verschiedene Weise in die Irre geführt werden. Philosophische Untersuchungen helfen uns, detailliertere, explizitere und angemessenere Vorstellungen von unseren Begriffen zu entwickeln.

Das scheint jedoch nicht zu erfassen, worum es in den Fällen geht, die wir in Betracht gezogen haben. Wie würden wir die Unterscheidung zwischen manifesten und operativen Begriffen auf irgendeine Kombination der Unterscheidungen zwischen Besitz, stillschweigender Konzeption und explizitem Verständnis abbilden? Betrachten wir zum Beispiel Brenda, Taras Lehrerin. Sie hat ein vollständig bewusstes und explizites Verständnis des Begriffs *Eltern*; sie vollzieht auch eine Praxis, die in gewisser Weise im Widerspruch dazu steht. Und sie hat wahrscheinlich keine vollständige oder explizite Konzeption der Regel, die sie in der Praxis anwendet. Aber die Unterscheidung zwischen manifesten und operativen Begriffen ist nicht einfach eine Unterscheidung entlang des Kontinuums von implizit/explizit oder uninterpretiert/angemessen interpretiert. Wie wir bereits gesehen haben, konfligieren die manifesten und operativen Begriffe miteinander; sie konkurrieren gewissermaßen miteinander im Raum der praktischen Vernunft. Zum Beispiel kann Brenda aufgrund der geltenden Vertraulichkeitsgesetze unsicher sein, wie oder was sie mit jemandem kommunizieren soll, von der/dem sie weiß, dass sie/er die/der primäre Erziehungsberechtigte eines Schülers ist, die/der aber nicht rechtlich als solche/r anerkannt ist. In jeder Hinsicht ist die/der fragliche Erwachsene der Elternteil des Kindes und kein anderer Elternteil ist verfügbar, rechtlich gesehen ist die/der Erwachsene aber nicht der Elternteil des Kindes. In der Tat führt die vollständige Entwicklung und Verdeutlichung des operativen Begriffs nicht unbedingt zum manifesten Begriff. Und wie wir oben gesehen haben, bedeutet das nicht, dass wir den operativen Begriff als »fehlgeleitete Konzeption« zugunsten des manifesten ablehnen sollten.

5. Ist *Eltern* sozial fundiert?

Kommen wir noch einmal auf die Kluft zwischen dem manifesten Begriff von *Eltern* und dem operativen Begriff zurück. Eine Sozialkonstruktivistin wird in diesem Fall vermutlich behaupten, dass die Kategorie der *Eltern* »sozial fundiert« sei. Das bedeutet sowohl, dass unser manifester Begriff von *Eltern* (biologisch verstanden) nicht mit unseren Praktiken übereinstimmt, die den Begriff der *Eltern* beinhalten (der über das Biologische hinausgeht), als auch, dass wir gut daran täten, unser Verständnis von »Eltern« dahingehend zu ändern, dass es eine soziale Dimension einschließt.

Es scheint, dass die Konstruktivistin mehr als eine Strategie verfolgen könnte, um die Änderung vorzunehmen. Eine davon wäre, einfach den manifesten Begriff *Eltern* durch den operativen (z. B. der/des *primären Erziehungsberechtigten*) zu ersetzen und die Terminologie von »Eltern« zu übernehmen. Das würde bedeuten, dass wir unser Verständnis auf eine brachiale Weise anpassen, um es an unsere Praxis anzugleichen. Ich nenne dies die deskriptivistische Strategie.[10] Eine zweite Strategie wäre, über den Inhalt des manifesten Begriffs und die Praxis nachzudenken, um einen Begriff der *Eltern* zu entwickeln, der am besten unseren Bedürfnissen und legitimen Zwecken entspricht. Nennen wir das die ameliorative Strategie. Eine dritte Strategie könnte darin bestehen, für eine Mehrdeutigkeit des Begriffs zu argumentieren, wobei eine Bedeutung davon eine soziale Art erfassen würde; die Frage ist dann, ob ein neuer Begriff eingeführt werden sollte oder ob es andere Wege gibt, die Mehrdeutigkeit aufzulösen.

Diejenigen, die eine begriffliche (oder internalistische) Analyse bevorzugen, wie ich sie beschrieben habe, argumentieren typischerweise, dass keiner dieser konstruktivistischen Ansätze – der deskriptive oder der ameliorative – akzeptabel ist, weil beide darauf

10 Angesichts dessen, was ich in Haslanger 2012[2005] sage, könnten wir es auch als eine genealogische Strategie betrachten.

hinauslaufen, das Thema zu wechseln. *Unsere* Vorstellung von Eltern (oder *unsere* Vorstellung von *race*) bezieht sich auf eine biologische Kategorie, und jede Änderung, die diese Annahme nicht berücksichtigt, ersetzt *unseren* Begriff durch einen anderen. Mit anderen Worten, »Eltern« bedeutet nur *unmittelbare Vorfahren*, und wenn wir anfangen, ihn im Sinne von *primäre Erziehungsberechtigte* (oder einen philosophisch verfeinerten Begriff) zu verwenden, dann haben wir die Bedeutung geändert.[11] Sozialkonstruktivist:innen liegen also falsch, wenn sie sagen, dass *Eltern* sozial fundiert sei; was sie wirklich sagen, ist, dass ein anderer Begriff, wie *primäre Erziehungsberechtigte*, sozial fundiert sei, was offensichtlich und nicht erwähnenswert ist.[12] Außerdem stellt die soziale Fundierung von *primären Erziehungsberechtigten* keine Herausforderung für unsere Annahmen über den Begriff *Eltern* dar. Ebenso behauptet ein Anhänger der Begriffsanalyse, der sich mit *race* beschäftigt, dass *unser* Begriff von *race* eine biologische Kategorie meint und nichts die biologischen Bedingungen erfüllt, die der Begriff erfordert. Das Beste, was wir tun können, um die Phänomene zu erfassen, ist, zu leugnen, dass es *races* gibt, und einen neuen Begriff – wie z. B. *race*-Identität – für den Typ zu erfinden (oder aufzugreifen), der von unseren Praktiken erfasst wird.[13]

11 Natürlich ist es im Falle von Eltern nicht plausibel, eine gründliche Irrtumstheorie anzunehmen, da es einige Menschen gibt, die die Bedingungen erfüllen, ein direkter Vorfahre zu sein. Aber die internalistische Strategie würde uns veranlassen, eine qualifizierte Irrtumstheorie anzunehmen: alle unsere Verwendungen des Ausdrucks »Eltern«, abgesehen von den zentralen biologischen Fällen, sind strikt falsch, weil sie Leute umfassen, die nicht wirklich Eltern sind. Als Reaktion auf den Vorwurf, dass dies z. B. in einem schulischen Kontext unzureichend wäre, könnte der Anhänger der Begriffsanalyse auch behaupten, dass aus einem solchen Ansatz zur Semantik nicht folgt, dass wir den Begriff oder die Terminologie der Eltern in unseren Schulpraktiken beibehalten: Vielleicht täten wir gut daran, unsere Schulmitteilungen an die »primären Erziehungsberechtigten« zu adressieren oder eine andere Formulierung zu verwenden.

12 Obwohl Ian Hacking ein Konstruktivist ist, kommt er zu dem Schluss, dass Konstruktivist:innen nicht einfach den entlarvenden Punkt machen können, dass die fragliche Kategorie eher sozial als natürlich vereinheitlicht ist, weil die Behauptung »redundant« wäre. Ich denke, die Unterscheidung zwischen manifestem und operativem Begriff hilft zu zeigen, warum es nicht redundant sein muss und wichtig sein kann (siehe Hacking 1999, S. 39).

13 Interessanterweise zieht Appiah (1996) eine Art deskriptiven Ansatz in Betracht und kommt dennoch zu dem Schluss, dass es keine *races* gibt. Er tut dies jedoch,

Ich bin gewillt einzuräumen, dass jede dieser Strategien in einem bestimmten Kontext sinnvoll sein könnte und wir nicht auf der Grundlage der von mir angebotenen vereinfachten Beschreibungen entscheiden können, welche alles in allem betrachtet die beste ist. Der Anhänger der Begriffsanalyse behauptet jedoch manchmal, dass sein Ansatz der *einzig* vernünftige sei und dass die deskriptiven und ameliorativen Ansätze die Bedeutung unserer Begriffe nicht erfassen können; das Beste, was sie tun können, sei, neue Bedeutungen vorzuschlagen.[14] Gibt es Grund zu der Annahme, dass ein deskriptiver oder ameliorativer Ansatz einfach irreführend ist und dass Sozialkonstruktivist:innen überhaupt keine philosophische Analyse der fraglichen Begriffe betreiben?

Zumindest im Fall von *Eltern* denke ich, dass es ziemlich klar ist, dass der Begriff als Reaktion auf die sich ändernden Umstände des Familienlebens evolviert ist und dies noch immer tut; für unsere Untersuchung bedeutsam, hat es sich von der Funktion als natürliche Kategorie zur Funktion – zumindest in einigen Kontexten – als soziale Kategorie gewandelt. (In einigen Kontexten scheint der manifeste Begriff *Eltern* zu erlauben, dass Stiefeltern und Adoptiveltern vollständig einbezogen werden; und zunehmend gibt es Kontexte, in denen es nicht mehr verwunderlich ist, wenn ein Kind

weil er es als eine einschränkende Bedingung für den Typ betrachtet, auf den aus den Paradigmen geschlossen werden kann, dass es sich um einen natürlichen Typ handelt, da dies Teil des Begriffs ist, zumindest laut seinen Untersuchungen zur Geschichte des Begriffs. Er hält daher die Möglichkeit nicht für gegeben, dass der objektive Typ, den wir mit dem Ausdruck »*race*« bezeichnen, ein sozialer Typ ist. Dies scheint ein »gemischter« Ansatz zu sein, der meiner Meinung nach zu viel Gewicht auf die Geschichte des Begriffs legt und nicht ausreichend die Objektivität sozialer Arten anerkennt. Mein Argument gegen Irrtumstheorien wird sich nur an diejenigen richten, die ihre Sichtweise mit einer begrifflichen Strategie verteidigen. Auf diejenigen, die eine ameliorative Strategie verfolgen und letztendlich zu dem Schluss kommen, dass eine Irrtumstheorie die beste Option ist, möchte ich hier nicht näher eingehen.

14 Ich selbst bin nicht dagegen, neue Bedeutungen vorzuschlagen und ganz allgemein revisionistische Metaphysik zu betreiben. Angesichts der Geschichte unserer Sprache und unseres begrifflichen Rahmens wäre es ein Wunder, wenn wir bereits beim besten begrifflichen Rahmen für die Beschreibung der Welt angelangt wären. Mich interessiert nur, was wir meinen, als Schritt in einer Untersuchung darüber, was wir meinen sollten. Dennoch denke ich, dass der Anhänger der Begriffsanalyse fehlgeleitet ist, und es lohnt sich, darauf hinzuweisen, warum, da viele mit radikalen Revisionen nicht so glücklich sind wie ich.

zwei Eltern des gleichen Geschlechts hat.) Wie können wir diese Evolution bei der philosophischen Analyse berücksichtigen? Was beinhaltet diese »Evolution«? Räumen wir, indem wir zugeben, dass sich der Begriff weiterentwickelt hat, gegenüber der Irrtumstheoretikerin ein, dass wir einen neuen Begriff analysieren, nicht den der *Eltern*? Wenn wir den manifesten Begriff so anpassen, dass eine biologische Beziehung zum Kind nicht mehr notwendig ist, ist das dann nicht ein »Themenwechsel« in genau dem Sinne, der Anhänger der Begriffsanalyse Sorge bereitet?

Es gibt mindestens zwei Denkweisen darüber, was passieren könnte, wenn ein Begriff als Reaktion auf den sozialen Kontext evolviert: Einerseits kann es sein, dass der Ausdruck »Eltern« einen anderen Begriff ausdrückt als früher. Die Veränderung ist eine in unserer Sprache. Auf der anderen Seite kann es sein, dass der Begriff der *Eltern* gleich bleibt, aber was wir für die Form und den Gehalts dieses Begriffs halten, sich ändert. Vielleicht haben wir es einmal als ein wesentliches Merkmal von Eltern angesehen, dass ihre Kinder biologisch mit ihnen verwandt waren, aber wir sind zu der Auffassung gelangt, dass dies bloß eine auf einer begrenzten Anzahl von Fällen basierende empirische Verallgemeinerung ist, die nicht notwendig gilt. Dies ist eine Veränderung unseres begrifflichen Wissens. In den nächsten beiden Abschnitten werde ich auf jede dieser Interpretationen von »begrifflichem Wandel« eingehen. Ich möchte zunächst argumentieren, dass die Konstruktivistin nicht das Thema wechselt oder unsere Sprache verändert, sondern dass sie offenlegt, dass sich unsere Sprachpraktiken auf eine Weise verändert haben, die wir vielleicht nicht bemerkt haben. Zweitens werde ich argumentieren, dass, obwohl die Konstruktivistin vorschlägt, dass wir zu einem neuen Verständnis unserer Begriffe kommen, dies nicht bedeutet, dass wir unseren alten Begriff durch einen neuen ersetzen müssen, sondern dass wir unseren ursprünglichen Begriff besser verstehen. Ich verpflichte mich hier nicht auf den einen oder anderen Ansatz über begrifflichen Wandel; und ich möchte auch die Möglichkeit offenlassen, dass sich Begriffe wie andere gewöhnliche Dinge wandeln, d. h. durch Abänderung.

6. Semantischer Externalismus

Nach der ersten Erklärung begrifflichen Wandels liegt dieser darin, welche Begriffe unsere Worte (wie *»race«* oder »Eltern«) ausdrücken. Dies wird einleuchtend als semantische Verschiebung (*semantic shift*) verstanden. Es würde den Rahmen dieses Aufsatzes sprengen, in Debatten über Bedeutung Stellung zu beziehen, z. B. ob die *Bedeutung* eines Ausdrucks ein Begriff ist, zu dessen Gehalt wir privilegierten Zugang haben, oder die Extension des Ausdrucks oder eine Funktion von Welten und Mengen von Objekten usw. Der Punkt, den ich ansprechen möchte, ist ganz einfach und sollte bekannt sein: Was auch immer den Umfang unserer Ausdrücke für soziale Arten bestimmt, es ist nichts, zu dem wir durch Introspektion privilegierten Zugang hätten. Wenn sich die Extension des Begriffs im Laufe der Zeit ändert, ist es legitim, eine Änderung dessen zu postulieren, was den Begriffsumfang bestimmt. Diejenigen, die mit einem externalistischen Ansatz bezüglich Sprache und Geist vertraut sind, werden in diesem Abschnitt wenig Neues finden, außer der Behauptung, dass externalistische Einsichten auf unser Denken und unsere Sprache über das Soziale ebenso wie über das Natürliche angewendet werden sollten (und mögen sich also selbst die Erlaubnis erteilen, diesen Abschnitt zu überspringen). Die Implikationen des Externalismus sind in der Sozial- und politischen Philosophie jedoch viel weniger bekannt, weshalb ich hier eine kurze Zusammenfassung geben werde.

Ich habe unterstellt, dass der Irrtumstheoretiker typischerweise einen begrifflichen Ansatz der Analyse verwendet, der A-priori-Reflexion und Ideen betont, die relativ zugänglich für die Introspektion sind. Ich habe auch vorgeschlagen, dass es einleuchtend ist, dies als eine Untersuchung des manifesten Begriffs zu verstehen. Bei der begrifflichen Analyse von z. B. *F-heit* wird typischerweise davon ausgegangen, dass es ausreicht, kompetente Benutzer:innen des Deutschen zu fragen, unter welchen Bedingungen jemand *F ist,* ohne besondere Anstrengungen zu unternehmen, um diejenigen zu konsultieren, deren tägliches Leben von dem Begriff betroffen ist oder die den Begriff in der Praxis anwenden. Wenn kompetente Sprecher:innen die Bedeutung ihrer Begriffe kennen, dann ist sprachliche Kompetenz alles, was zur Analyse eines Begriffs nötig ist. Eine raffinierte Internalistin könnte zulassen, dass man, wenn man für die Möglichkeit sensibel ist, dass es unter tatsächlichen Umständen konkurrierende Bedeutungen (oft ganz explizit) gibt, die alternative Praktiken strukturieren, ein breites Spektrum von Sprechern berücksichtigen könnte und sollte, die in Bezug auf das Phänomen unterschiedlich positioniert sind.[15]

Dieser Ansatz zum Verständnis von *race*, *gender* und anderen sozialen Arten ist jedoch nicht überzeugend, wenn man sprachphilosophische Argumente der letzten dreißig Jahre berücksichtigt, die die Annahme infrage stellen, dass kompetente Benutzer:innen eines Begriffs volles Wissen darüber haben, was der Begriff bedeutet, d.h. dass das, was »in unseren Köpfen« ist, den Referenten eines Begriffs bestimmt. Diese Annahme wurde bereits hinterfragt, als wir die Unterscheidung zwischen Begriff und Konzeption betrachteten (siehe Abschnitt 4), wird aber durch die Tradition des semantischen Externalismus weiter infrage gestellt. Externalist:innen behaupten, dass der Inhalt dessen, was wir denken und meinen, nicht einfach durch intrinsische Tatsachen über uns bestimmt wird, sondern zumindest teilweise durch Tatsachen über unsere Umwelt. Zur Erinnerung: Sally und Zwillingssally verwenden beide den Begriff »Wasser«, aber für Sally bedeutet er H2O und für Zwillingssally bedeutet er XYZ (Putnam 1975b). Sally denkt, dass sie Arthritis in ihrem Oberschenkel hat, und liegt falsch, weil »Arthritis« in ihrer Gemeinschaft eine Erkrankung der Gelenke ist; Zwillingssally denkt, dass sie Arthritis in ihrem Oberschenkel hat, und liegt richtig, weil »Arthritis« in ihrer Gemeinschaft eine Erkrankung ist, die nicht auf die Gelenke beschränkt ist (Burge 1979).

Meistens wurden deskriptive Analysen – und das externalistische Bild, das sie leitet – verwendet, um *naturalistische* Ansätze über Wissen, Geist usw. zu entwickeln; diese versuchen, die *natürliche* (im Gegensatz zur *sozialen*) Art zu entdecken, unter die die ausgewählten Paradigmen fallen. Aber es ist möglich, einen deskriptiven Ansatz innerhalb eines sozialen Bereichs zu verfolgen, solange man zulässt, dass es soziale Arten oder Typen gibt.[16] Aus ebendiesem

15 Obwohl ich die Methoden der Philosophie der normalen Sprache nicht für richtig halte, ist die Komplexität unserer Wortverwendung in verschiedenen Kontexten etwas, das die Philosoph:innen der normalen Sprache gut erfasst haben, und einige ihrer Methoden und Ideen sind für dieses Projekt außerordentlich wertvoll.

16 Da die Terminologie der »natürlichen Art« auf verschiedene Weise verwendet

Grund habe ich mich entschieden, von »deskriptiven« Ansätzen zu sprechen und nicht von »naturalistischen« Ansätzen. Deskriptive Analysen sozialer Begriffe wie »Demokratie« und »Völkermord« oder ethischer Begriffe wie »Verantwortung« und »Autonomie« sind methodisch parallel zu vertrauteren naturalistischen Projekten in der Erkenntnistheorie und Philosophie des Geistes.

Natürlich kann eine externalistische Analyse von Ausdrücken für soziale Arten nicht auf mechanische Weise erfolgen und erfordert eine ausgefeilte Sozialtheorie, um die Paradigmen auszuwählen und ihre Gemeinsamkeit zu analysieren; kurz gesagt, die Untersuchung sozialer Arten muss sich auf empirische soziale/historische

wird, ist es hilfreich, ein paar Unterscheidungen zu treffen. Der Ausdruck »Art« wird manchmal verwendet, um Substanzen zu klassifizieren, im Normalfall (physische) Objekte. Substanzen können nach ihrer Essenz klassifiziert werden; Arten bestehen aus Gruppen von Objekten mit einer gemeinsamen Essenz. Zum Beispiel stellen Tiger eine Art Ding dar, weil jeder Tiger im Wesentlichen ein bestimmtes Cluster von Eigenschaften hat, die die Art definieren. Bei anderen Gelegenheiten wird der Ausdruck »Art« verwendet, um sich auf das zu beziehen, was manchmal als *Typ* bezeichnet wird. Ein Typ ist eine Gruppe von Dingen, manchmal Substanzen, aber möglicherweise auch Nicht-Substanzen, die eine gewisse Einheit bilden. Diese Einheit muss nicht eine Frage des Teilens essenzieller Eigenschaften sein: Rote Dinge konstituieren einen Typ (ihre Einheit besteht darin, dass sie alle rot sind), auch wenn Röte selten eine essenzielle Eigenschaft der Dinge ist, die sie haben. Die Einheit scheint in verschiedenen Graden zu kommen. Die Dinge auf meinem Schreibtisch könnten als eine schwache Art von Typ angesehen werden (sie haben die Tatsache gemeinsam, dass sie auf meinem Schreibtisch liegen), und am Ende des Spektrums gibt es hochgradig willkürlich gruppierte Mengen von Dingen, die überhaupt keine Einheit bilden und daher keinen Typ.

Eine Möglichkeit, über die Einheit von Typen nachzudenken, nimmt Bezug auf die Ähnlichkeit zwischen den Mitgliedern. Wir können verschiedene Arten von Typen unterscheiden, indem wir Achsen der Ähnlichkeit unterscheiden. Genau zwei Meter große Menschen sind ein natürlicher Typ, weil die Gemeinsamkeit zwischen den Mitgliedern natürlich ist (Spezies und Größe); Abiturienten sind ein sozialer Typ, weil die Gemeinsamkeit zwischen den Mitgliedern sozial ist. Beide Arten sind jedoch (metaphysisch) objektiv. Wie man die Grenze zwischen sozialen und natürlichen Typen zieht, ist schwierig (ebenso wie die Unterscheidung zwischen objektiv und subjektiv!) und ich werde hier nicht darauf eingehen. Ich werde mich auf Hintergrundverständnisse und vertraute Fälle verlassen müssen. Es ist jedoch wichtig, daran zu denken, dass sich die Unterscheidung zwischen objektiven und nicht-objektiven Arten/Typen, wie ich sie benutze, in wichtiger Hinsicht von der Unterscheidung zwischen natürlichen und sozialen Arten/Typen unterscheidet.

Untersuchungen stützen, nicht nur auf die Naturwissenschaften. Darüber hinaus ist es durchaus möglich, dass die daraus resultierende Analyse des Typs sehr überraschend ist. Zum Beispiel war es nicht intuitiv offensichtlich, dass Wasser H2O ist oder dass Gold ein Element mit der Ordnungszahl 79 ist. Es bedurfte ausgefeilter Naturwissenschaften, um festzustellen, was die Begriffe »Wasser« und »Gold« bedeuten. Ebenso kann es einer ausgeklügelten Sozialtheorie bedürfen, um festzustellen, was »Eltern« oder »Schwarz« bedeutet. In einem deskriptiven Projekt sollten Intuitionen über die Bedingungen für die Anwendung des Begriffs als zweitrangig gegenüber dem angesehen werden, was die Fälle tatsächlich gemeinsam haben: Wenn wir mehr über die Paradigmen erfahren, lernen wir mehr über unsere Begriffe.

Der Externalismus erschien zunächst in zwei Formen, unterstützt durch die Art von Beispielen (»Wasser«, »Arthritis«), die ich soeben erwähnt habe:

1. *Natürliche-Arten-Externalismus* (Putnam 1973; Putnam 1975b; Kripke 1980): Ausdrücke/Begriffe für natürliche Arten greifen eine natürliche Art heraus, unabhängig davon, ob wir das Wesen der Art angeben können oder nicht, da ihre Bedeutung durch die Ostentation eines Paradigmas (oder anderer Weisen, die Referenz festzulegen) zusammen mit einer impliziten Extension von »Dingen der gleichen Art« wie das Paradigma bestimmt wird.
2. *Sozialer Externalismus* (Putnam 1975b; Burge 1979; Burge 1986): Die Bedeutung eines Ausdrucks/Gehalts eines Begriffs, der von einer Sprecherin verwendet wird, wird zumindest teilweise durch den üblichen Sprachgebrauch in ihrer Gemeinschaft bestimmt.

Im Anschluss wurde deutlich, dass externalistische Phänomene nicht auf Ausdrücke für natürliche Arten (im eigentlichen Sinne) beschränkt sind, sondern ganz weitläufig auftreten. Zum Beispiel kann in der Geschichte der Logik und Mathematik die Forschung in einer Idee oder einem Begriff konvergieren, die wir die ganze Zeit im Sinn zu haben schienen, obwohl niemand, selbst die besten Köpfe, sie hätte erklären können. (Leibniz' frühe Bemühungen, die Grenze einer Reihe zu definieren, sind ein Beispiel.) In solchen

Fällen ist es plausibel, zu behaupten, dass bestimmte Expert:innen »einen bestimmten Sinn erfasst haben, sie ihn aber zugleich nicht ›genau‹ (*sharply*) begriffen haben« (Peacocke 1998, S. 50).

Zu erkennen, dass es möglich ist, nach einem Begriff zu greifen, der noch nicht ganz in Reichweite ist, eröffnet uns einen Weg, über den oben skizzierten meliorativen Ansatz der Analyse nachzudenken. In solchen Fällen haben wir vielleicht ein teilweises oder vages Verständnis des manifesten Begriffs, und der operative Begriff umfasst eine relativ heterogene Menge, aber dennoch können wir sagen, dass es etwas gibt, was wir meinen, einen objektiven Typ, dem wir uns annähern. Wie bisher werde ich den Ausdruck »Zielbegriff« für den Begriff verwenden, der vermutlich jener ist, auf den wir hinauswollen, auch wenn wir ihn noch wenig verstehen; der Zielbegriff ist der Gegenstand einer meliorativen Analyse. Obwohl Fregeaner:innen in der Lage sind, dies einzufangen, indem sie einen objektiven Sinn ins Feld führen, den die Untersuchenden »erfassen«, wird auch eine Ontologie mit weniger zahlreichen objektiven Eigenschaften ausreichen.

Daraus ergibt sich, dass die Grundstrategie des Natürliche-Arten-Externalismus nicht auf natürliche Arten beschränkt werden muss (wobei davon ausgegangen wird, dass Dinge der gleichen natürlichen Art eine Essenz teilen). Externalismus ist immer dann eine Option, wenn es relativ objektive Typen gibt. Der Begriff des benötigten objektiven Typs ist nicht allzu mysteriös: Eine Menge von Objekten ist ein objektiver Typ kraft des Grades von Einheitlichkeit unter ihren Gliedern, aufgrund dessen sie über eine zufällige oder willkürlich eingegrenzte Menge hinausgeht. Objektivität ist nicht nur in der Natur zu finden. Es gibt objektive Typen in jedem Bereich: soziale, psychologische, politische, mathematische, künstlerische usw. Wir mögen die Einheit auf verschiedene Weise erklären (Lewis 1983), aber eine vertraute Art und Weise, von der ich für jetzige Zwecke ausgehen werde, ist der Grad der Ähnlichkeit; die fragliche Ähnlichkeit muss nicht eine Frage der intrinsischen Ähnlichkeit sein; das heißt, die Dinge können aufgrund der Beziehungen (vielleicht zu uns), in denen sie stehen, ähnlich sein. Grob gesagt:

Objektiver-Typ-Externalismus: Ausdrücke/Begriffe greifen einen objektiven Typ heraus, unabhängig davon, ob wir Bedingun-

> gen für die Zugehörigkeit zu diesem Typ angeben können oder nicht, da ihre Bedeutung durch die Ostentation von Paradigmen (oder anderen Weisen, die Referenz festzulegen) zusammen mit einer impliziten Extension von Dingen des gleichen Typs wie die Paradigmen bestimmt wird.

Mengen von Paradigmen fallen üblicherweise in mehr als einen Typ. Um dies zu handhaben, kann man weiter die Art des Typs (Typ der Flüssigkeit, Typ des Kunstwerks) spezifizieren oder (standardmäßig?) den gemeinsamen Typ mit dem höchsten Grad an Objektivität wählen. Für die Erfassung des operativen Begriffs ist es vielversprechend (wie zuvor vorgeschlagen), den relevanten Typ als den zu betrachten, auf den wir uns in unserer besten Theorie der sozialen/sprachlichen Praxis stützen.

Deskriptive Projekte verfolgen einen externalistischen Ansatz für Gehalte, d. h. sie bestimmen den (einen?) Objekttyp, unter den die Paradigmen eines bestimmten Begriffs fallen. Sozialkonstruktivist:innen können sich auf externalistische Ansätze der Bedeutung beziehen, um zu argumentieren, dass ihre Offenlegung eines operativen oder eines Zielbegriffs nicht *das Thema wechselt*, sondern besser erschließt, was wir meinen. Indem wir umfassend darüber reflektieren, wie wir den Begriff »Eltern« verwenden, stellen wir fest, dass die Fälle, entweder in ihrer jetzigen Form oder angepasst durch eine ameliorative Analyse, unter einen objektiven sozialen und nicht unter einen natürlichen Typ fallen. Obwohl wir also eher davon ausgehen, dass wir den Begriff des *unmittelbaren Vorfahren* mit dem Wort »Eltern« ausdrücken, meinen wir tatsächlich den Begriff des *primären Erziehungsberechtigten* (oder so ähnlich); die Konstruktivistin zeigt uns, dass unsere Annahmen darüber, was wir meinen, angesichts unserer Praxis falsch sind. Dabei geht es nicht darum, eine neue Bedeutung vorzuschlagen, sondern eine bestehende zu enthüllen.

Wenn man mit den Anhängern der Begriffsanalyse annimmt, dass die Aufgabe einer philosophischen Untersuchung einfach darin besteht, durch Introspektion zu erklären, was wir mit der Verwendung eines Ausdrucks meinen, dann wird fast jede externalistische Untersuchung »revisionistisch« erscheinen. Aber der begriffliche Ansatz der Analyse ist mit Annahmen über Geist und Sprache verbunden, die sicherlich umstritten, wenn nicht sogar veraltet sind.

Warum, so sollten wir uns auch fragen, bestehen wir angesichts der systematischen Verwendung von Ausdrücken wie »Eltern« zur Erfassung einer sozialen Kategorie darauf, dass der Begriff sich auf eine natürliche Kategorie bezieht? Könnte Ideologie im Verbergen der Weise, in der wir unser soziales Leben organisieren, eine Rolle spielen? Auf jeden Fall gibt es keinen Grund, die Behauptung der Konstruktivistin zurückzuweisen, dass ein Ausdruck, dessen manifester Begriff ein Begriff für eine natürliche Art ist, besser im Sinne eines operativen sozialen Begriffs verstanden werden kann. Die vorgeschlagene Analyse kann überraschend sein; und es kann sogar sein, dass der Ausdruck durch die Praxis so verändert worden ist, dass er nun einen anderen Begriff ausdrückt als früher, d. h., der manifeste hat mit dem operativen Begriff möglicherweise nicht Schritt gehalten. Aber die Konstruktivistin verursacht dies nicht oder fördert sogar einen solchen Wandel, sondern sie deckt ihn auf.

7. Bedeutungsholismus

Wir haben zuvor zwei Möglichkeiten erwogen, um die Idee zu interpretieren, dass ein Begriff mit sozialen Praktiken »evolviert«. Bei einer Interpretation geht es darum, dass ein Begriff wie »Eltern« beispielsweise zu einem Zeitpunkt den Begriff des *unmittelbaren Vorfahren* ausdrückt, aber angesichts von Veränderungen in der Organisation des Familienlebens kommt es zu einem späteren Zeitpunkt zu einem anderen Begriff wie beispielsweise *primäre Erziehungsberechtigte*. Ich habe argumentiert, dass der Konstruktivist diese Verschiebung beschreibt, indem er sagt, dass der Begriff »Eltern« sozial fundiert ist. Dabei geht es nicht darum, eine neue Bedeutung ins Feld zu führen oder vorzuschlagen, sondern darum, ausgehend von externalistischen Einsichten eine bereits bestehende Bedeutung offenzulegen, die durchaus verdeckt sein könnte.

Die andere Interpretation, die wir betrachtet haben, war jedoch, dass der fragliche Ausdruck nicht in dem Sinn »evolviert«, dass er sich im Hinblick auf den Begriff ändert, den er ausdrückt, sondern dass es vielmehr eine Veränderung in unserem Verständnis des Begriffs gibt. Zum Beispiel könnte eine empirische Untersuchung zeigen, dass eine Verallgemeinerung, die wir als analytisch mit dem Begriff verbunden angesehen haben, tatsächlich nur kontingent oder sogar falsch ist. Der Vorschlag hier ist nicht, dass sich der Begriff selbst ändert (obwohl es nützlich sein könnte, es so auszubuchstabieren), sondern vielmehr, dass unser Verständnis von ihm es tut.

Nichts von dem, was ich hier sage, ist neu; die Behauptung, dass es bestenfalls eine verschwommene Grenze gibt zwischen dem, was wahr ist aufgrund der Tatsachen, und dem, was wahr ist aufgrund der Bedeutung, ist ein Leitthema in den Argumenten gegen die analytisch/synthetisch-Unterscheidung. Wie im Falle des Externalismus lag der Schwerpunkt der Diskussion jedoch üblicherweise auf naturwissenschaftlichen Fällen und der Entwicklung von Begriffen natürlicher Arten. Zum Beispiel stellt Putnam in seinem Aufsatz »The Analytic and the Synthetic« Beispiele in Mathematik und Naturwissenschaften einander gegenüber, die, so argumentiert er, nur unzureichend als analytisch oder synthetisch eingestuft werden können, mit dem Standardbeispiel »Ein Junggeselle ist ein unverheirateter Mann«, das eine der wenigen Behauptungen ist, die seiner Meinung nach als analytisch gelten sollten. Er sagt:

Im Falle eines Gesetzescluster-Worts wie »Energie« kann jedes einzelne Gesetz, auch ein Gesetz, das als definitorisch oder stipulativ angesehen wurde, preisgegeben werden, und wir glauben, dass die Identität des Begriffs in einer gewissen Hinsicht erhalten geblieben ist. Somit bleiben die Schlussfolgerungen des vorliegenden Abschnitts bestehen: Ein Prinzip, das den Begriff »Energie« betraf, ein Prinzip, das als definitorisch oder, wenn man so will, analytisch angesehen wurde, wurde aufgegeben. Und seine Preisgabe lässt sich nicht immer als bloße »Neudefinition« oder als Veränderung der Bedeutung von »kinetischer Energie« erklären. (Putnam 1975a, S. 53, Übersetzung P. H.)

Er fährt fort:

Aber »Alle Junggesellen sind unverheiratet« kann nicht zurückgewiesen werden, es sei denn, wir ändern die Bedeutung des Wortes »Junggeselle«, und nicht einmal dann, außer wir ändern es so radikal, dass die *Extension* des Ausdrucks »Junggeselle« geändert wird. Was die Ähnlichkeit [mit dem Fall »Energie«] zu einer rein oberflächlichen macht, ist, dass wir, wenn wir gefragt werden, was die Bedeutung des Ausdrucks »Junggeselle« ist, *nur* sagen können, dass »Junggeselle« »unverheirateter Mann« bedeutet, während wir, wenn wir nach der Bedeutung des Begriffs »Energie« gefragt werden, viel mehr tun können, als eine Definition zu geben. Wir können in der Tat zeigen, wie die Verwendung des Begriffs »Energie« eine enorme Anzahl wissenschaftlicher Erklärungen ermöglicht und wie sie zu einem enormen Bündel von Gesetzen gehört. (Ibid., Übersetzung P. H.)[17]

Aber betrachten wir das Beispiel des »Junggesellen« genauer. In der Philosophie wird immer noch allgemein angenommen und behauptet: Es ist, aufgrund der Bedeutung von »Junggeselle«, analytisch wahr, dass:

> *x* ist ein *Junggeselle* gdw_{df} *x* ein unverheirateter erwachsener Mann ist (UEM).

Aber diese Behauptung erscheint nur plausibel, wenn man davon ausgeht, dass Heterosexualität universell ist oder dass es keinen anderen Weg gibt als die Ehe, um eine formalisierte lebenslange Beziehung einzugehen. Es erscheint plausibel, zu sagen, dass ein unverheirateter schwuler Mann, der ein Leben lang mit einem anderen eine Beziehung eingegangen ist – vielleicht hat er sie sogar als »eingetragene Lebenspartnerschaft« formalisiert –, kein Junggeselle ist. (Also nicht: wenn UEM, dann Junggeselle.) Um das Argument weiter voranzutreiben: Ist es analytisch wahr, dass die Ehe zwischen einem Mann und einer Frau stattfindet, oder handelt es sich nur um »tief verankerte kollaterale Informationen« (Putnam 1975a, S. 41)? Wessen Intuitionen über die »Ehe« sollten das regeln?

Man könnte vermuten, dass eine schwächere These aufgrund der Bedeutung von »Junggeselle« analytisch ist:

> Wenn *x* ein *Junggeselle* ist, dann ist x unverheiratet.

Aber die Wahrheit dieser Behauptung hängt davon ab, welche Art von Institutionen als »Ehe« bezeichnet werden, und das ist ein Thema, das stark umstritten und historisch komplex ist. Zum Beispiel hat die Ehe, wie wir sie kennen, traditionell eine wirtschaftliche Institution mit einer quasi-religiösen Institution kombiniert, die Ein-

17 Putnams Aufsatz ist dafür bekannt, dass er weiter für Szenarien argumentiert, in denen wir Evidenzen dafür in Betracht ziehen würden, dass »Alle Junggesellen sind unverheiratet« falsch ist; aber solche Szenarien sind welche, in denen »Junggeselle« als Natürliche-Arten-Ausdruck für Menschen mit einer bestimmten Neurose fungiert. So tritt also erneut in Putnams Ansatz das Phänomen der begrifflichen Evolution im Kontext der sich entwickelnden Naturwissenschaften auf.

schränkungen des Sexualverhaltens festlegt. Das ist natürlich kein Zufall, denn Sex neigt dazu, Nachkommen zu produzieren, und Nachkommen sind zumindest potenziell sowohl eine wirtschaftliche Belastung als auch eine wirtschaftliche Ressource. Es ist jedoch möglich, sich einen Fall vorzustellen, in dem die wirtschaftliche Institution der Ehe und die sexuelle Institution der Ehe getrennt sind, um zwei Arten von Ehe zu bilden, eine sexuelle Ehe und eine wirtschaftliche Ehe. (Zu denken wäre, vielleicht, an eine Variation von Margaret Atwoods *Der Report der Magd.*) Angenommen, man kann sexuell mit *A* verheiratet sein und wirtschaftlich mit *B*. Ich bin geneigt, zu denken, dass es beim Junggesellentum wirklich um sexuelle Verfügbarkeit geht, sodass die Tatsache, dass ein Mann wirtschaftlich mit *A* verheiratet ist, seinen Junggesellen-Status nicht beeinträchtigt, da er immer noch verfügbar ist, um mit jemand anderem sexuell verheiratet zu sein.

Auf jeden Fall ist die Abhängigkeit von einem sozialen Hintergrundrahmen offensichtlich im Falle von:

x ist ein *Elternteil* gdw_{df} x ein unmittelbarer Vorfahre ist.

In einigen sozialen/historischen Kontexten mag dies analytisch wahr erscheinen, aufgrund dessen, was »Eltern« bedeutet. Aber Gesetze und Bräuche ändern sich, sodass man der rechtliche Elternteil eines nicht biologisch verwandten Kindes werden kann, und mit der Zeit werden solche Eltern als »echte Ehe« anerkannt.

Im Falle von *Eltern* und *Ehe* gibt es konkurrierende Modelle des sozialen Lebens sowie dessen, was in unseren bestehenden sozialen Strukturen wesentlich und was zufällig ist. Aber so wie das, was wesentlich oder zufällig dafür ist, ein Atom oder Energie zu sein, von der physikalischen Hintergrundtheorie abhängt, in der der Begriff »Atom« verwendet wird, so hängt das, was wesentlich oder zufällig dafür ist, ein Elternteil oder verheiratet oder ein Junggeselle zu sein, vom Hintergrundmodell des gesellschaftlichen Lebens ab (siehe auch Burge 1986). Putnam schlägt vor, Fälle wie »Junggesellen sind unverheiratete Männer« mit wissenschaftlichen Prinzipien zu vergleichen, da erstere der reinen Stipulation so nahe wie möglich kommen und letztere »systematische Tragweite« haben. Durch die systematische Tragweite wissenschaftlicher Prinzipien können wir das eine oder andere von ihnen aufgeben, ohne die

Bedeutung der verwendeten Ausdrücke zu ändern (Putnam 1975a, S. 40). Was Putnam (und andere) nicht zu sehen scheinen, ist, dass »Junggesellen sind unverheiratete Männer« auch systematische Tragweite hat; d. h., insbesondere Begriffe wie *Ehe, Erwachsener* und *Mann* können, auch wenn sie aus der Alltagssprache vertraut sind, Gegenstand der Sozial- und politischen Theorie und der sozialen Auseinandersetzung sein. Obwohl die wissenschaftlichen Essenzialist:innen dazu neigten zu behaupten, dass die analytisch/synthetisch-Unterscheidung dem wissenschaftlichen Fortschritt im Wege stand, waren sie weniger geneigt zu sehen, dass sie auch dem sozialen Fortschritt im Wege stehen kann.

Diese Fälle zeigen, dass das, was wir als analytische Prinzipien betrachten, oft tatsächlich bestimmte soziale Vereinbarungen codiert und dass die Beziehung zwischen Ausdrücken bestimmte Machtstrukturen codiert. So bringt beispielsweise der Ausdruck »Eltern« ein gewisses normatives Gewicht, Anrecht usw. mit sich, während der Begriff »primäre Erziehungsberechtigte« dies nicht tut. Putnam legt nahe, dass es schwierig wäre, sich eine physikalische Theorie vorzustellen, die keine Vorstellung von der *Vergangenheit* oder der *Energie* hat. Dies sind Rahmenbegriffe. Ebenso ist es schwierig, sich eine Sozialtheorie vorzustellen, die nicht einige Begriffe wie *männlich, weiblich, Eltern* oder sogar so etwas wie *Ehe* verwendet. Es gibt also einen Grund, warum Sozialkonstruktivist:innen den Begriff »Eltern« neu durchdenken wollen, anstatt ihn durch den Begriff »primäre Erziehungsberechtigte« zu ersetzen. Und es ist nicht verwunderlich, dass wir in den Vereinigten Staaten als Teil des Kampfes für die Rechte von Schwulen und Lesben darüber streiten, *was der Ausdruck »Ehe« bedeutet*. Der Ausdruck »Ehe« ist ein Rahmenbegriff, der die Institution mit einem breiten Spektrum anderer sozialer Phänomene verbindet, und zwar in einer Weise, der die »eingetragene Lebenspartnerschaft« nicht nahekommen kann.

Die Konstruktivistin im Hinblick auf »Eltern« behauptet, dass es in Fällen, in denen der manifeste Begriff der *Eltern* der eines unmittelbaren Vorfahren ist, dennoch angebracht sein kann, den Begriff der *Eltern* als den des *primären Erziehungsberechtigten* (oder ein ähnlicher Begriff) zu verstehen. Ändert die Konstruktivist:in einfach die Bedeutung des Ausdrucks? Wenn der Begriff von *Eltern* ein (sozialer) Rahmenbegriff ist, was plausibel erscheint, und wenn die Aufgabe, für die wir den Ausdruck »Eltern« benötigen, nicht mehr am besten dadurch erfüllt wird, dass man davon ausgeht, dass Eltern unmittelbare Vorfahren sind, dann ist es vernünftig, diese Behauptung nicht als die Angabe der Bedeutung des Ausdrucks, sondern einer nützlichen, wenn auch nicht universellen Verallgemeinerung zu betrachten.

Dies legt schließlich einen Grund nahe, die konstruktivistische der irrtumstheoretischen Strategie vorzuziehen, zumindest bei der Analyse einiger sozialer Arten. Die Behauptung des Anhängers der Begriffsanalyse, dass der fragliche Begriff, sagen wir *Eltern,* nur in Bezug auf das, was manifest ist für uns, analysiert werden sollte, kann die Wirkung haben, unsere soziale Struktur zu verfestigen: Wenn es uns nicht erlaubt ist, die Gehalte unserer Rahmenbegriffe im Lichte der Entwicklungen in der Sozialtheorie und im sozialen Leben anzupassen, dann erfordert der soziale Wandel die vollständige Übernahme eines neuen Begriffsschemas. Weil dies unwahrscheinlich ist, wird ein solcher Wandel schwierig sein. Da Rahmenbegriffe mit normativen Prinzipien verknüpft sind, kann die Ablehnung der Begriffe dazu führen, dass wir alte Praktiken haben und keine neuen Prinzipien, die uns leiten könnten. Wenn wir die begriffsanalytische Strategie mit der Beibehaltung vermeintlich natürlicher Kategorien kombinieren, verfestigen wir den bestehenden Rahmen weiter, indem wir unterstellen, dass seine analytische Struktur nur die fundamentale Struktur der Natur erfasst, nicht unsere. So vollzieht die Konstruktivistin in der Tat zwei Bewegungen, die unsere sozialen Arrangements potenziell destabilisieren: die Entdeckung, dass eine vermeintlich analytische Aussage tatsächlich eine kontingente Verallgemeinerung ist, und die Entdeckung, dass eine natürliche Kategorie tatsächlich sozial ist.

8. Fazit

Ich habe diesen Aufsatz mit der Frage begonnen, ob sozial-konstruktivistische Analysen vertrauter Ausdrücke oder Begriffe jemals philosophisch akzeptabel sein können, wenn solche Analysen darauf abzielen, unser normales Verständnis *zu entlarven*, und so zwangsläufig unsere Intuitionen missachten. Wenn sozial-konstruktivistische Analysen darüber hinaus kontraintuitiv sein können, gibt es dann irgendwelche Grenzen, wie kontraintuitiv sie sein können und zugleich immer noch akzeptabel? Ganz allgemein, was ist der Maßstab für die Güte einer konstruktivistischen Analyse, wenn Intuitionen keine Rolle spielen? Und schließlich, gibt es Gründe, warum konstruktivistische Analysen gegenüber irrtumstheoretischen Ansätzen bevorzugt werden sollten, die sich dem manifesten naturalisierenden Begriff als »dem, was wir meinen«, verpflichtet fühlen und einen neuen sozialen Begriff anbieten, um zu erfassen, wie der Ausdruck in unserer Praxis funktioniert?

Ich habe argumentiert, dass konstruktivistische Analysen *im Allgemeinen* nicht dafür beanstandet werden können, dass sie das Thema wechseln oder kontraintuitiv sind. Der semantische Externalismus erlaubt es uns zu behaupten, dass das, wovon wir sprechen, tatsächlich eine soziale Kategorie ist, auch wenn wir denken, dass es das nicht ist. Und im Falle von Rahmenbegriffen können die Sozialtheorie und das soziale Leben dazu führen, dass wir Prinzipien ablehnen, die definitorisch erscheinen, während wir den Begriff dennoch behalten. So kann die Konstruktivistin behaupten, eine akzeptable Analyse eines Begriffs zu liefern, auch wenn sie nicht intuitiv ist.

Eine erfolgreiche konstruktivistische Entlarvung wird eine sein, bei der der beste Ansatz im Hinblick darauf, was wir tun (oder tun sollten), wenn wir die infrage stehende Unterscheidung treffen – unter Berücksichtigung dessen, welche legitimen Zwecke verfolgt werden und welche objektiven Typen es gibt –, uns einen sozialen Typ erfassen lässt.[18] Ein solcher Ansatz wird nicht von vornherein rein a priori sein und sich auf die Sozialtheorie stützen. Ich habe in diesem Aufsatz nicht argumentiert, dass ein sozial-konstruktivistischer Ansatz mit Blick auf *race* einem irrtumstheoretischen oder naturalistischen vorzuziehen ist (obwohl ich behauptet habe, dass er es ist: siehe Haslanger 2012[2000] [in diesem Band, 64-105]); ein solches Argument müsste sich mit empirischen Fragen befassen, die ich hier nicht thematisiert habe.

Es wäre ein Fehler, aus meiner Argumentation zu schließen, dass konstruktivistische Analysen immer besser sind als irrtumstheoretische Analysen, wenn es eine Kluft zwischen manifesten und operativen Begriffen gibt. Die Fälle müssen einzeln geprüft werden.

18 Mit Blick auf die Frage, was als »legitimer Zweck« gilt und wie unsere theoretischen Zwecke bewertet werden sollten, folge ich Anderson 1995 und den Trends im feministischen Empirismus im weiteren Sinne.

Die Argumente, die ich in diesem Aufsatz angeboten habe, richten sich zudem nur an Irrtumstheoretiker, die sich auf ein begriffsanalytisches Modell beziehen, d.h. an diejenigen, deren Analyse des umstrittenen Begriffs vollständig auf der Ausbalancierung von Intuitionen beruht. Es mag einige geben, die eine Irrtumstheorie als Ergebnis einer umfassenden Analyse unserer Praktiken und Zwecke annehmen. Meine Argumente richten sich nicht gegen einen solchen Ansatz. Vielmehr habe ich gefordert, dass wir, wenn unsere manifesten Begriffe hinsichtlich unserer Praktiken irreführend sind und verbergen, was wir wirklich mit unseren Begriffen machen, darüber nachdenken sollten, ob es eine Geschichte darüber zu erzählen gibt, wie und warum. Wenn es eine solche Geschichte gibt, sollten unsere Theorien sie widerspiegeln.

Die Fundierung der philosophischen Analyse in sprachlicher Kompetenz oder a priori Intuition in Bezug auf unsere manifesten Begriffe birgt die Gefahr, dass die soziale Selbsttäuschung fortdauert. Obwohl wir nicht ohne Intuition vorgehen können, können wir auch nicht ohne kritische Sozialtheorie vorgehen. Ich hoffe, dass die Beispiele von *gender* und *race* Philosoph:innen ermutigen werden, der allgegenwärtigen Kluft zwischen manifesten und operativen Begriffen mehr Aufmerksamkeit zu schenken, was dazu führt, dass wir uns weniger auf unsere Intuitionen konzentrieren und mehr auf die Rolle von Begriffen bei der Gestaltung unseres sozialen Lebens. Die philosophische Analyse hat das Potenzial, Ideologie zu entlarven und nicht nur zu artikulieren.[19]

Aus dem Amerikanischen von Philipp Hölzing

19 Vielen Dank an Louise Antony, Lawrence Blum, Alex Byrne, Jorge Garcia, Richard Holton, Erin Kelly, Ishani Maitra, Mary Kate McGowan, Lionel McPherson, Laura Schroeter, Marion Smiley, Sarah Song, Ronald Sundstrom, Ásta Sveinsdóttir, Gregory Velazco y Trianosky und Steve Yablo dafür, mit mir über die in diesem Aufsatz aufgeworfenen Fragen diskutiert zu haben. Frühere Versionen dieses Aufsatzes wurden vorgestellt bei der Society for Analytic Feminism, an der Australian National University, beim California Roundtable on Philosophy and Race (2005), an der University of Colorado, Boulder, und der Tufts University. Ich danke allen Diskussionsteilnehmer:innen für hilfreiches Feedback.

Alcoff, Linda. 2000. Is Latino/a Identity a Racial Identity? In Jorge J. E. Gracia und Pablo De Grieff (Hg.), *Hispanics and Latinos in the United States: Ethnicity, Race, and Rights*. New York: Routledge, 23-44.

Anderson, Elizabeth. 1995. Knowledge, Human Interests, and Objectivity in Feminist Epistemology. *Philosophical Topics*, 23(2), 27-58.

Andreason, Robin. 2000. Race: Biological Reality or Social Construct? *Philosophy of Science*, 67, Supplementary Volume, 653-66.

Appiah, K. Anthony. 1996. Race, Culture, Identity: Misunderstood Connections. In K. A. Appiah und A. Gutmann, *Color Conscious: The Political Morality of Race*. Princeton: Princeton University Press, 30-105.

–. 1993. *In My Father's House*. New York: Oxford University Press.

Armstrong, David. 1989. *Universals: An Opinionated Introduction*. Boulder, CO: Westview Press.

Burge, Tyler. 1986. Intellectual Norms and Foundations of Mind. *Journal of Philosophy*, 83 (12), 697-720.

–. 1979. Individualism and the Mental. *Midwest Studies in Philosophy*, 4, 73-121.

Glasgow, Joshua. 2003. On the New Biology of Race. *Journal of Philosophy*, 100 (9), 456-74.

Gooding-Williams, Robert. 1998. Race, Multiculturalism and Democracy. *Constellations*, 5(1), 18-41.

Hacking, Ian. 1999. *The Social Construction of What?* Cambridge, MA: Harvard University Press.

Hardimon, Michael O. 2003. The Ordinary Concept of Race. *Journal of Philosophy*, 100 (9), 437-55.

Haslanger, Sally. 2012 [2005]. What Are We Talking About? The Semantics and Politics of Social Kinds. In *Resisting Reality: Social Construction and Social Critique*, Oxford: Oxford University Press, 365-80.

–. 2012 [2003]. Social Construction: The »Debunking« Project. In *Resisting Reality: Social Construction and Social Critique*, Oxford: Oxford University Press, 113-38.

–. 2012 [2000]. Gender and Race: (What) Are They? (What) Do We Want Them To Be? In *Resisting Reality: Social Construction and Social Critique*, Oxford: Oxford University Press, 221-47.

–. 2006. Race and Natural Kinds. Conference presentation, January 9. *Revisiting Race in a Genomic Age*, Stanford Humanities Centre.

Higginbotham, J. 1998. Conceptual Competence. *Philosophical Issues*, 9, 149-62.

Kitcher, Philip. 1999. Race, Ethnicity, Biology, Culture. In L. Harris (Hg.), *Racism*. New York: Humanity Books, 87-117.

Kripke, Saul. 1980. *Naming and Necessity*. Cambridge, MA: Harvard University Press.

Lee, Sandra Soo-Jin, Johanna Mountain und Barbara Koenig. 2001. The Meanings of »Race« in the New Genomics: Implications for Health Disparities Research. *Yale Journal of Health Policy, Law and Ethics*, 1, 33-75.

MacKinnon, Catharine. 1987. *Feminism Unmodified*. Cambridge, MA: Harvard University Press.

Mallon, Ron. 2004. Passing, Traveling and Reality: Social Construction and the Metaphysics of Race. *Noûs*, 38(4), 644-73.

Mills, Charles. 1998. *Blackness Visible: Essays on Philosophy and Race*. Ithaca, NY: Cornell University Press.

–. 1997. *The Racial Contract*. Ithaca, NY: Cornell University Press.

Mountain, Joanna L., und Neil Risch. 2004. Assessing Genetic Contributions to Phenotypic Differences Among »Racial« and »Ethnic« Groups. *Nature Genetics*, 36 (11 Supp.), 48-53.

Omi, Michael und Howard Winant. 1994. Racial Formation. In M. Omi und H. Winant, *Racial Formation in the United States*. New York: Routledge, 53-76.

Peacocke, Christopher. 1998. Implicit Conceptions, Understanding, and Rationality. *Philosophical Issues*, 9, 43-88.

Putnam, Hilary. 1975a. The Analytic and the Synthetic. In *Mind, Language and Reality: Philosophical Papers*, Volume 2. Cambridge: Cambridge University Press, 33-69.

–. 1975b. The Meaning of »Meaning«. In *Mind, Language and Reality: Philosophical Papers*, Volume 2. Cambridge: Cambridge University Press, 215-71.

–. 1973. Meaning and Reference. *Journal of Philosophy*, 70, 699-711.

Quine, W. V. O. 1953. Two Dogmas of Empiricism. In *From a Logical Point of View*. Cambridge, MA: Harvard University Press.

Risch, Neil, Esteban Burchard, Elad Ziv und Hua Tang. 2002. Categorization of Humans in Biomedical Research: Genes, Race and Disease. *Genome Biology*, 3(7), comment 2007.1-2007.12.

Rosenberg, Noah A., Jonathan K. Pritchard, James L. Weber, Howard M. Cann, Kenneth K. Kidd, Lev A. Zhivotovsky und Marcus W. Feldman. 2002. Genetic Structure of Human Populations. *Science*, 298, 2381-85.

Zack, Naomi. 2002. *Philosophy of Science and Race*. New York: Routledge.

–. 1997. Race and Philosophic Meaning. In *ACE/SEX: Their Sameness, Difference, and Interplay*. New York: Routledge, 29-43.

4
»Aber Mama, bauchfreie Tops sind süß!« Soziales Wissen, soziale Struktur und Ideologiekritik

> Das Studium der Wissenschaft vom Menschen ist von der Überprüfung der Optionen, zwischen denen die Menschen wählen müssen, nicht zu trennen. Dies bedeutet, dass wir hier nicht nur von Irrtum, sondern von Illusion sprechen. Wir sprechen von »Illusion«, wenn wir es mit etwas Substanziellerem als dem Irrtum zu tun haben – einem Irrtum, der gewissermaßen ein eigenes falsches Bild von Realität entwirft. [Solche Illusionen] sind mehr als Irrtümer in diesem Sinne: Sie stützen sich auf gewisse Praktiken, für die sie konstitutiv sind.
>
> Charles Taylor 1975, 214

> Sicherlich lässt sich ein Großteil der Tyrannei von Männern über Frauen durch Datenerhebung, Experimente und Forschung beobachten. [...] Viele Dinge können auf diese Weise erkannt werden. [...] [Aber dies zeigt nicht,] ob etwas unnötig oder veränderbar ist, außer auf spekulative Weise, denn was nicht da ist, gilt nicht als real. Die Situation von Frauen kann, im feministischen Sinne, nicht wirklich als das erkannt werden, was sie ist, ohne ein Wissen darum, dass sie auch anders sein könnte, als sie ist. Indem er als legitimierende Ideologie agiert, kann der wissenschaftliche Standard zur Überprüfung der Realität eine wachsende Empörung verstärken, aber er kann keinen Feminismus hervorbringen, der nicht schon da war. Das Wissen um objektive Tatsachen bewirkt nicht das, was ein Bewusstsein bewirkt.
>
> Catherine MacKinnon 1989, 100-101 (Übersetzung P. H.)

1. Einführung[1]

In der sozialen Welt ist Wissen, oder das, was vorgibt, Wissen zu sein, mit der Realität verstrickt, die es repräsentiert. Soziale Institutionen werden zumindest teilweise durch Mengen von gemeinsamen Überzeugungen und Konventionen konstituiert; selbst falsche

1 Vielen Dank an Lauren Ashwell, Nancy Bauer, Alex Byrne, Gabriella Coleman, Philip Corkum, Nina Emery, Caspar Hare, Cressida Heyes, Richard Holton,

Überzeugungen in Bezug auf soziale Phänomene können Veränderungen in der sozialen Welt bewirken, die dazu führen, dass diese Überzeugungen wahr werden (Langton 2007). Infolgedessen wird manchmal suggeriert, dass eine Erkenntnistheorie des Sozialen sich nicht nur damit befassen darf, ob eine Überzeugung gerechtfertigt und wahr ist. Wenn soziales Wissen fehlschlägt, kann es daran liegen, dass es eine Realität konstituiert hat – und vielleicht genau diese Realität repräsentiert –, diese jedoch in irgendeiner Weise unzureichend ist. Nach Taylor (siehe das vorangestellte Zitat) könnte der Vorschlag lauten, dass die durch eine Überzeugung geschaffene soziale Realität eine Illusion ist. Aber wenn ja, in welchem Sinne ist es eine Illusion? Ist es eine Illusion darüber, was möglich ist? Über das, was gut ist? Und ist eine Bewertung des Erkenntnisprodukts ein legitimer Bestandteil der sozialen Erkenntnistheorie?

Catharine MacKinnons Werk wirft immer wieder die Frage auf, wie eine Erkenntistheorie des Sozialen in unterdrückerischen sozialen Kontexten vorgehen soll. Aus MacKinnons Sicht (1989, siehe ebenfalls das vorangestellte Zitat)

> untersucht die Bewusstseinsbildung [im Gegensatz zur wissenschaftlichen Untersuchung] eine intrinsisch soziale Situation, in der Mischung aus Denken und Materialität, die Geschlecht im weitesten Sinne umfasst. (MacKinnon 1989, 83, Übersetzung P. H.)

Sie fährt fort: »Der Prozess ist sowohl transformativ als auch perzeptiv, da Denken und Handeln untrennbar und wechselseitig konstitutiv für die Unterdrückung von Frauen sind [...].« (MacKinnon 1989, 84, Übersetzung P. H.) Angesichts der wechselseitigen Abhängigkeit von sozialem Denken und Realität kann ein Bedeutungswandel die soziale Welt verändern.[2] Dies erfordert jedoch einen neuen Zweig der Erkenntnistheorie:

Bruce Hunter, David Kahane, Victor Kumar, Rae Langton, Bernard Linsky, Victoria McGeer, Amy Schmitter, Paolo Santorio, Robert Stalnaker, William Taschek, Catherine Wearing, Robert Wilson, Charlotte Witt und vor allem Stephen Yablo für hilfreiche Diskussionen und Feedback.

2 Grob gesagt, betrachtet die Bewusstseinsbildung die Art und Weise, wie soziales Denken und soziale Realität voneinander abhängig sind, bietet eine kritische Perspektive auf die Bedeutungen, die in dieser von Denken durchdrungenen Realität implizit enthalten sind, und schlägt alternative Bedeutungen vor, die aus einer Perspektive innerhalb des jeweiligen sozialen Kontextes gewonnen werden. Ich

Diese Erkenntistheorie leugnet keineswegs, dass eine Beziehung zwischen dem Denken und einer anderen Realität als dem Denken oder zwischen menschlicher Aktivität (mental oder anderweitig) und den Produkten dieser Aktivität besteht. Vielmehr definiert sie die erkenntnistheoretische Frage neu, von einer wissenschaftlichen Frage, die die Beziehung zwischen Wissen und objektiver Realität zum Gegenstand hat, zu einem Problem der Beziehung von Bewusstsein zu sozialem Sein. (MacKinnon 1989, 99, Übersetzung P. H.)

Abgesehen von der Herausforderung, ihre eigene Sichtweise zu interpretieren, wirft sie ein erkenntnistheoretisches Problem auf, was in jenen Bereichen gedacht werden »sollte«, in denen das, was gedacht wird, (zumindest teilweise) sowohl sein Objekt bestimmt als auch durch dieses bestimmt wird. Dieses Problem ist besonders dringlich, wenn es an einem Ort der Ungerechtigkeit auftritt. Mein Ziel in diesem Kapitel ist es, einige Ressourcen für die Entwicklung einer Antwort bereitzustellen.

2. Sind bauchfreie Tops süß?

Um dies zu konkretisieren, sollte man die Rolle von Mode in der Schule betrachten. Die Überzeugung, dass bestimmte Mädchen bauchfreie Tops tragen, die ihre Taille freilegen, begründet zum Teil die Tatsache, dass es in Mode ist, solche Tops zu tragen, und dass viele andere Mädchen das Gleiche tun. Es ist nachvollziehbar, dass es in solchen Situationen zu einem »gemeinsamen Wissen« (*common knowledge*) wird, dass z. B. Mädchen in der siebten Klasse in diesem Frühjahr solche Oberteile tragen.[3] Aber man könnte argumentieren, dass es besser wäre, wenn Mädchen in der siebten Klasse (etwa 12 Jahre alt) stattdessen gewöhnliche Oberteile – die die Taille bedecken – trügen (weil die bauchfreien Tops die Mädchen, die sie tragen, sexualisieren und die molligen Mädchen weiter marginalisieren usw.). Eltern, die sich mit der Bauchfrei-Mode unwohl fühlen und dennoch mit einer Tochter konfrontiert sehen,

werde hier nicht darauf eingehen, was Bewusstseinsbildung ist oder was ihre epistemischen Qualitäten sind.

3 Nach Lewis (1969, 56) ist der Sachverhalt, dass bestimmte (populäre) Mädchen bauchfreie Tops tragen, die Grundlage für das gemeinsame Wissen, dass Mädchen in der siebten Klasse im Frühjahr bauchfreie Tops tragen.

die begierig darauf ist, sich der Masse anzuschließen, könnten ihr also vorschlagen, sich etwa nicht weiter um Mode zu kümmern, es nicht zuzulassen, dass das, was die anderen Mädchen tun, ihre Entscheidungen bestimmt, dass sie auch in ihrem Trainingsanzug schön aussieht.

Aber auch wenn die Tochter individuell in der Lage ist, ihre Selbstachtung zu bewahren, ohne sich dem Modetrend zu beugen, kann es dennoch wahr sein, dass sie marginalisiert wird, wenn sie sich nicht anpasst, und dass die modischen Mädchen sexualisiert werden (Warner 2007). Konventionen zu brechen, kann eine Teillösung sein, die für einige Personen funktioniert. Aber das Problem ist nicht individuell. Die Situation wäre besser, wenn »Mädchen in der siebten Klasse tragen in diesem Frühjahr bauchfreie Tops« nicht Teil einer Menge von Überzeugungen wäre, die das gemeinsame Wissen in der Schule (oder der Gesellschaft insgesamt) ausmachen.

Betrachten wir in diesem Zusammenhang den folgenden vertrauten Dialog:

> *Tochter*: »Kann ich etwas Geld haben, um ein bauchfreies Top wie das von Ashley zu kaufen, das ich in der Schule tragen kann?«
>
> *Eltern*: »Du kannst ein neues Top haben, aber kein bauchfreies. Das ist zu freizügig.«
>
> *Tochter*: »Aber Mama [Papa], du liegst einfach falsch. Jeder weiß, dass bauchfreie Tops süß sind; und ich will kein Honk sein.«
>
> *Eltern*: »Es tut mir leid, Schatz, bauchfreie Tops sind nicht süß, und du wirst kein Honk sein, wenn du deinen Trainingsanzug trägst.«

Unter den gegebenen Umständen scheint es, dass an der Antwort der Tochter etwas richtig und die Erwiderung der Eltern nicht ausreichend ist. Und dennoch: Haben die Eltern nicht recht?

Man könnte zunächst davon ausgehen, dass es in diesem Gespräch eine Meinungsverschiedenheit über den Wahrheitswert der folgenden Aussagen gibt:

1. Mädchen in der siebten Klasse, die in der Schule bauchfreie Tops tragen, sind süß.

2. Mädchen in der siebten Klasse, die Trainingsanzüge in der Schule tragen, sind Honks.

Eine Möglichkeit, die Wahrheitswerte der Meinungsverschiedenheiten zu verstehen, besteht darin, vorzuschlagen, dass »süß« und »Honk« evaluative Prädikate sind und dass diejenigen, die glauben, dass (1) und (2) gilt, sich in Bezug auf den objektiven (sozialen/ästhetischen/bekleidungsspezifischen) Wert von bauchfreien Tops und Trainingsanzügen irren. Aber das ist unplausibel. Die Muster der sozialen Interaktion an der Schule bestimmen die Extension von »süß« und »Honk«: Wenn ein Mädchen sich wie ein Honk bewegt, wie ein Honk redet und sich wie ein Honk kleidet, ist sie ein Honk.

Wo *objektivistische Lesarten* von Aussagen wie (1) fehlgeleitet erscheinen, wird die Alternative oft als *subjektivistische Lesart* angesehen, die die Meinungsverschiedenheiten zu einer Geschmackssache macht. Nach dieser Lesart haben die Eltern und die Tochter einfach einen unterschiedlichen Kleidergeschmack, so wie sie auch unterschiedliche Geschmäcker beim Essen oder einen unterschiedlichen Humor haben könnten. In Wirklichkeit behauptet die Tochter, dass bauchfreie Tops für sie (oder für ihre Klassenkamerad:innen) süß sind, und die Eltern behaupten, dass sie für sie (oder für ihre Altersgenoss:innen) nicht süß sind. Damit wird jedoch nicht der Sinn erfasst, in dem die Eltern mit der Tochter nicht einverstanden sind und in der Lage sind, Modetrends zu kritisieren. Auf allgemeinerer Ebene muss ein akzeptabler Ansatz – obwohl soziale Normen und dergleichen zumindest teilweise durch die Einstellungen der sozialen Gruppe konstituiert werden, die sie regieren – Raum für sinnvolle Kritik schaffen, die Gruppen übergreift.

Noch eine weitere Lesart der Meinungsverschiedenheiten wäre, den Elternteil so zu sehen, dass sie oder er die Dichotomie »süß/Honk« ablehnt und die Tochter dazu anhält, es ihr gleichzutun: Diese Arten, sich selbst und andere aufgrund der Bereitschaft, sexy Kleidung zu tragen, zu klassifizieren, sind fehlgeleitet und sollten vermieden werden. Eltern sind verpflichtet, solche Klassifizierungen aufzubrechen, ebenso wie Lehrer und Schulleitungen, die

Kleiderordnungen und dergleichen einführen. Nennen wir dies die *Rahmen-Lesart*.[4] Nach dieser Lesart ist (1) wahr und man kann berechtigt sein, die Aussage zu glauben. Aber gleichzeitig erfasst und verstärkt sie (und von der richtigen Person im richtigen Moment geäußert, schafft sie vielleicht sogar) eine fehlgeleitete Unterscheidung.

Ohne sich darauf festzulegen, worum es zwischen Eltern und Tochter wirklich geht, ergeben sich damit dennoch die Voraussetzungen für ein Rätsel. Wenn die soziale Realität um die süß/Honk-Dichotomie herum organisiert ist, dann gibt es süße Mädchen und Honk-Mädchen, und es wäre ein Fehler, dies nicht zu erkennen. Dies ist wichtiges soziales Wissen. Aber gleichzeitig ist es naheliegend, zu sagen, dass die süß/Honk-Dichotomie eine Illusion ist. Sie ist sozial und moralisch problematisch, und weil sie durch ein Muster von Überzeugungen und Erwartungen verdinglicht wird, könnte sie durch eine Weigerung, Überzeugungen in dieser Form zu haben, untergraben werden. Generell scheinen wir in Fällen wie diesem in der Lage zu sein, einen Widerspruch hervorzubringen: Es ist wahr, dass *p*, also solltest du *p* glauben; aber die Überzeugung *p* macht es wahr, und es wäre besser, wenn *p* nicht wahr wäre; also solltest du *p* nicht glauben.

3. »Sollte glauben«

So scheint es, dass die Tochter glauben sollte, dass beispielsweise Mädchen in der siebten Klasse, die Trainingsanzüge in der Schule tragen, Honks sind, und doch, wenn ihre Eltern recht haben, sollte sie es auch nicht glauben. Ein erster Schritt zur Vermeidung des Rätsels wäre es, darauf hinzuweisen, dass dieser Gedankengang zwei Bedeutungen von »sollte« beinhaltet. Das Mädchen sollte wahre Überzeugungen haben; das ist ein *epistemisches* »sollte«. Aber aus moralischen/politischen Gründen sollte sie den fraglichen Aus-

4 Tatsächlich gibt es eine Reihe von verschiedenen Möglichkeiten, wie man den Sprechakt deuten könnte, den die Eltern vollziehen, die nicht auf das bloße Bestreiten der Behauptung der Tochter hinauslaufen würden. Eine Ablehnung der Dichotomie süß/Honk ist plausibel, aber es gibt noch andere, die es wert sind, in Betracht gezogen zu werden. Ich behaupte nicht, dass es nur einen Weg gibt, den Beitrag der Eltern zum Gespräch zu interpretieren.

sagen nicht glauben. Wenn sie die Überzeugung hat, dass Mädchen in Trainingsanzügen Honks sind, wird dies zu den Überzeugungs- und Erwartungsmustern beitragen, die die soziale Tatsache ausmachen, dass solche Mädchen Honks sind, was schlecht wäre. Dieses zweite »sollte«, so könnte man argumentieren, ist ein *pragmatisches* oder *moralisches* »sollte«. So gibt es eine Zweideutigkeit im Argument und das Rätsel löst sich auf.

Obwohl an dieser Antwort etwas richtig zu sein scheint, ist sie nicht ausreichend. Erstens ist es umstritten, zu behaupten, dass pragmatische oder moralische Normen für Überzeugungen gelten, denn es ist nicht klar, dass das Überzeugtsein im entsprechenden Sinne eine Frage der Wahl ist (Williams 1973). Die Tochter erlebt ihre Freunde als süß in bauchfreien Tops und die anderen in Trainingsanzügen als Honks, und das ist vielleicht nichts, was sie nach Belieben ändern kann. Wenn zum Beispiel der Elternteil droht: »Wenn du weiterhin glaubst, dass es für Mädchen in der siebten Klasse angemessen ist, bauchfreie Tops zur Schule zu tragen, werde ich dein Taschengeld halbieren«, dann scheint es wenig zu geben, was die Tochter tun kann, außer nach Gründen zu suchen, die ihre Meinung ändern werden (oder über ihre Überzeugungen zu lügen).

Zweitens deutet die »Rahmen«-Lesart der Meinungsverschiedenheiten – die Lesart, nach der die süß/Honk-Dichotomie fehlgeleitet ist – darauf hin, dass die Teenager-Kategorien schlecht durchdacht sind. Ein Grund für die Ablehnung von (1) und (2) scheint ein Verweis auf Ungenauigkeit oder Falschdarstellung zu sein. Obwohl die Behauptung, dass Mädchen, die Trainingsanzüge zur Schule tragen, Honks sind, wahr ist, ist daran auch etwas falsch. Kontrastieren wir zum Beispiel den Fall mit einem, in dem die (nicht-sportliche) Tochter ihren Eltern antwortet: »Aber Mama/Papa, die Mädchen, die Trainingsanzüge zur Schule tragen, sind alle im Leichtathletikteam.« Die Eltern könnten versuchen, sich der Identifikation der Athlet:innen mit dem, was sie tragen, zu widersetzen. Aber es wäre seltsam, den Rahmen abzulehnen, der diejenigen im Leichtathletikteam von denen unterscheidet, die nicht dazugehören, so wie sie den süß/Honk-Rahmen abgelehnt haben: »Aber Schatz, *du wirst nicht* im Leichtathletikteam sein, wenn du einen Trainingsanzug trägst.« (Vgl. »Aber Schatz, *du wirst kein* Honk sein, wenn du einen Trainingsanzug trägst.«) Obwohl die *süß/Honk*-Unterscheidung und die *Leichtathletikteam/Nicht-Leicht-*

athletikteam-Unterscheidung beide soziale Kategorien erfassen, ist an der einen im Gegensatz zu der anderen etwas illusorisch.

Auch wenn also einige Überlegungen, die gegen die Annahme von (1) und (2) sprechen, nicht epistemisch sein mögen, lohnt es sich, weiter über die Idee nachzudenken, dass es ein gewisses epistemisches Versagen in der Festlegung der Tochter auf (1) und (2) gibt. Mit anderen Worten, es scheint ein Verständnis zu geben, in dem die Tochter, *epistemisch gesprochen*, sowohl glauben sollte als auch nicht glauben sollte, dass Mädchen in der siebten Klasse, die Trainingsanzüge tragen, Honks sind. (Fortan werde ich mich auf (1) konzentrieren, da es für unsere Zwecke keinen signifikanten Unterschied zwischen (1) und (2) zu geben scheint.)

4. Soziale Realität

Der Fall des Mädchens in der siebten Klasse und ihrer Eltern ist ein kleines Beispiel dafür, was die Orientierung in der sozialen Welt und die Aushandlung derselben beinhaltet. Das Mädchen und ihre Eltern gehören verschiedenen sozialen Gruppen an (was das Alter betrifft) und haben unterschiedliche Erfahrungen, Überzeugungen und Rahmen, um zu verstehen, was Handlungen und Ereignisse bedeuten. Beide scheinen über ein wichtiges soziales Wissen zu verfügen, sind aber auch sehr uneins. Im Hintergrund, so glaube ich, lassen sich wichtige Fragen nach Ideologie und Sozialstruktur ausmachen. In den nächsten Unterabschnitten werde ich daher einige Aspekte der wechselseitigen Abhängigkeit von Denken und Realität in der sozialen Welt untersuchen, damit wir besser verstehen können, wie Denken uns fehlleiten kann, ohne falsch zu sein. Mein Ziel ist es nicht, »das Soziale« zu definieren oder eine vollständige Theorie sozialer Struktur zu geben, sondern das Beispiel, das wir in Betracht gezogen haben, und andere, die ihm ähnlich sind, zu beleuchten, indem ich den Gedanken untersuche, dass es mehrere soziale Welten oder Milieus gibt. Ich werde dann auf das in den ersten beiden Abschnitten dargestellte Rätsel zurückkommen.

Um eine Theorie sozialen Wissens zu entwickeln, wird es nützlich sein, über die Beziehung zwischen Akteuren, ihren Vorstellungen und sozialen Strukturen im Allgemeinen nachzudenken: Was sind soziale Strukturen, und wie schaffen, erhalten und verändern Akteur:innen sie? Beginnen wir mit dem Begriff der Ideologie.

Es gibt viele Meinungsverschiedenheiten darüber, was Ideologie ist, aber im grundlegendsten Sinne sind Ideologien Repräsentationen des sozialen Lebens, die in irgendeiner Weise dazu dienen, soziale Praktiken zu untermauern.[5] Wir sind nicht nur Zahnräder in Strukturen und Praktiken der Unterordnung, wir setzen sie um. Und etwas daran, wie wir die Welt repräsentieren, ist sowohl ein *konstitutiver Teil* dieser Ordnung als auch das, was sie *weiter bestehen lässt*.[6]

> [...] Ideologie und Diskurs beziehen sich auf so ziemlich den gleichen Aspekt des sozialen Lebens – die Idee, dass menschliche Individuen an Formen des Verstehens, Begreifens oder Bewusstseins der Beziehungen und Aktivitäten, an denen sie beteiligt sind, teilnehmen. [...] Dieses Bewusstsein wird durch Sprache und andere Zeichensysteme getragen, es wird zwischen Menschen und Institutionen übermittelt, und, was vielleicht am wichtigsten ist, *es macht einen Unterschied*, d. h. die Art und Weise, wie Menschen die soziale Welt verstehen und mit Sinn erfüllen, hat Konsequenzen für die Richtung und den Charakter ihres Handelns und Nichthandelns. Sowohl ›Diskurs‹ als auch die ›Ideologie‹ beziehen sich auf diese Aspekte des sozialen Lebens. (Purvis und Hunt 1993, 474, Übersetzung P. H.; siehe auch McCarthy 1990, 440)

Ideologie in diesem breiten, manchmal auch als *deskriptiv* bezeichneten Sinn ist allgegenwärtig und unvermeidlich. Der Begriff »Ideologie« wird manchmal auch in einem engeren und *pejorativen* Sinne verwendet, um sich auf Repräsentationen der relevanten Art zu beziehen, die irgendwie fehlgeleitet sind, indem sie z. B. den

5 Sehr nützliche Diskussionen zum Begriff der Ideologie finden sich bei: Geuss 1981; Fields 1982; McCarthy 1990; Purvis und Hunt 1993; Shelby 2003.

6 Obwohl es viele Kontroversen über die Frage gibt, ob die »Ideologie« oder der foucaultianische Begriff des »Diskurses« besser für die hier beschriebene Rolle geeignet ist, sind diese für meine Zwecke nicht direkt relevant. Außerdem scheint es ein Kernverständnis zu geben, das von beiden geteilt wird. Siehe Purvis und Hunt 1993.

tatsächlichen Interessen eines Akteurs oder einer Gruppe von Akteuren zuwiderlaufen.[7] Aus heutiger Sicht können wir Ideologie als ein Element in einem sozialen System erachten, das zu seinem Fortbestehen beiträgt und dennoch durch irgendeine Form der kognitiven Kritik veränderbar ist.

Die Überzeugung, dass »Mädchen der siebten Klasse, die bauchfreie Oberteile tragen, süß sind«, ist ein guter Kandidat für ein Stück Ideologie. Es ist ein konstitutiver Bestandteil der Modenormen von Mädchen in der siebten Schulklasse: Die Überzeugung, dass Mädchen solche Outfits tragen, dient dazu, ein Muster von Übereinkünften und Erwartungen aufzubauen, das das Verhaltensmuster verstärkt. Darüber hinaus ist es mit ziemlicher Sicherheit Ideologie im pejorativen Sinne, weil das Verhalten, das es unterstützt, Mädchen unterordnet. Empirische Forschungen zeigen zum Beispiel, dass unter Bedingungen stereotyper Zuschreibung, z. B. in Kontexten, in denen es die Hintergrundannahme gibt, dass Mädchen in Mathe schlechter sind als Jungen, alles, was geschlechtsspezifische Identität fördert, Mädchen dazu veranlasst, bei Mathe-Tests schlechter zu werden. Kleidung, die in hohem Maße geschlechtsspezifisch ist, wurde dafür als eine Ursache ausgemacht (Frederickson et al. 1998; Spencer et al. 1999; Cadinu et al. 2005). Dennoch können wir hoffen, dass solche Überzeugungen anfällig für kognitive Kritik sind, vielleicht sogar für elterliche Einwände der Art, die wir in Betracht gezogen haben.

Angesichts der Diskussion in den vorangegangenen Abschnitten sollten wir jedoch die Möglichkeit beachten, dass eine Ideologie nicht nur aus einer Reihe von Überzeugungen besteht und Ideologiekritik nicht nur eine Frage des Nachweises ist, dass die fraglichen Überzeugungen falsch oder unbegründet sind. Die Rahmen-Lesart der Meinungsverschiedenheiten über bauchfreie Tops deutete beispielsweise darauf hin, dass *die Dichotomie* von süß/Honk selbst

7 Manchmal werden Ideologien als Mengen von Überzeugungen verstanden, manchmal als Formen des »praktischen Bewusstseins«, die sich im Kopf der einzelnen Akteure befinden; manchmal sind sie kulturelle Phänomene, die irgendwie im kollektiven sozialen Leben vorausgesetzt werden; manchmal sind es explizite Theorien, die unter anderem von Politikern, Philosophen und religiösen Persönlichkeiten formuliert werden. Auch die kausale oder explanatorische Rolle der Ideologie innerhalb einer breiteren Gesellschaftstheorie ist unklar. (Geuss 1981; Elster 1985, 468-9; Marx 1970/1846, 36-7).

ideologisch war; und die Reaktionen, die darauf konditioniert wurden, exponierte Taillen als süß wahrzunehmen, können etwas schwächer als vollwertige Überzeugungen sein. Weitere Überlegungen, die darauf hindeuten, dass Ideologie nicht nur eine Sache der Überzeugung ist, schließen ein:

- In einigen Fällen erscheinen Überzeugungen zu kognitiv oder zu »intellektuell«.

  > Ideologie beschäftigt sich nicht mit dem »Denken«, sondern mit dem Bereich des Gelebten oder Erlebten. [...] Gerade die »spontane« Qualität des gesunden Menschenverstands, seine Transparenz, seine »Natürlichkeit«, seine Weigerung, die Prämissen, auf denen er beruht, zu prüfen, seine Resistenz gegen Korrekturen, seine Qualität, sofort erkennbar zu sein, ist das, was ihn gleichzeitig »gelebt«, »spontan« und unbewusst macht. Wir leben den gesunden Menschenverstand – wir denken nicht darüber nach. (Purvis und Hunt 1993, 479)

- Ideologie kann die Form von praktischem Wissen annehmen, von Wissen, wie man bestimmte Dinge macht. Gewohnheitsgesten und Körpersprache, die in der menschlichen Interaktion allgegenwärtig sind, sind ideologisch.
- Ideologien scheinen auf der Ebene von »Slogans« zu funktionieren, die im Laufe der Zeit und von verschiedenen Interessensgruppen unterschiedlich interpretiert werden können, z. B.: *Amerika ist das Land der Freiheit und die Heimat der Mutigen* (Fields 1982, 155-159). Überzeugungen haben einen genau bestimmten Inhalt, der damit nicht vereinbar ist.
- Überzeugungen können zu individualistisch sein. Soziale Praktiken sind ideologisch, aber viele, die in einer Kultur leben und ihren Praktiken folgen, haben nicht die Überzeugungen, die normalerweise mit der Ideologie identifiziert werden, die diese Praktiken unterstützt.

Sozialstruktur

Die Ideologie spielt eine Rolle bei der Bildung und Stärkung sozialer Strukturen. Aber was ist eine soziale Struktur? Zu diesem Thema gibt es umfangreiche interdisziplinäre Arbeiten von Sozialhistoriker:innen, Sozialpsycholog:innen und Soziolog:innen, die an Unterordnung und kritischem Widerstand interessiert sind. So wie ich hier den Begriff »Sozialstruktur« verwende, stellt er eine allgemeine Kategorie von sozialen Phänomenen, einschließlich beispielsweise sozialer Institutionen, sozialer Praktiken und Konventionen, sozialer Rollen, sozialer Hierarchien, sozialer Positionen oder Geographien und dergleichen, dar. Einige soziale Strukturen werden formal sein, sodass das schematische Element präzise und explizit sein wird (die Struktur der Fakultätsverwaltung an jeder Universität); einige mögen eine komplizierte, aber nicht vollständig explizite Koordination beinhalten (informelle Verkehrsnormen); andere werden informell und vage und nicht gut koordiniert sein (die Struktur des Schenkens an Festtagen).[8]

William Sewell (ein Sozialhistoriker), der sich auf Anthony Giddens stützt, plädiert für eine Theorie, die Strukturen »sowohl als das Medium als auch als das Ergebnis der Praktiken, die soziale Systeme ausmachen«, betrachtet (Sewell 1992, 4, er zitiert Giddens 1981, 27; siehe auch Giddens 1979). Sewell fährt fort: »Strukturen prägen die Praktiken der Menschen, aber es sind auch die Praktiken der Menschen, die Strukturen konstituieren (und reproduzieren). In dieser Sicht der Dinge sind menschliches Handeln und Struktur *keineswegs gegensätzlich*, sondern *setzen sich* vielmehr gegenseitig *voraus.*« (Sewell 1992, 4)

Genauer gesagt, ist Giddens dafür bekannt, Strukturen als »Regeln und Ressourcen« zu bestimmen. In Sewells Ansatz wird die Kombination jedoch zu »Schemata und Ressourcen«, um die Annahme zu vermeiden, dass das kognitive Element immer die Form

8 Es ist umstritten, was als »soziale Tatsache« anzusehen ist. In meiner Diskussion beginne ich mit der Idee, dass soziale Tatsachen »interpersonale« Tatsachen sind oder Tatsachen, die auf solchen Tatsachen supervenieren. Also, sehr vereinfacht, *Ich bin Debs Freund* ist eine soziale Tatsache, weil sie auf einer bestimmten Basis interpersonaler Handlungen und Einstellungen superveniert. Andere, wie John Searle (1995), haben höhere Anforderungen, darunter umstrittene »Wir-Intentionen«, die Zuweisung von Funktionen und die Generierung konstitutiver Regeln. Diese Elemente sind vermutlich erforderlich, um institutionelle oder konventionelle Tatsachen hervorzubringen; seine Analyse ist aber zu anspruchsvoll, um einen Großteil des normalen informellen gesellschaftlichen Lebens einzufangen. Zum Beispiel können wir koordinierte Intentionen haben, ohne dass es sich um »Wir-Intentionen« handelt; Dinge können eine soziale Funktion haben, auch wenn sie sie nicht zugewiesen bekommen haben; und die Mitgliedschaft zu einer sozialen Art wird nicht immer durch Regeln bestimmt.

einer Regel haben muss (Sewell 1992, 8). Sewell nimmt an, dass Schemata Folgendes umfassen:

> [...] all die Vielfalt der kulturellen Schemata, die Anthropologen in ihrer Forschung entdeckt haben: nicht nur die große Anzahl der binären Gegensätze, die die grundlegenden Denkwerkzeuge einer bestimmten Gesellschaft ausmachen, sondern auch die verschiedenen Konventionen, Rezepte, Szenarien, Handlungsprinzipien und Gewohnheiten von Sprache und Gestik, die mit diesen grundlegenden Werkzeugen aufgebaut wurden. (Sewell 1992, 7-8, Übersetzung P. H.)

Es ist wichtig für Sewell, dass diese Schemata keine privaten und persönlichen Denkmuster sind, sondern intersubjektiv und als Reaktion auf neue Umstände übertragbar.

Als Antwort auf Sewell weist Judith Howard (eine Sozialpsychologin) darauf hin, dass Sewells (1992) Verwendung des Begriffs »Schema« sich von seiner Verwendung in der Sozialpsychologie unterscheidet. Während Sozialpsycholog:innen dazu neigen, an Schemata zu denken, die sich mit der Organisation des Denkens eines Individuums befassen, entwickelt Sewell den Begriff auf eine Weise, die seine kulturelle Anwendung hervorhebt. Sie schlägt folgendes vor:

> Eine Synthese dieser Schema-Konzeptionen könnte sich als bemerkenswert nützlich erweisen: Die strengeren sozialkognitiven Modelle liefern eine solide Grundlage für die Vorhersage, wie und wann sich intraindividuelle Schemata ändern, während die neueren soziologischen Konzepte mehr darüber aussagen, wie Gruppeninteraktionen die Entstehung und Entwicklung kultureller Schemata beeinflussen. (Howard 1994, 218, Übersetzung P. H.)

Wenn wir Howards Idee ernst nehmen, sollten wir die Wechselwirkung zwischen einzelnen Schemata und ihren kulturellen Gegenstücken untersuchen. »Schemata zum Beispiel sind sowohl geistig als auch sozial; sie stammen aus kulturellen, semiotischen und symbolischen Systemen und konstituieren diese zugleich.« (Howard 1994, 218, Übersetzung P. H.)

Was sollen wir davon halten? Betrachten wir Schemata als intersubjektive Wahrnehmungs-, Denk- und Verhaltensmuster. Sie sind in Individuen als ein gemeinsames Bündel von offenen Dispositionen verkörpert, die Dinge auf eine bestimmte Weise zu sehen oder unter bestimmten Umständen gewohnheitsmäßig zu reagieren. Schemata codieren Wissen und stellen auch Skripte für die Interaktion untereinander und mit unserer Umgebung bereit. Sie existieren zudem auf verschiedenen Ebenen. Tiefe Schemata sind allgegenwärtig und relativ unbewusst. Oberflächenschemata sind enger gefasst und lassen sich leichter identifizieren und ändern; ihre Änderung kann jedoch das tiefere Schema intakt lassen. So haben sich beispielsweise die Regeln für geschlechtsspezifische Unterschiede in der Kleidung geändert, doch je formeller das Ereignis, desto strenger die Geschlechtercodes. Deutet dies darauf hin, dass in Kontexten, in denen Macht, Autorität und Prestige verwaltet werden, das tiefe Schema von Frauen als unterwürfiges Eigentum oder Anhängsel von Männern immer noch funktioniert?[9]

Aus dieser Sicht sind Schemata eine Komponente sozialer Strukturen, *Ressourcen* die andere. Soziale Strukturen können nicht einfach als Schemata identifiziert werden, weil soziale Strukturen eine materielle Existenz haben und eine Realität, die uns »widersteht«, wenn wir mit einem falschen oder unvollständigen Schema zu ihr kommen. So manifestiert sich beispielsweise das Schema zweier Geschlechterkategorien in der Gestaltung und Kennzeichnung von Toilettenanlagen. Wenn wir soziale Strukturen analysieren, dann muss es neben dem mentalen Gehalt oder der Disposition auch eine Verwirklichung in der Welt geben, zum Beispiel eine Inszenierung davon, die etwas Materielles beinhaltet. Ressourcen sind für die Materialität sozialer Strukturen verantwortlich. Nach dem Giddens/Sewell-Ansatz sind Ressourcen alles, was »zur Steigerung oder Aufrechterhaltung von Macht verwendet werden kann« (Sewell 1992, 9). Dazu gehören menschliche Ressourcen wie »körperliche Stärke, Geschicklichkeit, Wissen« (Sewell 1992, 9) sowie Materialien – belebt und unbelebt – im üblichen Sinne.

Wie konstituieren Schemata und Ressourcen zusammen soziale Strukturen? Sewell deutet auf eine kausale Interdependenz hin (Sewell 1992, 13). Er erläutert diese wie folgt:

9 Wie Howard (1994) feststellt, lässt das Konzept eines soziokognitiven Schemas viele Fragen offen, z. B. wie und wann werden solche Schemata sowohl im Individuum als auch in der Kultur gebildet? Was erklärt ihre Entstehung und Unterbrechung? Wie werden sie umgesetzt? (Etc.)

Eine Fabrik ist kein untätiger Haufen von Ziegelsteinen, Holz und Metall. Sie beinhaltet oder aktualisiert Schemata. [...] Das Fabriktor, die Stechuhr, die Gestaltung der Montagestrecke: All diese Merkmale der Fabrik lehren und validieren die Regeln des kapitalistischen Arbeitsvertrags. [...] Kurz gesagt, wenn Ressourcen Instanziierungen oder Ausführungsformen von Schemata sind, dann prägen und rechtfertigen sie auch die Schemata [...]. Mengen von Schemata und Ressourcen können nur dann *Strukturen* konstituieren, wenn sie sich gegenseitig implizieren und im Laufe der Zeit gegenseitig stützen. (Sewell 1992, 13, Übersetzung P. H.)

Aus Sewells Sicht existiert also eine soziale Struktur, wenn es eine kausale und wechselseitig aufrechterhaltende Interdependenz zwischen einem geteilten oder kollektiven Schema und einer Organisation von Ressourcen gibt. Sewells These, dass sich die beiden Elemente der Struktur »implizieren und stützen«, deutet auch auf eine konstitutive Beziehung hin: Der Haufen Ziegel, Holz und Metall ist eine Stechuhr, denn Schemata, die Arbeitgeber anweisen, Mitarbeiter stundenweise zu bezahlen, und Mitarbeiter, ihre Arbeitsstunden zu dokumentieren, werden mit diesem Werkzeug umgesetzt. Das Schema zur Stundenverfolgung *ist* ein Stechuhr-Schema, da es eine Stechuhr gibt, die der Arbeitgeber als Grundlage für die Lohnberechnung verwendet. Ohne die Erfindung der Stechuhr gäbe es kein Stechuhr-Schema. Es gibt einen kausalen Zusammenhang, aber nicht nur einen kausalen Zusammenhang. Was ist es sonst noch?

Betrachten wir ein bekanntes Beispiel: eine Statue und die Bronze, aus der sie besteht. Die Bronze konstitutiert die Statue, zum Beispiel die Figur der Jeanne d'Arc zu Pferd im Riverside Park von New York City. Die Bronze ist die Statue nicht nur aufgrund ihrer Form, sondern auch aufgrund ihrer Geschichte, Funktion, Interpretation usw. Denken wir uns die Bronze als Ressource; und denken wir uns die Dispositionen, die die Geschichte, Funktion und Interpretation der Statue hervorgebracht haben, (grob) als Schema. Die Rolle des Schemas mag anhand der Konstitution einer Gedenkstätte noch deutlicher werden. Die Statue der Jeanne d'Arc erinnert an »den 500. Jahrestag der Geburt der Jeanne d'Arc«.[10] Die Statue besteht aus der geformten Bronze und die Statue wiederum konstituiert das Denkmal, verstanden als eine weitere schematisch

10 Siehe: ⟨http://www.blueofthesky.com/publicart/works/joanofarc.htm⟩.

strukturierte Ressource: [[[Bronze, Form], Statue], Denkmal]. Es scheint also, dass die Schema/Ressource-Unterscheidung analog zur Materie-/Form-Unterscheidung angewendet werden kann.

Betrachten wir ein Beispiel für ein soziales Ereignis und nicht für ein soziales Objekt: die Aufführung eines Bach-Menuetts am Klavier. Die Aufführung ist ein Ereignis, das sowohl das Klavier, die Noten, die Finger und dergleichen (als Ressourcen) umfasst, als auch eine Reihe von Dispositionen, auf die Noten zu reagieren, indem man die Klaviertasten in einer bestimmten Weise spielt, mitsamt verschiedenen ritualisierten Gesten, die sie zu einer Aufführung und nicht zu einer Probe machen (als Schema). In diesem Sinne betrachtet, beziehen sich die meisten Handlungen nicht nur auf einen Akteur mit einer Absicht und einer körperlichen Bewegung, sondern auch auf eine Reihe von Dispositionen, mit Dingen zu interagieren, um die Absicht zu verwirklichen; denken wir etwa an das Radfahren, Kochen und Tippen. Diese Dispositionen entsprechen öffentlich zugänglichen und sozial bedeutsamen Mustern und werden sowohl vom sozialen als auch vom physischen Kontext geprägt. Da solche Dispositionen oft zu Objekten führen, die genau diese Dispositionen auslösen, können sie extrem widerstandsfähig gegen Veränderungen sein (denken Sie an die Herausforderung, die Qwertz-Tastatur zu ersetzen).

Diese Art schematischer Materialität unserer sozialen Welten ist allgegenwärtig: Städte, Rathäuser, Kirchen, Universitäten, philosophische Fakultäten, Turnhallen, Spielplätze, Häuser sind schematisch strukturierte und von Praktiken geprägte materielle Dinge (vgl. eine »Geisterstadt« oder »ein Haus, aber kein Zuhause«, deren Schemata verloren gehen oder abgeschwächt sind). Die soziale Welt beinhaltet Artefakte, die das sind, was sie sind, weil etwas mit ihnen getan werden soll; sie beinhaltet auch Schemata für Handlungen, die das sind, was sie sind, weil sie unsere Interaktion mit einem Teil der Welt leiten. So sind zumindest einige Teile der sozialen/kognitiven Welt und der materiellen Welt ko-konstitutiv.

Wenn eine Praxis das strukturierte Produkt von Schema (eine Reihe von Dispositionen, in spezifischer Weise wahrzunehmen und zu reagieren) und Ressourcen (eine Reihe von Werkzeugen und materiellen Gütern) darstellt, ist sie nach keiner der üblichen Verwendungen dieses Begriffs »subjektiv«. Soziale Strukturen sind nicht nur in unseren Köpfen (so wie die Statue nicht nur in unseren

Köpfen ist); soziale Strukturen sind öffentlich (so wie die Bronze nur aufgrund der kollektiven Interpretation und des Handlungsmusters als Reaktion auf sie ein Denkmal darstellt); obwohl soziale Strukturen nicht einfach materielle Dinge sind, werden sie durch materielle Dinge konstituiert. Sie werden von uns in der üblichen Weise »konstruiert«, in der Artefakte von uns erschaffen werden. Man kann an sie glauben, ohne die manchmal von »Sozialkonstruktivist:innen« vorgebrachte Idee zu akzeptieren, dass unser Denken das, was es in der Welt gibt, auf eine weniger gewöhnliche Weise konstruiert (Haslanger 2012[2003]).

Diese grobe Beschreibung sozialer Strukturen erlaubt uns, die Idee eines sozialen *Milieus* zu definieren. Wie wir oben gesehen haben, sind die Schemata, die soziale Strukturen konstituieren, intersubjektive oder kulturelle Muster, Skripte und dergleichen, die von Individuen verinnerlicht werden und somit die Grundlage für unsere Reaktionen auf sozial bedeutsame Objekte, Handlungen und Ereignisse bilden. In vielen, vielleicht sogar den meisten Fällen wird das vorherrschende kulturelle Schema auch dasjenige sein, das sich die oder der Einzelne in diesem Zusammenhang »zu eigen gemacht« hat. Es ist jedoch nicht immer so einfach. Einzelpersonen stehen in komplexen Beziehungen zu den dominanten Schemata ihres kulturellen Kontextes; sie können ein Schema ignorieren oder ihm gegenüber unempfänglich sein, ein Schema ablehnen oder ein Schema für ihre eigenen Zwecke ändern. Man kann absichtlich nicht mit dem eigenen Milieu konform gehen oder einfach nur »außen vor« bleiben. Es ist auch so, dass verschiedene Schemata um die Vorherrschaft im öffentlichen Raum konkurrieren. Was passiert zum Beispiel, wenn sich eine Gruppe von Menschen einer geschlossenen Tür nähert, durch die sie gehen will? Einige werden das Schema »galanter Gentleman« anwenden und die Tür für die Damen aufhalten; andere werden das Schema »wer zuerst dorthin kommt, hält die Tür auf« verwenden; wieder andere werden ein Schema »wer zuerst kommt, kommt zuerst rein und hält seine eigene Tür auf« verwenden. Welches Schema man im Falle der Türöffnung zur Anwendung bringt, kann eine Frage der Sozialisation und/oder Wahl sein.

Für die Zwecke dieses Kapitels ist es sinnvoll, das (allgemeine) soziale Milieu einer Person im Hinblick auf die sozialen Strukturen, in denen sie handelt, zu definieren, unabhängig davon, ob die betreffenden öffentlichen Schemata internalisiert wurden oder nicht.

Obwohl wir einige der Strukturen, in denen wir leben, wählen können, ist es nicht immer eine Frage der Wahl. So unterliege ich zum Beispiel den Gesetzen der Vereinigten Staaten, ob ich es will oder nicht. Natürlich leben Individuen nicht nur innerhalb eines Milieus; und Milieus überschneiden sich. Der Arbeitsplatz, der Ort der religiösen Andacht, der öffentliche Raum und das Zuhause sind strukturierte Räume; jede dieser Strukturen wird durch *race*, *gender*, Klasse, Nationalität, Alter und Sexualität beeinflusst, um nur einige relevante Faktoren zu nennen. Daher wird es wichtig sein, das Milieu eines Individuums zu einem Zeitpunkt und Ort und möglicherweise in Relation zu bestimmten anderen Individuen zu spezifizieren. In diesem Kapitel werde ich nicht in der Lage sein, genaue Bedingungen anzugeben, die spezifizieren, welches Milieu für eine Person in einem bestimmten Kontext wirksam ist; wir werden uns vorerst auf hinreichend eindeutige Fälle verlassen müssen.

Mit diesem Begriff eines Milieus können wir zu einer Behauptung zurückkehren, die am Anfang des Kapitels aufgestellt wurde und bei der die Eltern und die Tochter nicht übereinstimmten:

1. Mädchen in der siebten Klasse, die in der Schule bauchfreie Tops tragen, sind süß.

Vermutlich sind Süß- und Honksein Merkmale, die man von sozialen Milieus aus bewerten muss, da sie zum Teil durch diese Milieus konstituiert werden. In der siebten Klasse konstituieren die Schemata, die die Reaktionen auf Kleidung leiten, eine Struktur, die (1) genau beschreibt. Die Tochter hat diese Schemata verinnerlicht und liegt mit der Behauptung (1) richtig; im Milieu der Eltern ist (1) jedoch falsch. Es ist verlockend zu sagen, dass beide etwas Wahres sagen, denn (1) ist wahr im Verhältnis zum einen Milieu und falsch im Verhältnis zum anderen. Aber wie sollen wir diesen »Milieurelativismus« verstehen? Im folgenden Abschnitt werde ich ein vielversprechendes Modell vorschlagen und dann einige Fragen stellen, die es zu beantworten gilt, um das Versprechen zu erfüllen.

5. Soziale Wahrheit

Es ist etwas Verlockendes an der Vorstellung, dass wir in verschiedenen sozialen Welten (oder Milieus) leben; dass das, was in einer sozialen Welt wahr ist, in einer anderen obskur ist; dass einige soziale Welten für ihre Bewohner besser sind als andere; und dass einige soziale Welten auf Illusionen und Verzerrungen basieren. Wie könnten wir das verstehen?

Relative Wahrheit

Jüngste Arbeiten in der Erkenntnistheorie und Sprachphilosophie haben Versionen des Relativismus untersucht, um eine Vielzahl von Phänomenen zu erklären, darunter »schuldlose Meinungsverschiedenheiten« (Kölbel 2003; MacFarlane 2006), Aussagen über persönlichen Geschmack (Lasersohn 2005) und die Kontextsensitivität von Wissenszuschreibungen (MacFarlane 2005b). Die Grundstrategie besteht darin, zu untersuchen, wie die Wahrheit einer Aussage kontextsensitiv sein kann. Betrachten wir einen Satz wie:

3. Dieser Haferbrei ist klumpig.

Da es in (3) einen indexikalischen Ausdruck »dieser« gibt, muss insbesondere der *Kontext der Verwendung* herangezogen werden, um festzustellen, welche Behauptung, wenn überhaupt, ausgedrückt wird. In einem bestimmten Kontext kann (3) verwendet werden, um eine Behauptung über (eine bestimmte Schale) *Quaker* Instant-Haferflocken auszudrücken, und in einem anderen Kontext, über (eine bestimmte Schale) schottischen Porridges. Es ist jedoch wichtig zu beachten, dass es beispielsweise von der Welt oder vielleicht dem Welt/Zeit-Paar unter Betracht abhängt, ob die geäußerte Behauptung wahr ist oder nicht. Selbst wenn wir also festlegen, um welche bestimmte Schüssel Haferbrei es sich handelt, könnte es in einer Welt (oder in einer Welt/Zeit) immer noch wahr sein, dass die fragliche Schüssel *Quaker* Instant-Haferflocken klumpig ist, und in einer anderen Welt (oder in einer anderen Welt/Zeit) nicht. Wenn zum Beispiel (3) in der realen Welt eines Morgens in Bezug auf eine bestimmte Schüssel Haferbrei geäußert wird, drückt es eine Behauptung aus, die, zumindest nach einigen Ansätzen, in

Welten (oder Welten/Zeiten) wahr ist, in denen dieser Haferbrei klumpig ist, und falsch, wo er dies nicht ist.

So kann der Kontext der Verwendung zwei Rollen bei der Bestimmung des Wahrheitswertes einer Aussage wie (3) spielen:

(i) er legt den semantischen Wert eines beliebigen indexikalischen Ausdrucks in der Äußerung fest und liefert den propositionalen Gehalt und
(ii) er legt die Umstände fest, im Verhältnis zu denen wir die Wahrheit oder Falschheit der Behauptung bewerten sollten.

Ausgehend von John MacFarlanes Theorie relativer Wahrheit können wir dann die *Indexikalität*, bei der der Kontext notwendig ist, um den ausgedrückten Satz zu vervollständigen, und die *Kontextsensitivität*, bei der der Kontext notwendig ist, um den Wahrheitswert des Satzes durch Bestimmung der Bewertungsumstände zu ermitteln, gegenüberstellen (MacFarlane 2005a, 327).

MacFarlane argumentiert, dass neben dem Kontext der Verwendung auch der Kontext der Bewertung für die Bestimmung des propositionalen Gehalts und des Wahrheitswertes einer Aussage relevant ist:

> Wir führen Sprechakte durch, aber wir bewerten sie auch; so wie wir über den Kontext sprechen können, in dem ein Satz verwendet wird, können wir über einen Kontext sprechen (es wird davon unbegrenzt viele geben), in dem eine Verwendung desselben bewertet wird. (MacFarlane 2005a, 325, Übersetzung P. H.)

Um zu sehen, warum der *Kontext der Bewertung* manchmal notwendig ist, um Bedeutung zu erfassen, betrachten wir die folgende Aussage:

4. Dieser Haferbrei ist lecker.

Nehmen wir an, Fred behauptet (4), und nehmen wir weiter an, dass allein durch den Kontext der Verwendung (kein Kontext der Bewertung wird herangezogen) bestimmt wird, welche Behauptung ausgedrückt wird und welche Bewertungsumstände für ihren Wahrheitswert relevant sind. Angenommen, Ginger greift ein:

5. Tut mir leid, Fred, du liegst falsch ... Dieser Haferbrei ist nicht lecker.

Wenn »lecker« in (4) und (5) indexikalisch verstanden wird, dann ist der Satz, den Fred sagt:

4_I. Dieser Haferbrei *ist-lecker-für-Fred*.

Und indem sie seine Behauptung leugnet, sagt Ginger:[11]

5_I. Es ist nicht der Fall, dass dieser Haferbrei *für-Ginger-lecker-ist*.

Aus diesem Grund bestreitet Ginger eine andere Proposition als die, die Fred ausdrückt, und sie ist nicht anderer Meinung als er. Die indexikalische Interpretation ergibt im Lichte von Gingers Behauptung »du liegst falsch« keinen Sinn.

Ein Vorteil der Kontextsensitivität gegenüber der Indexikalität besteht darin, dass die durch (5) ausgedrückte Proposition die durch (4) ausgedrückten Proposition bestreitet; der Kontext spielt eine Rolle nicht in der Änderung des Gehalts der Behauptung, aber in der Bestimmung verschiedener Bewertungsumstände. Gehen wir jedoch weiterhin davon aus, dass uns nur der *Kontext der Verwendung* zur Verfügung steht, um die Meinungsverschiedenheiten zwischen Fred und Ginger zu bewerten. Dann haben wir:

4_S. *Dieser Haferbrei ist lecker*, relativ zu K_V.

5_S. Tut mir leid, Fred, du liegst falsch ... Es ist nicht der Fall, dass, relativ zu K_V, dieser Haferbrei lecker ist.

Die Proposition »Dieser Haferbrei ist lecker« in (4_S) wird von (5_S) bestritten, aber es ist noch nicht klar, wie sowohl Fred als auch Gin-

11 Es gibt Komplexitäten, die ich nicht ansprechen werde, wenn es darum geht, Gingers Äußerung von Freds ursprünglicher Behauptung zu interpretieren, zum Beispiel, leugnet sie Freds Äußerungsvorkommnis oder die Proposition, die er äußert? Beachten wir jedoch, dass selbst wenn wir zulassen, dass der »versteckte indexikalische Ausdruck« weiterhin Fred meint, es Ginger zwar gelingt, anderer Meinung zu sein, aber ihre Behauptung falsch, d. h. nicht wahr ist: Es ist nicht der Fall, dass dieser Haferbrei lecker-für-Fred-ist.

ger etwas Richtiges sagen können, wenn der Beitrag des Kontextes zum Wahrheitswert in beiden Fällen gleich ist. Wenn zum Beispiel K_V in (4_S) Freds Behauptung in Verhältnis zu seinen Geschmacksstandards gesetzt wird, dann wird, weil Ginger (4_S) mit (5_S) bestreitet, vermutlich (5_S) zum selben Standard in Verhältnis gesetzt und wäre falsch. Also kann Gingers Äußerung nichts Entscheidendes zu Freds Behauptung beitragen. Was wir brauchen, ist, dass es etwas an Gingers Bewertungskontext gibt, das sich von Freds Kontext unterscheidet und erlaubt, dass (5_S) im Verhältnis zu ihrem Kontext wahr ist, aber nicht im Verhältnis zu Freds.

MacFarlane argumentiert, dass wir sowohl den Verwendungs- als auch den Bewertungskontext eine Rolle bei der Bestimmung der Bewertungsumstände spielen lassen sollten (MacFarlane 2005a, 327). Da sich Gingers Bewertungskontext vom Kontext von Freds Verwendung *und* Bewertung unterscheidet, ist die Behauptung (4) im Verhältnis zu Freds Bewertungskontext wahr und im Verhältnis zu Gingers falsch.

4_B. *Dieser Haferbrei ist lecker*, relativ zu K_{VF} und K_{BF}.

5_B. Tut mir leid, Fred, du liegst falsch … Es ist nicht der Fall, dass, relativ zu K_{VF} und K_{BG}, *dieser Haferbrei lecker ist.*

In (4_B) und (5_B) bestimmt Freds Kontext der Verwendung den semantischen Wert des indexikalischen »Dieser« und die Kontexte der Bewertung bestimmen die verschiedenen Standards der Leckerkeit. Fred und Ginger sind sich nicht einig, weil ihre Aussagen, relativ zu einem gemeinsamen Bewertungskontext, nicht beide wahr sein können (MacFarlane 2006). Das gibt uns »schuldlose Meinungsverschiedenheiten«: Beide liegen, in gewisser Weise, richtig, auch wenn sie sich, in gewisser Weise, widersprechen.

Man könnte sich jedoch fragen, warum sich die Parteien einer solchen Debatte die Mühe machen, sich zu streiten, wenn die Wahrheit kontextsensitiv ist und beide Seiten recht haben können. MacFarlane schlägt vor:

Vielleicht geht es darum, eine Einigung herbeizuführen, indem wir unsere Gesprächspartner in relevant unterschiedliche Bewertungskontexte einführen. Wenn Sie sagen: »Skifahren macht Spaß« und ich widerspreche Ihnen, dann nicht, weil ich die von Ihnen behauptete Proposition – so wie Sie sie, in Ihrer gegenwärtigen Situation, mit den affektiven Einstellungen, die Sie jetzt haben, bewertet haben – für falsch halte, sondern weil ich hoffe, diese Einstellungen zu ändern. Vielleicht besteht der Sinn der Verwendung von bewertungssensitivem Vokabular, das Anlass zu Kontoversen gibt, darin, die *Koordination* von Kontexten zu befördern. (MacFarlane 2006, 22, Übersetzung P. H.)

Milieu-relative Wahrheit, d. h. »Soziale Wahrheits«-Relativismus

Können wir das gerade skizzierte Modell verwenden, um die Meinungsverschiedenheiten zwischen Tochter und Eltern zu verstehen? Erinnern wir uns:

1. Mädchen in der siebten Klasse, die in der Schule bauchfreie Tops tragen, sind süß.

Der Vorschlag wäre, dass (1) im Verhältnis zum sozialen Milieu der Tochter wahr und im Verhältnis zu dem der Eltern falsch ist. Also:

1_{BT}. Mädchen in der siebten Klasse, die bauchfreie Tops zur Schule tragen, sind süß, relativ zu K_{VT} und K_{BT}.

1_{BE}. Es ist nicht der Fall, dass Mädchen in der siebten Klasse, die bauchfreie Tops zur Schule tragen, relativ zu K_{VT} und K_{BE}, süß sind.

Der Bewertungskontext bestimmt das jeweilige Milieu unter Bezugnahme auf das soziale Milieu der oder des Bewertenden, d. h. den Komplex von Schemata und Ressourcen, die für ihn oder sie in diesem Kontext wirksam sind. (Erinnern wir uns, dass es sich hierbei nicht um eine subjektive Angelegenheit handelt, sodass es in dieser Hinsicht einen wichtigen Unterschied gibt zwischen der Relativierung der Wahrheit auf den Geschmack eines Individuums und auf das Milieu eines Individuums.) Wie aber bestimmt der Bewertungskontext das Milieu? Wir haben oben gesehen, dass es eine knifflige Frage ist, welche Strukturen für den Einzelnen in einem Kontext wirksam sind, und viel mehr müsste darüber gesagt werden, um dies präzise zu formulieren.[12] Ich gehe jedoch davon aus, dass Eltern durch die Praktiken und Normen einer elterlichen sozialen Rolle geleitet werden, die sie von der Sexualisierung von zwölfjährigen Mädchen abhält (das heißt nicht, dass die elterliche Rolle oder die Botschaft immer klar ist).

Bei der anfänglichen Betrachtung des Gesprächs über bauchfreie Tops haben wir drei verschiedene Strategien zur Analyse des Konflikts betrachtet: die objektivistische Lesart, die subjektivistische Lesart und die Rahmen-Lesart. Die relativistische Lesart erfasst einige Elemente von jeder der vorhergehenden Lesarten. Sie hat objektivistische Elemente, denn die fraglichen Aussagen sind wahr, weil sie eine soziale Realität erfassen. Sie hat auch subjektivistische Elemente, denn die Wahrheit der Behauptungen, die von jeder Partei der Debatte gemacht werden, hängt von ihrer Perspektive ab, in Bezug auf ihre soziale Position verstanden. Es ist durch das relativistische Modell auch möglich, Fortschritte im Denken über die Rahmen-Lesart zu machen.

Erinnern wir uns daran, dass die Eltern bei der Rahmen-Lesart nicht gegen die Behauptung der Tochter protestieren, indem sie diese bestreiten, sondern stattdessen den süß/Honk-Rahmen zurückweisen. Es ist wichtig zu sehen, dass es ein Spektrum möglicher Reaktionen auf einen solchen Rahmen entlang zweier Dimensionen gibt: erstens die Dimension des *Verstehens*, zweitens die Dimension der *Kritik*. Zum Beispiel:

- Man kann eine Unterscheidung akzeptieren, aber einer bestimmten Anwendung ihrer Begriffe widersprechen;
- man kann eine Unterscheidung akzeptieren, sie aber verwirrend oder fehlgeleitet finden und begriffliche Revisionen empfehlen;
- man kann eine Unterscheidung ablehnen und sich weigern, sie

12 Man müsste noch mehr über das Individuum sagen, das eine Kritik äußert, die im Widerspruch zur herrschenden Sozialstruktur steht. Das entspricht schließlich der feministischen Kritikerin, deren Intervention das eigentliche Thema dieses Kapitels ist. Obwohl der von mir entwickelte Vorschlag das soziale Milieu des Einzelnen als dasjenige charakterisiert, das als Kontext dieses Individuums wirksam ist – auch wenn es nicht gebilligt oder verinnerlicht wird –, ist die Möglichkeit, mit dieser herrschenden Struktur im Widerspruch zu stehen, wichtig, um über den Ort der Sozialkritik nachzudenken.

anzuwenden, aber dennoch in der Lage sein, Anwendungen »nachzuahmen« (wie bei ironischen Anführungszeichen);
- man kann eine Unterscheidung inkohärent finden.

Ebenso können soziale Strukturen, insbesondere ihre Schemata, von anderen Strukturen aus mehr oder weniger *zugänglich* sein (dies entspricht der Dimension des Verstehens) und mehr oder weniger *harmonisch* sein (dies entspricht der Dimension der Kritik). Zum Beispiel ist die Struktur des städtischen sozialen Lebens in der siebten Klasse an der Ostküste der USA für mich relativ zugänglich, weil ich innerhalb oder in der Nähe dieses Milieus gelebt habe und seine Schemata in der materiellen Welt um mich herum codiert sind: auf Plakaten und Schaufenstern, in Popmusik und im Film; in der täglichen Interaktion zwischen den Generationen. Es ist aber auch so, dass die Bedeutung von bauchfreien Tops in meinem Milieu völlig in Konflikt steht mit der Bedeutung von bauchfreien Tops für Mädchen in der siebten Klasse. Entsprechend sind viele der kulturellen Schemata der Einwanderer in meiner Straße für mich relativ unzugänglich, aber unsere Milieus stehen nicht im Konflikt miteinander.

Wie sollen wir den Fall verstehen, in dem die Eltern – nennen wir sie die radikalen Eltern – nicht nur die Bewertung der bauchfreien Tops durch die Tochter als süß zurückweisen, sondern auch den süß/Honk-Rahmen vollständig ablehnen? Kann ein relativistisches Modell bei solchen Fällen helfen? Schemata für »süß« und »Honk« sind nicht Teil des sozialen Milieus der radikalen Eltern (oder es gibt keine ausreichende Überschneidung mit den Schemata der Tochter) und sie haben nicht die Absicht, Bedeutung zu importieren oder in ein soziales Milieu einzutreten, in dem sie Bedeutung haben. Das Milieu der Tochter ist ihnen ausreichend zugänglich, sodass sie ein gewisses Verständnis der Dichotomie haben, aber die Disharmonie zwischen den Schemata der radikalen Eltern und der Tochter ist so groß, dass sie sich weigern, die Schemata ins Feld zu führen, damit sie nicht verstärkt werden; sie weigern sich, an der kollektiven Definition von Süßsein mitzuwirken. Obwohl radikale Eltern nicht in dem Sinne anderer Meinung sind als die Tochter, dass sie das, was sie behauptet, bestreiten, lehnen sie ihre Behauptung (relativ zu ihrem Milieu) ab; in ihrer Ablehnung verwenden sie die Begriffe »süß« und »Honk« in ironischen Anführungszeichen. Dies deutet darauf hin, dass der Grad der echten Meinungsverschiedenheit über den Wahrheitswert der fraglichen Behauptungen in hohem Maße von der Zugänglichkeit und Harmonie der Milieus abhängt.

6. Kritik

Soziale-Milieus-Relativismus liefert ein Modell dafür, wie Tochter und Eltern beide etwas Wahres und Wichtiges sagen könnten und dennoch einander zu widersprechen scheinen. Allerdings bleibt ein entscheidendes Problem bestehen: In welchem Sinne sollte die Tochter, wenn überhaupt, glauben, dass bauchfreie Tops *nicht* süß sind? Wie können wir den Vorschlag verstehen, dass die Eltern recht haben und dass die soziale Realität der Tochter in gewisser Weise illusorisch ist? Das Problem ist, dass wir scheinbar keine Grundlage für die Beurteilung sozialer Wahrheit über Milieus hinweg haben, wenn diese relativ zum Milieu ist. Wenn bauchfreie Tops im Milieu der Tochter süß sind, aber nicht im Milieu der Eltern, was können Eltern dann weiter tun oder sagen, als die Tochter ihrem Milieu auszusetzen und zu hoffen, dass sie (wie von MacFarlane vorgeschlagen) bewegt wird, sich mit ihnen zu koordinieren? Was wir von Anfang an gesucht haben, ist eine Grundlage für genuine Kritik. Und diese haben wir noch nicht.

Die einfache und unzureichende Antwort stützt sich auf die Eingangszitate, mit denen wir begonnen haben. Sowohl Taylor als auch MacKinnon betonen, dass ein Schlüsselelement, um die Illusion im sozialen Kontext zu erkennen, darin besteht, zu sehen, dass die Dinge nicht so sind, wie sie sein müssen:

> Das Studium der Wissenschaft vom Menschen ist von der Überprüfung der Optionen, zwischen denen die Menschen wählen müssen, nicht zu trennen. (Taylor)

> Die Situation von Frauen kann nicht wirklich als das wahrgenommen werden, was sie im feministischen Sinne ist, ohne ein Wissen darum, dass sie auch anders sein könnte, als sie ist. (MacKinnon)

Eine simplistische Hypothese könnte sein, dass man, sobald man einer anderen sozialen Realität ausgesetzt ist, indem man mit Bewertern aus einem anderen Milieu zusammentrifft, die Schwächen des eigenen Milieus erkennen kann. Aus dieser Sicht kann gerade das Ausgesetztsein gegenüber einem anderen Milieu, auch gegenüber einem objektiv nicht besseren Milieu, eine Gebundenheit an das eigene gegenwärtige (unzureichende) Milieu destabilisieren und Verbesserungsmöglichkeiten bieten. Kritik ist streng genommen nicht notwendig; man braucht nur den Horizont derjenigen zu erweitern, die im Bann einer ungerechten Struktur sind, und sie werden »Bewusstsein« erlangen und zur Befreiung hin tendieren.

Es ist wahr, dass es zu einer solchen Destabilisierung kommen kann, aber sie ist bei Weitem nicht garantiert; und es besteht die Gefahr, dass nicht alle eine Tendenz zur Befreiung entwickeln werden. Zugegebenermaßen deuten sowohl Taylor als auch MacKinnon nur darauf hin, dass eine solches Ausgesetztsein gegenüber Alternativen eine notwendige, aber keine hinreichende Bedingung ist, um die Illusion zu durchschauen. Es gibt zwei weitere Möglichkeiten, um Kritik zu begründen.

Erstens ist es mit dem Relativismus hinsichtlich sozialer Wahrheit vereinbar, dass man eine Objektivistin/ein Objektivist bezüglich moralischer und/oder epistemischer Werte ist. Es könnte also eine objektive Grundlage dafür geben, einige soziale Milieus zu privilegieren, sodass die Wahrheit relativ zu diesen Milieus wertvoller oder »korrekter« ist als die Wahrheit relativ zu anderen. Im Vergleich zu anderen gründen etwa einige Milieus ihre Schemata auf epistemisch tragfähigeren Praktiken: So erlauben sie etwa mehr Meinungs- und Gedankenfreiheit, die offene Forschung befördern, und begrüßen die Evolution von Strukturen als Reaktion auf interne Kritik. Die Idee ist, dass, wenn einige Milieus im Vergleich zu anderen epistemisch privilegiert sind, diejenigen in weniger (epistemisch) privilegierten Milieus die Kritik an einer Praxis aus einem mehr (epistemisch) privilegierten Milieu akzeptieren sollten.[13] Man könnte einen ähnlichen Schritt machen, um moralisch oder politisch tragfähigere Milieus zu privilegieren.

Das ist in vielerlei Hinsicht reizvoll. Eine Herausforderung für eine solche Sichtweise wäre es, eine Grundlage für die Bewertung epistemischer und moralischer Praktiken zu schaffen, die nicht selbst nur relativ zu den Milieus wäre. Ist es möglich, die episte-

13 Ausgehend von Longinos Analyse wissenschaftlicher Objektivität könnte man z. B. Milieus privilegieren, die bestimmte Standards für die Vielfalt und Gleichberechtigung epistemischer Akteure erfüllen (Longino 1990).

mischen Praktiken eines Milieus nach Standards zu bewerten, die selbst nicht relativ zu einem Milieu sind? Wenn nicht, dann ist es möglich, dass nach den epistemischen Standards des Milieus der Tochter ihr Milieu korrekter ist und nach den epistemischen Standards des Milieus der Eltern deren Milieu korrekter ist und uns noch immer eine objektive Grundlage für Kritik fehlt. Dies ist weniger problematisch in Bereichen, in denen es eine Unabhängigkeit der Tatsachen gibt, an denen wir verschiedene epistemische Standards messen können: Ist diese Praxis der Wahrheitsfindung zuträglich oder nicht? Aber im sozialen Bereich können unsere epistemischen Praktiken, wie auch andere Praktiken, Tatsachen generieren, von denen wir dann Wissen haben, und selbst wenn eine Praxis der Wahrheitsfindung zuträglich ist, kann sie problematisch sein. Nehmen wir zum Beispiel an, im Milieu der siebten Klasse gibt es eine Norm, dass jeder mit Hannah einverstanden sein sollte (z. B. darüber, was süß, lustig, langweilig oder wer ein Honk ist ...). Wenn diese Norm befolgt wird, wird es eine Koordination von Überzeugungen und Reaktionen geben, die soziale Tatsachen ausmachen, die wir durch Befolgen der Norm, mit Hannah einverstanden zu sein, effektiv wissen können. Diesem quasi-objektivistischen Ansatz zufolge wäre die Hoffnung jedoch, Bedingungen für epistemische (oder moralische) Normen, zum Beispiel der Universalität, aufzuzeigen, die Milieus herabstufen, die von Normen wie der, mit Hannah einverstanden zu sein, geregelt werden. Aber wir müssen uns fragen: Was macht solche Bedingungen objektiv?

Eine zweite Strategie wäre die Entwicklung eines Kritikbegriffs, der mehr als nur Wahrheit relativ zum Milieu der oder des Behauptenden erfordert. Angenommen, die Behauptung der Bewerterin ist nur dann eine genuine Kritik an der eines Sprechers, wenn es eine gemeinsame Gesprächsgrundlage (*common ground*) (faktisch, epistemisch oder sozial) zwischen dem Milieu des Sprechers und dem Milieu der Bewerterin gibt, und die Behauptung der Bewerterin ist wahr relativ zu dieser gemeinsamen Gesprächsgrundlage. Zu sagen, dass eine Kritik in diesem Sinne genuin ist, bedeutet nicht, dass sie das letzte Wort ist, sondern dass sie eine Antwort erfordert.[14] Diese weitere Bedingung könnte erklären, warum der Dialog zwischen Tochter und Eltern bestenfalls unvollständig und

14 Eine solche Idee findet sich auch in MacFarlane 2006.

im schlimmsten Fall sinnlos erscheint. Wenn die Eltern eine Kritik an den Entscheidungen der Tochter formulieren wollen, sollten sie mehr als nur eine pauschale Ablehnung ihrer Behauptung relativ zu ihrem eigenen Milieu anbieten; es liegt in ihrer Verantwortung, nach einer gemeinsamen Gesprächsgrundlage zu suchen, vor dem die Tochter ihre Kritik beurteilen kann. Wenn die Eltern eine gemeinsame Gesprächsgrundlage mit der Tochter finden können und ihre Behauptung, dass bauchfreie Tops nicht süß sind, im Verhältnis zu dieser gemeinsamen Gesprächsgrundlage wahr ist, dann muss die Tochter, weil sie diese Grundlage teilt, den Einwand der Eltern berücksichtigen; hoffentlich werden sich die beiden Seiten weiterhin aufeinander einlassen, bis sie eine für alle akzeptable gemeinsame Gesprächsgrundlage etablieren.

Ein Vorteil dieses Kritikbegriffs ist, dass er helfen würde, die Idee zu verstehen, dass Ideologiekritik transformativ ist. Wenn Kritik nicht nur eine Sache vernünftiger Meinungsverschiedenheit ist, sondern der Bildung oder des Auffindens eines gemeinsamen Milieus, dann werden, weil ein Milieu zum Teil aus Dispositionen des Erlebens und Reagierens im Einklang mit dem Milieu besteht, Möglichkeiten für andere als die im alten Milieu vorgeschriebenen Handlungen sozial verfügbar. Demzufolge sollten wir vielleicht *Kritik* (im transformativen Sinne) von bloßem *Kritisieren* (im gewöhnlichen Sinne) unterscheiden.

Der Begriff der »gemeinsamen Gesprächsgrundlage« (*common ground*) suggeriert allerdings eine Symmetrie zwischen den Debattenparteien, während wir nach einer Gesprächsgrundlage suchen, um einige Milieus gegenüber anderen zu *privilegieren*. Es muss also mehr gesagt werden, um Bedingungen für eine legitime gemeinsame Gesprächsgrundlage zu bestimmen. In dem Beispiel, mit dem wir uns befasst haben, habe ich angenommen, dass es klar ist, dass die Eltern recht haben und die Tochter unrecht hat, was die Eignung von bauchfreien Oberteilen für Mädchen in der siebten Klasse betrifft. Aber betrachten wir einen Fall, in dem (so könnte man argumentieren) die Tochter recht hat und die Eltern unrecht, zum Beispiel, wenn die Tochter an einer Demonstration für ein löbliches Anliegen teilnehmen will, an das sie und ihre Freund:innen glauben, und die Eltern sind dagegen, oder wenn die Tochter ein Mädchen zum Schulball mitnehmen will, und die Eltern sind dagegen. (Solche Beispiele zeigen, dass die Tragfähigkeit eines Milieus nicht oder nicht einfach nur eine Frage des Umfangs ist, in dem es gebilligt wird, oder seiner Sensitivität gegenüber Folgen.)

Zunächst könnte man Bedingungen für eine angemessene gemeinsame Gesprächsgrundlage festlegen, die diejenigen ausschließen, die durch Zwangsmaßnahmen gebildet wurden; die Bedingungen sollten auch für Informationen sensitiv sein, die jeder Seite zur Verfügung stehen (es könnte nützlich sein, dafür Longinos [1990] Diskussion wissenschaftlicher Objektivität und kollektiven Wissens zu berücksichtigen). Diese Strategie ist vielversprechend, aber es ist eine schwierige Aufgabe, herauszufinden, welche Bedingungen die richtigen Ergebnisse liefern. Und es besteht die Gefahr, dass die Bedingungen, unter denen etwas als gemeinsame Gesprächsgrundlage gilt, idealisiert werden, bis hin zu dem Punkt, dass eine genuine Ideologiekritik unmöglich wird.

7. Fazit

Ich habe argumentiert, dass es einige Rätsel mit Blick auf die Frage gibt, wie Sozial- oder Ideologiekritik funktionieren kann. Wenn Ideologie teilweise die soziale Welt konstituiert, dann ist eine Beschreibung im Rahmen der ideologischen Formationen wahr, und es ist unklar, was epistemisch gesehen mit ihnen nicht stimmt. Wir sind vielleicht in der Lage, eine moralische Kritik an sozialen Strukturen vorzunehmen, und das bleibt von unschätzbarem Wert; aber moralische Kritik kann zu abstrakt oder kontrovers sein, um Wirkung zu zeigen. Die materielle Welt verstärkt unsere erlernten Dispositionen – die Qwertz-Tastaturen verstärken unsere Qwertz-Dispositionen, die wiederum die Verwendung von Qwertz-Tastaturen verstärken; die *race*-Klassifizierungen verstärken *race*-Trennungen, die *race*-Identitäten stärkt, die *race*-Klassifizierung verstärkt. Soziale Strukturen, ob gut oder schlecht, bilden unsere gelebte Realität und sind für uns selbstverständlich. Ideologiekritik erfordert nicht nur einen normativen Wandel, sondern auch eine Kritik an unseren Schemata zur Interpretation und Interaktion mit der Welt und eine Kritik an der Realität, die diese Schemata bilden.

Obwohl ich mich nicht für einen bestimmten Ansatz der Ideologiekritik starkgemacht habe, habe ich ein relativistisches Modell angeboten, das hilft, zu verstehen, wie zwei Seiten einer sozialen

Auseinandersetzung uneins sein und doch beide etwas Wahres sagen können, und ich habe Strategien zur Entwicklung eines Ansatzes der Kritik vorgeschlagen; nach einer solchen Strategie ist Kritik nicht nur eine Frage der Änderung von Überzeugungen, sondern auch der Schaffung sozialer Räume, die dominante Schemata aufbrechen. Dies, so glaube ich, steht im Einklang mit dem Wert und der Kraft von Bewusstseinsbildung. Die Herausforderung besteht jedoch nach wie vor darin, zu erläutern und zu begründen, wann ein Bewusstseinswandel wirklich emanzipatorisch ist und wann er nur eine weitere Ideologie im pejorativen Sinne ist.

Aus dem Amerikanischen von Philipp Hölzing

Literatur

Cadinu, M., Anne Maass, Alessandra Rosabianca, Jeff Kiesner. 2005. Why do women underperform under stereotype threat? Evidence for the role of negative thinking. *Psychological Science* 16(7), 572-78.

Elster, J. 1985. *Making sense of Marx*. Cambridge: Cambridge University Press.

Fields, Barbara Jean. 1982. Ideology and race in American history. In *Region, Race and Reconstruction*, J. M. Kousser and J. M. McPherson (Hg.). Oxford: Oxford University Press, 143-77.

Fredrickson, B., Tomi-Ann Roberts, Stephanie M. Noll, Diane M. Quinn, Jean M. Twenge. 1998. That swimsuit becomes you: Sex differences in self-objectification, restrained eating, and math performance. *Journal of Personality and Social Psychology* 75(1): 269-84.

Geuss, Raymond. 1981. *The Idea of a Critical Theory: Habermas and the Frankfurt School*. Cambridge: Cambridge University Press.

Giddens, Anthony. 1984. *The Constitution of Society: An Outline of a Theory of Structuration*. Berkeley: University of California Press.

–. 1979. *Central Problems in Social Theory: Action Structure and Contradiction in Social Analysis*. Berkeley: University of California Press.

Haslanger, S. 2012 [2003]. Social construction: the »debunking« project. In *Resisting Reality: Social Construction and Social Critique*, Oxford: Oxford University Press, 113-38.

Howard, Judith A. 1994. A social cognitive conception of social structure. *Social Psychology Quarterly* 57, no. 3: 210-27.

Kölbel, Max. 2003. Faultless disagreement. *Proceedings of the Aristotelian Society* 104: 53-73.
Langton, Rae. 2007. Speaker's freedom and maker's knowledge. Manuskript.
Lasersohn, P. 2005. Context dependence, disagreement, and predicates of personal taste. *Linguistics and Philosophy* 28: 643-86.
Lewis, David. 1969. *Convention.* Cambridge, MA: Harvard University Press.
Longino, H. 1990. *Science as Social Knowledge.* Princeton: Princeton University Press.
MacFarlane, J. 2007. Relativism and disagreement. *Philosophical Studies* 132:1 (Januar): 17-31.
–. 2005a. Making sense of relative truth. *Proceedings of the Aristotelian Society* 105: 321-39.
–. 2005b. The assessment sensitivity of knowledge attributions. *Oxford Studies in Epistemology* 1: 197-223. ⟨http://johnmacfarlane.net/relknow.pdf⟩.
–. 2003. Future contingents and relative truth. *The Philosophical Quarterly* 53: 321-36.
MacKinnon, C. 1989. *Towards a Feminist Theory of the State.* Cambridge, MA: Harvard University Press.
Marx, Karl. 1970/1846. *The German Ideology.* Hg. C.J. Arthur. New York: International Publishers.
McCarthy, Thomas. 1990. The critique of impure reason: Foucault and the Frankfurt school. *Political Theory* 18, no. 3: 437-69.
Purvis, Trevor, and Alan Hunt. 1993. Discourse, ideology, discourse, ideology, discourse, ideology ... *The British Journal of Sociology* 44, no 3: 473-99.
Searle, J. 1995. *The Construction of Social Reality.* New York: The Free Press.
Sewell, William H., Jr. 1992. A theory of structure: duality, agency and transformation. *The American Journal of Sociology* 98: no. 1: 1-29.
Shelby, Tommie. 2003. Ideology, racism and critical social theory. *The Philosophical Forum* 34, Nr. 2: 153-88.
Spencer, S. J., Steele, C. M., and Quinn, D. M. 1999. Stereotype threat and women's math performance. *Journal of Experimental Social Psychology*, 35, 4-28.
Taylor, C. 1975. Interpretation und die Wissenschaften vom Menschen. In *Erklärung und Interpretation in den Wissenschaften vom Menschen.* Frankfurt/M.: Suhrkamp Verlag, 154-219.
Warner, J. 2007. Hot tots and moms hot to trot. *New York Times*, 17. März, 15.
Williams, B. 1973. Deciding to believe. In *Problems of the Self*, Cambridge: Cambridge University Press, 136-51.

5
Was ist eine (sozial-)strukturelle Erklärung?

1. Einleitung

Sozialtheoretiker:innen und politische Theoretiker:innen sprechen oft von sozialen Strukturen, den Positionen von Individuen innerhalb sozialer Strukturen und den Auswirkungen sozialer Strukturen. Gängige Beispiele für soziale Strukturen sind einerseits umfassende und tiefe soziale Phänomene wie das Lohnarbeitssystem des industriellen Kapitalismus und die heteronormative und bionormative Kernfamilie, andererseits viel lokalere und flexiblere Phänomene wie die Sozialstruktur einer bestimmten Institution wie einer Schule, einer Kirche oder eines Unternehmens. Es versteht sich von selbst, dass Soziolog:innen eine Vielzahl von konkurrierenden Theorien über soziale Strukturen haben, die verschiedene Fragen beantworten. Allerdings ziehen viele, darunter viele Philosoph:innen, soziale Strukturen nicht in Betracht, und wenn Strukturen erwähnt werden, finden sie diese Idee oft mysteriös. Ihre Aufmerksamkeit, einschließlich ihrer moralischen Aufmerksamkeit (und vielleicht diese ganz besonders), gilt allein Individuen.

Mein Ziel in diesem Aufsatz ist es, unter Rückgriff auf neuere Arbeiten in den Sozialwissenschaften eine philosophisch fruchtbare Theorie von Sozialstruktur zu entwickeln. Mit einer »philosophisch fruchtbaren« Theorie meine ich eine Theorie, die es uns ermöglicht, die Aufmerksamkeit für soziale Phänomene besser in die philosophische Diskussion einzubeziehen. Dazu wird auch die Skizze einer Sozialontologie gehören, die soziale Strukturen mit strukturellen Erklärungen verbindet.

Soziale Strukturen sind theoretische Entitäten, die postuliert werden, um in einer Sozialtheorie bestimmte theoretische Arbeit zu leisten. Je nachdem, welche Arbeit soziale Strukturen leisten sollen, gibt es eine Vielzahl von Anforderungen daran, was sie sein könnten. Zum Beispiel:

a) Sie werden in strukturellen Erklärungen angeführt;
b) sie ermöglichen es uns, strukturelle Ungerechtigkeiten auszumachen und zu kritisieren;

c) sie bilden den Kontext für menschliches Handeln;
d) sie werden, in einem gewissen Sinne und bis zu einem gewissen Grad, durch Beziehungen zwischen Individuen konstituiert.

Mein Hauptaugenmerk in diesem Aufsatz liegt auf (a), wobei meine Strategie die folgende ist: Ich beginne mit der Skizze einer Theorie struktureller Erklärung. Dann skizziere ich eine Theorie sozialer Praktiken und sozialer Strukturen. Im Anschluss stellt sich die Frage, ob diese beiden Theorien ineinandergreifen. Wenn die Theorie struktureller Erklärung plausibel ist, erlaubt uns die von mir vorgelegte Theorie sozialer Strukturen, zu begreifen, wie sozialstrukturelle Erklärungen funktionieren?

2. Fragen und Erklärungsgegenstände

Angenommen, ich spiele mit meinem Hund Ball. Ich stopfe einen Leckerbissen in ein Loch im Ball und werfe diesen für ihn. Der Ball fliegt über die Hügelkuppe und rollt in eine Schlucht. Warum ist der Leckerbissen in der Schlucht gelandet? Wenn wir uns die Flugbahn des Leckerbissens allein vorstellen – von einem Ort nahe meiner Hand in einem Bogen durch die Luft fliegend, dann etwa drei Zentimeter über dem Boden landend und sich in etwa dieser Höhe den Hügel hinunterbewegend, bis er zum Stillstand kommt –, wäre es eine große Aufgabe, die einzelnen Ereignisse zu erklären, die jede seiner Bewegungen bestimmten. Eine viel einfachere Erklärung wäre es, darauf hinzuweisen, dass der Leckerbissen in einen Ball gesteckt wurde, der geworfen wurde und den Hügel hinunter in die Schlucht rollte. In dieser letzteren Erklärung erklären wir das Verhalten des Leckerbissens dadurch, dass es Teil von etwas Größerem ist, dessen Verhalten wir erklären.

Die Tatsache, dass der Leckerbissen in der Schlucht landet, unter Bezugnahme auf den Ball zu erklären, ist keine schlechtere Erklärung als die detailliertere. Es ist vielmehr in vielerlei Hinsicht eine bessere Erklärung. So ist die Erklärung etwa stabiler: Obwohl die besondere kausale Geschichte der Bewegungen des Leckerbissens den Hügel hinunter uns viele Informationen über dieses besondere Ereignis gibt, ermöglicht uns der Hinweis darauf, dass sich der Leckerbissen im Ball befindet, zu verstehen, warum der Leckerbissen in der Schlucht gelandet wäre, selbst wenn ich den Ball höher beziehungsweise im Bogen geworfen oder ihm einen Drall gegeben hätte, selbst wenn der Hügel etwas weniger steil oder der Wind stärker gewesen wäre. Der Leckerbissen wäre auch dann dort gelandet, wenn es ein anderer Ball aus einem anderen Material gewesen wäre. Darüber hinaus ist, sofern Erklärungen uns helfen, an der Welt teilzunehmen, die Erklärung, die sich auf die Bewegungen des Balles stützt, nützlicher: Sie gibt uns ein besseres Modell dafür an die Hand, zu sehen, wie ich eingreifen könnte, um zu verhindern, dass der Leckerbissen in die Schlucht gelangt (z. B., indem ich den Ball nicht in diese Richtung werfe oder indem ich den Ball einhole und ihn am Weiterrollen hindere).

Dieses einfache Beispiel soll zeigen, dass es manchmal gut und nützlich ist, das Verhalten eines Dinges zu erklären, indem man das Verhalten von etwas erklärt, von dem es ein Teil ist, wenn es ein Teil ist, dessen Verhalten durch andere Teile des Ganzen eingeschränkt ist. Wenn ich einfach eine Handvoll Leckerbissen in Richtung der Schlucht geworfen hätte, würde die Tatsache, dass der fragliche Leckerbissen Teil einer Handvoll Leckerbissen war, wenig oder gar nichts zur Erklärung ihrer Bewegung beitragen, denn die Handvoll ist nur ein Aggregat, kein strukturiertes Ganzes. Schon die Idee eines strukturierten Ganzen ist die Idee von etwas, dessen Teile voneinander abhängig sind. Unterschiedliche Strukturen haben unterschiedliche Auswirkungen auf ihre Teile. Wenn ich den Leckerbissen in einen Würfel gesteckt hätte, ist es sehr wahrscheinlich, dass der Leckerbissen nicht in der Schlucht gelandet wäre. Obwohl strukturelle Erklärungen in vielen verschiedenen Bereichen vorkommen, geht es mir um sozialstrukturelle Erklärungen. Garfinkel (1981) gibt ein einfaches Beispiel, um zu veranschaulichen, wie Struktur nicht nur explanatorisch sein kann, sondern auch der besten Erklärung dient:

> Angenommen, ich gebe in einem Seminar, das ich unterrichte, bekannt, dass die Notenverteilung für den Kurs angepasst wird, d. h., dass ich vorher entschieden habe, wie die Gesamtverteilung der Noten sein wird. Sagen wir, um des Beispiels willen, dass ich beschließe, dass es eine Eins, 24 Zweien und 25 Dreien geben wird. Die Abschlussprüfungen werden abgelegt und, sagen wir, Mary bekommt die Eins. Sie hat eine originelle und gut durchdachte Klausur geschrieben. (Garfinkel 1981, S. 41, Übersetzung von D. J.)

Garfinkel argumentiert, dass in diesem Fall, wenn wir die Frage »Warum hat Mary eine Eins bekommen?« stellen, die Antwort »Sie hat eine originelle und gut durchdachte Klausur geschrieben« unzureichend ist. Warum? Weil man, um die einzige Eins zu bekommen, die *beste* Klausur schreiben müsste. Wenn der Dozent sich nicht entschieden hätte, die Noten in Form einer gaußschen Glockenkurve zu verteilen, hätten viele Studierende durch das Schreiben von gut durchdachten und originellen Klausuren eine Eins verdient. Garfinkel sagt: »Die Frage lässt sich also genauer beantworten, indem man auf die *relative* Tatsache hinweist, dass Mary die beste Arbeit in der Klasse geschrieben hat« (Garfinkel 1981, S. 41, Übersetzung von D. J.). Mary bekam die Eins nicht nur aufgrund ihrer Leistung, sondern auch aufgrund ihrer Leistung im Vergleich zu anderen *und* zu derjenigen Benotungsstruktur, die den Vergleich zum entscheidenden Faktor bei der Entscheidung darüber machte, wer die Eins erhielt.

Welche Rolle spielt die Benotungsstruktur in dieser Erklärung? Laut Garfinkel sind Erklärungen Antworten auf Fragen, und Fragen eröffnen einen Kontrastraum für mögliche Antworten.[1] Im Falle von Marys Eins in dem Seminar gibt es mehrere verschiedene Fragen, mit unterschiedlichen Schwerpunkten und Kontrasträumen. Mit der Äußerung:

1) Warum hat Mary eine Eins bekommen?

Könnten wir fragen:

2) Warum hat Mary eine **Eins** bekommen (im Gegensatz zu einer Zwei oder Drei)?

Oder wir fragen vielleicht:

3) Warum hat **Mary** (im Gegensatz zu Bob oder Susan) eine Eins bekommen?

Sobald wir beginnen, die Kontrastfolien aufzulisten, ist klar, dass es Hintergrundannahmen gibt, die die Bandbreite angemessener

1 Es ist vielleicht offensichtlich, aber ich möchte ausdrücklich darauf hinweisen, dass ich immer von einem erotetischen Erklärungsmodell ausgehe, d. h. einem Modell, dem zufolge Erklärungen Antworten auf Fragen sind. Siehe Bromberger (1966), van Fraassen (1980), Garfinkel (1981), Risjord (2000).

Antworten einschränken. Eine angemessene Erklärung muss einen relevanten Unterschied zwischen dem Fokus und den Folien auffinden (Lipton 1991). Fragen wir statt (3):

4) Warum hat **Mary** (im Gegensatz zu George Bush oder Barack Obama) eine Eins bekommen?

Eine angemessene Antwort könnte sein, dass Mary sich für das Seminar eingeschrieben und die Prüfung abgelegt hatte, wohingegen dies weder bei Bush noch bei Obama der Fall war. Garfinkel geht davon aus, dass die richtige Antwort auf (1) die Hintergrundtatsachen über die Benotungsstruktur berücksichtigen muss, und behauptet, dass »daher eine unerklärte Präsupposition vorliegt, der zufolge es genau eine Eins in dem Seminar gibt« (Garfinkel 1981, S. 42).[2] Seiner Ansicht nach wäre eine bessere Weise, die Frage darzustellen, die folgende:

5) Gegeben, dass der Dozent alle und nur die am Seminar teilnehmenden Studierenden in einem Eins-Zwei-Drei-Benotungssystem mit einer Eins an höchster und einer Drei an niedrigster Stelle sowie einer Benotungsstruktur, die nur eine Eins erlaubt, bewertet – warum hat Mary eine Eins bekommen?

Mit Blick auf diese Frage ist klar, dass »Weil sie eine gut durchdachte und originelle Klausur geschrieben hat« eine unzureichende Antwort ist, und zwar unabhängig davon, ob der Kontrast zwischen Mary und anderen im Seminar oder zwischen Marys Eins und einer anderen Note besteht. Die richtige Antwort lautet: »Weil Mary die *beste* Klausur im Seminar geschrieben hat.«

Garfinkels Theorie zufolge können die in der »Gegeben, dass«-Klausel enthaltenen Informationen zwei verschiedene Funktionen erfüllen. Erstens schließt sie eine Reihe von Optionen aus, die nicht als relevant angesehen werden (als Antwort auf (2) sind

2 Die Semantik und Pragmatik von Fragen ist alles andere als klar. Garfinkels Behauptung, dass eine Äußerung von (1) alles präsupponiert, was er in die »gegeben, dass« Klausel in (5) packt, ist jedoch nicht ganz plausibel, wenn man das heutige Verständnis von Präsupposition betrachtet. Wir brauchen jedoch nicht davon auszugehen, dass er den eher technischen Begriff der Präsupposition im Sinn hatte.

nur Noten relevant; im Falle (3) sind nur die Seminarteilnehmer:innen relevant, die sich das Seminar anrechnen lassen). Zweitens kann sie die restlichen Optionen strukturieren. Im Beispiel der Abschlussprüfung strukturiert die Tatsache, dass die Notenverteilung angepasst wurde, die Benotungsoptionen so, dass nur eine bestimmte Verteilung der Optionen möglich ist (eine Eins, 24 Zweien, 25 Dreien). Die Beschränkung auf diese Verteilungen ist ein Merkmal der Welt, nicht nur ein Merkmal des Gesprächskontextes; und die Angemessenheit der Erklärung hängt davon ab, ob sie die tatsächliche Verteilung von den anderen Möglichkeiten unterscheiden kann, die diese Struktur haben.

Obwohl Erklärungen Antworten auf Fragen sind, sind nicht alle Fragen gleichermaßen geeignet, das betreffende Phänomen zu untersuchen, um eine gute Erklärung zu erhalten. Dies liegt oft daran, dass der Fragesteller nicht genügend Informationen über die fraglichen Ereignisse hat, um eine gute Frage zu stellen. Gute Fragen hängen sowohl von der Fragestellung als auch von dem zu untersuchenden Phänomen ab (Garfinkel 1981, S. 32, S. 56-57). Vergleichen wir (1) mit einer Frage, die explizit macht, dass Mary die einzige Eins, die vergeben wird, erhalten hat:

6) Warum hat **Mary** (im Gegensatz zu Bob) im Seminar *die* Eins bekommen?

Dies ist, plausiblerweise, eine bessere Frage, denn sie macht deutlich, dass die Bandbreite der auszuschließenden Möglichkeiten komparative Tatsachen betrifft (es genügt nicht, nur Auskunft über ihre gute Leistung zu geben, sondern darüber, wie es dazu kam, dass sie eine Eins erhalten hat *und die anderen nicht*).

Wenden wir uns nun (6) zu. Der Kontrastraum für diese Frage lässt sich auf zwei Weisen darstellen (Garfinkel 1981, S. 44). In ersterer könnten wir die Bandbreite der möglichen Noten für jede Seminarteilnehmerin und jeden Seminarteilnehmer (das Produkt des individuellen Möglichkeitsraums für jede Seminarteilnehmerin und jeden Seminarteilnehmer = 350) betrachten und überlegen, warum es letztendlich zu einer einzigen Eins kam, die Mary erhielt: War ihre Arbeit *so* viel besser als die aller anderen? Hat der Rest von ihnen in der Nacht vor der Abschlussprüfung zu hart gefeiert? Aber das wäre eine falsche Darstellung der Möglichkeiten und Aufgabenstellung für unsere Erklärung, denn in diesem Seminar wurden die Möglichkeiten so eingeschränkt, dass nur eine Person eine Eins bekommen konnte. In der zweiten Version besteht der Kontrastraum aus den verschiedenen Möglichkeiten, wie die Studierenden nach dem Muster von einer Eins, 24 Zweien und 25 Dreien verteilt werden könnten. Dies ist, im betrachteten Fall, die angemessene Weise, den Raum der Möglichkeiten darzustellen. Garfinkel bezeichnet solche Einschränkungen des Kontrastraumes als *strukturelle Bedingungen*. »In solchen Fällen verändern die auferlegten strukturellen Bedingungen auf radikale Weise die Art der Erklärungen, die wir geben, weil sie die Kontrasträume einschränken und zurechtstutzen« (Garfinkel 1981, S. 45, Übersetzung von D. J.). Die Idee ist, dass angesichts der Ziele und Absichten, die wir bei der Suche nach der Erklärung verfolgen, sowie der Tatsachen des Falls einige Weisen, die Menge möglicher Antworten zu strukturieren, aufgrund der durch sie ermöglichten Ergebnisse besser sind als andere.

Was zeigt dieses Beispiel? Die erste Lektion besagt, dass eine Erklärung eine Antwort auf eine Frage ist, die entweder implizit oder explizit das umrahmt, was für die jeweiligen Zwecke relevant ist. Diese Rahmung erfolgt durch Präsuppositionen, Foci und Kontraste. Zweitens, wenn es Bedingungen gibt, die den Kontrastraum so strukturieren (wie im Fall der Notenverteilung Garfinkels), dass nur einige Möglichkeiten zur Verfügung stehen, dann muss eine angemessene Erklärung sensitiv für diese Struktur sein: die Bedingungen legen die Menge der konkurrierenden Fälle fest, die das Explanans ausschließen muss, um angemessen zu sein.

Was heißt es jedoch, »für diese Struktur sensitiv zu sein«? Kommen wir auf das Beispiel vom Ball des Hundes, der in die Schlucht rollt, zurück. Wir beginnen mit einer Frage: Warum ist der Leckerbissen in der Schlucht? Wir formulieren unsere Antwort unter Bezugnahme auf den Ball: Ich habe den Ball in diese Richtung geworfen und konnte ihn nicht schnell genug erreichen, um ihn vom Rollen abzuhalten (und der Leckerbissen war im Ball). Auch wenn wir nach dem Leckerbissen zu fragen scheinen, wird die beste Erklärung in Bezug auf das System oder die Struktur gegeben, zu der der Leckerbissen gehört; *gegeben, dass der Leckerbissen im Ball war*, hat sich die Situation in Bezug auf den Ball mit dem Leckerbissen darin so entwickelt. Kurz gesagt, der Leckerbissen agierte nicht unabhängig. Dasselbe könnte man sagen, wenn wir fragen, warum

Mary (und nicht Bob) eine Eins erhielt. Um auf die Frage zu antworten, warum sie die Note erhielt, die sie erhielt, müssen wir auf die Struktur hinweisen, von der ihre Note ein Teil war. *Gegeben, dass Marys Leistung nach Maßgabe einer Struktur bewertet wurde, die nur eine Eins zuließ*, erhielt Mary die Eins, weil sie eine bessere Abschlussprüfung als Bob abgelegt hatte. Marys und Bobs Noten waren nicht unabhängig voneinander. Der Schwerpunkt der Erklärung liegt in jedem Fall nicht auf dem scheinbaren Gegenstand der Frage (Mary, der Leckerbissen), sondern auf dem Ganzen, von dem das Individuum ein Teil ist (die Bewegung des Balles, die Instanziierung der festgelegten Notenverteilung mit Mary an der Spitze). Die Erklärung der relevanten Merkmale des Ganzen, zusammen mit der Tatsache, dass das Individuum Teil des Ganzen ist, gibt die Antwort auf unsere Frage.

Garfinkel betont, dass, wenn wir scheinbar konkurrierende Erklärungen für ein Phänomen betrachten, wir sehr klar machen müssen, was der richtige Gegenstand der Erklärung ist und ob die Erklärungen denselben Gegenstand haben oder nicht. Angesichts der vorstehenden Diskussion sollten wir die folgende Hypothese in Betracht ziehen: Wenn ein Einzelding Teil eines Systems oder einer Struktur ist, dann mag der beste erste Schritt darin bestehen, anzugeben, dass es Teil des Systems oder der Struktur ist, und damit fortzufahren, zu erklären, was es mit der Struktur auf sich hat. Die Erklärung der Funktionsweise der Struktur wird der beste Weg sein, um das Verhalten ihrer Teile zu erklären.

3. Strukturen, im Allgemeinen

Oftmals können wir das Verhalten eines Objekts anhand seiner Teile erklären: Eine Pflanze wächst in Richtung der Sonne, weil die Schattenseite schneller wächst als die Sonnenseite; Wasser kocht oder gefriert aufgrund des Verhaltens der Moleküle, aus denen es besteht. Aber wie wir gerade gesehen haben, können wir auch das Verhalten anhand des Ganzen erklären, von dem es ein Teil ist. Der Schwanz meines Hundes Sparky ist in der Küche, weil er dorthin gegangen ist, um zu sehen, was gekocht wurde; mehrere Dutzend Wassermelonensamen landeten auf der Veranda, weil die Wassermelone, zu der sie gehörten, vom Picknicktisch fiel.

Strukturen, im weiten Sinn verstanden, sind komplexe Einheiten mit Teilen, deren Verhalten durch ihre Beziehung zu anderen Teilen bedingt ist. Stuart Shapiro schlägt folgende Definition vor:

> Ich definiere ein System als eine Ansammlung von Objekten, zwischen denen bestimmte Beziehungen bestehen. Eine Großfamilie ist ein System von Menschen mit Bluts- und Ehebeziehungen, eine Schachaufstellung ist ein System von Figuren, unter denen räumliche und »möglicher Zug«-Beziehungen bestehen. [...] Eine Struktur ist die abstrakte Form eines Systems, das die Zusammenhänge zwischen den Objekten hervorhebt und alle Merkmale von ihnen ignoriert, die nicht beeinflussen, wie sie sich zu anderen Objekten im System verhalten. (Shapiro 1997, S. 73, Übersetzung von D. J.)

Ich verstehe Shapiros Vorschlag so, dass *meine Familie* ein System ist, das bestimmte Individuen (Steve, Isaac, Zina, Sparky, mich) umfasst, die in Beziehungen zueinander stehen wie z. B. »Elternteil von«, »Kind von«, »Ehepartner/in von«, »Hund von« usw. Aber wir können von diesem speziellen Yablanger-System abstrahieren, um es als eine Instanziierung einer allgemeineren Struktur anzusehen, die anderen Familien gemein ist. Wir können dann das Individuum in einem System (mich) von der Position innerhalb der Struktur (Elternteil, Ehepartnerin) unterscheiden. Das heißt, unter Berücksichtigung der abstrakten Beziehungen, die die Struktur bilden, können wir dann die Positionen von denen unterscheiden, die sie innehaben. Shapiro bietet diese Charakterisierung des Unterschiedes an:

> [...] es gibt einen intuitiven Unterschied zwischen einem Objekt und einer Stelle in einer Struktur, zwischen einer/einem Amtsinhaber/in und einem Amt. [...] In der Diskussion von Strukturen und ihren Stellen kommen in der Tat zwei verschiedene Orientierungen zum Tragen (obwohl die Grenze zwischen ihnen nicht scharf ist) ... Wir könnten zum Beispiel sagen, dass, wer heute Shortstop ist, gestern der Secondbaseman war, oder dass der aktuelle Vizepräsident intelligenter ist als sein Vorgänger [...] Nennen wir diese die *Stellen-sind-Ämter*-Perspektive. Diese Ämter-Orientierung setzt eine Hintergrundontologie voraus, die Objekte bereitstellt, die die Stellen der Strukturen einnehmen. Im Falle der Baseballverteidigung und der Regierung umfasst die Hintergrundontologie Personen; im Falle von Schachspielen umfasst die Hintergrundontologie kleine, bewegliche Objekte – Figuren mit bestimmten Farben und Formen. (Shapiro 1997, S. 82)

Im Gegensatz zu dieser Ämter-Orientierung gibt es Kontexte, in denen die Stellen einer gegebenen Struktur als Objekte eigenen Rechts behandelt werden [...]. Wir sagen, dass der Vizepräsident Präsident des Senats ist, dass der Läufer sich diagonal bewegt oder dass der Läufer, der sich auf einem schwarzen Quadrat befindet, nicht auf ein weißes Quadrat ziehen kann. Nennen wir dies die *Stellen-sind-Objekte*-Perspektive. Hier beziehen sich die Aussagen auf die jeweilige Struktur als solche, unabhängig davon, wie sie realisiert sein mag. (Shapiro 1997, S. 83, Übersetzung von D. J.)

Wenn wir also eine Familienstruktur mit Stellen für Eltern und Kind betrachten, können wir die Stellen als »Ämter« für Individuen betrachten – ich habe die Position eines Elternteils inne – oder wir können die Positionen in der Struktur selbst als Objekte behandeln – Eltern sind für ihre Kinder verantwortlich. Wenn wir Stellen als Objekte betrachten, ignorieren wir deren Inhaber:innen und konzentrieren uns auf die Beziehungen, die zwischen den Stellen bestehen. Ich werde den Ausdruck »Knotenpunkt« (*node*), wie den *Eltern-Knotenpunkt* in der Familienstruktur, für Stellen-als-Objekte verwenden.

Beachten wir jedoch Folgendes: Wenn wir Positionen (Knotenpunkte) von deren Inhaber:innen unterscheiden, dann werden – sofern es zwecks einer Erklärung *gegeben* ist, dass ein Individuum einen Knotenpunkt in einer Struktur besetzt (der Hundeleckerbissen im Ball, Marys Benotung nach Maßgabe einer bestimmten Notenverteilung) – die durch die internen Beziehungen der Struktur bestimmten Beschränkungen relevant sein, wenn es darum geht, die fraglichen Tatsachen zu erklären. Der Knotenpunkt selbst und nicht dessen Inhaber/in wird zum Gegenstand der Erklärung. Der Möglichkeitsraum wird für die/den Inhaber/in des Knotenpunktes, *qua* Inhaberstatus, durch strukturinterne Beziehungen begrenzt. Um es mit Garfinkel auszudrücken: Die strukturellen Bedingungen, denen das als Inhaber eines Knotenpunktes betrachtete Objekt unterliegt, erfordern, dass wir etwas anderes zum eigentlichen Erklärungsgegenstand machen.

Bei der Erklärung, warum der Hundeleckerbissen den Hügel hinunterrollte, spielt es keine Rolle, ob er aus Speck oder Rindfleisch, knusprig oder zäh war; es spielt allerdings eine Rolle, dass der Ball, der ihn enthält, rund war. Ohne die Form und das Gewicht des Balles, die Neigung des Hügels usw. zu kennen, werden wir nicht in der Lage sein, die letztendliche Position des Balles/Leckerbissens auf eine stabile und hilfreiche Weise zu erklären. Wenn man erklärt, warum Mary die Eins bekommen hat, spielt es keine Rolle, wo sie geboren wurde, wer ihre Eltern waren oder was sie zum Frühstück hatte. Wichtig ist, dass nur eine einzige Eins vergeben werden konnte und dass ihre Abschlussprüfung besser als alle anderen war. Selbst wenn Fragen unsere Aufmerksamkeit auf den Inhaber der Position als Erklärungsobjekt lenken (warum rollte *diese* Leckerei auf die Weise den Hügel hinunter, auf die sie es tat), kann es sein, dass die beste Antwort auf die Frage in Bezug auf die Struktur formuliert ist, deren Teil das Objekt ist.

Kurz: Manchmal sind die Bedürfnisse, die wir durch eine Erklärung zu befriedigen suchen, sehr spezifisch und es geht uns um ein bestimmtes Vorkommnis; ein detailliertes Raster wird präzise Erklärungen erfordern, aber die Erklärungen sind relativ instabil – kleine Änderungen in der Abfolge der Ereignisse würden die Erklärung untauglich machen. In anderen Fällen geht es uns um ein Individuum als Beispiel für einen Typ, und der Typ wird mit Bezug auf den Knotenpunkt definiert, den das Individuum in einer Struktur einnimmt. Solche Erklärungen abstrahieren von bestimmten Merkmalen des Individuums und lassen »unwesentliche Störungen« in der Abfolge der Ereignisse zu (Garfinkel 1981, S. 30-34). Dadurch lässt die Erklärung eine breitere Anwendung zu und wird stabiler. Darüber hinaus können wir, sobald wir die Struktur identifiziert haben, die das Verhalten des Einzelnen einschränkt, neue Fragen stellen und weitere Erklärungen verlangen: Warum ist das Individuum innerhalb dieser Struktur? Warum existiert diese Struktur/Menge von Beziehungen und nicht jene?

4. Dretske über strukturierende Ursachen

Fred Dretske interessiert sich ebenfalls für verschiedene Erklärungsebenen bei der Erklärung des Verhaltens von Individuen. Er unterscheidet zwischen auslösenden und strukturierenden Ursachen. Dretske behandelt insbesondere die Ursachen von Verhalten, das er als einen Prozess versteht, der seinen Ursprung in einem »inneren Zustand« U hat und zu einer körperlichen Bewegung B führt. Obwohl wir für unsere gegebenen Zwecke das ›U‹ und ›B‹ nicht auf diese Weise einschränken müssen, ist sein Modell nützlich.

Bei der Suche nach der Ursache eines Prozesses suchen wir manchmal nach dem auslösenden Ereignis: Was verursacht das U, das das B verursacht hat? Sonst suchen wir nach dem Ereignis oder den Ereignissen, die den Prozess geprägt oder strukturiert haben: was verursacht hat, dass U B verursacht und nicht etwas anderes. Erstere Art von Ursache, die *auslösende* Ursache, bewirkt, dass der Prozess jetzt stattfindet. Zweitere Art von Ursache, die *strukturierende* Ursache, ist dafür verantwortlich, dass es **dieser Prozess** ist, ein Prozess, der in B, das sich jetzt ereignet, resultiert … Es gibt einen klaren Unterschied zwischen der Erklärung, warum Clyde **dann** aufstand, einerseits, und der Erklärung, warum das, was er tat, aufzustehen war (warum er dann **aufstand**), andererseits. Er stand **dann** auf, weil zu diesem Zeitpunkt die Königin eintrat, oder als er die Königin den Raum betreten sah. Er **stand auf** zu diesem Zeitpunkt als Geste des Respekts. Dieser Unterschied spiegelt sich in dem Unterschied zwischen dem Anführen der auslösenden Ursache eines Prozesses (die Ursache des U, das B verursacht) und dem, was ich als seine strukturierende Ursache bezeichnet habe (die Ursache von U's, die B verursacht haben) wider [...]. (Dretske 1988, S. 42-43, Hervorhebungen von mir, Übersetzung von D. J.)

Nehmen wir, allgemeiner formuliert, an, dass U eine Ursache und W eine Wirkung ist, wenn

U W verursacht.

Dann ist U die auslösende Ursache von W. Aber es mag auch sein, dass wir wissen wollen, was [U verursacht W] verursacht, d. h. was den Prozess verursacht, dessen Teil W ist.

7) Warum ist es so, dass [U verursacht **W**] und nicht [U verursacht **W'**]?

Dretske schlägt vor, dass wir zur Beantwortung von (7) die strukturierende Ursache finden müssen. Ob wir die auslösende oder strukturierende Ursache in einer Erklärung anführen, hängt davon ab, welche Frage wir stellen und welche Kontraste und Präsuppositionen die Frage hat. Anhand von Dretskes Beispiel könnten wir fragen:

8) Warum stand Clyde auf, als die Königin eintrat?

Mit mehreren verschiedenen Kontrasten im Hinterkopf:

9) Warum stand Clyde auf, **als die Königin eintrat**, d.h. gerade *dann* (im Gegensatz zu kurz vorher oder kurz danach)?
10) Warum **stand** Clyde **auf** (im Gegensatz zu sitzen bleiben, seinen Hut abnehmen, in die Hände klatschen), als die Königin eintrat?
11) Warum stand **Clyde** (im Gegensatz zu anderen im Raum) auf, als die Königin eintrat?

Um (9) zu beantworten, schlägt Dretske vor, dass wir die auslösende Ursache angeben müssen, d.h. das (die) Ereignis(se), das (die) Clyde zum Stehen veranlasste(n). Aber als Reaktion auf (10) sollten wir die strukturierende Ursache nennen. Dies bestünde vermutlich darin, Clyde in einer sozialen Struktur zu verorten: Clyde ist Untertan von Königin Elisabeth (er ist Teil eines größeren Ganzen). Indem wir Clyde in einer Struktur verorten, verlagern wir unsere Aufmerksamkeit von Individuen auf Knotenpunkte: Für *Untertanen* ist es eine Frage der Etikette (der strukturellen Bedingungen, die die Möglichkeiten für Knotenpunkte in der Struktur einschränken) zu *stehen*, wenn die *Königin* eintritt. Dies ist keine bloße Marotte Clydes: Im Allgemeinen werden die Untertanen der Königin, angesichts der Beziehungen zwischen der Königin, ihrem Untertan und den Regeln der Etikette, aufstehen, wenn sie den Raum betritt.[3] Sobald wir die Hintergrundstruktur, die das Verhalten eines Untertans (in diesem Fall Clydes) einschränkt, deutlich gemacht haben, können wir fragen: Warum ist es höflich, sich zu erheben? Und warum gibt es überhaupt Königinnen und Untertanen?

Es scheint also, dass Strukturen wichtig für Erklärungen sind, weil sie das Verhalten einzelner Dinge einschränken, sofern jene Dinge Knotenpunkte in der Struktur besetzen. Die Struktur liefert nicht nur Hintergrundbedingungen für die fraglichen Ereignisse (das Aufstehen), denn manchmal ist das Funktionieren der Struktur selbst der eigentliche Erklärungsgegenstand: Warum aufstehen? Warum diese Einschränkungen? Warum diese Knotenpunkte? Warum diese Struktur hier? Fragen nach Knotenpunkten in Strukturen sind das eigentliche Thema der Sozialwissenschaften, denn

3 Hier gibt es zusätzliche Fragen, die wir stellen sollten: Hängt beispielsweise die Erklärung von Clydes Aufstehen nicht davon ab, dass er die Etikette kennt und die Königin eintreten sieht? Wenn ja, fallen wir wieder auf eine psychologische Erklärung zurück? Dies wird im Folgenden relevant werden.

es sind vor allem Typen von Individuen, Handlungstypen etc., die hier von Interesse sind. Dies legt nahe, dass auslösende und strukturierenden Ursache nicht miteinander konkurrieren müssen: Sowohl was sie erklären als auch wie sie erklären, ist verschieden.[4]

5. Sozialstrukturelle Erklärungen: der unsichtbare Fuß

In der Philosophie der Sozialwissenschaften besteht seit langer Zeit eine Kontroverse darüber, ob alle Erklärungen »individualistisch« sein müssen (zuletzt Pettit 1993; Udehn 2002; List und Spiekermann 2013; Epstein 2009, 2014). Obwohl umstritten ist, was Individualismus erfordert, ist die allgemeine Idee, dass, um das Verhalten von Akteur:innen zu erklären, das Explanans letztendlich auf ihre (vielleicht idealisierten) psychologischen Zustände bezogen sein muss.[5] Wie Frank Jackson und Philip Pettit betonen, erblicken Individualist:innen das grundlegende Problem struktureller Erklärungen darin, dass

> [...] es bei Weitem nicht klar [ist], wie die meisten der in strukturellen Erklärungen genannten Faktoren einzelne Menschen beeinflussen sollen, und insbesondere auf eine andere Weise beeinflussen, als ihnen bewusst zu

4 Es gibt noch viel mehr, was mit Blick auf das Phänomen der strukturellen Erklärung der Aufklärung bedarf. Ich bin nach wie vor verwirrt und habe von den vielen Anregungen, die mir das Oberlin-Kolloquium gegeben hat, noch nicht einmal Gebrauch machen können. Dafür entschuldige ich mich.

5 Die fraglichen psychologischen Zustände sind typischerweise eher eng gefasst. Jackson und Pettit denken, in Übereinstimmung mit Theoretiker:innen der rationalen Wahl, dass die relevanten psychologischen Zustände Überzeugungen und Wünsche sind, und die Fähigkeit, auf Überzeugungen und Wünsche zu reagieren, ist das, was Autonomie ausmacht (siehe Jackson und Pettit 1992, S. 104). Dies scheint eine Erklärung in Form von subintentionalen oder subpersonalen Zuständen auszuschließen. Hierfür wird kein Grund angegeben. Nicht alle Individualismen gehen davon aus, dass Mikroerklärungen auf Grundlage von psychologischen Zuständen formuliert werden. Die allgemeinere These ist, dass alle sozialen Phänomene in Bezug auf die Eigenschaften, Zustände und Beziehungen zwischen Individuen erklärt werden können: »Grob ausgedrückt, ist methodologischer Individualismus die These, dass sich gute sozialwissenschaftliche Erklärungen nur auf Tatsachen über Individuen und ihre Interaktionen beziehen sollten, nicht auf übergeordnete soziale Einheiten, Eigenschaften oder Ursachen.« (List und Spiekermann 2013, S. 629, Übersetzung von D. J.)

werden und somit verdeckte Mikroerklärungen zu konstituieren. (Jackson und Pettit 1992, S. 110, Übersetzung von D. J.)[6]

Betrachten wir eine potenzielle sozialstrukturelle Erklärung im Einzelnen:

12) Warum sind Frauen im Vergleich zu Männern weiterhin ökonomisch benachteiligt?

Wir könnten dies mit einer expliziten Kontrastfolie wie folgt formulieren:

13) Warum sind Frauen im Vergleich zu Männern nach wie vor ökonomisch benachteiligt (im Gegensatz dazu, ökonomische Gleichheit mit Männern zu erzielen)?

Biologistische Erklärung: Frauen sind von Natur aus im Vergleich zu Männern benachteiligt mit Blick darauf, was dafür erforderlich ist (Intelligenz, Konkurrenzdenken usw.), um in hoch bezahlten Jobs erfolgreich zu sein.

Individualistische Erklärung: Frauen ziehen es in höherem Maße als Männer vor, Zeit mit Kindern zu verbringen, statt in einem hoch bezahlten Job zu arbeiten (man setze hier die relevanten Überzeugungen und Wünsche ein), also verzichten sie auf beruflichen Erfolg zugunsten der Vorteile und Freuden von Mutterschaft.

Strukturelle Erklärung: Frauen sind in einer sich selbst aufrechterhaltenden ökonomischen Struktur verortet, die sie systematisch benachteiligt.

Hier ist eine Weise, die strukturelle Erklärung auszuarbeiten:

Der unsichtbare Fuß (Okin 1989; Cudd 2006): Stellen wir uns ein Paar vor, Larry und Lisa, die, wie wir annehmen, gleichermaßen in-

6 Obwohl Jackson und Pettit (1992) für einige Formen des Individualismus Sympathien hegen, argumentieren sie, dass ihre eigene Theorie der Programmerklärung ein Modell liefert, das zeigt, inwiefern zumindest einige Formen struktureller Erklärung gültig und interessant sind. Ich finde ihre Charakterisierungen von Programmerklärungen unzureichend, werde hier aber nicht auf die Kontroversen über Programmerklärungen eingehen (siehe Jackson und Pettit 1990; Walter 2005; MacDonald und MacDonald 2006).

telligent, talentiert, gut ausgebildet und beruflich erfahren sind; sie haben in ihrer Beziehung gleichermaßen viel Macht, haben keine Vorurteile über Geschlechterrollen und sind gleichermaßen fähig darin, alle häuslichen Aufgaben und Aufgaben der Kindererziehung zu übernehmen. Larry und Lisa beschließen, Kinder zu bekommen; ihr Baby Lulu kommt zur Welt. Sie leben in einer Gemeinde, in der eine angemessene Kinderbetreuung für sie nicht erschwinglich ist. Nehmen wir außerdem an, dass es in dieser Gemeinde wie anderswo ein Lohngefälle gibt: Frauen verdienen im Durchschnitt nur 75 % von dem, was Männer verdienen. Unter diesen Bedingungen ist es – es sei denn, Larry und Lisa haben besondere Gründe zu denken, dass sie in ihrer Erwerbsfähigkeit ungewöhnlich sind – für Larry sinnvoll, Vollzeit zu arbeiten, und für Lisa, in ihrer Arbeit Anpassungen vorzunehmen, z. B. Teilzeit zu arbeiten, sich freizunehmen oder einen weniger anspruchsvollen Job anzunehmen. Aber in unserer Gesellschaft »*bestimmt Reichtum unsere Macht, Hausarbeit ist unbezahlt, und unser Vermögen wird nach Maßgabe der Scheidungsgesetze nicht gleichmäßig verteilt*« (Cudd 2006, S. 149, Übersetzung von D. J.). So baut Larry mehr Humankapital auf und hat am Ende mehr Macht in der Beziehung. Darüber hinaus bergen Frauen, sofern Larry und Lisa typisch sind, im Durchschnitt ein höheres Risiko für Arbeitgeber, die »*dazu neigen, nicht darauf zu vertrauen, dass Frauen ihre Karriere dauerhaft fortsetzen oder dass sie, wenn sie das tun, ihnen die gleiche Zeit und Energie wie Männer widmen werden*« (Cudd 2006, S. 149, Übersetzung von D. J.). Infolgedessen werden »Frauenberufe«, die weniger Engagement, Mobilität und Erfahrung erfordern, schlechter bezahlt und Frauen müssen sich als außergewöhnlich erweisen, um für hoch bezahlte »Männerberufe« in Betracht zu kommen. Dadurch wird das Muster verstärkt (Cudd 2006, S. 148-151).

Der unsichtbare Fuß ist wohl eine Form der strukturellen Ungerechtigkeit und es ist eine Art von Ungerechtigkeit, die unsichtbar bleibt, wenn man nur biologische oder individualistische Erklärungen betrachtet. Insbesondere konzentriert sich die Erklärung auf Lisa und Larry als Knotenpunkte in einer Struktur statt als Individuen mit bestimmten persönlichen Schwächen oder Neigungen. Betrachten wir, wie man Lisas und Larrys Verhalten strukturell erklären könnte:

14) Warum hat **Lisa** ihren Job gekündigt (statt Larry)?

15) Warum hat Lisa ihren Job **gekündigt** (statt eine andere Lösung für das Problem der Kinderbetreuung zu finden, z. B. Teilzeit zu arbeiten, sich auf die Großeltern oder eine ausgezeichnete, erschwingliche Kindertagesstätte zu verlassen ...)?

Würden wir nach der auslösenden Ursache dafür suchen, dass Lisa ihren Job gekündigt hat, könnten wir nachvollziehbarerweise auf eine Entscheidung verweisen, die sie getroffen hat, z. B.: Lisas Entscheidung, ihren Job zu kündigen, veranlasste sie, ihren Job zu kündigen. Um Einsicht darüber zu gewinnen, müssen wir zumindest zusätzlich die Überzeugungen und Wünsche, die zur Entscheidung geführt haben, berücksichtigen: Lisa beschloss, ihren Job zu kündigen, weil sie glaubte, dass es das Beste für ihre Familie sei, und weil sie wollte, was das Beste für ihre Familie ist.

An dieser psychologischen Erklärung fällt auf, dass sie (selbst wenn wir Lisas explizitere Überlegung angeführt haben) keine sehr gute Antwort auf (14) oder (15) gibt. Um auf (14) zu antworten, genügt es nicht zu sagen, dass Lisa (nur) deswegen aufgehört hat, weil sie wollte, was das Beste für ihre Familie ist. Das wäre vergleichbar mit der Aussage, dass Mary in der Klasse von Garfinkel die Eins bekommen hat, nur weil sie eine ausgezeichnete Abschlussarbeit geschrieben hatte (unter Absehung von Bobs Leistung und der Notenverteilung). Tatsache ist, dass Lisa ihren Job gekündigt hat, weil sie sich dafür entschieden hat *und Larry sich nicht ebenfalls auch dafür entschieden hat, seinen Job zu kündigen.* Es ist eine strukturelle Hintergrundbedingung, dass sie beide nicht kündigen können, und auf diese Weise sind Larrys Verhalten, ihre Beziehung und die begrenzt verfügbaren Optionen entscheidend, um ihr Handeln zu erklären. Wie zuvor scheint es besser, die Struktur zum Gegenstand der Erklärung zu machen: Warum ist Lisa (sozusagen) in der Schlucht gelandet? Da Lisa Teil eines Systems ist, das Larry, ihren Arbeitgeber usw. umfasst, und gegeben, dass Larry nicht kündigen wollte, der Arbeitgeber keine Kinderbetreuung anbieten würde und sie Lulu nicht einfach allein zu Hause lassen konnte, war dies ihre einzige echte Option. Sie mag eine rationale Entscheidung getroffen haben, aufzuhören, aber es ist unzureichend, nur auf ihre Entscheidung zu verweisen, als ob sie unabhängig von der Wirkweise des Systems erfolgt wäre.

Darüber hinaus ist es unpassend, auf (15) schlicht unter Bezug auf Lisas Entscheidung, mit Lulu daheim zu bleiben, zu antworten. Der Möglichkeitsraum in Sachen Kinderbetreuung ist in Lisas und Larrys Situation stark eingeschränkt; es gibt strukturelle Einschränkungen, die nur einige Optionen zu echten Möglichkeiten machen. Lisas Wünsche wurden durch die Umstände »kanalisiert«, weil sie einen Knotenpunkt in einer sozialen Struktur innehat. Das ist damit vereinbar, dass ihr Handeln rational und autonom war. Clyde war ein freier Akteur, als er sich entschied zu stehen, sobald die Königin eintrat. Aber da er Untertan der Königin war und die Regeln der königlichen Etikette befolgte, blieb ihm nichts anderes übrig, als zu stehen. Qua Untertanenstatus, qua Knotenpunkt in der Struktur, war zu stehen seine einzige Option; ihn als Untertan zu sehen erklärt sein Handeln. Ebenso ist für Lisa, qua Mutter-/Ehefrauenstatus in einer stark eingeschränkten sozialen Struktur, aufzuhören die einzig echte Option. Lisa ist Teil dieser Struktur, und die Struktur funktioniert auf diese Weise. Als Individuum hätte Lisa sich anders verhalten können – sie hätte Larry und Lulu verlassen können –, aber *als Mutter/Ehefrau in diesem System* war das keine Option.

Tatsache ist natürlich, dass Lisa ihren Job gekündigt hat und nicht Larry, weil Lisa eine Frau ist, die den Knotenpunkt Ehefrau/Mutter in einer problematischen Struktur von Familien- und Arbeitsbeziehungen innehat. Die Struktur, in der sie und Larry leben, verbindet Tatsachen über menschliche Abhängigkeit (von Säuglingen), einen stabilen Rahmen von Geschlechterverhältnissen und ein bestimmtes Lohnarbeitssystem. Diese strukturellen Einschränkungen schränken den Möglichkeitsraum – diese Wahlarchitektur – sowohl für Lisa als auch für Larry ein; die Unterschiede in dem, was ihnen aufgrund ihres Geschlechts zur Verfügung steht, sind entscheidend für die Erklärung dessen, was passiert. Darüber hinaus erhellt die Erklärung normative Dimensionen der Umstände, die sonst übersehen würden. Gehen wir allein von biologistischen oder individualistischen Erklärungen aus, dann scheint die Tatsache, dass Frauen gegenüber Männern ökonomisch benachteiligt bleiben, keine moralische oder politische Angelegenheit zu sein: Wenn die beste Erklärung für die Entscheidung von Frauen, auf beruflichen Erfolg zu verzichten, darin besteht, dass sie als Einzelpersonen den Wunsch haben, Kinder (und ältere Menschen) zu betreuen, ist dies eine Entscheidung, die wir respektieren müssen.

Es ist keine Intervention im Namen der Gerechtigkeit erforderlich, außer möglicherweise der geschlechtsspezifischen Lohnungleichheit, die in das Szenario eingebaut ist. Die strukturelle Erklärung legt jedoch offen, dass es ein tieferes Problem gibt als die Lohnungleichheit.[7] Die »unsichtbare Fuß«-Erklärung zeigt, dass Frauen als Gruppe strukturell so positioniert sind, dass es für sie rational ist, Optionen zu wählen, aufgrund derer sie untergeordnet bleiben (ich gehe, wenn ich die Frage der Unterordnung aufwerfe, mit Okin (1989) davon aus, dass die Partnerin oder der Partner in einer Beziehung, die oder der weniger verdient, weniger Berufserfahrung und Referenzen hat und sich mit Normen der Fürsorge identifiziert, mit Blick darauf, die Beziehung zu beenden benachteiligt wird, also schutzlos gegenüber Ausbeutung und Missbrauch ist). Ohne die strukturelle Erklärung wird Ungerechtigkeit verschleiert.

Der Fokus auf strukturelle Einschränkungen gibt uns Ressourcen dafür an die Hand, wichtige Regelmäßigkeiten zu erfassen: Die Menschen, deren Entscheidungen ähnlich eingeschränkt sind, werden dazu neigen, auf ähnliche Weise zu handeln, auch wenn ihre persönlichen Geschichten, ihre je persönliche Psychologie und ihre persönlichen Einstellungen unterschiedlich sind, z. B. können Lisa und Mona ähnliche Entscheidungen in der Kinderbetreuung treffen, selbst wenn sie unter sehr unterschiedlichen Umständen aufgewachsen sind und psychologisch in vielerlei Hinsicht unterschiedlich sind. Selbst wenn also in Lisas Fall die strukturierende Ursache durch ihre Überzeugungen darüber vermittelt wird, welche Möglichkeiten es gibt, ist die soziale Struktur sowohl ein Schlüsselfaktor bei der Erklärung ihrer Überzeugungen als auch für das Muster der Entscheidungen von Frauen, d. h. der Entscheidungen derjenigen, die sich am gleichen Knotenpunkt in der Struktur befinden. Darum geht es letztlich in der ursprünglichen Frage (12): Warum sind Frauen gegenüber Männern weiterhin ökonomisch benachteiligt? Von Lisas und Monas je besonderer Psychologie abzusehen und zu erkennen, dass sie an einem Knotenpunkt in einer Struktur tätig sind, ermöglicht es uns, eine Erklärung zu geben, die für jede oder jeden gilt, die oder der diese Position einnimmt. Dies bietet, wie bereits erwähnt, eine stabilere Erklärung.

7 Dank an Edmund Flanigan, der mich angehalten hat, diesen Punkt hervorzuheben.

6. Soziale Strukturen

Um also die richtige Rolle in strukturellen Erklärungen zu spielen, müssen soziale Strukturen unser Handeln einschränken: Sie liefern uns Positionen oder »Ämter« innerhalb einer Menge von Beziehungen, die die Struktur bilden. Ich werde einige Grundzüge des von mir favorisierten Ansatzes skizzieren (siehe auch Haslanger 2012, Kap. 15 [in diesem Band, S. 142-173], 17; Haslanger 2014b).

6.1. Soziale Beziehungen und soziale Praktiken[8]

Es gibt viele Handlungseinschränkungen (physische, biologische, psychologische). Wie schränkt eine *soziale Struktur* uns ein? Wenn physische, biologische und psychische Einschränkungen die einzigen Formen der Einschränkung sind, dann mag es den Anschein haben, dass wir zu einer Art Individualismus zurückgedrängt werden: Wenn wir annehmen, dass soziale Strukturen uns nicht physisch oder biologisch einschränken, dann müssen sie dies aufgrund unserer Einstellungen ihnen gegenüber tun. Oder wie Jackson und Pettit vorgeschlagen haben: Soziale Faktoren beeinflussen Individuen nur, indem sie »ihnen bewusst [...] werden und somit verdeckte Mikroerklärungen [...] konstituieren (Jackson und Pettit 1992, S. 110). Ein Modell besagt, dass soziale Zwänge aufgrund von Normen wirken, die soziale Erwartungen schaffen sowie Lob und Tadel vorwegnehmen (Bicchieri 2006, S. 11; vgl. Martin 2009, S. 6-7). Dieses Modell sozialer Zwänge ist jedoch unzureichend.

Soziale Strukturen, wie ich sie verstehe, sind Netzwerke sozialer Beziehungen. Dazu gehören die Beziehungen *zwischen Menschen*:

8 Ich werde keine Theorie des »Sozialen« oder dessen, was etwas zu etwas »Sozialem« macht, formulieren können. Ich denke, es ist unwahrscheinlich, dass es eine nicht-zirkuläre Definition gibt; das Beste, was wir erhoffen können, ist eine fokale Analyse zu formulieren, die bestimmte Fälle als für die mit der Theorie verfolgten Zwecke zentral behandelt und erklärt, wie andere Fälle mit ihnen zusammenhängen. Für meine Zwecke sind die zentralen Fälle von Sozialität z. B. nicht ein Paar, das zusammen spazieren geht (Gilbert 1992), oder soziale Gruppen wie Ausschüsse oder Unternehmen (List und Pettit 2013) oder soziale Institutionen (Searle 1995). Ich bin derzeit geneigt, wie unten vorgeschlagen, bestimmte soziale Praktiken (wenn auch nicht in MacIntyres (1981) Sinn) als das zentrale Phänomen anzusehen. Zur Homonymie, die von bestimmten Kernfällen abhängig ist, siehe Shields (1999) und Haslanger (2014a).

ein Elternteil sein, eine Angestellte/ein Angestellter sein, eine Ehepartnerin/ein Ehepartner sein; sie umfassen auch die Beziehungen *zu Dingen*: kochen, besitzen, beschäftigen, fahren, essen, hüten. Soziale Beziehungen wiederum werden durch Praktiken konstituiert. Unsere Praktiken setzen uns zueinander und mit der materiellen Welt in Beziehung; sie positionieren uns an Knotenpunkten in der Struktur. Betrachten wir das Kochen:

> Das Kochen von Reis ist ein Fall der allgemeineren Praxis des Kochens, und sich regelmäßig in diese Praxis einzubringen ist konstitutiv für eine soziale Rolle: Köchin/Koch. Köchin/Koch zu sein setzt einen auf bestimmte Weisen zu anderen Personen (nicht nur mit der Kundin/dem Kunden oder der Familie, sondern auch mit dem Landwirt/der Landwirtin, der Lebensmittelhändlerin/dem Lebensmittelhändler, dem Müllmann/der Müllfrau, Bezugsquellen von Rezepten, einschließlich Traditionen, Kochbücher usw.) und auf bestimmte Weisen mit Dingen (Lebensmittel, Hitzequellen, Wasser, Geschirr) in Beziehung. Kochen ist nur innerhalb einer sozialen Struktur möglich, die die Zutaten, Fähigkeiten, Mittel, die Normen für Geschmack, Konsistenz und Zutaten, die Arbeitsteilung unter Köch:innen und Verbraucher:innen usw. liefert.

Was ist eine Praxis? Soziale *Praktiken* sind in den zentralen (wenn auch nicht in allen) Fällen kollektive Lösungen für Koordinations- oder Zugangsprobleme in Bezug auf eine Ressource.[9] Die Lösung besteht in organisierten Reaktionen auf die Ressource.

In Anlehnung an die zeitgenössische Anthropologie (und die Sozialwissenschaften im weiteren Sinne) habe ich die folgende Hypothese vorgeschlagen (Haslanger 2012, Kap. 15 [in diesem Band, S. 156], Kap. 17):

9 Ich entlehne dieses Verständnis von Lewis (1969) und anderen. Allerdings sind die Praktiken nicht immer Konventionen im Lewis'schen Sinne. Sie müssen nicht willkürlich sein; es mag sein, dass es unter denen, die an ihnen teilnehmen, kein allgemeines Wissen (*common knowledge*) in irgendeinem bedeutungsvollen Sinne gibt; die Reaktionen müssen nicht rational oder von wechselseitigem Vorteil sein. Wichtig ist, dass ein bedeutsames Gespür für die eigene Vorliebe gegenüber der betreffenden Ressource nur durch die Praxis begründet werden darf, die unsere Reaktionen organisiert.

> Praktiken bestehen aus voneinander abhängigen Schemata und Ressourcen, »wenn sie sich *gegenseitig implizieren* und im Laufe der Zeit *gegenseitig stützen*«. (Sewell 1992, S. 13; Hervorhebung von mir.)

Schemata bestehen aus Clustern von kulturell geteilten Begriffen, Überzeugungen und anderen Einstellungen, die es uns ermöglichen, Informationen zu interpretieren und zu organisieren sowie Handlungen, Gedanken und Affekte zu koordinieren. Schemata sind öffentlich – man kann sie als soziale Bedeutungen betrachten, die aufgrund von Konventionen mit Dingen in unserer sozialen Welt in Verbindung gebracht werden, einschließlich der Sprache[10] –, aber sie werden auch verinnerlicht und leiten unser Verhalten an (Howard 1994; Hollander und Howard 2000). Sowohl Begriffe als auch Überzeugungen, in dem hier beabsichtigten Sinne, speichern Informationen und sind die Grundlage für verschiedene verhaltensbezogene und emotionale Dispositionen. Obwohl Schemata variabel sind und sich über die Zeit und den Kontext hinweg weiterentwickeln, sind ihre Elemente beharrlich und widerstehen Korrekturversuchen. Ressourcen sind Dinge aller Art – menschlich, nicht menschlich, belebt oder nicht –, die als einen gewissen (auch negativen) Wert habend angesehen werden (praktisch, moralisch, ästhetisch, religiös etc.). Aus dieser Sicht existiert eine Praxis dann, wenn es öffentliche Schemata für die Interpretation, Konzeptualisierung und Reaktion auf Ressourcen gibt, und solche Ressourcen werden genutzt und verändert, um zu den Schemata zu passen. Einzelpersonen nehmen an Praktiken teil – mal absichtlich und wissentlich, mal nicht –, wenn ihr Verhalten im Umgang mit den Ressourcen mit den Schemata übereinstimmt.

In der sozialen Realität sind Schemata und Ressourcen sowohl kausal (›stützen sich gegenseitig‹) als auch konstitutiv (›implizieren sich gegenseitig‹) voneinander abhängig. Betrachten wir Lebensmittel, z. B. Mais:

10 Das soll nicht heißen, dass »soziale Bedeutungen« in diesem Sinne als lexikalische Bedeutungen oder semantische Gehalte verstanden werden sollten. Ich begreife sie so, dass sie pragmatisch funktionieren. Siehe Haslanger (2014b).

Eine Maisähre kann als etwas zum Essen, als Ware zum Verkaufen, als religiöses Symbol aufgefasst werden. Anders gesagt können wir verschiedene Schemata auf das Objekt anwenden, und die Schemata prägen unser Bewusstsein und unsere Bewertung des Objekts. Die verschiedenen Schemata bieten nicht nur Interpretationsweisen, sondern erlauben uns auch verschiedene Arten, mit dem Mais zu interagieren. Handlungen, die auf diesen verschiedenen Schemata basieren, wirken sich auf die Maisähre *qua* Ressource aus, z. B. kann sie zum Essen gekocht werden, oder die Kerne werden entfernt, um versandt zu werden, oder sie können getrocknet und an einem prominenten Ort zum Anbeten aufgehängt werden. Die Auswirkungen unseres Handelns beeinflussen dann das Schema. Wenn der Mais zu einem guten Preis verkauft wird, wird sein Wert gesteigert und die Landwirtin oder der Landwirt kann Wege suchen, ihn effizienter anzubauen und möglicherweise in neue und andere Sorten zu investieren.

Kausale Interdependenz: Schemata entstehen und entwickeln sich in Reaktion auf Ressourcen und Ressourcen entstehen und entwickeln sich in Reaktion auf Schemata.

Konstitutive Interdependenz: Ein Schema für X ist eine Weise, Informationen über X qua Ressource gemeinsam zu interpretieren und zu organisieren. Schemata sind konstitutiv durch die Ressourcen definiert, die sie organisieren, und ob etwas eine Ressource einer bestimmten Art ist, hängt davon ab, durch welches Schema es interpretiert/organisiert wird.

6.2. Soziale Zwänge?

Wie erlegen Praktiken uns also *soziale* Zwänge auf? Mindestens drei Arten von Faktoren bedingen das sich Einbringen in eine Praxis, z. B. meine Zubereitung eines Abendessens:

Persönliche *Einstellungen*, Gewohnheiten, Dispositionen; sowohl meine als auch die persönlichen Einstellungen derjenigen, mit denen ich interagiere.

Ressourcen: die verfügbaren Materialien/Werkzeuge (man bedenke, dass Materialien/Werkzeuge auch Fähigkeiten, Zeit [?] beinhalten können).

Schemata: die kollektiven Begriffe, Erzählungen, Erwartungen derer in meinem kulturellen Milieu.

Sowohl Schemata als auch Ressourcen beschränken und ermöglichen mein Handeln: Ich werde kein Idli kochen, wenn ich nicht weiß, was Idli ist, wenn Idli einfach nicht das ist, was *wir* essen, wenn ich keinen Idli-Dampfkessel oder keine Zutaten habe, wohingegen ich Nudeln kochen werde, weil es das ist, was *wir* essen, und ich eine Schachtel im Regal, eine Möglichkeit, Wasser zu erhitzen, sowie ein Sieb habe.

Es mag plausibel erscheinen zu sagen, dass Schemata das sind, was uns *sozial* einschränkt. Vielleicht legen Ressourcen uns physische Einschränkungen auf, persönliche Einstellungen psychologische Einschränkungen und gemeinsame Schemata soziale Einschränkungen. Aber wie schränken Schemata ein? Wenn Schemata verinnerlicht werden und das Handeln durch unsere je individuelle Psychologie (zugegebenermaßen nicht nur Überzeugungen und Wünsche, denn Schemata beeinflussen Wahrnehmung, Aufmerksamkeit, kognitive Assoziationen und beziehen andere subpersonale Prozesse mit ein) anleiten, scheinen uns wiederum vertraute individualistische Erklärungen zu bleiben.[11]

Erinnern wir uns jedoch daran, dass strukturelle Einschränkungen nicht eine Frage von kausalen Prozessen sein müssen, die Handlungen auslösen; soziale Einschränkungen setzen Grenzen, organisieren Denken und Kommunikation, schaffen eine Wahlarchitektur; kurz gesagt, sie strukturieren den Möglichkeitsraum für Handlungen (siehe auch Satz und Ferejohn 1994). Diesen Mög-

11 Risjord (2000) argumentiert jedoch überzeugend, dass sich selbst Aussagen über Normen oft nicht auf Aussagen über Individuen allein reduzieren lassen: »Wenn eine Norm angeführt wird, um ein Phänomen auf Gruppenebene zu erklären, wird es, im Allgemeinen, im sozialen Kontext strukturelle Bedingungen und strukturelle Präsuppositionen zur Warum-Frage geben. Unabhängig von ihrer persönlichen Vorgeschichte landen die Personen in der Gruppe meist in der gleichen Situation. Nicht alle geteilten Möglichkeiten individueller Überzeugung oder individuellen Handelns sind reale Möglichkeiten für die Gruppe. Modelle für Verhalten werden angeführt, gerade weil eine Regelmäßigkeit unter den Dispositionen, Überzeugungen usw. von Individuen aufgefunden wird. Daher lassen sich Erklärungen, die sich auf Normen berufen, um Phänomene auf Gruppenebene zu erklären, im Allgemeinen nicht auf individualistische Erklärungen reduzieren.« (S. 160, Übersetzung von D. J.)

lichkeitsraum und die Position eines Individuums innerhalb der Struktur dieses Raumes zu erhellen kann dessen Verhalten erklären. (Denken wir an Mary und Bob in Garfinkels Seminar, Clyde und die Königin, Lisa und Larry.) Selbst wenn unsere individuelle Psychologie auslösende Ursachen für unsere Entscheidungen und Handlungen liefert, hängt das, was wir tun und was wir tun können, von der sozialen Struktur ab, innerhalb derer wir handeln. Die Strukturen schränken unser Verhalten *sozial* ein, indem sie bestimmte Arten von Dingen zur Verfügung stellen (oder auch nicht), z. B. Kindertagesstätten, Idli-Dampfkessel; indem sie Interaktionsvorlagen bereitstellen, die bestimmte Formen der Koordination in Bezug auf eine Ressource begünstigen (oder verhindern), z. B. teilen, horten, verteilen; und indem sie unsere Einstellungen entsprechend kanalisieren.

Kurz gesagt, bringen Strukturen, jenseits meiner Einstellungen und der Einstellungen anderer, meine Wahlarchitektur hervor: Ich kann ohne einen Idli-Dampfkessel kein Idli kochen. Das ist nicht nur eine physische, sondern auch eine soziale Einschränkung: Das Artefakt steht mir in meinem sozialen Milieu nicht zur Verfügung. Was für *Essen* ich koche, wird sowohl durch die verfügbaren sozialen Materialien als auch, über die physischen Objekte und individuellen Einstellungen hinaus, durch die sozialen Bedeutungen/Schemata eingeschränkt. Solche Bedeutungen sind nicht Sache der einzelnen Akteurin oder des einzelnen Akteurs, sondern hängen von kollektiven Deutungen sowie den Ressourcen ab, die von diesen Deutungen organisiert wurden. Die Optionen werden durch unsere Praktiken, d. h. die gegenseitige Abhängigkeit von Schemata und Ressourcen, konstituiert.

Wir sind im Handeln in vielerlei Hinsicht eingeschränkt: physisch, psychisch und sozial. Ich schlage vor, dass die Einschränkung dann sozial ist, wenn wir Stellen in einer Struktur einnehmen und die Beziehungen, aus denen die Struktur besteht, aufgrund der Interdependenz von Schemata und Ressourcen relativ starr sind. Die Materialien und Bedeutungen, die zusammen unsere soziale Welt ausmachen, sind nicht einfach durch mein anders Denken beziehungsweise Beabsichtigen oder durch mein individuelles Handeln allein zu verändern. Was ich tue und was ich tun kann, ist sozial eingeschränkt. Auf diese Einschränkungen hinzuweisen, kann je nach Frage explanatorisch sein.

7. Schluss

Soziale Strukturen bestehen in einem Netzwerk sozialer Beziehungen, von denen einige solche zu anderen Menschen, einige zu nicht menschlichen Tieren, einige zu Dingen sind; einige sind bewusst und intentional (Ehe), andere nicht (Verletzlichkeit von Verbraucher:innen, *race*-spezifische Privilegien). Obwohl ich nicht verschiedene Arten von Strukturen oder die unterschiedlichen Arten, wie Strukturen aufgebaut sind, im Detail untersucht habe, scheint es, dass ›Ämter‹/Knotenpunkte in einer Struktur von Beziehungen kausal (Arbeitslosigkeit/Verbrechen), konstitutiv (ein Turm zu sein, bedeutet, durch die Turmregeln reguliert zu werden) oder regulativ (wie sich ein Untertan in Gegenwart der Königin verhalten sollte) zusammenhängen können. Ressourcen, einschließlich materieller Objekte, vermitteln unsere Beziehungen zueinander innerhalb einer Struktur. In einem wichtigen Sinne organisieren wir uns um Ressourcen herum. Die Ressourcen, und nicht nur Schemata, strukturieren unser Verhalten – man kann nicht Idli ohne Idli-Dampfkessel zubereiten oder ohne Fahrrad Rad fahren. Meine Handlungen sind meine eigenen, ausgelöst durch meine Gedanken, Wünsche, Ziele. Die Ressourcen, auf die ich mich verlasse, und die Bedeutung meines Handelns gehören jedoch nicht mir allein, sondern hängen von der Struktur ab, deren Teil ich bin. Es ist wichtig, diese Strukturen zu erhellen, um menschliches Handeln zu erklären.

Ich habe argumentiert, dass eine Erklärung einer individuellen Handlung unter Bezugnahme auf Strukturen Individuen in ›Ämtern‹ oder Knotenpunkten in einer Struktur platziert. Wir erklären das Verhalten des Individuums *angesichts* seiner Stelle in einer Struktur. Dies gibt Aufschluss darüber, warum sich das jeweilige Individuum so verhielt, wie es dies tat, aber es trägt auch zu unserem Verständnis des Individuums als Fall eines Typs bei – eines Typs, der durch die Bedingungen definiert ist, diesen Knotenpunkt innezuhaben. Indem wir das Explanandum eine breitere Palette von Möglichkeiten umfassen lassen (als Typ, nicht als Vorkommnis), können wir bessere, stabilere Erklärungen zustande bringen. Darüber hinaus können wir, indem wir die Struktur identifizieren, in der das Handeln stattfindet, auch eine Erklärung der Existenz und Form der Struktur fordern. Strukturelle Erklärungen sollten nicht vermieden oder bloß toleriert werden. Sie sollten gesucht werden, denn sie sind in vielerlei Hinsicht individualistischen Erklärungen vorzuziehen.

Aus dem Amerikanischen von Daniel James

Literatur

Bicchieri, C. 2006. *The Cement of Society.* Cambridge: Cambridge University Press.

Bromberger, S. 1966. Why-questions. In Robert G. Colodny (Hg.), *Mind and Cosmos.* Pittsburgh: University of Pittsburgh Press, 86-111.

Cudd, A. 2006. *Analyzing Oppression.* Oxford: Oxford University Press.

Dretske, F. 1988. *Explaining Behavior: Reasons in a World of Causes.* Cambridge, MA: MIT Press.

Epstein, B. 2009. Ontological individualism reconsidered. *Synthese,* 166(1), 187-213.

Epstein, B. 2014. What is individualism in social ontology? Ontological individualism versus anchor individualism. In F. Collin & J. Zahle (Hg.), *Rethinking the Individualism/Holism Debate: Essays in the Philosophy of Social Science.* Dordrecht: Springer, 17-38.

Garfinkel, A. 1981. *Forms of Explanation: Rethinking the Questions in Social Theory.* New Haven: Yale University Press.

Gilbert, M. 1992. *On Social Facts.* Princeton: Princeton University Press.

Haslanger, S. 2012. *Resisting Reality: Social Construction and Social Critique.* Oxford: Oxford University Press.

Haslanger, S. 2014a. Individualism, Interpretation, and Injustice: A reply to Stahl, Betti and Mikkola. *Krisis: Journal for Contemporary Philosophy,* 1, 24-38.

Haslanger, S. 2014b. Social Meaning and Philosophical Method. In *Proceedings and addresses of the American Philosophical Association.*

Hollander, J. & Howard, J. 2000. Social Psychological Theories on Social Inequalities. *Social Psychology Quarterly,* 63(4), 338-351.

Howard, J. A. 1994. A social cognitive conception of social structure. *Social Psychology Quarterly,* 57(3), 210-227.

Jackson, F. & Pettit, P. 1990. Program explanation: A general perspective. *Analysis,* 50(2), 107-117.

Jackson, F. & Pettit, P. 1992. Structural explanation in social theory. In David Charles & Kathleen Lennon (Hg.), *Reduction, explanation and realism.* Oxford: Oxford University Press.

Lewis, D. 1969. *Convention: A Philosophical Study*. Cambridge, MA: Harvard University Press.

Lipton, P 1991. Contrastive explanation and causal triangulation. *Philosophy of Science*, 58(4), 687-697.

List, C. & Pettit, P. 2013. *Group Agency: The Possibility, Design and Status of Corporate Agents*. Oxford: Oxford University Press.

List, C. & Spiekermann, K. 2013. Methodological individualism and holism in political science: A reconciliation. *American Political Science Review*, 107(4), 629-643.

Macdonald, C. & Macdonald, G. 2006. Beyond program explanation. In Geoffrey Brennan, Robert E. Goodin, & Michael A. Smith (Hg.), *Common Minds: Essays in Honour of Philip Pettit*. Oxford: Oxford University Press, 1-27.

Martin, J. L. 2009. *Social Structures*. Princeton: Princeton University Press.

McIntyre, A. 1981. *After Virtue*. Notre Dame, IN: University of Notre Dame Press.

Okin, S. 1989. *Justice, Gender and the Family*. NY: Basic Books.

Pettit, P. 1993. *The Common Mind*. Oxford: Oxford University Press.

Risjord, M. W. 2000. *Woodcutters and Witchcraft: Rationality and Interpretive Change in the Social Sciences*. Albany, NY: SUNY Press.

Satz, D. & Ferejohn, J. 1994. Rational choice and social theory. *Journal of Philosophy*, 19(2), 71-87.

Searle, J. 1995. *The Construction of Social Reality*. New York: Simon & Schuster (Free Press).

Sewell, W. 1992. A theory of structure: Duality, agency, and transformation. *American Journal of Sociology*, 98(1), 1-29.

Shapiro, S. 1997. *Philosophy of Mathematics: Structure and Ontology*. Oxford: Oxford University Press.

Shields, C. 1999. *Order in Multiplicity: Homonymy in the Philosophy of Aristotle*. Oxford: Oxford University Press.

Udehn, L. 2002. The changing face of methodological individualism. *Annual Review of Sociology*, 28, 479-507.

van Fraassen, B. 1980. *The Scientific Image*. Oxford: Oxford University Press.

Walter, S. 2005. Program explanation and causal relevance. *Acta Analytica*, 20(3), 32-47.

6
Rassismus, Ideologie und soziale Bewegungen

1. Was ist Rassismus?

Wenn wir fragen: »Was ist Rassismus?«, welche Art von Antwort suchen wir dann? Und wo sollen wir anfangen? Wir könnten uns fragen:

(a) Was sind die Überzeugungen/Einstellungen, aufgrund derer jemand als Rassistin/Rassist gilt (Etwa die Überzeugung, dass Latinos/Latinas faul sind oder dass Araber:innen Terrorist:innen sind)?
(b) Welche Institutionen, Gesetze und sozialen Strukturen stellen eine ungerechte Bürde für bestimmte *race*-Gruppen dar (Wählerausweisgesetze, die der Wahlunterdrückung dienen; die diskriminierende Praxis des »Redlining«, bei der den Bewohner:innen eines bestimmte Gebiets Dienstleistungen verteuert oder gar nicht angeboten werden)?
(c) Was ist (im Allgemeinen) das moralische Übel an Ungerechtigkeit in Bezug auf *race* (rassistischer Fanatismus oder Hass; strukturelle Ungerechtigkeit)?

Im Ganzen sind (a-c) interessante und wichtige Fragen. Aber es gibt eine weitere Frage, die nicht die normativen Angelegenheiten in den Mittelpunkt rückt (d. h. wo das Übel des Rassismus zu verorten ist oder woher es rührt), sondern empirische Fragen über die Natur des Rassismus als soziales Phänomen:

(d) Was *erklärt* am besten die Existenz und das Fortbestehen von Ungleichheit, Ungerechtigkeit, Missständen hinsichtlich *race*?

Typischerweise wird angenommen, dass Rassismus diese erklärende Rolle spielt: Rassismus erklärt die anhaltende Ungleichheit in Bezug auf *race*.[1] Je nach Sichtweise kann er auch erklären, was die

1 Ich folge Shelby, zumindest für die Zwecke dieser Diskussion, in der Annahme, dass Rassismus zur Erklärung dauerhafter Ungerechtigkeit in Sachen *race* heran-

Ungleichheit mit Blick auf *race* moralisch falsch macht. Die explanatorische Frage (d) ist mindestens ebenso grundlegend wie die normative Frage bei der Bestimmung dessen, was Rassismus ist, denn wie Tommie Shelby (2014) feststellt,

> [gibt es] ein distinktes soziales Phänomen, das uns interessiert, eines mit einer langen und tragischen Geschichte, die bis heute andauert. Angenommen, wir wollten, zum Zweck der moralischen Kritik, das Phänomen des Rassismus in eine bekannte Kategorie von anerkannten Missständen einordnen, wie z. B. Intoleranz gegenüber legitimen Unterschieden. Wir könnten dies nicht richtig tun, wenn wir die Natur des fraglichen Phänomens nicht verstünden, wenn wir beispielsweise zu Unrecht davon ausgingen, dass es sich um eine Reaktion auf kulturelle Unterschiede zwischen Gruppen handelt, die auf Grundlage von *race* definiert werden. Sozialwissenschaftliche Forschung wird daher unerlässlich sein, um sicherzustellen, dass unsere moralischen Einschätzungen angemessen durch die relevanten Tatsachen informiert sind. (2014, 63, Übersetzung von D. J.)

Shelby lädt daraufhin Philosoph:innen (und andere) ein, die Rolle der Sozialkritikerin oder des Sozialkritikers zu übernehmen. Dies beinhaltet seiner Ansicht nach genaue Aufmerksamkeit für den gesunden Menschenverstand, die ›Volksmeinung‹, sozialwissenschaftliche Forschung und normative Theorie, »um die grundlegendsten begrifflichen und normativen Fragen zu beleuchten, die sich aus Fragen hinsichtlich *race* ergeben« (2014, 63). In diesem Aufsatz nehme ich diese Einladung an und versuche, das soziale Phänomen des

gezogen wird, und zwar in einer Weise, die normativ herausragende Merkmale des Phänomens beleuchtet. Ich nehme an, dass Rassismus also eine Antwort auf (d) ist, aber damit diese Antwort aufschlussreich ist, müssen wir mehr darüber sagen, was Rassismus ist. Ich werde argumentieren, dass Rassismus eine besondere Art von sozialem System ist, das Ungerechtigkeit in Sachen *race* instanziiert und produziert. Ein weiterer Ansatz besteht darin, Rassismus nicht als Antwort auf (d) zu sehen, sondern als Teil der Antwort, die zusammen mit anderen Faktoren Ungerechtigkeit in Sachen *race* hervorbringt. Wir müssten immer noch herausfinden, was Rassismus ist, aber es ist keine Bedingung für eine angemessene Theorie, dass sie auf (d) antwortet. Shelby und ich machen vielleicht unterschiedliche Annahmen über das explanatorische Projekt, das sich auf den Begriff des Rassismus beruft. Wenn ja, dann wird sich herausstellen, dass das, was ich im Folgenden manchmal als substanzielle Meinungsverschiedenheit über Rassismus bezeichne, ein Unterschied mit Blick auf die Frage ist, welche Frage(n) wir mit dem Begriff des Rassismus beantworten. Vielen Dank an Alex Madva, der mich hierauf hingewiesen hat.

Rassismus zu verstehen – was er ist und wie er funktioniert –, um den Weg zur Beantwortung der in (a-c) aufgeworfenen normativen Fragen zu bereiten.

Ausgehend von der explanatorischen Frage argumentiert Shelby (2014), dass wir Rassismus »grundsätzlich [als] eine Art Ideologie« verstehen sollten. Sein Vorschlag lautet: »*Rassismus ist eine Menge von irreführenden Überzeugungen und impliziten Einstellungen bezüglich ›Rassen‹ oder* der Beziehungen zwischen ihnen *deren weite Verbreitung einer hegemonialen sozialen Funktion dient*« (66; seine Hervorhebung, Übersetzung von D. J.). Und in Übereinstimmung mit seiner früheren (2003) Arbeit fährt er wie folgt fort: »*Eine Ideologie ist eine weitverbreitete Menge von lose verbundenen Überzeugungen und impliziten Urteilen, die bedeutsame soziale Realitäten falsch darstellen und die durch diese Verzerrung dazu dienen, ungerechte soziale Beziehungen zu bewirken oder aufrechtzuerhalten*« (2014, 66; seine Hervorhebung, Übersetzung von D. J.).

Diesem Modell zufolge gibt es zwei Quellen der Ideologiekritik: epistemische und moralische. Die epistemische Ideologiekritik offenbart, wie diese die Tatsachen verzerrt und verdreht. Die moralische Kritik betrifft (im Allgemeinen) die ungerechten Bedingungen, die solche Illusionen und Verzerrungen ermöglichen. Die spezifische Form der moralischen Kritik, die er im Sinn hat, ist sozial/politisch:

> Rassismus sollte allem voran als Problem sozialer Ungerechtigkeit verstanden werden, bei dem es um Grundfreiheiten, die Zuweisung lebenswichtiger Ressourcen, den Zugang zu Bildungs- und Arbeitsmöglichkeiten sowie um Rechtsstaatlichkeit geht. (2014, 71, Übersetzung von D. J.)

Shelbys bevorzugter sozialer/politischer Bewertungsrahmen ist rawlsianisch (2014, 71).

Beachten wir, dass Shelbys Ideologieansatz mehrere wichtige Merkmale aufweist: Er ist *kognitivistisch*, *funktionalistisch* und *pejorativ* (Geuss 1981, Kap. 1, insbesondere 13-22). Er ist *kognitivistisch*, weil er Ideologie als etwas begreift, das in »Überzeugungen und impliziten Urteilen« sowie Denkmustern besteht. Ich gehe davon aus, dass es für kognitivistische Theorien charakteristisch ist, dass Ideologien propositional verfasst sind und dass epistemische Kritik hinterfragt, ob die für wahr gehaltenen Propositionen gerechtfertigt und ob die auf ihrer Grundlage gezogenen Schlussfolgerungen fundiert sind.[2] Er ist *funktionalistisch*, weil eine Menge von Überzeugungen und impliziten Urteilen aufgrund ihrer Funktion eine Ideologie ausmacht. Und er ist *pejorativ*, weil Ideologie, *per definitionem*, irreführend ist; sie verzerrt die Realität und führt zu Ungerechtigkeit oder erhält diese aufrecht.

Ich hege Sympathien für Shelbys Ansicht, dass Rassismus ideologisch ist, ebenso wie für die funktionalistische und pejorative Dimensionen seiner Theorie. Mein Fokus in diesem Beitrag ist die kognitivistische Dimension. Ich werde argumentieren, dass eine Konzeption von Ideologie, insbesondere von rassistischer Ideologie, für die von uns geforderte Erklärungsarbeit weniger kognitivistisch sein muss und dass deshalb die epistemische Dimension der Ideologiekritik überdacht werden muss. Ich werde auch argumentieren, dass obwohl Rassismus *ideologisch* ist, wir ihn streng genommen eher als eine ideologische Formation denn als Ideologie *tout court* verstehen sollten. Ich hoffe, der Unterschied wird im Verlauf deutlicher werden. Ich wähle Shelby als Beispiel für den kognitivistischen Ansatz, obwohl ich mir darüber im Klaren bin, dass seine Sichtweise alternative Interpretationen zulässt. Worauf ich abziele, ist ein gewisser, uns vertrauter, aber problematischer Ansatz zu sozialer Kognition, den eine weitere Artikulierung von Shelbys subtilerem Zugang zur Ideologie tatsächlich vermeiden mag.

2 Ob Shelby diese im engen Sinn epistemische Version der Kritik akzeptieren würde, ist unklar. In Anbetracht der Art von kognitivem Defekt, den er im Sinn hat, sagt er, dass »eine Form des sozialen Bewusstseins auf Weisen ideologisch sein mag, die nicht vollständig oder genau dadurch vermittelt wird, dass man die Menge von Überzeugungen einfach als ›falsch‹ bezeichnet. Dies ist Teil der Begründung dafür, den vagen Begriff ›kognitiver Defekt‹ zu verwenden, um sich auf die negativen epistemischen Merkmale von Ideologien zu beziehen« (2003, 166, Übersetzung von D. J.). Nach meiner Interpretation der kognitivistischen Sichtweise (unabhängig davon, ob es Shelbys Sichtweise ist oder nicht) beinhalten die fraglichen kognitiven Defekte das Festhalten an Überzeugungen ohne Gewähr (einschließlich einer Nichtaktualisierung im Lichte neuer Evidenz) und verschiedene Schlussfolgerungsfehler, die Shelby erwähnt, wie übereilte Verallgemeinerung, Äquivokation, falsche Gegensätze und andere.

2. Ideologiekritik: Herausforderungen

Ich erachte das Unterfangen der kritischen Gesellschaftstheorie (und damit die Rolle der Sozialkritikerin oder des Sozialkritikers) als lokalisiert und zutiefst politisch. Die kritische Sozialtheoretikerin und der kritische Sozialtheoretiker sind nicht neutrale Dritte in Meinungsverschiedenheiten über Gerechtigkeitsfragen, sondern engagieren sich zu einem bestimmten Zeitpunkt für eine bestimmte soziale Bewegung und versuchen, Ressourcen für diese Bewegung bereitzustellen (Haslanger 2012, 22-30; Young 1990, 5-8). Im gegenwärtigen Kontext setze ich mich für die Bewegung zur Beendigung von Rassismus und anderen ineinandergreifenden Formen der Unterdrückung ein, wobei ich mich auf die Vereinigten Staaten zu Beginn des 21. Jahrhunderts konzentriere. Die Aufgabe, Ungleichheit hinsichtlich *race* zu erklären, ist mit dem Ziel verbunden, sie zu beenden, und beinhaltet daher Kritik. Wir haben gesehen, dass Ideologie eine der vorgeschlagenen Erklärungen für anhaltende Ungerechtigkeit in Bezug auf *race* ist. Die Kognitivistin/der Kognitivist im Besonderen schlägt vor, dass die Quelle des Problems »eine weitverbreitete Reihe von lose verbundenen Überzeugungen und impliziten Urteilen ist, die bedeutsame soziale Realitäten falsch darstellen«. Wenn dies richtig ist, dann sollte Ideologiekritik auf diese Überzeugungen und impliziten Urteile abzielen.

Im Unterfangen der Ideologiekritik gibt es zwei Herausforderungen: eine normative und eine weitgehend epistemische.

- *Normative Herausforderung*: In Debatten mit anderen, die in moralisch-politischen Fragen grundsätzlich anderer Meinung sind, kann sich die eigene moralisch-politische Kritik auf den eigenen moralisch-politischen Rahmen stützen, wobei es unwahrscheinlich ist, dass sie überzeugt; oder man kann sich auf den moralisch-politischen Rahmen der anderen stützen, wobei es unwahrscheinlich ist, dass man die gewünschten Änderungen nahelegt. Wie schafft es die Ideologiekritik also, jemanden zu überzeugen oder etwas zu verändern?
- *Epistemische Herausforderung*: Um die Illusionen derjenigen zu entlarven, die ein hegemoniales Verständnis der Realität befürworten, kann man nicht einfach auf »die Tatsachen« verweisen, denn Hegemonie funktioniert so, dass sie die Tatsachen

konstituiert, die sie legitimieren (oder zu legitimieren scheinen). Wie MacKinnon sagt: »Je mehr Ungleichheit allgegenwärtig ist, desto mehr ist sie einfach ›da‹. Und je realer sie aussieht, desto mehr sieht sie aus wie die Wahrheit« (MacKinnon 1989, 101, Übersetzung von D. J.). Eine »erfolgreiche« Ideologie ist also nicht immer falsch. So bilden wir tatsächlich oft die fraglichen »ideologischen« Überzeugungen – wir schauen uns in unserer sozialen Umwelt um. Obwohl dieser Vorgang natürlich qualifiziert werden muss. (Siehe Haslanger 2012, Kap. 17.) Zum Beispiel sind die meisten Menschen, die sich der Pflege anderer (Kinder, ältere Menschen und Menschen mit Behinderung) annehmen, Frauen; die Mehrheit der Armen kann sich keine Kinderbetreuung leisten, ist auf öffentliche Verkehrsmittel angewiesen und hat oft mehr als einen Job. Solche Muster scheinen weitere Entscheidungen über Pflege und professionelle Arbeit zu rechtfertigen, deren fristgerechte Erledigung besonders wichtig ist. Aber wenn der eigene Ansatz nicht durch »die Tatsachen« gestützt wird, was stützt ihn dann? Wunschdenken?

Als Reaktion auf diese Herausforderungen beschreitet Shelby das, was ich »den rechten Weg« (*the high road*) nennen werde. Kurz gesagt, wissenschaftliche und philosophische Forschung geben uns die Ressourcen, um die Kontroverse zu überwinden (2003, 168-169). Der rawlsianische Liberalismus sagt uns, dass die Auswirkungen rassistischer Ideologie ungerecht sind (2014, 71). Die Wissenschaft stellt den empirischen Gehalt der Ideologie infrage: Sie sagt uns, dass es so etwas wie »Rasse« nicht gibt und dass Faulheit und Promiskuität nicht nach »Rasse« unterschiedlich in der Bevölkerung verteilt sind. Die Philosophie untergräbt die normativ problematischen Inhalte; so widerlegt sie beispielsweise die Vorstellung, dass bestimmte *race*-Gruppen anderen unterlegen sind. Ausgehend von diesen epistemischen und moralischen Ressourcen wird die rassistische Ideologie aufgedeckt und delegitimiert.

Innerhalb bestimmter aktivistischer Traditionen könnte ein solcher Ansatz als elitär kritisiert werden. Der Einwand lautet, dass die Theoretikerin oder der Theoretiker, die oder der sich auf eine elitäre Ausbildung stützt und vorgibt, einen privilegierten objektiven Standpunkt einzunehmen, einfach hereinplatzt und den ignoranten Massen sagt, was sie glauben sollten. Vermeintlich würden deren Probleme verschwinden und die Welt würde gerecht sein, wenn sie nur ihren oder seinen Anweisungen folgten. Spezifischer und weniger rhetorisch zugespitzt lässt sich diese Sorge so verstehen, dass der fragliche Ansatz politisch nicht hilfreich ist. Rassist:innen werden sich nicht durch die neueste biologische Theorie oder das überzeugendste rawlsianische Argument dazu bewegen lassen, weiße Vorherrschaft abzuschaffen. Aber selbst, wenn wir ein bescheideneres Ergebnis anstreben, ist es nicht einmal klar, wie die Vermittlung von Wissen über die Biologie von »Rasse« und über die Prinzipien einer liberalen Gerechtigkeitstheorie der Gerechtigkeit implizite Vorurteile (*implicit bias*) beseitigen kann.

Diese Kritik ist Shelby gegenüber jedoch nicht fair. *Natürlich* ändern Menschen ihre Überzeugungen nicht, und besonders nicht diejenigen, die ihren Interessen dienen, indem sie belehrt werden. Der Zweck der kritischen Theorie ist einfach nur, die kognitiven Fehler einer Ideologie zu identifizieren:

> Kurz gesagt, Ideologien entfalten ihre soziale Wirkung in Form von Illusionen und Fehldarstellungen. Das bedeutet praktisch, dass die Beziehungen von Herrschaft und Ausbeutung, die durch eine Ideologie verfestigt werden, ceteris paribus weniger stabil und vielleicht sogar reformierbar werden würden, wenn die kognitiven Fehler der Ideologie allgemein erkannt und anerkannt würden. (Shelby 2003, 174, Übersetzung von D. J.)

Shelby nennt daraufhin eine Vielzahl von Faktoren, die verhindern können, dass die kognitiven Defizite einer Ideologie erkannt und sozialer Wandel herbeigeführt werden: wirtschaftliche Bedingungen, Kontrolle einer herrschenden Klasse über die Medien, der organisatorische Zusammenhalt und die Macht der sozialen Bewegung etc. (2003, 174-175). Wir sollten noch ergänzen, dass wir in Zukunft von der Kognitionswissenschaft lernen könnten, wie sich fest verwurzelte Überzeugungen effektiver verändern lassen. Aktivist:innen könnten sich auch auf solche Methoden stützen.[3] Die Theoretikerin/der Theoretiker kann nicht sicherstellen, dass die soziale Bewegung erfolgreich sein wird, denn deren Erfolg hängt von

3 Vielen Dank an Alex Madva für diesen Punkt. Ich bin jedoch nach wie vor pessimistisch, dass diese besseren Methoden rein kognitivistisch – im Sinne von Argumenten, die Menschen zur Änderung ihrer falschen Überzeugungen bewegen – sein werden.

historischen Gegebenheiten ab, die die Theoretikerin/der Theoretiker nicht (und auch sonst niemand!) kontrollieren kann.

Eine zweite Sorge über den »der rechte Weg«-Ansatz ist jedoch, dass die Perspektive der Theoretikerin/des Theoretikers nicht wirklich privilegiert ist; und darüber hinaus ist möglicherweise die Form der Vernunft/Rationalität, die vorgibt, objektive Wahrheiten über unseren sozialen Zustand zu liefern, selbst fehlerhaft oder in irgendeiner Weise eingeschränkt. Diese Sorge kann im Hinblick auf die beiden oben genannten Herausforderungen neu formuliert werden.

– Was die normative Herausforderung betrifft, so scheinen rawlsianische (oder andere Moral-)Theoretiker:innen einen weiteren normativen Rahmen zu den beiden bereits in der Debatte stehenden hinzuzufügen. Wenn wir bei der Beurteilung zwischen den beiden nicht vorankamen, erscheint uns das Hinzufügen eines dritten (in diesem Fall insbesondere hochabstrakten und idealisierten) normativen Rahmens kaum hilfreich.
– Was die epistemische Herausforderung betrifft, stellt sich die Frage, wie die »objektive« Wissenschaft in Bezug auf die epistemische Herausforderung entdecken kann, dass es keine »Rassen« gibt, wenn der Begriff einer »Rasse« Teil einer Ideologie ist, deren Inhalt sich an die Aufrechterhaltung von Machtverhältnissen anpasst, und wenn die Ideologie das verwirklicht, was sie einfach zu beschreiben vorgibt. Im besten Fall wird die Wissenschaft ständig der neuesten Anpassung des »gesunden Menschenverstands« hinterherrennen, um diese zu widerlegen.

Eine Strategie, um diese Bedenken auszuräumen, besteht darin, den Vorschlag zurückzuweisen, dass die Sozialkritikerin/der Sozialkritiker in einer besonderen Art von »wissenschaftlicher« oder »philosophischer« Untersuchung begriffen ist, die für die alltäglichen Praktiken des Hinterfragens unzugänglich ist oder zu diesen im Widerspruch steht. Im Großen und Ganzen geht es darum, die Theoretikerin/den Theoretiker in den sozialen Kontext einzubetten und Ideologiekritik als »immanent« zu verstehen, d. h. Kritik offenbart Widersprüche oder pragmatische Paradoxien innerhalb der Ideologie (Jaeggi 2009; Stahl 2014).[4] Meiner Meinung nach

4 Es ist hilfreich, zu fragen, ob und wenn ja wie eine Methode des Überlegungsgleichgewichts mit diesem Modell der immanenten Kritik zusammenpasst. Vielen

findet sich die überzeugendste Formulierung dieser generellen Strategie bei Robin Celikates. Seiner Ansicht nach ist Ideologiekritik selbst eine soziale Praxis, die mit unseren alltäglichen Bemühungen, unsere fortlaufenden Praktiken in reflektierter Weise zu unterstützen, kontinuierlich ist: »Ideologiekritik kann als besonderer Fall der Praxis der Kritik formuliert werden, ohne eine privilegierte epistemische Position und einen Bruch mit den alltäglichen Praktiken der Rechtfertigung vorauszusetzen« (Celikates 2006, 35, Übersetzung von D. J.). Sein Vorschlag lautet:

> Der Versuch zu zeigen, dass hinter einer sich als universell darstellenden moralischen Position partikulare Interessen stehen, dass eine Akteurin durch manipulierte Evidenz zu einem moralischen Urteil verleitet wurde oder dass unter bestimmten sozialen Bedingungen jemand nicht in der Lage war, zur »richtigen« Einsicht zu kommen, ist Teil der Praxis der Moralität. Dieser Versuch wird unwirksam, wenn er als verallgemeinerter Verdacht von einem Standpunkt aus geäußert wird, der sich außerhalb dieser Praxis verortet. (Celikates 2006, 33, Übersetzung von D. J.)

Nach Celikates' Auffassung sind Wissenschaft und Philosophie keine maßgebenden Diskurse, die vorschreiben, welche moralische Position wir einnehmen sollten, sondern Ressourcen, die in gewöhnlichen sozialen Auseinandersetzungen um Gerechtigkeitsfragen nutzbar gemacht werden können (siehe auch Shelby 2014, 63).

3. Gegen Ideologie als geteilte Überzeugungen

Ich stimme mit diesem Bild in vielen Punkten überein. Ich bin jedoch besorgt, dass das Modell des überlegten öffentlichen Dialogs (auch wenn er von den Medien unterstützt wird) nicht immer hinreichend ist, um Ideologie zu untergraben – und nicht nur, weil die Medien nicht kooperieren werden. Es gibt zwei miteinander verbundene Probleme. Erstens bestehen Ideologien nicht nur aus gemeinsamen Überzeugungen oder gemeinsamen »kognitiven Defiziten«. Dies wird deutlicher, wenn wir uns mit einer bestimmten Rolle der Ideologie als *Quelle* von Überzeugungen befassen.

Dank an eine anonyme Gutachterin/einen anonymen Gutachter, die/der mich auf diese Verbindung aufmerksam gemacht hat.

Zweitens kann eine epistemische Ideologiekritik nicht nur darauf hinweisen, dass einer Überzeugung (oder einer Reihe von Überzeugungen) die rationale Berechtigung fehlt, denn Ideologie ist Teil dessen, was Menschen überhaupt erst Mittel zur Überlegung an die Hand gibt. Ich werde zunächst ersteres Anliegen besprechen (Abschnitt 3) und mich zweiterem Anliegen in Abschnitt 4 zuwenden. Obwohl mein ausdrückliches Ziel der kognitivistische Zugang zum Ideologiebegriff ist, versuche ich auf diesem Weg, eine Art des explanatorischen Individualismus, der die Diskussion in der Sozialontologie dominiert, aufzudecken und infrage zu stellen (siehe auch Epstein 2015). Das Thema Individualismus wird in Abschnitt 5 deutlicher werden. Nach meinem Dafürhalten ist Ideologie nicht in erster Linie ein psychologisches Phänomen, sondern auch ein kulturelles; daher ist ein kultureller Wandel und nicht nur ein Wandel individueller Einstellungen erforderlich, um soziale Gerechtigkeit herzustellen.

Kognitivismus verortet Ideologie in geteilten (falschen) Überzeugungen und geteilten (ungültigen) Denkmustern. Aber Überzeugung und Denken sind selbst Produkte psychologischer Prozesse, die Wahrnehmung, Aufmerksamkeit, Erinnerung und dergleichen beinhalten. Es ist plausibel, anzunehmen, dass Ideologie eine Rolle darin spielt, unsere Erfahrungen mit der Welt und unseren Handlungsmöglichkeiten in einer Weise zu gestalten, die Überzeugungen mit einbezieht, die aber besser verstanden wird, wenn wir sub-doxastische Mechanismen und Prozesse einbeziehen (Balkin 1998). Diese psychologischen Prozesse werden durch Sozialisation erlernt. Um an der sozialen Welt teilzunehmen, muss man lernen, Signale von Rauschen zu unterscheiden, um zu kommunizieren und zu koordinieren. Um kompetent teilzunehmen, muss diese Differenzierung spontan, »unüberlegt« erfolgen. Aber was als Signal zählt, ist nicht nur eine Frage dessen, was in meinem Kopf oder Ihrem Kopf ist, sondern hängt auch davon ab, worauf wir achten müssen, damit unsere Praktiken Dinge von Wert hervorbringen und verteilen können. Signale hängen von Informationen ab, die in materiellen Dingen, Beziehungen und Prozessen codiert sind. Daher ist es hilfreich, mit sozialen Praktiken zu beginnen und Ideologie als etwas zu situieren, das einer sozialen Funktion dient und nicht einfach nur innerhalb des individuellen Geistes verortet ist.

Beginnen wir mit dem kognitivistischen Vorschlag, dass Ideologie aus geteilten Überzeugungen besteht. Die Angemessenheit des Kognitivismus beginnt in Shelbys eigener Charakterisierung der Ideologie ins Wanken zu geraten:

[I]deologien werden im Allgemeinen nicht Einzelpersonen zugeschrieben, sondern sozialen Gruppen, ganzen Gesellschaften oder historischen Epochen.

Dies sind jene allgemein anerkannten Überzeugungen und impliziten Urteile, die stratifizierte soziale Ordnungen oder imperiale Vorhaben legitimieren. [...] Tatsächlich ist der Ort der Ideologie der gesunde Menschenverstand, das Reservoir an Hintergrundannahmen, auf die sich Akteur:innen spontan stützen, wenn sie sich am gesellschaftlichen Austausch beteiligen. (2014, 67, Übersetzung von D. J.)

Aufgrund der Definition von Ideologie unter Bezug auf geteilte Überzeugungen scheint der Kognitivismus der Idee verpflichtet zu sein, dass der Inhalt der Ideologie durch die Einstellungen der Mehrheit bestimmt wird; Ideologie ist genau das, was die meisten Menschen glauben oder gemeinsam glauben.[5] Aber wie identifizieren wir die relevanten ideologischen Überzeugungen? Betrachten wir eine Oligarchie. Angenommen, die herrschende Elite hängt einer expliziten Ideologie an und gestaltet die Gesellschaft so, dass sie diese verkörpert; die Massen können sie dann umsetzen, aber auf der Grundlage einer völlig anderen Menge von Überzeugungen oder gar zahlreicher voneinander abweichender Mengen von Überzeugungen. Das ist nicht nur eine obskure hypothetische Annahme. Es ist plausibel, dass es viele verschiedene, bei verschiedenen Gruppen verbreitete Mengen von Überzeugungen gibt, die den zeitgenössischen Rassismus in den Vereinigten Staaten ausmachen. Es ist auch plausibel, dass implizite rassistische Vorurteile nicht am

5 Obwohl er sagt, dass »die Ideologietheorie [...] sich nicht mit dem mentalen Leben von Individuen an sich [befasst], sondern mit jenen Überzeugungen, die bekanntermaßen weit verbreitet sind. Ideologien sind also im Wesentlichen Formen des sozialen Denkens« (Shelby 2003, 158, Übersetzung von D. J.). Ich vermute, dass eine Quelle unserer Meinungsverschiedenheit sich auf die Frage bezieht, was es heißt, dass Denken sozial sei. Ich glaube nicht, dass es sich hierbei um eine Sache kollektiver Intentionalität oder gar des gemeinsamen Wissens (*common knowledge*) handelt, obwohl kollektive Intentionalität und gemeinsames Wissen für einige Formen des gesellschaftlichen Lebens wichtig sind.

besten in Form von Überzeugungen oder Urteilen charakterisiert werden (Machery 2016; Madva 2016; Gendler 2008).

Wie Shelby zudem im letzten Teil des Zitats vorschlägt, ist das, was Menschen glauben, von der in ihrem sozialen Kontext vorherrschenden Ideologie *abgeleitet*. Er weist darauf hin, dass »Individuen jetzt durch Sozialisationsprozesse und die Massenmedien die Einstellungen und geistigen Gewohnheiten übernehmen, die für rassistische Ideologie konstitutiv sind« (2014, 71, Übersetzung von D. J.).[6] Ideologie, erinnern wir uns, soll als Antwort auf die *explanatorische* Frage dienen: Was erklärt die anhaltende Ungerechtigkeit in Sachen *race*? Die Antwort der Kognitivistin/des Kognitivisten lautet: rassistische Ideologie. Wenn rassistische Ideologie nichts anderes ist als eine Menge von geteilten rassistischen Überzeugungen, wird die Frage nur zurückgedrängt: Was erklärt die Präsenz und die Persistenz solcher rassistischen Überzeugungen?[7] Es scheint, dass Erklärungsarbeit von der Idee geleistet wird, dass wir (kollektiv) eine Ideologie durch Sozialisation (etc.) »übernehmen«. Was ist es, was wir übernehmen, und wie übernehmen wir es?

Es gibt viele Möglichkeiten, die Art von »Einstellungen und geistigen Gewohnheiten«, die eine Ideologie ausmachen, auszuarbeiten (vgl. Alcoff 2006, 94-102 über den »Horizont«; Medina 2013 und Gatens 1996 über das »soziale Imaginäre«). Die Kognitivistin/der Kognitivist hält Überzeugungen für zentral, was rassistische Ideologie anbelangt: Wir übernehmen Überzeugungen.

6 Außerdem: »Die relevanten Überzeugungen spielen eine Rolle bei der Vermittlung sozialer Interaktion; sie sind Teil der ›Lebenswelt‹ oder der ›gemeinsamen Bedeutungen‹, vermittels derer soziale Akteure ihr Leben führen und ihr Handeln koordinieren. Wie wir wissen, haben rassistische Überzeugungen ein komplexes und manchmal subtiles Ensemble von sozialen Symbolen, Codes, Normen und Erwartungen hervorgebracht; und diese strukturieren das soziale Verhalten zwischen und innerhalb der sogenannten ›Rassen‹.« (Shelby 2003, 159-160, Übersetzung von D. J.) Hier ist interessant, dass Überzeugungen als etwas verstanden werden, das den Symbolen, Codes usw. »vorgeordnet« ist. Mein Argument stellt die Priorität infrage und legt eine gegenseitige Abhängigkeit nahe.

7 Beachten wir, dass sich das Problem verschärft, wenn wir fragen: Welche Überzeugungen sind die rassistischen? Eine kognitivistische Antwort ist: diejenigen, die dazu dienen, Ungerechtigkeit in Sachen *race* aufrechtzuerhalten. Aber wie erklären wir das Fortbestehen dieser Ungerechtigkeit? Aufgrund einer Menge von Überzeugungen, die dazu dienen, Ungerechtigkeiten in Sachen *race* hervorzubringen oder aufrechtzuerhalten. In der vorliegenden Form ist dies unbefriedigend, aber es gibt andere Optionen, die ich im Folgenden erläutern werde.

Wie Shelby (2003) feststellt, »ist deren grundlegendste Illusion, der Dreh- und Angelpunkt des gesamten Denksystems, wohl die Überzeugung, dass es überhaupt ›Rassen‹ gibt« (168, Übersetzung von D. J.). Zugegebenermaßen sind aber auch problematische geistige Gewohnheiten Teil der Geschichte:

> Es gibt viele Arten von kognitiven Fehlern, die typisch für ideologisches Denken sind – Inkonsistenz, grobe Vereinfachung, Übertreibung, Halbwahrheit, Zweideutigkeit, Zirkularität, Vernachlässigung relevanter Fakten, falscher Gegensatz, Vernebelung, Missbrauch von »autoritativen« Quellen, übereilte Verallgemeinerung und so weiter. (Shelby 2003, 166, Übersetzung von D. J.)

Dennoch bleibt es der kognitivistischen Theorie zufolge das Denken oder Überlegen des Individuums, das fehlerhaft ist, nicht die Mittel, die uns unsere Sprache und Kultur zum Denken zur Verfügung stellen.[8] Aber was wir durch Sozialisation übernehmen, ist nicht nur eine Menge von Überzeugungen, sondern eine Sprache, eine Menge von Begriffen, eine Empfänglichkeit für bestimmte Eigenschaften von Dingen (und nicht andere), eine Menge von sozialen Bedeutungen. Die kognitivistische Hervorhebung gemeinsamer Überzeugungen und Denkmuster ist zu begrenzt, um all dies zu berücksichtigen.

Standardmodelle zum Verständnis »einer Menge von geteilten Überzeugungen«, wie sie beispielsweise Smith und Jones (et al.) haben, würden einfach nahelegen, dass entweder ihre Überzeugungen einfach den gleichen Inhalt haben oder ihnen die Überzeugung gemein ist, dass sie Überzeugungen mit dem gleichen Inhalt haben. Dies greift auf zahlreiche Weisen zu kurz.

(a) Im Falle von Ideologie ist es nicht nur eine »Frage des Zufalls«, dass Smith und Jones (et al.) ihre (ideologischen) Überzeugun-

8 Beachten wir auch, dass Shelby (2003) vorschlägt, dass Ideologien Mengen von Überzeugungen sind, an die wir in falschem Bewusstsein festhalten; daher mag ein und dieselbe Menge von Überzeugungen, an der eine Person festhält, nicht ideologisch sein, sehr wohl aber, wenn eine andere Person daran festhält. Dies erfordert einen individualistischen Ansatz: Ob eine Menge von Überzeugungen ideologisch ist, ist teils eine Frage des Inhalts, teils eine Frage der sozialen Funktion/Effekte und teils eine Frage danach, wie die betreffende(n) Person(en) an ihnen festhält/festhalten. Shelby scheint in einem späteren Aufsatz (2014) die letztere Bedingung fallenzulassen.

gen teilen. Beachten wir aber, dass wir ihre Übereinkunft nicht mit Bezug auf die Wahrheit erklären können, da ihre ideologischen Überzeugungen falsch oder verzerrt sind. Was erklärt, warum wir uns so systematisch und beständig irren?

(b) Es ist nicht plausibel anzunehmen, dass eine Ideologie so spezifisch ist, dass sie sich unter den Mitgliedern der Kultur in den gleichen Überzeugungen manifestiert, es sei denn, wir charakterisieren die Überzeugungen in Bezug auf wenig gehaltvolle Ausdrücke. Plausibel ist, dass sogar beide Seiten einer Meinungsverschiedenheit ideologisch sein können – zum Beispiel sind eine Person, die behauptet, dass eine bestimmte Handlung *keusch* oder ein Mensch eine *Schlampe* oder *ghetto* sei, und eine Person, die dies leugnet, beide im Griff einer Ideologie.[9] Es ist plausibler zu denken, dass die Begriffe *Keuschheit*, *Schlampe* und *ghetto* zu den Dingen gehören, die die Ideologie uns an die Hand gibt.

(c) Eine Ideologietheorie muss erklären, was es bedeutet, dass die Ideologie *öffentlich* und eine *Quelle* »geteilter Überzeugungen« ist, statt nur aus ihnen zu bestehen. Obwohl Überzeugungen eine Quelle anderer Überzeugungen sein können, deutet die kompositionale Struktur der Sätze darauf hin, dass wir darüber noch mehr sagen können. Betrachten wir eine Sprache. Obwohl es wahr ist, dass, wenn »Hund« *Hund* auf Deutsch bedeutet, dann deutschsprachige Menschen die Überzeugung haben werden, dass »Hund« *Hund* bedeutet, sodass es eine Menge von gemeinsamen Überzeugungen gibt. Die Erklärung, *warum* »Hund« Hund bedeutet, kann jedoch nicht einfach darin bestehen, dass deutschsprachige Menschen diese Überzeugung haben. (Muss »Hund« nicht schon *Hund* bedeuten, damit wir diese Überzeugung wirklich haben können? Solche semantischen Überzeugungen entstehen nicht aus dem Nichts.) Die Erklärung der Entwicklung sprachlicher Konventionen (plausibel unter Einbeziehung einer Geschichte über die Lösung von Koordinationsproblemen) wird eine Frage von sich entwickelnden sprachlichen *Praktiken* sein.

(d) Ungerechtigkeit in Sachen *race* (und andere Formen der Ungerechtigkeit) bestehen trotz erheblicher Veränderungen im

9 Vielen Dank an Stephen Yablo, der mich auf diesen Fall hingewiesen hat.

»gesunden Menschenverstand« oder in geteilten Überzeugungen fort; die Rechtfertigung von Praktiken kann sich im Laufe der Zeit entwickeln, während sich Verhaltensmuster nur wenig verändern. Darüber hinaus können verschiedene Personen auf der Grundlage eines sehr unterschiedlichen jeweiligen Verständnisses dessen, was sie tun und warum sie es tun, an gemeinsamen Praktiken beteiligt sein. Dies deutet darauf hin, dass die Rolle von Überzeugungen in der Verhaltenskoordination möglicherweise nicht so zentral ist, wie manchmal angenommen.

Warum ist das wichtig? Ich räume ein, dass soziale Bewegungen falsche Überzeugungen widerlegen und die Schlussfolgerungen, Gründe usw. infrage stellen müssen, die Menschen für ihr ungerechtes Verhalten oder ihre Politik anbieten. Mein Anliegen ist es nicht, überlegte Debatte durch etwas anderes zu *ersetzen*. Eine weitere entscheidende Dimension der Ideologiekritik ist jedoch, mit den Ausdrücken und Begriffen zu brechen, die wir zum Verständnis der Welt verwenden (denken wir an Bewusstseinsbildung [MacKinnon 1989, Kap. 5]). Dieser Bruch fordert uns nicht durch das Geben von Gründen oder rationale Diskussion heraus, sondern dadurch, dass wir unsere Sprache unterlaufen, mit Bedeutungen spielen und die materiellen Bedingungen, die unsere erworbenen Dispositionen aufrechterhalten, sabotieren oder anderweitig verändern. Wirkungsvolle soziale Bewegungen überkommen unsere alltäglichen Begriffe und zeigen, dass sie kein angemessenes Mittel sind, um in der Welt zurechtzukommen. Kritik verlässt sich nicht einfach nur auf die gewöhnlichen epistemischen Herausforderungen, die sich aus Wissenschaft oder Logik ergeben. Oft bedarf es neuer Erfahrungen, die Aspekte der Realität hervorheben, die zuvor maskiert oder verdeckt wurden (siehe Tilly 1998; Anderson 2014).[10]

10 Es ist nicht ganz klar, wie die Kognitivistin/der Kognitivist die Rolle neuer Erfahrung, insbesondere Erfahrung, die nicht ohne Weiteres in den vorherrschenden kulturellen Rahmen passt, unterbringen will. Shelby schlägt manchmal vor, dass die Wissenschaft die empirische Grundlage zum Unterlaufen der Ideologie liefert und die Philosophie die moralischen Ansprüche der Ideologie kritisiert. Aber was ist, wenn wir moralisches Wissen durch Erfahrung gewinnen, aber nicht durch wissenschaftliche Forschung? Und was wäre, wenn Erfahrung nicht-propositionale oder nicht-doxastische Ressourcen dafür bereitstellt, Ideologien infrage

Es gibt viele verschiedene Weisen, auf die dies geschehen kann. Zunächst einmal ist es wichtig, dass Ideologie in den meisten Fällen nicht durch und durch *hegemonial* ist; sie regelt nicht vollständig alles Denken und Handeln. Individuen wachsen auf, lernen, arbeiten, spielen und leben in verschiedenen Kontexten, die auf unterschiedlichen sozialen Praktiken beruhen. Diese Praktiken beinhalten unterschiedliche Voraussetzungen, Weisen der Interaktion und Begriffsrepertoires. Nicht alle von ihnen sind vereinbar (Sewell 2005, 52-58). So erkennen beispielsweise Frauen, die sowohl zuhause als auch außer Haus arbeiten, oft, dass die Erwartungen und Interaktionsformen in diesen beiden Kontexten ganz unterschiedlich sind, d.h. es gibt eine andere Kultur am Arbeitsplatz als zu Hause, und obwohl diese Kulturen *gender* auf ähnliche Weisen organisieren, gibt es wichtige Unterschiede. Vor diesem Hintergrund bemerken Frauen oft, wie Veränderungen sowohl zu Hause als auch am Arbeitsplatz jedes dieser Milieus verbessern könnten, wie z.B. flexiblere Planung am Arbeitsplatz und fairere und explizitere Arbeitsteilung zu Hause. Veränderungen von Richtlinien am Arbeitsplatz können helfen, sobald der Wert einer Alternative erkannt wird, aber die Richtlinie ist nicht immer in der Lage, die Kultur zu überkommen. Die Fragmentierung des sozialen Lebens und die Tatsache, dass es unvermeidlich ist, mehrere soziale Rollen zu besetzen, bietet jedoch Möglichkeiten, Erkenntnisse aus einer Praxis für die Kritik an einer anderen zu nutzen oder Praktiken und Normen subtil zu verändern.

Wir sollten nicht auf eine Verpflichtung zu Gewaltlosigkeit und rationalem Diskurs verzichten, aber es gibt mehrere Weisen, Wissen über die soziale Realität und die normativen Anforderungen der Gerechtigkeit zu erlangen, einschließlich *Erfahrung*. Es ist schwer, radikal neue Erfahrungen zu machen, denn Ideologie regelt und filtert Erfahrung für uns. Ein entscheidender Schritt darin, Ideologie zu unterlaufen, ist das Herbeiführen von Brüchen in unserer Erfahrung, die das Hervorbringen neuer und potenziell emanzipatorischer Begriffe sowie anderer Mittel für Denken, Füh-

zu stellen? Ich denke, dass Kognitivist:innen (einschließlich Shelby) in diesen Fragen verschiedener Auffassung sein können. Mein Hauptpunkt hier ist es, die Idee infrage zu stellen, dass unsere einzige Option darin besteht, uns auf eine überlegte Debatte zu verlassen, um moralisches Wissen zu erlangen und Ideologie zu kritisieren.

len und Handeln erlauben (und oft davon abhängen). Subalterne Gegenöffentlichkeiten bieten entscheidende Räume für das Erkunden neuer Weisen des Zusammenlebens (Felski 1989; Fraser 1990); diese können Experimente im Leben ausmachen, die neue (Sub-)Kulturen hervorbringen und Forderungen nach einem umfassenden Strukturwandel rechtfertigen (Anderson 1991, 2014; Fine 1998; Pappas 2016). Sozialer Wandel erfordert typischerweise Formen der Kritik, die sich im kognitivistischen Modell, mit seinem engen Fokus auf bestimmte Auffassungen von wissenschaftlicher Untersuchung, Moraltheorie und öffentlicher Debatte, nicht leicht unterbringen lassen– weder praktisch noch mit Blick auf ihre Beweiskraft.[11]

4. Ideologie, Gründe und Praktiken

Eine zweite, vielleicht gewichtigere Sorge hinsichtlich des Kognitivismus ist, dass unsere Fähigkeit, Überzeugungen und Denkmuster durch das Geben von Gründen zu kritisieren, selbst eine erlernte Fertigkeit ist, die von unserem sozialen Umfeld abhängt (Laden 2012). Was als guter Grund für etwas gilt, betrifft nicht nur die Frage, welche deduktiven Argumente uns prinzipiell zur Verfügung stehen. Wir denken und handeln als Teilnehmer:innen an Praktiken.

Betrachten wir die Praxis des Versprechens (Rawls 1955). Als Teilnehmer:innen an der Praxis des Versprechens verpflichten sich Individuen, auf das Kalkül individuellen Eigeninteresses (und anderer Überlegungen) zu verzichten, wenn es an der Zeit ist, das Versprechen einzuhalten. Angenommen, Sie versprechen, eine Freundin an einem frühen Sonntagmorgen zum Flughafen zu bringen. Der Sonntagmorgen kommt und Sie sind erschöpft und möchten lieber im Bett bleiben und später am Tag ohne Eile einen Brunch einnehmen. Wenn Sie gut im Versprechen sind, wenn Sie richtig sozialisiert wurden, stehen Sie auf und bringen Ihre Freundin zum

11 Wissenschaft und Moraltheorie sind sowohl in stärkerem Maße praxisbasiert als auch wertbehaftet, als manchmal angenommen wird. Wenn man eine pragmatische Sichtweise von beidem einnimmt, dann sind die Projekte von Wissenschaft, Moraltheorie und Politik in stärkerem Maße miteinander kontinuierlich (siehe z. B. Anderson 1995).

Flughafen. Innerhalb der Praxis des Versprechens ist die Tatsache, dass Sie müde sind, kein hinreichender Grund dafür, Ihr Versprechen zu brechen. Wenn Sie *sehr gut* in der moralischen Gemeinschaft sozialisiert wurden, ist Ihre Bereitschaft, das Versprechen zu brechen, vielleicht kaum spürbar. Irgendwann werden Sie vielleicht nicht einmal etwas anderes tun wollen, als Ihr Versprechen zu halten. Dies ist ein paradigmatischer Fall einer Anpassung von Wünschen an eine soziale Praxis, aber der Erfolg in der Praxis des Versprechens erfordert auch die Neigung, bestimmte Tatsachen und nicht andere, bestimmte Gründe und nicht andere zu beachten.

Das Gleiche gilt für andere Formen des Überlegens. In der akademischen Welt hängen die Fragen, die wir stellen, welche Begriffe und Terminologien wir verwenden, an welchen Maßstäben für Evidenz wir uns und andere messen, welche Arten von Argumentation akzeptiert sind und welche Methoden als akzeptabel gelten, davon ab, in welcher Disziplin wir tätig sind. Disziplinen sind eine Menge von Praktiken, die unser Denken und unsere Interaktion strukturieren. Über die Wissenschaft hinaus sind verschiedene Berufe, Gewerbezweige, Religionen, Verbände und Gemeinschaften von ihren eigenen epistemischen und praktischen Formen disziplinierten Handelns abhängig. Diszipliniert zu sein bedeutet nicht unbedingt, einer Regel zu folgen. Es bedeutet, in Abstimmung mit anderen Menschen Seh-, Denk-, Fühl- und Reaktionsweisen auf relevante Phänomene zu entwickeln (Zawidzki 2013). Natürlich gibt es immer bessere und schlechtere Wege, dies zu tun. Wir stellen uns also eine normative Frage darüber, was als guter Grund gilt, und das geht weit über die deduktive Logik hinaus.

Im Normalfall richten uns Praktiken gemeinsam auf den Zugang zu Ressourcen (meist materielle Dinge, die als wertvoll angesehen werden) aus, stellen diesen hervor und verteilen ihn. Kultur legt die Bedingungen für die Koordination einer Gruppe fest. William Sewell fängt diese Idee so ein: »Kultur kann als ein Netzwerk von semiotischen Beziehungen begriffen werden, das über die Gesellschaft gespannt ist, ein Netzwerk mit einer anderen Form und Räumlichkeit als institutionelle, wirtschaftliche oder politische Netzwerke« (Sewell 2005, 49, Übersetzung von D. J.). Er fährt wie folgt fort:

Dies beinhaltet, dass die Nutzer:innen von Kultur eine semiotische Gemeinschaft bilden werden – in dem Sinne, dass sie die gleichen Gegensätze erkennen und daher in der Lage sind, gemeinsam bedeutungsvolles symbolisches Handeln zu vollziehen. Um sich der allgegenwärtigen sprachlichen Analogie zu bedienen: Sie werden sie in der Lage sein, die »Grammatik« des semiotischen Systems zu nutzen, um verständliche »Äußerungen« zu machen. (49, Übersetzung von D. J.)

So kann beispielsweise eine Ähre als etwas zum Verzehren, als verkäufliche Ware oder als religiöses Symbol erachtet werden. Anders gesagt: Wir können verschiedene Schemata auf das Objekt anwenden, und die Schemata prägen unser Bewusstsein und unsere praktische Orientierung auf das Objekt hin. Die kulturellen Schemata müssen öffentlich sein, um Koordination zu ermöglichen. Die verschiedenen Schemata bieten nicht nur Weisen der Interpretation, sie gestatten auch verschiedene Weisen der Interaktion mit dem Mais. Handlungen, die auf diesen verschiedenen Schemata basieren, wirken sich auf die Maisähre aus; so kann sie z. B. fürs Essen gekocht werden, oder die Maiskörner werden für den Versand entfernt, oder sie werden getrocknet und an einem markanten Ort aufgehängt, um sie anzubeten. Die Auswirkungen unserer Handlungen beeinflussen dann das Schema. Wenn die amerikanische Agrarindustrie einen hohen Preis für den Mais anbietet und die Gemeinschaft Geld benötigt, kann die Landwirtin oder der Landwirt die Ernte verkaufen, um sie in Ethanol umwandeln zu lassen. Dies wiederum kann die Bedeutung von Mais verändern – »wofür« er »ist« und wie er angebaut wird. So sind Kultur und materielle Ressourcen in einen Kreislauf eingebettet, in dem sich beide gegenseitig beeinflussen.

Wenn wir »durch Sozialisation [...] Einstellungen und Gewohnheiten des Geistes übernehmen«, werden wir zu Teilnehmer:innen einer Praxis. Rawls (1955) argumentiert, dass Praktiken logisch dem Verhalten und den mentalen Zuständen der Teilnehmer:innen vorgeordnet sind; sie bereiten die »Bühne« für Handlungen (Rawls 1955, 25); sie machen unser Handeln bedeutungsvoll; sie konstituieren Handlungsgründe. Zum Beispiel vollzieht Akna ein Ritual mit Mais, *weil* dies eine Art der Anbetung ist. Die Praxis konstituiert ihren Grund. Es kann auch sein, dass sie glaubt, dass der Vollzug des Rituals gute Wirkungen haben wird und andere sie respektieren werden, wenn sie es tut. Aber selbst wenn diese Überzeugungen falsch sind, hat sie Grund, das Ritual zu vollziehen, denn das ist es, was die Praxis verlangt. Außerdem kann Aknas Ausführung des Rituals in gewisser Weise »gedankenlos« sein. Sie tut es, weil es *das ist, was man tut*; diese Handlung kann konstitutiv sein für ihre Rolle, ihre Identität, für wer sie ist.

Der Versuch, Individuen zu verändern, die in eine Praxis hineinsozialisiert sind, indem man sich in Diskussionen über ihr Handeln einbringt, ist nicht nur (typischerweise) sinnlos; er beruht auf einer Verwirrung über die Natur sozialen Handelns. Sofern mein Handeln von einer Praxis gefordert wird, werden die Vor- und Nachteile dieser speziellen Handlungsentscheidung beiseitegelegt (denken wir an das Versprechen). Und weil wir typischerweise kompetent, »gedankenlos«, an den sozialen Praktiken unseres Milieus beteiligt sind, ist die Debatte über die Gründe für die Praxis tendenziell müßig. Ideologie beinhaltet individuelle Einstellungen, aber was in der kognitivistischen Theorie fehlt, ist, wie diese Einstellungen mit unseren gedankenlosen Reaktionen, unserem körperlichen Verhalten, den sozialen und materiellen Realitäten verbunden sind, die unser Milieu ausmachen.

Natürlich werden diejenigen, die vom »rechten Weg« aus Kritik üben, manchmal Gründe dafür geben, unsere Praktiken als Ganzes zu ändern, und uns einladen, unser Denken über sie zu verändern. Dies kann hilfreich sein, insbesondere im Austausch mit Eliten (z. B. Anwält:innen, Gesetzgeber:innen, politischen Entscheidungsträger:innen), die Druck auf die Praktiken ausüben und Anreize für Veränderungen schaffen können (Lessig 1995). Institutioneller Wandel ohne kulturellen Wandel ist jedoch eine gemischte Angelegenheit, denn Praktiken hängen von unserer Fähigkeit ab, uns unter Verwendung gemeinsamer Bedeutungen zu koordinieren.

Was bedeutet es, zu sagen, dass die Praxis dem Verhalten und den mentalen Zuständen der Teilnehmer:innen »logisch vorgeordnet« ist? Rawls (1955) schlägt Folgendes vor:

> Im Falle von Handlungen, die durch Praktiken spezifiziert sind, ist es logisch unmöglich, sie außerhalb der von diesen Praktiken bereiteten Bühne zu vollziehen, denn wenn es keine Praxis gibt und wenn die erforderlichen Eigenschaften nicht vorliegen, wird das, was man tut, was auch immer für Bewegungen man ausführt, nicht als eine Form der Handlung gelten, die die Praxis spezifiziert. (25, Übersetzung von D. J.)

So kann man zum Beispiel nicht einfach die Kommunion empfangen, indem man etwas Wein trinkt und etwas ungesäuertes Brot isst. Religiöse Praktiken sind stark institutionalisiert und ritualisiert. Allerdings können Praktiken mehr oder weniger explizit, transparent, regelgeleitet oder intentional sein. Am weniger expliziten ... intentionalen Ende sind Praktiken bestimmte Regelmäßigkeiten oder Verhaltensmuster, die von geteilten Schemata geleitet werden, die durch primitive Formen der sozialen Geistigkeit (*mentality*) (einschließlich Kognition, Affekt, Erfahrung) erworben wurden – das heißt, Denken und Fühlen, das durch den Kontakt mit anderen geprägt wurde, die stillschweigend für Akteur:innen gehalten werden, die Ziele haben und diese verfolgen.[12] Säuglinge interagieren mit Erwachsenen, nicht-menschliche Tiere interagieren miteinander und Menschen interagieren mit nicht-menschlichen Tieren in sozialen Praktiken (Gruen 2014). Am rationalistischen Ende des Spektrums werden die Verhaltensmuster von hoch entwickelten Formen sozialer Kognition und absichtlichen Handelns geleitet – diese Fähigkeiten ermöglichen es uns, Regeln zu formulieren und Spiele zu spielen sowie Verfassungen zu schreiben –, aber dies hängt von der grundlegenderen Gestaltung der Interaktion ab (McGeer 2007; Zawidzki 2013). Dies deutet darauf hin, dass alles, was wir vernünftigerweise als soziales Handeln (oder als Handeln *tout court*?) betrachten könnten, innerhalb eines Bereichs stattfindet, der durch semiotische Beziehungen und materielle Bedingungen strukturiert ist (d. h. innerhalb von Praktiken, allgemein verstanden).

Dies bedeutet jedoch nicht, dass die Bedeutungen von der Mehrheit oder sogar von den Autoritäten bestimmt werden, wie z. B. Ärzt:innen, die Expert:innen für Arthritis sind (Burge 1979), oder Chemiker:innen für Wasser (Kripke 1980). Bedeutungen entstehen und entwickeln sich im semiotischen Netz, wenn unsere Praktiken und die Welt ineinandergreifen.

12 Im Anschluss an Zawidzki (2013) gehe ich davon aus, dass es hierfür hinreichend ist, eine sogenannte »gesteigerte teleologische Haltung« (*enhanced teleological stance*) (eine Version von Dennetts ›intentionaler Haltung‹ [*intentional stance*]) einzunehmen, die kein »Gedankenlesen« (*mindreading*) erfordert, sondern nur die Fähigkeit, das Verhalten als gerichtet zu verstehen. (Selbst Hunde können erkennen, ob sie absichtlich getreten werden oder nicht, ohne der sie tretenden Person Überzeugungen im vollen Sinne des Wortes, d. h. propositionale Einstellungen, die die Welt in einer distinkten Art des Gegebenseins darstellen, zuzuschreiben.) Siehe auch Haslanger 2017, Kap. 2.

Was Dinge in der Welt *sind*, ist nie vollständig durch das symbolische Netz bestimmt, das wir über sie werfen – das hängt auch von ihren bereits vorhandenen physischen Eigenschaften, den räumlichen Beziehungen, in denen sie auftreten, den Verhältnissen der Macht, mit der sie ausgestattet sind, ihrem wirtschaftlichen Wert und natürlich von den verschiedenen symbolischen Bedeutungen ab, die ihnen von anderen Akteuren zugeschrieben wurden. Die Welt ist widerspenstig gegenüber unseren Zuschreibungen von Bedeutung. Wie Marshall Sahlins herausgestellt hat, gefährdet jede symbolische Zuschreibung die Symbole, macht es möglich, dass die Bedeutung der Symbole gebeugt (*inflected*) oder durch die ungewissen Folgen der Praxis transformiert wird. (Sewell 2005, 51, Übersetzung von D. J.)

Zum Beispiel ist das, was als »Essen« angesehen wird, kulturell variabel, aber wir können nicht einfach alles als Essen ansehen. Und sobald wir Ketchup als Gemüse betrachten, wird unser Begriff des Gemüses irreführend, auch wenn er auf andere Dinge angewendet wird. Wenn Ketchup ein Gemüse ist, dann muss Salsa es sicherlich sein. Was ist mit Barbecue-Sauce? Oder, da Tomaten biologisch als Frucht eingestuft werden, was ist mit Erdbeerkonfitüre? Wenn die öffentlichen Schulen Kindern durch ihr Schulspeisungsprogramm beibringen, dass Ketchup, Barbecue-Sauce und Erdbeerkonfitüre Gemüse sind, werden diese dann irgendwann Rüben und Rosenkohl aus der Kategorie herausdrängen?

Wie verändern sich Praktiken? Es ist schwierig für ein Individuum, eine Praxis zu ändern. Obwohl man sich zwar weigern mag, an deren Vollzug teilzunehmen, oder Wege finden mag, deren Vollzug bei Gelegenheit zu stören, werden einzelne »Regelbrecher« leicht ignoriert und oft bestraft. Die persönliche Begegnung mit anderen, die der Praxis gegenüber verpflichtet sind, kann einen Unterschied machen, wie z. B. die Einladung eines weißen Geschäftsmanns aus den Vororten zum Abendessen in einer Sozialbausiedlung oder zum gemeinsamen Pendeln im Bus sich nachhaltig auf die Einzelne/den Einzelnen auswirken kann. Und wir können hoffen, dass, eine Person nach der anderen, ein gewisser Wandel eintritt. Aber ein weitgehender sozialer Wandel erfordert Veränderungen auf mehreren Ebenen: Veränderung der Akteur:innen, Veränderung der Kultur und Veränderung der Strukturen, Richtlinien und Gesetze. Argumentation und öffentliche Debatte können nützlich sein, aber es besteht die Gefahr, dass sie uns nur die Wege entlangführen, die die Ideologie vorgegeben hat. Ich habe im vorherigen

Abschnitt vorgeschlagen, dass soziale Bewegungen den Wandel fördern können, indem sie Brüche in der Erfahrung herbeiführen, die eine Verschiebung in unserem kollektiven begrifflichen Repertoire erzwingen. Eine weitere Strategie besteht darin, Alltagspraktiken öffentlich und systematisch infrage zu stellen, sie an die Oberfläche zu bringen, damit sie kritisch beurteilt werden können. Noch eine weitere ist, Veränderungen in den materiellen Bedingungen herbeizuführen, die die Praktiken stützen. Diese Formen des sozialen Wandels sind, so schlage ich vor, eher revolutionär als revisionär, denn sie sind (normalerweise) keine Frage der begründeten Auseinandersetzung mit der eigenen Opposition. Sie müssen allerdings nicht gewalttätig sein.

Ich habe argumentiert (Abschnitt 3), dass Ideologie am besten nicht als eine Menge von gemeinsamen Überzeugungen oder anderen kognitiven Zuständen verstanden wird, sondern um die »Begriffe und Sprachen des praktischen Denkens« (Halle 1996[2006], 24) erweitert werden sollte – das heißt, die Mittel, die uns die Kultur bietet, um in koordinierter Weise zu denken und zu handeln (siehe auch Balkin 1998). Ich habe auch argumentiert (Abschnitt 4), dass wir einen »Primat der Praxis« (*practice-first*)-Ansatz für diese Mittel wählen sollten; Ideologien sind nicht Überzeugungen oder andere psychologische Zustände, sondern ein öffentliches »Netzwerk semiotischer Beziehungen«, das zusammen mit den materiellen Bedingungen unsere Praktiken strukturiert und die Architektur für Handeln bereitstellt (Sewell 1992; Haslanger 2012, Kap. 15). Ideologien sind jedoch nicht irgendein Netzwerk von semiotischen Beziehungen, denn wie Shelby argumentiert (und ich stimme zu), dienen sie dazu, ungerechte soziale Beziehungen aufrechtzuerhalten. Ich habe an anderer Stelle argumentiert, dass soziale Strukturen aus einem Netz von Praktiken bestehen (siehe in diesem Band, 174-201). Das Netz der Praktiken beruht auf diesem Netzwerk semiotischer Beziehungen, das ich als Kulturtechnik (*cultural téchnē*) (Haslanger 2017) bezeichnet habe. Einige Techniken, so können wir hoffen, erhalten gute und gerechte Formen der Koordination aufrecht. Ideologien sind jedoch Techniken, die Ungerechtigkeit hervorbringen oder aufrechterhalten, indem sie uns im Vollzug ungerechter Praktiken anleiten. Wenn Rassismus in diesem Sinne eine Ideologie ist, dann konstituiert er teilweise soziale Praktiken, die Menschen Grund geben, rassistisch zu handeln. Die fraglichen

Praktiken können auch Rollen und Identitäten konstituieren und das individuelle Verhalten erklären.

5. Rassismus und *race*-Formationen

Die gerade skizzierte Theorie von Ideologie fokussiert sich auf die Ideologie als eine Menge von kulturellen Werkzeugen, die die praktischen Orientierungen in einer Gruppe prägen. Obwohl die praktische Orientierung eines Individuums propositionale Einstellungen beinhalten kann, beinhaltet sie auch psychologische Mechanismen – kognitive, konative, wahrnehmungs- und handlungsbezogene –, die sortieren, formen und filtern, was die Objekte unserer Einstellungen sein können. Neben praktischen Orientierungen produzieren Gruppen aber auch eine explizite Ideologie.[13] Explizite Ideologie ist sowohl Ausdruck als auch Rationalisierung einer Kulturtechnik. Religion wird nach Marx (Marx 1843-1844) als paradigmatisches Beispiel erachtet. Im Großen und Ganzen sind explizite Ideologien, als Rationalisierungen unserer ungerechten Praktiken, systematisch falsch – oder zumindest verzerrend; sie streben danach, unsere Praktiken in einer Weise darzustellen, die sie und ihre Folgen verdunkelt oder mystifiziert. Aber solche Rationalisierungen sind kein wesentlicher Bestandteil dessen, was die Praxis ermöglicht oder bewegt, und deshalb ist eine Kritik an solchen Rationalisierungen so oft ineffektiv, wenn es darum geht, sozialen Wandel zu bewirken.

Angesichts der von mir soeben skizzierten »Primat der Praxis«-Theorie von Ideologie schlage ich vor, dass wir Rassismus nicht als Ideologie, sondern als *ideologische Formation* begreifen. Eine Ideologie ist eine Kulturtechnik – das Netz von Bedeutungen, Symbolen, Skripten und dergleichen, das dazu dient, ungerechte

13 Einige Autor:innen unterscheiden praktisches Bewusstsein von Ideologie, indem sie Ideologie mit einer expliziten Formulierung von praktischem Bewusstsein identifizieren. Das entspricht einer zentralen Verwendung des Ausdrucks »Ideologie«, dient aber nicht sehr gut meinen Zwecken, weil es viele ideologische Schemata gibt, die das soziale Leben regeln, die nicht artikuliert sind und schwer zu artikulieren wären. Darüber hinaus geht es bei der Erklärung unserer Teilnahme an ungerechten Strukturen zentral um unsere Standardreaktionen auf die soziale Welt und nicht um unsere Versuche, sie zu rationalisieren.

soziale Beziehungen zu schaffen oder zu stabilisieren. Die ungerechten Praktiken, Institutionen, Verhaltensweisen und andere Artefakte, die von einer Ideologie geleitet oder geformt werden, sind ideologische Formationen. Meiner Meinung nach besteht Rassismus aus einem zusammenhängenden Netz ungerechter sozialer *Praktiken*, die bestimmte Gruppen wie Wohnsegregation, Polizeibrutalität, Vorurteile bei Einstellungsverfahren und Lohnungleichheiten sowie Bildungsbenachteiligung zu Unrecht benachteiligen. Dies sind keine zufälligen Praktiken, sondern sie werden durch eine rassistische Kulturtechnik verbunden. Aber aufgrund der Loopingeffekte, die Akteur:innen, Bedeutungen und materielle Bedingungen verbinden, ist die rassistische Kulturtechnik sowohl ein Produkt als auch eine Quelle des Rassismus.

Warum sich um den Unterschied zwischen Ideologien und ideologischen Formationen sorgen? Die Entscheidung, sich auf Praktiken und Strukturen zu konzentrieren, ist für die explanatorische Frage relevant. Zur Erinnerung: Wir haben mit dem Projekt begonnen, anhaltende Ungleichheit oder Ungerechtigkeit in Sachen *race* als soziales Phänomen zu beschreiben und eine Erklärung zu suchen. Was erklärt die anhaltende Ungleichheit oder Ungerechtigkeit hinsichtlich *race*? Ich glaube nicht, dass die beste Antwort einfach nur Ideologie ist. Praktiken sind das, was Dinge von Wert und Unwert verteilt: Giftmüll wird in armen schwarzen Stadtvierteln entsorgt, und gute Schulen werden in den weißen Vororten gebaut. Natürlich sind diese Praktiken nicht willkürlich; es ist keine Überraschung, wo die guten Dinge landen. Aber es kommt nicht aufgrund der Überzeugungen der Menschen zur letztendlichen Verteilung von Gütern, denn es ist ebenso wahr, dass Einzelpersonen rassistische Überzeugungen teilen, weil sie in einer Welt leben, in der bestimmte Gruppen die guten Dinge bekommen. Wir lernen über *race* und was verschiedene *races* »verdienen«, indem wir uns umsehen.

Dies legt nahe, dass Ungleichheit in Sachen *race* ein systematisches Phänomen ist, das am besten im Sinne einer dynamischen Homöostase verstanden wird (Mallon 2003; Boyd 1999). Es gibt mehrere Bestimmungsfaktoren sozialer Stratifikation in einer Gesellschaft: Reichtum, Status, Prestige, Macht, Autorität, Autonomie, Chancen, um nur einige zu nennen. In einer stratifizierten Gesellschaft gibt es Mechanismen, die Gruppen entlang dieser

Dimensionen stabil und hierarchisch positionieren. Homöostase erklärt das Fortbestehen der Hierarchie: Änderungen in einem Teil des Systems werden an anderer Stelle angepasst, sodass der Status quo aufrechterhalten wird. Aber das System ist dynamisch; obwohl es relativ stabil ist, gibt es eine historische Entwicklung; die Anpassungen bringen das System nicht immer exakt in den Ursprungszustand zurück, sondern können einen Wechsel zu einer anderen Art von hierarchischer Struktur gestatten.[14] Im Falle schwarzer Amerikaner:innen entwickelte sich die Sklaverei beispielsweise zur Jim-Crow-Segregation, die sich zu der gegenwärtigen Hierarchie entwickelte, die durch Masseninhaftierung und Kriminalisierung (*felonization*), Ghettoisierung, wirtschaftliche Marginalisierung und kulturelle Stigmatisierung aufrechterhalten wird.[15] In den von mir vorgeschlagenen Begriffen wird systematische Ungerechtigkeit in Sachen *race* durch das systematische *looping* von Schemata und Ressourcen erklärt, das in Praktiken und den daraus resultierenden Strukturen vor sich geht. Die Praktiken werden von der Ideologie geleitet – also einer rassistischen Kulturtechnik. Aber die Ideologie ist kein unabhängiger kausaler Faktor, deshalb ist sie funktional definiert. Es gibt Zeiten, in denen es wichtig ist, Ideologie, Überzeugungen oder emotionale Zustände als bedeutsame Faktoren für die Beantwortung bestimmter Fragen herauszustellen (Blum 2002; Garcia 1996; vgl. Mills 2003 und Shelby 2002). Aber sich gänzlich auf die Ideologie zu fokussieren, wäre damit gleichbedeutend, zu erklären, warum die Raumtemperatur konstant bleibt, indem man einfach darauf hinweist, dass das Thermostat auf 20 °C eingestellt ist. Die Funktionsweise des Thermostats und des Heiz- und Kühlsystems ist entscheidend für das Verständnis des Phänomens der stabilen Temperatur, ebenso wie der Prozess, durch den Kulturtechniken gebildet, ausgeübt und durch ihren Einfluss auf die ma-

14 Theodore Bach (2012) untersucht die Verwendung historischer Essenzen, um eine Theorie von *gender* zu formulieren; einige seiner begrifflichen Mittel sind auch bei der Untersuchung von *race* wertvoll.

15 Charles Mills (1997) verwendet den Begriff eines Vertrages, um die Systematik des Rassismus über den Verlauf der Zeit hinweg zu explizieren. Meiner Ansicht nach wird Mills' Postulierung eines Vertrages am besten als ein Instrument verstanden, um den Sinn zu erfassen, in dem Rassismus ein System ist, das so funktioniert, als ob es so beabsichtigt worden wäre, auch wenn es das Ergebnis komplexer und bedingter historischer Ereignisse war.

teriellen Bedingungen neu eingeschrieben werden, soziale Stabilität und Evolution erklärt.

Beachten wir, dass wir eine bestimmte rassistische Praxis, die von einem bestimmten Schema geleitet wird, wie z. B. eine Beschäftigungspraxis in einem bestimmten Unternehmen oder innerhalb einer Branche, oder Rassismus im weiteren Sinne meiner Auffassung nach als eine Struktur betrachten können, die von einer umfassenden Kulturtechnik geleitet wird, die über mehrere Bereiche hinweg ein Stigma hinsichtlich *color* beinhaltet. Es ist jedoch wichtig festzuhalten, dass eine Praxis, die ungerecht sein mag, wenn sie in eine bestimmte Struktur eingebettet ist oder unter bestimmten materiellen Bedingungen, in anderen Kontexten nicht ungerecht sein mag.[16] Nehmen wir zum Beispiel an, dass eine Stadt Mittel für den Bau von sechs städtischen Schwimmbädern gesammelt hat. Man könnte meinen, dass das faire Verfahren darin bestehen würde, die Schwimmbäder geografisch so zuzuweisen, dass sie in der ganzen Stadt gleichmäßig verteilt sind; eine solche Entscheidung scheint von einem egalitären Ethos geleitet zu sein. Nehmen wir jedoch an, dass die Bevölkerung der Stadt im Südosten der Stadt konzentriert ist, wo hohe, von Zement umgebene Sozialbauten von Einzelpersonen in Armut bewohnt werden, und der größte Teil des nördlichen Teils der Stadt wird von wohlhabenden Einzelpersonen in Einfamilienhäusern bewohnt, von denen viele über große Gärten und eigene private Schwimmbäder verfügen. Offensichtlich wäre es die fairere Entscheidung, im Südosten mehr Schwimmbäder zu bauen oder mehr vom Budget für Schwimmbäder dort für größere oder gefälligere Einrichtungen auszugeben. Dies zeigt, dass ein Schema oft nicht isoliert bewertet werden kann; die Praxis, die es leitet, muss als Teil einer breiteren Struktur oder einer Menge von Strukturen betrachtet werden, um seine Auswirkungen zu bemessen. Einige Schemata sind jedoch besser geeignet, isoliert bewertet zu werden, wie z. B. solche, die Frauen, die nachts allein unterwegs sind, einem größeren Risiko für Vergewaltigung aussetzen.

16 Vielen Dank an Kenny Easwaran, der mir geholfen hat, diesen Punkt zu verstehen, und Roger White für das Beispiel.

6. Zurück zu den Herausforderungen

Ich habe argumentiert, dass wir Ideologien in Bezug auf die Begriffe, Regeln, Normen, Stereotypen, Skripte und dergleichen verstehen sollten, die teilweise eine Praxis konstituieren. Ideologiekritik kann also das epistemische Infragestellen von Überzeugungen beinhalten, muss aber auch das Infragestellen von Begriffen und anderer Mittel des Framings, die Bedeutungen hervorbringen, und, allgemeiner noch, der Praxis als Ganzer beinhalten. Mit dieser überarbeiteten Konzeption von Ideologie und Ideologiekritik können wir beginnen, die zuvor betrachteten Herausforderungen anzugehen. Erinnern wir uns kurz:

- *Normative Herausforderung*: In Debatten mit anderen, die in moralisch-politischen Fragen grundsätzlich anderer Meinung sind, kann sich die eigene moralisch-politische Kritik auf den eigenen moralisch-politischen Rahmen stützen, wobei es nicht wahrscheinlich ist, dass sie überzeugt; oder man kann sich auf den moralisch-politischen Rahmen der anderen stützen, wobei es unwahrscheinlich ist, dass man die gewünschten Änderungen nahelegt.
- *Epistemische Herausforderung*: Um die Illusionen derjenigen zu entlarven, die ein hegemoniales Verständnis der Realität befürworten, kann man nicht einfach auf »die Tatsachen« verweisen, denn Hegemonie funktioniert so, dass sie die Tatsachen konstituiert, die sie legitimieren. Aber wenn der eigene Ansatz nicht durch »die Tatsachen« gestützt wird, was stützt ihn dann? Wunschdenken?

Was die normative Herausforderung betrifft, so haben wir gesehen, dass es bei Ideologiekritik nicht nur um moralische/politische Debatten geht, sondern auch darum, Erfahrungen zu ermöglichen, die den »gesunden Menschenverstand« infrage stellen und begriffliche Veränderungen erzwingen. Das Projekt der normativen Kritik wird jedoch am besten nicht a priori durchgeführt, sondern in Zusammenarbeit mit denen, die lokales Wissen von den betreffenden Ungerechtigkeiten haben (Haslanger 2017, Kap. 2). Es gibt keine Garantie dafür, dass ein solcher Bruch geeignetere Begriffe oder gerechtere Praktiken hervorbringt; ob dies der Fall ist oder nicht, hängt von der jeweiligen Bewegung und den historischen Umständen ab.

Was die epistemische Herausforderung betrifft, so stellt Ideologiekritik in dem von mir skizzierten Sinne nicht nur die Wahrheit/Falschheit unserer Überzeugungen über »die Tatsachen« infrage, sondern auch die Ausdrücke, die zur Beschreibung der Tatsachen verwendet werden. Zum Beispiel macht es einen Unterschied, ob wir Fleisch als Leichenteile von gefolterten Tieren oder verdachtsunabhängige Personenkontrolle als *Racial Profiling* bezeichnen. Hegemonie schafft sowohl eine Welt als auch eine Art, eine Welt zu sehen, aber die geschaffene Welt kann auf unterschiedliche Weise gesehen werden. Das ist Teil dessen, was uns Ideologiekritik an die Hand gibt.

Im Allgemeinen ist eine begründete Debatte der von mir skizzierten Theorie zufolge eine gute Sache, aber wir sollten nicht, auch nicht als Philosoph:innen, all unsere Energie von solch überlegter Debatte einnehmen lassen. Wir sollten auch andere Formen kognitiven, affektiven und wahrnehmungsbezogenen Wandels voranbringen und uns dazu verpflichten, die materiellen Bedingungen zu verändern, die Rassismus unterfüttern und verfestigen. Aber die eigentliche Lektion, so hoffe ich, ist, dass sozialer Wandel Veränderungen in unseren Praktiken erfordert. Obwohl es Zeiten gibt, in denen Individuen sehr einflussreich bei der Herbeiführung solcher Veränderungen waren, liegt es in der Regel daran, dass sie Teil einer breiteren Bewegung waren, mit der sie verbündet waren. Rosa Parks war eine Frau von großem Mut, aber sie handelte nicht allein.

> Weil sich dieser Bogen (des moralischen Universums) nicht von selbst beugt. Es erfordert Einsatz. Es erfordert Handeln. Es erfordert Rede um Rede und Protestmarsch um Protestmarsch. Es bedarf öffentlichen Drucks und öffentlicher Demonstrationen. Es erfordert Zeit und Energie. Es bedarf der festen Verpflichtung einer Vielzahl von Menschen. Der Bogen biegt sich nicht passiv von selbst. Er muss gebogen werden. Wir alle müssen ihn zusammen biegen. (Weigant 2013, Übersetzung von D. J.)

Um eine soziale Praxis oder eine soziale Struktur zu ändern, müssen wir zusammenarbeiten, und bis dahin wird das System des Rassismus weiter funktionieren und Gerechtigkeit wird nichts als ein Traum sein.

Aus dem Amerikanischen von Daniel James

Literatur

Alcoff, Linda. 2006. *Visible Identities*. Oxford: Oxford University Press.

Anderson, Elizabeth. 1991. John Stuart Mill and Experiments in Living. *Ethics* 102(1), 4-26.

Anderson, Elizabeth. 1995. Knowledge, Human Interests, and Objectivity in Feminist Epistemology. *Philosophical Topics* 23(2), 27-58.

Anderson, Elizabeth. 2014. Social Movements, Experiments in Living, and Social Progress: Case Studies from Britain's Abolition of Slavery. Lindley Lecture, University of Kansas.

Bach, Theodore. 2012. Gender Is a Natural Kind with a Historical Essence. *Ethics* 22(2), 231-272.

Balkin, J. M. 1998. *Cultural Software: A Theory of Ideology*. New Haven, CT: Yale University Press.

Blum, Lawrence. 2002. *I'm Not a Racist, But ...: The Moral Quandary of Race*. Ithaca, NY: Cornell University Press.

Boyd, Richard. 1999. Homeostasis, Species, and Higher Taxa. In Robert A. Wilson (Hg.), *Species: New Interdisciplinary Essays*. Cambridge, MA: MIT Press, 141-158.

Burge, Tyler. 1979. Individualism and the Mental. In P. French (Hg.), *Midwest Studies in Philosophy* IV. Minneapolis: University of Minnesota Press, 73-121.

Celikates, Robin. 2006. From Critical Social Theory to a Social Theory of Critique: On the Critique of Ideology after the Pragmatic Turn. *Constellations* 13(1), 21-40.

Epstein, Brian. 2015. *The Ant Trap: Rebuilding the Foundations of the Social Sciences*. Oxford: Oxford University Press.

Felski, Rita. 1989. *Beyond Feminist Aesthetics: Feminist Literature and Social Change*. Cambridge, MA: Harvard University Press.

Fine, Arthur. 1998. The Viewpoint of No-One in Particular. *Proceedings and Addresses of the American Philosophical Association* 72(2), 7-20.

Fraser, Nancy. 1990. Rethinking the Public Sphere: A Contribution to the Critique of Actually Existing Democracy. In *Social Text*, Vol. 25, 56-80. Durham, NC: Duke University Press.

Garcia, J. L. A. 1996. The Heart of Racism. *Journal of Social Philosophy* 27(1), 5-45.

Gatens, Moira. 1996. *Imaginary Bodies*. New York: Routledge.

Gendler, Tamar. 2008. Alief in Action and Reaction. *Mind and Language* 23(5), 552-585.

Geuss, Raymond. 1981. *The Idea of a Critical Theory: Habermas and the Frankfurt School*. Cambridge: Cambridge University Press.

Gruen, Lori. 2014. *Entangled Empathy: An Alternative Ethic for Our Relationships with Animals*. Herndon, VA: Lantern Books.
Hall, Stuart. 1996 [2006]. The Problem of Ideology. In Kuan-Hsing Chen/David Morley (Hg.), *Stuart Hall: Critical Dialogues in Cultural Studies*. New York: Routledge, 24-45.
Haslanger, Sally. 2012. *Resisting Reality: Social Construction and Social Critique*. Oxford: Oxford University Press.
Haslanger, Sally. 2016. What Is a (Social) Structural Explanation? *Philosophical Studies* 173 (1): 113-130.
Haslanger, Sally. 2017. *Critical Theory and Practice: The Spinoza Lectures 2015*. Amsterdam. Koninklijke Van Gorcum.
Jaeggi, Rahel. 2009. Rethinking Ideology. In Boudewijn de Bruin/Christopher F. Zurn (Hg.), *New Waves in Political Philosophy*. Basingstoke, UK: Plagrave-Macmillan, 63-86.
Kripke, Saul. 1980. *Naming and Necessity*. Cambridge, MA: Harvard University Press.
Laden, Anthony Simon. 2012. *Reasoning: A Social Picture*. Oxford: Oxford University Press.
Lessig, Lawrence. 1995. The Regulation of Social Meaning. *University of Chicago Law Review* 62(3), 943-1045.
Machery, Edouard. 2016. De-Freuding Implicit Attitudes. In Michael Brownstein/Jennifer Saul (Hg.), *Implicit Bias and Philosophy: Metaphysics and Epistemology*, Vol. 1, 104-129. Oxford: Oxford University Press.
MacKinnon, Catharine. 1989. *Towards a Feminist Theory of the State*. Cambridge, MA: Harvard University Press.
Madva, Alex. 2016. Why Implicit Attitudes Are (Probably) Not Beliefs. *Synthese* 193(8), 2659-2684.
Mallon, Ron. 2003. Social Construction, Social Roles, and Stability. In Frederick Schmitt (Hg.), *Socializing Metaphysics*. Lanham, MD: Rowman and Littlefield, 327-353.
Marx, Karl. 1843-1844. A Contribution to the Critique of Hegel's Philosophy of Right. ⟨https://www.marxists.org/archive/marx/works/1843/critique-hpr/intro.htm⟩.
McGeer, Victoria. 2007. The Regulative Dimension of Folk Psychology. In Daniel D. Hutto/Matthew Ratcliff (Hg.), *Folk Psychology Re-Assessed*. Dordrecht: Springer.
Medina, José. 2013. *The Epistemology of Resistance: Gender and Racial Oppression, Epistemic Injustice, and Resistant Imaginations*. Oxford: Oxford University Press.
Mills, Charles. 1997. *The Racial Contract*. Ithaca, NY: Cornell University Press.

Mills, Charles. 2003. ›Heart‹ Attack: A Critique of Jorge Garcia's Volitional Conception of Racism. *The Journal of Ethics* 7(1), 29-62.
Pappas, Gregory Fernando. 2016. The Pragmatists' Approach to Injustice. *The Pluralist* 11(1): 58-77.
Rawls, John. 1955. Two Concepts of Rules. *The Philosophical Review* 64(1), 3-32.
Sewell, William H. Jr. 1992. A Theory of Structure: Duality, Agency and Transformation. *The American Journal of Sociology* 98(1), 1-29.
Sewell, William H. Jr. 2005. »The Concept(s) of Culture.« In Gabrielle M. Spiegel (Hg.), *Practicing History: New Directions in Historical Writing after the Linguistic Turn*, New York: Routledge, 76-95.
Shelby, Tommie. 2002. Is Racism in the »Heart«? *Journal of Social Philosophy* 33(3), 411-420.
Shelby, Tommie. 2003. Ideology, Racism, and Critical Social Theory. *The Philosophical Forum* 34 (2): 153-188.
Shelby, Tommie. 2014. Racism, Moralism, and Social Criticism. *DuBois Review* 11(1), 57-74.
Stahl, Titus. 2014. Criticizing Social Reality from Within. *Krisis* 1, 5-12.
Tilly, Charles. 1998. Contentious Conversation. *Social Research* 65(3), 491-510.
Weigant, Chris. 2013. Bending the Arc. *Huffington Post* ⟨http://www.huffingtonpost.com/ chris-weigant/bending-the-arc_b_3833103.html⟩.
Young, Iris. 1990. *Justice and the Politics of Difference*. Princeton, NJ: Princeton University Press.
Zawidzki, Tadeusz. 2013. *Mindshaping: A New Framework for Understanding Human Social Cognition*. Cambridge, MA: MIT Press.

Daniel James

Nachwort

Die US-amerikanische Philosophin Sally Haslanger – heute Ford Professor of Philosophy am Department of Linguistics and Philosophy des Massachusetts Institute of Technology – zählt zu den Wegbereiterinnen des »analytischen Feminismus« und insbesondere der feministischen Metaphysik. Sie hat darüber hinaus maßgeblich zu einer Wiederbelebung des Interesses an Fragen der Sozialtheorie beigetragen, die von großem Belang für feministische und antirassistische soziale Bewegungen sind, in großen Teilen der analytischen Philosophie allerdings lange Zeit ein Schattendasein gefristet hatten.[1] Ihr umfangreiches philosophisches Schaffen reicht dabei von der Metaphysik und Epistemologie bis zur Sozialphilosophie und Philosophie der Sozialwissenschaften. Es umfasst so unterschiedliche Themen wie Persistenz, Sozialkonstruktion, die Natur von Unterdrückung, philosophische Methodologie, die Natur sozialer Arten wie *gender* und *race*, die Bedeutung von sprachlichen Ausdrücken für solche Arten, Sozialstruktur und sozialstrukturelle Erklärungen, Kultur und soziale Praktiken, Kognition und Wissen sowie Ideologie und deren Kritik. In diesem Nachwort werde ich mich auf diejenigen Themen beschränken, die Gegenstand der in diesem Band versammelten Aufsätze sind. Dies sind zugleich die Themen, durch die Haslangers Werk seine stärkste Rezeption erfahren hat. Dabei wird es mir zudem darum gehen, nicht nur den Entwicklungsgang, sondern auch den systematischen Zusammenhang von Haslangers Behandlung der entsprechenden Themen nachzuvollziehen. Es handelt sich dabei um (1.) Haslangers philosophische Methodologie, (2.) ihre sozialkonstruktivistische Theorie von *gender* und *race*, (3.) ihre Theorie von sozialen Praktiken, Kultur und Sozialstruktur und (4.) ihre Konzeption von Ideologie und Ideologiekritik.

1 Wie Haslanger auch im Vorwort zu diesem Band ausführt, verortet sie diese Fragen in einem Bereich, der *soziale* Gerechtigkeit (*social justice*) betrifft und den sie von moralischen wie politischen Fragen unterscheidet. Ein erster Versuch, diesen Bereich zum umreißen, findet sich in ihrem Blogbeitrag »What is the Domain of Social (not Political) Justice« (siehe ⟨https://politicalphilosopher.net/2014/01/31/featured-philosop-her-sally-haslanger/⟩).

1. Philosophische Methodologie

Ausgangspunkt von Haslangers philosophischem Projekt ist ein bestimmtes Verständnis philosophischer Methode, für das sich inzwischen der Ausdruck »ameliorativ« eingebürgert hat. Unter »ameliorativen Projekten« versteht sie, kurz gesagt, Theorien, die Fragen der Art »Was ist X?« als Fragen danach auffassen, was für Begriffe in Bezug auf ein bestimmtes Phänomen wir im Lichte von Zielen haben *sollten*, die dem Kontext (feministischer, antirassistischer) sozialer Bewegungen entnommen werden. Ihr zufolge geht es in ameliorativen Projekten um die Frage, ob die uns zur Verfügung stehenden Begriffe wirksame Mittel sind, unsere Ziele zu erreichen. Den Begriff, auf den es damit in diesen Projekten ankommt, bezeichnet sie auch als den »Zielbegriff«. Sie greift auf diese Methode zurück, um eine sozialkonstruktivistische Theorie von *gender* und *race* zu entwickeln, der zufolge diese nicht als natürliche, sondern als *soziale* Arten, nämlich als Arten von Positionen in einer hierarchischen Sozialstruktur, zu verstehen sind. Ihr zufolge dient ein solches sozialkonstruktivistisches Verständnis von *gender* und *race* am besten den Zielen feministischer und antirassistischer Bewegungen. Damit räumt sie in ihrem Verständnis »ameliorativer« Projekte nicht-epistemischen, moralischen oder politischen Werten, die dem Forschungskontext entnommen sind – hier der sozialen Bewegung, in die die Theoretikerin eingebettet ist –, eine zentrale Rolle in ihrer Theoriebildung ein. Um zu verstehen, wie sie ihre sozialkonstruktivistische Theorie von *gender* und *race* entwickelt, ist es hilfreich, zunächst einmal ihre Charakterisierung ameliorativer Projekte – in Beziehung zu anderen in der Philosophie geläufigen Methoden – nachzuvollziehen.

Der Sache nach führt Haslanger ihr Verständnis ameliorativer Projekte in ihrem Aufsatz »*Gender* und *Race*« – zunächst noch unter dem Namen »analytische Projekte« (in diesem Band, 67 f.)[2] –

2 Wie Haslanger in einem späteren Aufsatz ausführt, bediente sie sich ursprünglich des Ausdrucks »analytisch« unter Rückgriff auf Joan Scotts Aufsatz »Gender: A Useful Category of Historical Analysis« (1986). Zentral war für Haslanger dabei, dass *gender* für Scott nicht eine Identität, sondern einen Prozess der sozialen Prägung bezeichnet. Der so verstandene Begriff von *gender* soll dadurch gerade die verschiedenen Weisen einzufangen erlauben, auf die kulturelle Symbole, Normen

ein. Hier unterschiedet sie die von ihr favorisierte Methode von dem, was sie einerseits als »begriffliche« und andererseits als »deskriptive« Projekte bezeichnet. Auch diese begreift sie wiederum als je eine Weise, Fragen der Art »Was ist X?« zu beantworten. Dabei unterscheiden sie sich Haslangers zufolge beide von meliorativen Projekten, sofern sie nicht Bezug auf unsere Ziele nehmen, um diese Frage zu beantworten. Begriffliche Projekte beantworten sie auf Grundlage einer Analyse »unseres« Begriffs von X. Sie liefern uns damit das, was Haslanger als den »manifesten« Begriff von X bezeichnet.

Haslangers Verständnis begrifflicher Projekte entspricht dem, was gemeinhin auch als Begriffsanalyse bekannt ist, eine Methode, die vor allem in der analytischen Philosophie des 20. Jahrhunderts lange Zeit vorherrschend war. Ihr liegt die zentrale Idee zugrunde, dass wir Fragen der Art »Was ist X?« auf Grundlage *unseres Alltagsbegriffs* für X beantworten können. Ausgangspunkt der Beantwortung dieser Fragen sind dabei »unsere« gewöhnlichen sprachlichen Intuitionen über die korrekte Anwendung des Ausdrucks für X, die den alltäglichen Gebrauch eines sprachlichen Ausdrucks in einer bestimmten Sprachgemeinschaft widerspiegeln. Dabei wird der Begriff typischerweise »im Lehnstuhl« durch Introspektion oder neuerdings auch experimentell durch Umfragen oder ähnliche empirische Methoden analysiert. Im besten Fall läuft eine solche Analyse auf eine *Definition* von X hinaus, also auf die Angabe der jeweils notwendigen und zusammen hinreichenden Bedingungen dafür, X zu sein. Diese Definitionen werden wiederum anhand vortheoretischer oder *intuitiver* Urteile über bestimmte paradigmatische Fälle überprüft, die typischerweise in Form von Gedankenexperimenten präsentiert werden – ein Vorgehen, das im Englischen gemeinhin auch als »method of cases« oder im Deutschen manchmal auch als »Methode der Fälle« bezeichnet wird. Deskriptive Projekte hingegen beantworten die Fragen »Was ist X?«, indem sie, typischerweise mithilfe empirischer Wissenschaft, den Artbegriff angeben, unter den unsere *Paradigmen* (also unsere Musterbeispiele) für X fallen. Deskriptive Projekte liefern uns damit das, was Haslanger als den »operativen« Begriff von X bezeichnet. Sie entsprechen so-

und Praktiken über Gesellschaften und historische Perioden hinweg die Natur des Frau- oder Mannseins prägen (siehe Haslanger 2020a).

mit dem, was im Anschluss an Quine vor allem in der Erkenntnistheorie auch unter dem Stichwort der »Naturalisierung« bekannt ist (siehe Quine 1969; Kornblith 1994a+b, 1995, 2002; Goldman 1986, 1994, 1999). Naturalistische Ansätze eint, bei aller sonstigen Verschiedenheit, die Idee, dass philosophische Untersuchung und empirische Wissenschaft eng miteinander verknüpft sein sollten. Dabei unterscheiden sich solche Ansätze allerdings mit Blick darauf, ob sie diese Verknüpfung im Sinne des Rückgriffs auf die Ergebnisse empirischer Wissenschaften, der Reduktion von Phänomenen des Gegenstandsbereichs auf »natürliche« Phänomene oder der Verwendung empirischer Methoden verstehen (siehe Goldman 1994: 301-304).

Während Haslanger in ihrer Theorie von *race* und *gender* der Begriffsanalyse keine große Bedeutung beimisst, scheint ihr Ansatz sowohl deskriptive als auch ameliorative Elemente zu enthalten. Denn mit ihrer sozialkonstruktivistischen Theorie von *gender* und *race* beansprucht sie einerseits, diejenigen (sozialen) Arten auszumachen, auf die sich unsere sprachlichen Ausdrücke beziehen; andererseits beansprucht sie damit zugleich den Begriff zu explizieren, der den Zielen feministischer und antirassistischer Projekte am besten dient. Deswegen ist unklar, ob und, wenn ja, in welchem Maße diese Theorie eher als ein deskriptives oder als amelioratives Projekt anzusehen ist. Es lohnt sich deswegen, einen genaueren Blick auf Beispiele für diese beiden Methoden zu werfen und nachzuvollziehen, wie sich Haslanger auf sie bezieht.

1.1. Deskriptive Projekte und semantischer Externalismus

Eine Spielart naturalistischer Ansätze ist für Haslangers Verständnis »deskriptiver« Projekte besonders relevant: Es handelt sich um eine vor allem auf Arbeiten Kripkes, Putnams und Burges zurückgehende Familie sogenannter »metasemantischer« Theorien (also Theorien, die die metaphysischen Grundlagen der Bedeutung natürlicher Sprachen zum Gegenstand haben), die gemeinhin unter dem Banner des *semantischen Externalismus* versammelt sind. Ganz allgemein behaupten externalistische metasemantische Theorien, dass die Bedeutungen sprachlicher Aussagen und/oder die Gehalte von mentalen Zuständen wie Überzeugungen oder Wünsche nicht allein von den inneren Merkmalen der Individuen abhängen, die

Träger von Zuständen solchen Gehalts sind (etwa ihren intrinsischen physischen oder psychologischen Eigenschaften), sondern auch von Faktoren, die diesen Individuen äußerlich sind. Zu jenen Faktoren gehören – insbesondere in der kausal-historischen Spielart des semantischen Externalismus – beispielsweise Tatsachen, die die kausale Interaktion von Sprecher:innen mit ihrer physischen, soziolinguistischen oder historischen Umwelt betreffen. Diese metasemantische Theorie ist deswegen für Haslangers Theorie von *race* und *gender* relevant, weil sie, speziell in den von Kripke, Putnam und Burge vorgebrachten Versionen, für Ausdrücke für sogenannte »natürliche Arten« geltend gemacht wird. Natürliche Arten sind, grob gesagt, nicht-willkürliche Einteilungen der Natur, die nicht von unseren Interessen abhängen, z. B. chemische Stoffe wie Gold oder Wasser. Haslanger strebt an, *race* und *gender* nach dem Vorbild des semantischen Externalismus als *soziale* Arten zu begreifen.

Der semantische Externalismus geht typischerweise mit einer metaphysischen Doktrin einher, die Haslanger als »wissenschaftlichen Essenzialismus« bezeichnet und die ebenfalls ihrer Theorie von *race* und *gender* zum Vorbild dient. Dieser beerbt insofern das Programm der Naturalisierung, als ihm zufolge natürliche Arten Essenzen haben, von denen wir nur mithilfe empirischer Wissenschaft Kenntnis erlangen können. So behauptet beispielsweise Kripke, dass bestimmte Identitätsaussagen über natürliche Arten wie »Wasser ist H_2O« oder »Gold ist das Element mit der Ordnungszahl 79«, falls sie wahr sind, dies notwendigerweise sind und dass es ohne die Zuhilfenahme von empirischer Wissenschaft – in diesem Fall der Chemie – nicht möglich wäre, zu wissen, dass sie wahr sind. In diesem Sinne wäre das Wissen von natürlichen Arten und der Bedeutung der Ausdrücke für sie nicht *a priori*, sondern vielmehr *a posteriori*.

Der wissenschaftliche Essenzialismus wird oft mit dem *sozialen* Externalismus kombiniert, also mit der Idee, dass selbst Sprecher:innen, die einen Ausdruck nur unvollständig verstehen, ihn dennoch kompetent gebrauchen und Überzeugungen über seinen Gegenstand haben können, indem sie sich an denjenigen Expert:innen orientieren, die das einschlägige Wissen haben (siehe Burge 1979). Aufgrund dieser »Arbeitsteilung« in unserem öffentlichen Sprachgebrauch geben uns empirische Wissenschaften wie die Chemie somit Auskunft darüber, worauf sich unsere Ausdrücke wie »Wasser« oder »Gold« beziehen. Der wissenschaftliche Essenzialismus in Bezug auf natürliche Arten legt damit – als deskriptives Projekt im Sinne Haslangers – fest, was der *operative* Begriff ist, unter den die Paradigmen (oder Musterbeispiele) fallen, die wir gemeinhin für eine solche Art anführen. Während Autoren wie Kripke, Putnam und Burge sich in ihren Arbeiten vorwiegend mit Kandidaten für *natürliche* Arten wie die oben angeführten beschäftigen, schlägt Haslanger vor, das von ihnen formulierte philosophische Programm auf *soziale* Arten – und zu diesen zählt sie auch *gender* und *race* – auszuweiten.

Wie Haslanger betont, geht ihr Argument dafür, *gender* und *race* als soziale Arten zu begreifen, nicht allein von der Frage aus, welcher Begriff unsere Paradigmen am besten erfasst. Vielmehr ist für dieses die Frage, welcher Begriff unseren – nicht bloß epistemischen, sondern auch moralischen oder politischen – Zielen am besten dient, ebenso relevant. Haslangers Argument dafür, warum wir in unserer Theoriebildung solche nicht-epistemischen Werte berücksichtigen sollten, bleibt umrisshaft. Um dieses Argument besser nachvollziehen zu können, ist es deswegen hilfreich, einen Blick auf diejenigen methodologischen Ansätze zu werfen, denen ihr Verständnis ameliorativer Projekte entlehnt ist. Hier sind vor allem die erkenntnis- und wissenschaftstheoretischen Überlegungen Helen Longinos und Elizabeth Andersons zur Rolle, die nicht-epistemische Werte bei der Wahl wissenschaftlicher Hypothesen und Theorien sowie bei der wissenschaftlichen Klassifikation spielen, unmittelbar relevant (siehe Carnap 1950; Quine 1960; Longino 1990, 1995; Anderson 1995).[3] Haslanger stützt sich, bis in ihre Terminologie hinein, direkt auf diese Überlegungen.

Longino stellt in ihrer kritischen Auseinandersetzung mit dem

3 Wie Haslanger selbst bemerkt, ist ihr Verständnis ameliorativer Projekte entfernt mit Quines – wiederum Carnap entlehntem – Verständnis »explikativer Definition« verwandt (siehe in diesem Band, 112). Dabei ist ihr Bezug auf Carnaps Verständnis von »Begriffsexplikation« (via Quine) allerdings eher allgemeiner Natur. Carnaps und Haslangers Verständnis (wie auch das anderer philosophischer Ansätze, die gemeinhin unter Bezeichnungen wie »conceptual engineering« oder »conceptual ethics« zusammengefasst werden) besagt, dass es nicht darum geht, zu bestimmen, was für Begriffe wir tatsächlich verwenden, sondern vielmehr darum, was für Begriffe – im Lichte bestimmter normativer Erwägungen – wir verwenden *sollten* (zum Vergleich zwischen Carnaps »Begriffsexplikation« und Haslangers »ameliorativen Projekten« siehe Dutilh Novaes 2019).

Ideal der Wertfreiheit in den Wissenschaften infrage, dass irgendeine wissenschaftliche Methode gewährleisten kann, dass eine akzeptierte Hypothese oder Theorie vollkommen wertfrei ist (siehe Longino 1990: 12). Ihr Argument für die These, dass wissenschaftliche Forschung unweigerlich durch bestimmte Werte beeinflusst ist, geht von einer Unterscheidung zwischen dem aus, was sie als »konstitutive« und »kontextuelle« Werte bezeichnet (siehe ebd.: 4). Erstere bezeichnet sie auch als »kognitive« Werte, die der Wahrheitsfindung dienlich sind (siehe Longino 1995: 383-384). Sie umfassen Werte wie Einfachheit, Konsistenz oder Erklärungskraft und sind auch unter Wissenschaftstheoretiker:innen, die dem Ideal der Wertfreiheit anhängen, weitgehend unumstritten. Letztere sind dem sozialen Kontext entnommen, in dem wissenschaftliche Forschung betrieben wird. Sie betreffen die praktischen Interessen von Wissenschaftler:innen und umfassen die moralischen, sozialen oder politischen Werte, denen sie anhängen: was sie für moralisch erlaubt und geboten oder für eine wünschenswerte soziale oder politische Ordnung halten. Sie umfassen damit beispielsweise Werte wie Gleichheit oder Gerechtigkeit. Es ist die Unvermeidbarkeit dieser kontextuellen Werte in der wissenschaftlichen Forschung, für die Longino argumentiert. Ihr Argument geht von einer Spielart der Unterbestimmtheit unserer Wahl von Hypothesen oder Theorien durch Erfahrung (also Beobachtung oder Experiment) aus. Diesem Argument zufolge legt ein bestimmtes Element unserer Erfahrung als solches nicht schon fest, für welche Hypothese oder Theorie es als Evidenz angeführt werden kann (siehe Longino 1990: 40-43, 2002: 127 – vgl. Duhem 1954; Quine 1951). Vielmehr ist dies nur dann der Fall, wenn eine Hintergrundannahme vorliegt, die eine Verbindung zwischen jenem Element und der fraglichen Hypothese oder Theorie herstellt (siehe Longino 1990.: 44). Epistemische Rechtfertigung ist damit laut Longino durch den Kontext solcher Hintergrundannahmen vermittelt. Dabei können (mehr oder weniger transparente) kontextuelle Werte indirekt zur epistemischen Rechtfertigung beitragen, indem sie beeinflussen, auf welche dieser Annahmen Wissenschaftler:innen sich in ihrer Forschung stützen (siehe ebd.: 44, 216). Dem aus diesem Argument folgenden »kontextuellen Empirismus« (Longino 1990, 2002) zufolge muss dieser Einfluss allerdings nicht nach sich ziehen, dass wissenschaftliche Forschung schon dadurch verdorben wird, dass sie in diesem Sinn wertbehaftet ist. Vielmehr argumentiert Longino dafür, dass der Einfluss, den die praktischen Interessen von Wissenschaftler:innen auf ihre Forschung nehmen können, die kognitiven oder konstitutiven Werte nicht verletzen muss. Mehr noch: Diese praktischen Interessen können selbst als kognitive Werte fungieren, indem sie festlegen, was als gutes oder annehmbares wissenschaftliches Urteil anzusehen ist (siehe Longino 1995: 383-384). Die scharfe Trennung zwischen epistemischen oder kognitiven Werten einerseits und moralischen sozialen oder politischen Werten lässt sich Longino zufolge deswegen nicht aufrechterhalten.

Anderson formuliert im Anschluss an Longino ein ähnliches Argument gegen das Ideal der Wertfreiheit in den Wissenschaften, das speziell auf wissenschaftliche *Theorien* zugeschnitten ist. Sie geht dabei von der Anhänger:innen dieses Ideals zugeschriebenen Annahme aus, dass das Ziel wissenschaftlicher Forschung darin besteht, uns wahre Aussagen über die Welt zu liefen. Weil Werturteile uns keine Evidenz dafür liefern, dass eine Aussage wahr oder falsch ist, so folgt aus dieser Annahme, dass sie keine Rolle in der Auswahl wissenschaftlicher Theorien spielen dürfen. Dieser Annahme setzt Anderson entgegen, dass wissenschaftliche Forschung nicht auf eine bloße Ansammlung, sondern vielmehr ein organisiertes Ganzes wahrer Aussagen abzielt, das einen Anspruch auf »Signifikanz« (*significance*) erheben kann (siehe Anderson 1995: 37). Denn nicht jede Ansammlung wahrer Aussagen über ein Phänomen macht schon eine akzeptable Theorie dieses Phänomens aus. Vielmehr kann sie auch verzerrt, voreingenommen oder belanglos sein.

Ob es sich bei einer Ansammlung wahrer Aussagen auch um eine angemessene und unvoreingenommene Darstellung des fraglichen Phänomens handelt, lässt sich Anderson zufolge allerdings nur relativ zu unseren Werten, Interessen und Zielen feststellen, von denen einige auch moralischen oder politischen Gehalts sein können. Weil damit aber die Ziele wissenschaftlicher Forschung über die Anhäufung wahrer Aussagen hinausgehen und die Wahl von Theorien relativ zu diesen Zielen gerechtfertigt oder auch kritisiert wird, gibt es neben der Wahrheit dieser Aussagen weitere Gesichtspunkte, nach Maßgabe derer wir sie rechtfertigen oder kritisieren (siehe Anderson 1995: 53).

Zu den Gesichtspunkten, anhand derer wir die Wahl von Theorien rechtfertigen oder kritisieren, gehören Anderson zufolge nun jene moralischen, sozialen oder politischen Werte, die dem sozialen Kontext wissenschaftlicher Forschung entnommen sind und denen auch Longino eine Rolle bei der Wahl von Hypothesen oder Theorien zuspricht. Sie legen somit als Teil des Rechtfertigungskontextes teilweise fest, was wir als *signifikant* ansehen. Ihrem Argument hierfür liegt das zugrunde, was wir auch als ein »erotetisches« (oder fragebezogenes) Verständnis wissenschaftlicher Forschung bezeichnen können, dem zufolge diese nicht lediglich beliebige wahre Aussagen, sondern Antworten auf *Fragen* sucht (siehe ebd.: 39 f.). Demnach sind nur diejenigen wahren Aussagen als signifikant anzusehen, die die Antwort auf die je gestellte Frage betreffen. Dabei sind viele der Fragen, die wir in wissenschaftlicher Forschung zu beantworten suchen, durch kontextuelle Werte und Interessen, also durch die moralischen, wirtschaftlichen, kulturellen, politischen oder sonstigen Belange motiviert, die dem Kontext entstammen, in dem jene Forschung betrieben wird. Und in dem Maße, in dem die Fragen, die wissenschaftliche Forschung antreiben, in diesem Sinn wertbehaftet sind, sind auch nur die wahren Aussagen als signifikant anzusehen, die für jene Belange relevant sind. Als einigermaßen unkontroverses Beispiel hierfür ließe sich die Medizin anführen. Denn wir können die medizinische Signifikanz bestimmter physiologischer oder psychologischer Zustände, die Gegenstand medizinischer Forschung sind, als eine Sache ihrer Bewertung im Lichte von Werten wie menschliches Wohlergehen ansehen, wobei diese Werte wiederum der medizinischen Praxis entnommen sind.

Signifikanz und Unvoreingenommenheit einer Theorie sind somit nicht lediglich eine Sache der Wahrheit der in ihr enthaltenen Aussagen. Vielmehr hängen sie von den kontextuellen Werten ab, die die in wissenschaftlicher Forschung gestellten Fragen motivieren. Aus diesem Grund spielen Anderson zufolge kontextuelle Werte in der Rechtfertigung oder Kritik der Wahl einer Theorie eine legitime Rolle. Sie macht diese Überlegungen schließlich auch für die Praxis theoretischer *Klassifikation* geltend. Denn ihr zufolge ist für die alleinige Angemessenheit einer Theorie, die sich einer bestimmten Klassifikation bedient, nicht schon hinreichend, dass sie bestimmte kausal-explanatorische Strukturen in der Welt herausgreift. Vielmehr mag es eine beliebige Anzahl weiterer ähnlicher Klassifikationen geben, die diese Bedingung ebenso sehr erfüllen. Um zwischen diesen zu wählen, bedarf es Anderson zufolge einer weiteren Rechtfertigung, die ebenfalls von kontextuellen Werten abhängt.

An diese Überlegungen knüpft Haslanger in ihrer Charakterisierung ameliorativer Projekte direkt an, wenn sie zunächst feststellt, dass es in diesen nicht um beliebige, sondern vielmehr *signifikante* wahre Aussagen gehe (in diesem Band, 71). Nach Maßgabe von Andersons Verständnis von Signifikanz gehen ameliorative Projekte damit nicht nur von bestimmten epistemischen, sondern auch ihrem Kontext entnommenen moralischen oder politischen Zielen aus. Dabei ist Haslangers Verständnis der für solche Projekte relevanten Kontexte der kritischen Theorie im weiten Sinn entlehnt. Denn diese ist in dem Sinn sowohl epistemisch als auch politisch »situiert«, dass sie einer (feministischen oder antirassistischen) politischen Bewegung gegenüber verpflichtet ist und zu deren Zielen beizutragen sucht (siehe Haslanger 2012: 22-30, 2017: 161 – vgl. Fraser 1989: 113). Es sind also die Ziele einer solchen Bewegung, denen die Begriffe ameliorativer Projekte dienen sollen. Nicht zuletzt ist deswegen auch die Signifikanz wahrer Aussagen an diesen Zielen zu bemessen. Aus diesem Grund hängt der Erfolg ameliorativer Projekte nicht allein von den üblichen epistemischen Standards empirischer Adäquatheit ab, sondern auch davon, ob sie den Zielen der sozialen Bewegung dienen, in die sie eingebettet sind. Im Lichte dieser Ziele fragt die (feministische, antirassistische) Theoretikerin, die einem ameliorativen Projekt nachgeht, was für Begriffe wir haben *sollen*, um den praktischen Zielen der sozialen Bewegung am besten zu dienen, der gegenüber sie verpflichtet ist. Ihre Antwort auf diese Frage gibt uns den *Zielbegriff* an die Hand. Eine solche Formulierung der Ausgangsfrage ameliorativer Projekte legt schließlich nahe, dass diese, wenn der manifeste und der operative Begriff unseren Zielen nicht dienlich sind, auf eine *Revision* diese Begriffe hinauslaufen.

1.2. Einwände und Weiterentwicklungen

Haslangers ursprüngliche Konzeption ameliorativer Projekte in Abgrenzung von begrifflichen und deskriptiven hat zu zwei Einwänden Anlass gegeben. Wie Haslanger bereits in ihrem Aufsatz aus dem Jahre 2000 einräumt, sieht sie sich erstens einem Einwand ausgesetzt, den schon Peter Strawson gegen Carnaps Begriffsexplikation vorgebracht hat (in diesem Band, 70 – vgl. Strawson 1963). Diesem Einwand zufolge laufen revisionäre Analysen von Begriffen auf einen Themenwechsel hinaus.[4] Und wie sie zweitens in späteren Arbeiten ebenfalls selbst einräumt und auch andere (teils kritisch) hervorgehoben haben, lassen sich begriffliche, deskriptive und ameliorative Projekte nicht vollständig voneinander trennen (siehe Haslanger 2020a; Díaz-León: 2020). So ist insbesondere mit Blick auf Haslangers eigene Theorien von *gender* und *race* nicht vollkommen klar, ob diese (im Sinne eines deskriptiven Projektes) einen Begriff für die (soziale) Art nur offenlegen, auf die wir uns tatsächlich mit unserer Klassifikation beziehen, oder aber (im Sinne eines ameliorativen Projektes) einen Begriff entwickeln, den wir verwenden *sollten*. Diese Unklarheit rührt daher, dass Haslanger in späteren Arbeiten nicht nur dem Einwand entgegnen will, dass die ihrer Untersuchung von *gender* und *race* zugrunde liegende Methode auf einen Themenwechsel hinausläuft, sondern auch dem Missverständnis vorbeugen will, dem zufolge es ihr *allein* darum gehe, eine unseren moralischen oder politischen Zwecken dienliche Theorie dieser Arten zu entwickeln, die *nichts* mit unserem alltäglichen begrifflichen Apparat zu tun habe (siehe Glasgow 2006). Aus diesem Grund betont sie, dass diese Methode ihrem Resultat nach weniger revisionär ist, als es den Anschein haben mag (siehe Haslanger 2005, 2006). Vielmehr beansprucht sie mit dieser Methode *offenzulegen*, auf welche (soziale) Art wir uns mit unseren *gender*- und *race*-Ausdrücken *von Anfang an* bezogen haben, auch wenn dies für uns, oft aufgrund von unterdrückerischen Ideologien, nicht transparent sein mag. Für denjenigen Begriff, auf den wir so hinauswollen, selbst wenn wir ihn nur unvollständig verstehen, reserviert Haslanger nun den Ausdruck »Zielbegriff« (in diesem Band, 117). Hierdurch wird zwar ersichtlich, inwiefern Haslanger in ihrer Untersuchung von *gender* und *race* beim Thema bleibt. Dafür scheint diese Untersuchung allerdings *deskriptiver* und nicht *ameliorativer* Art zu sein. Was bliebe damit in Haslangers so präzisierter Methodologie aber von ihrer ursprünglichen Konzeption ameliorativer Projekte?

Um diesen Einwänden und Fragen zu begegnen, buchstabiert

4 Eine aktuelle Diskussion dieses Einwandes findet sich etwa bei Cappelen 2018, Haslanger 2020a, Nado 2019, Pinder 2017, Prinzing 2017 und Sawyer 2020a.

Haslanger in ihren jüngsten Beiträgen zur philosophischen Methodologie das Verhältnis der deskriptiven und ameliorativen Hinsicht ihrer philosophischen Methode weiter aus (siehe Haslanger 2020a+b). Diese Beiträge rücken, unter Rückgriff auf eine von Laura und Francois Schroeter entwickelte Spielart des semantischen Externalismus, den Begriff einer »repräsentationalen Tradition« in den Mittelpunkt ihres Ansatzes (siehe Haslanger 2020 – vgl. Schroeter & Schroeter 2015). Eine repräsentationale Tradition besteht ihnen zufolge aus den verschiedenen sprachlichen und epistemischen Praktiken, die sich auf einen Gegenstand beziehen und die bereits die Bedeutung unserer Ausdrücke und unsere Welt geprägt haben. Als kritische Theoretiker:innen, die die Bedeutung unserer sprachlichen Ausdrücke untersuchen, nehmen wir keinen dieser Tradition äußerlichen Standpunkt ein. Vielmehr sind wir selbst in sie eingebettet. In einer solchen Tradition hat schließlich der Begriff von X eine bestimmte *Funktion*, nämlich uns die Koordination und Organisation unseres Zusammenlebens zu ermöglichen. Wenn wir uns also Fragen der Art »Was ist X?« – wie beispielsweise »Was ist Wasser?« – stellen, so müssen wir diesem Ansatz zufolge von derjenigen repräsentationalen Tradition, die sich mit X (in diesem Fall Wasser) beschäftigt, ausgehen sowie von der Funktion, die der Begriff von X in ihr spielt. Es ist diese Funktion, die die Identität des fraglichen Begriffes auch in Anbetracht einer Änderung der Praktiken, aus denen unsere repräsentationale Tradition von X besteht, gewährleistet.

Diese Praktiken können allerdings hinsichtlich der Interessen, die wir mit ihnen verfolgen, uneinheitlich, unvollständig und sogar widersprüchlich sein (vgl. Schroeter & Schroeter 2015: 34). Aus diesem Grund verstehen wir sie auch häufig nicht oder nur unvollständig. Die fragliche Tradition besser zu verstehen, beinhaltet damit oft, dass wir sie verändern. Hier setzt auch die kritische Theoretikerin des Gegenstandes einer gegebenen repräsentationalen Tradition an. Damit sie Fragen der Art »Was ist X?« beantworten kann, bedarf sie dessen, was Schroeter und Schroeter als eine »rationalisierende Interpretation« der Tradition, die X zum Gegenstand hat, bezeichnen. Diese geht von einer Diagnose und Systematisierung derjenigen repräsentationalen Interessen aus, die wir als Teilnehmer:innen an dieser Tradition verfolgen. Sie liefert uns damit auch die Standards, anhand derer wir die Angemessenheit von Überzeugungen bezüglich des Gegenstands der fraglichen Tradition beurteilen (siehe Schroeter & Schroeter 2015: 430, 435). Auf diesem Wege können wir die fragliche Tradition im Lichte der in ihr verfolgten Interessen rechtfertigen oder rationalisieren.

Weil sie uneinheitlich, unvollständig und sogar widersprüchlich sein mag, können wir, wenn wir versuchen, die fragliche Tradition zu rechtfertigen, bestimmte ihrer Stränge – also bestimmte derjenigen Praktiken, aus denen sie besteht – zugunsten anderer hervorheben. Zudem mögen verschiedene an ihr beteiligten Gemeinschaften verschiedene Stränge dieser Tradition hervorheben, je nachdem, zu welchen der Praktiken sie verpflichtet sind, was für Fragen sie stellen und was für Überzeugungen ihnen die Welt sonst abnötigt (indem sie beispielsweise beim Versuch, nach Maßgabe alter Überzeugungen zu handeln, auf Widerstand stoßen). Damit läuft die rationalisierende Interpretation einer repräsentationalen Tradition darauf hinaus, Urteile darüber zu fällen, wie wir besser verstehen, was wir in dieser tun, und wie wir sie fortsetzen sollen. In solchen Urteilen wird die fragliche Tradition gleichermaßen (im Sinne eines deskriptiven Projektes) *interpretiert* und (im Sinne eines ameliorativen Projektes) *verbessert*. Somit kann eine rationalisierende Interpretation einer repräsentationalen Tradition zu einem bestimmten Gegenstand, um auf unser zweites Ausgangsproblem zurückzukommen, sowohl deskriptiv als auch ameliorativ sein. Die Amelioration besteht dabei darin, dass wir unsere Urteile darüber, was als X anzusehen ist oder was für Aussagen über X wahr sind, im Hinblick auf eine Interpretation unserer vergangenen Praktiken und ihrer Projektion in die Zukunft anpassen. In dem Maße, in dem dabei nicht nur die Kontinuität eines Teils der Praktiken, die eine repräsentationale Tradition ausmachen, sondern auch die der Funktion, die der Begriff von X in der repräsentationalen Tradition hat, gewahrt sind, bleiben wir, um auf unser erstes Ausgangsproblem zurückzukommen, beim Thema. In der Untersuchung der Bedeutung bestimmter Ausdrücke wie *gender* und *race* geht es mithin darum, zu bestimmen, wie wir, in Anbetracht einer rationalisierenden Interpretation unserer repräsentationalen Tradition, diese fortsetzen wollen. Es ist diese so verstandene Methodologie, die Haslangers sozialkonstruktivistischer Theorie von *race* und *gender* zugrunde liegt.

2. Eine sozialkonstruktivistische Theorie von *gender* und *race*

Nach Maßgabe von Haslangers philosophischer Methodologie müssen die Begriffe von *gender* und *race* als Teil einer feministischen und antirassistischen Sozialtheorie Zielen dienlich sein, die dem Kontext ihres ameliorativen Projektes zu entnehmen sind. Zu diesem Kontext gehören die sozialen Bewegungen, die sich für die Belange von Frauen und *people of color* einsetzen. Das allgemeine Ziel, das Haslanger ihnen entnimmt, lautet, dass die Begriffe von *gender* und *race* als »wirksame Instrumente im Kampf gegen Ungerechtigkeit« (in diesem Band, 72) dienen sollen. Was dieses allgemeine Ziel beinhaltet, lässt sich anhand der feministischen Diskussion über *gender* veranschaulichen. Denn im Kampf gegen Geschlechterungerechtigkeit haben feministische Theoretikerinnen spezifische Probleme ausgemacht, die eine Theorie von *gender* lösen muss, wenn sie denn wirksam sein soll. Sie erwachsen insbesondere aus dem Anspruch des Feminismus, *im Namen von Frauen* zu kämpfen, also für die Interessen und Rechte *von Frauen* einzustehen. Diese Probleme sind somit *politischer* Art, weil sie die politische Mobilisierung aufgrund der Zugehörigkeit zu einer Gruppe betreffen. Dabei ist eine zentrale Implikation dieses Anspruchs, dass es sich bei den Frauen, in deren Namen der Feminismus kämpft, um eine *reale* Gruppe handelt, die im politischen Kampf gegen Geschlechterungerechtigkeit *geeint* ist. *Gender* soll, dieser Implikation zufolge, als Grundlage für eine feministische soziale Bewegung dienen. Um nun die Probleme nachzuvollziehen, die sich aus diesem Anspruch für eine Theorie von *gender* ergeben, ist es hilfreich, einen kurzen Blick auf die Geschichte dieses Begriffs zu werfen.

2.1. Eine kurze Geschichte feministischer Theorie: Gender

In den 1970er-Jahren entlehnen Feministinnen den Ausdruck »gender« von Psychologen, die sich mit Transidentität beschäftigten, um psychologische oder soziale Unterschiede zwischen Frauen und Männern (im Gegensatz zu biologischen) zu bezeichnen. Diese terminologische Aneignung war insbesondere gegen den biologischen Determinismus gerichtet, dem zufolge Unterschiede in der

Psychologie oder dem Verhalten von Frauen und Männern durch ihre jeweilige biologische Natur begründet seien (siehe Mikkola 2017: 2-4). Diese Auffassung stand unter dem Verdacht, im Dienste einer sexistischen Agenda zu stehen, nach der die untergeordnete gesellschaftliche Stellung von Frauen aus ihrer biologischen Natur folge, etwa weil sie aufgrund dieser Natur für Gleichstellung ungeeignet oder an ihr nicht interessiert seien. In diesem Sinn ist der biologische Determinismus eng mit der Auffassung verbunden, dass die untergeordnete gesellschaftliche Stellung von Frauen, weil sie vermeintlich unveränderbar ist, auch gerechtfertigt sein müsse. Dagegen erlaubte die Unterscheidung von *sex* und *gender*, zu argumentieren, dass viele dieser Unterschiede gesellschaftlich hervorgebracht und daher auch gesellschaftlich veränderbar sind (siehe beispielsweise Millet 1971; Rubin 1975 – vgl. Mikkola 2017: 6-8).

Gibt es aber überhaupt eine das Wesen des Frauseins ausmachende Eigenschaft, aufgrund derer *gender* als Grundlage einer Politik dienen kann, die sich für die Belange *aller* Frauen einsetzt? Und welche Eigenschaft ist es, die für die Zugehörigkeit eines Menschen zur Gruppe der Frauen wesentlich ist? Diese beiden Fragen stehen im Mittelpunkt einer bis heute andauernden philosophischen Diskussion über *gender*, zu der Haslanger mit ihrem Aufsatz »Gender und Race« erstmals beiträgt.

Mit der Etablierung von *gender* als Schlüsselbegriff feministischer Theoriebildung ging zunächst die Formulierung von Theorien einher, die die erste Frage bejahten. Diese Familie von Theorien, denen zufolge Frauen eine bestimmte Eigenschaft gemein ist, kraft derer sie eine Gruppe bilden, lässt sich als *Realismus* in Sachen *gender* bezeichnen (siehe Mikkola 2017: 12). Sie unterscheiden sich mit Blick auf die Antwort, die sie auf die zweite Frage geben. Um nur zwei prominente Beispiele zu nennen: So sah Nancy Chodorow *gender* als eine Sache der sozialisationsbedingten *Persönlichkeiten* von Frauen und Männern an, die sich in Reaktion auf ihre frühkindliche Sozialisation herausbilden (siehe Chodorow 1978, 1995). Catharine MacKinnon hingegen sah *gender* vor allem als eine Sache von *Sexualität* an, nach Maßgabe derer wiederum sämtliche Verhältnisse zwischen Frauen und Männern strukturiert sind (siehe MacKinnon 1989, 2006). Frauen und Männer werden für MacKinnon durch eine Erotisierung von Dominanz und Unterwerfung erschaffen, in der weibliche Menschen als Objekte zum

Zweck der Befriedigung männlichen Begehrens betrachtet und behandelt werden.

Der Realismus in Sachen *gender* sah sich allerdings Ende der 1980er und zu Beginn der 1990er Jahre einer tiefgreifenden Kritik ausgesetzt. Zwei Einwände sind dabei für Haslangers melioratives Projekt relevant. Ersterem Einwand zufolge trägt der *gender*-Realismus nicht Unterschieden zwischen Frauen verschiedener *race*, Kultur oder (sozioökonomischer) Klasse Rechnung. Vielmehr verallgemeinert er unzulässigerweise eine Eigenschaft, die lediglich Frauen einer bestimmten *race*, Kultur oder (sozioökonomischen) Klasse (typischerweise weiße, westliche Frauen der Mittelschicht) auszeichnet. Dadurch verwechselt er fälschlicherweise die Lebenssituation dieser Untergruppe von Frauen mit der *aller* Frauen. Eine einflussreiche Version dieses Einwandes hat Elizabeth Spelman vorgebracht (siehe Spelman 1988 – vgl. Harris 1993; Stone 2007).[5] Aus diesem Einwand folgt das *Problem der Gemeinsamkeit*: Können wir eine (soziale) Eigenschaft identifizieren, die allen weiblichen Menschen gemeinsam ist und aufgrund derer sie eine geeinte Gruppe ausmachen?

Der zweite Einwand baut auf ersterem auf, betrifft aber eher die politischen Konsequenzen des Realismus in Sachen *gender*. Ihm zufolge ist jeder Versuch, überhaupt eine Eigenschaft auszumachen, die Frausein definieren soll, damit gleichbedeutend, diese Eigenschaft als ein *Ideal* des Frauseins zu setzen. Der Einwand beruht auf der zentralen Annahme, dass eine jede Definition von »Frau« nicht bloß *deskriptiv*, sondern auch *normativ* ist (siehe Butler 1991: 160). Die Setzung eines solchen Ideals läuft wiederum darauf hinaus, diejenigen weiblichen Menschen zu privilegieren, die dem fraglichen Ideal entsprechen, und andere im Gegenzug zu marginalisieren. Eine einflussreiche Version dieses Argumentes hat Judith Butler vorgebracht (siehe Butler 1991; Frye 1996; Heyes 2000). Aus ihm folgt das *Problem der Normativität*: Können wir *Frau* in Bezug auf eine (soziale) Eigenschaft definieren, die nicht darauf hinausläuft, weibliche Menschen mit dieser Eigenschaft zu privilegieren und andere zu marginalisieren, denen diese Eigenschaft fehlt?

Beide Einwände zusammengenommen haben viele andere Fe-

5 Siehe Mikkola 2006 für eine kritische Diskussion von Spelmans Argumenten gegen den Realismus in Sachen *gender* und Stoljar 2011 für weitere Diskussionen sowie zu Mikkolas Kritik an Spelman.

ministinnen zu dem Schluss verleitet, dass der Realismus in Sachen *gender* nicht nur theoretisch, sondern auch praktisch gesehen unhaltbar sei (siehe beispielsweise Young 1997: 13). Dieser Schluss sorgte wiederum bei vielen für eine nachhaltige Skepsis dem bloßen Bestreben gegenüber, *irgendwelche* Eigenschaften zu identifizieren, die das Wesen des Frauseins ausmachen. Er lief somit letztlich darauf hinaus, zu bestreiten, dass es überhaupt reale Gruppen gibt, auf die sich Ausdrücke wie »Frau« oder »Mann« beziehen. Nach dieser *nominalistischen* Auffassung ist die Einheit zwischen den Menschen, die wir mit diesen Ausdrücken bezeichnen, nur begrifflicher oder sprachlicher Art. Manche Feministinnen zogen hieraus schließlich die praktische Konsequenz, dass wir Ausdrücke wie »Frau« gar nicht oder, wenn überhaupt, nur mit großer Vorsicht verwenden sollten (siehe Riley 1988).

In Anbetracht dieser beiden Einwände drängte sich allerdings auch für viele Feministinnen, die eine nominalistische Position vertraten, unmittelbar die Frage auf, wie wir für die Interessen und Rechte von Frauen einstehen können, wenn es gar keine reale, durch eine gemeinsame (soziale) Eigenschaft geeinte Gruppe gibt, in deren Namen wir dies tun (siehe Alcoff 1988: 282; Stoljar 1995: 282; Young 1997: 13). Um diese Frage zu beantworten, versuchten sie, *gender* so zu verstehen, dass es die ihm zugeschriebene Rolle, als Grundlage einer feministischen Bewegung zu dienen, erfüllen kann, ohne dabei den Problemen der Gemeinsamkeit und Normativität anheimzufallen. Im Kontext dieser Versuche ist auch Haslangers ameliorative Theorie von *gender* (und von *race*) zu sehen. Ihr zufolge kann aber nur ein realistisches Verständnis von *gender* die Rolle erfüllen, die Feministinnen ihm zugeschrieben haben. Die zentrale Herausforderung für dieses Verständnis besteht somit darin, die Probleme der Gemeinsamkeit und der Normativität zu vermeiden.

2.2. Die »fokale« Analyse von *gender* und *race*

Wie oben bereits dargelegt, sollen Haslanger zufolge die Begriffe von *gender* und *race* als »wirksame Instrumente im Kampf gegen Ungerechtigkeit« dienen. Im Lichte der soeben umrissenen Probleme buchstabiert sie die Hinsichten, in denen sie diese Rolle erfüllen, anhand von vier Erfordernissen weiter aus (in diesem Band, 72 f.):

1. Sie sollen die »anhaltende Ungleichheit zwischen weiblichen und männlichen Menschen sowie zwischen Menschen von unterschiedlicher *color* zu identifizieren und zu erklären« erlauben.
2. Sie sollen ermöglichen, »sowohl Ähnlichkeiten und Unterschiede zwischen männlichen und weiblichen Menschen als auch Ähnlichkeiten und Unterschiede zwischen Mitgliedern einer Gruppe, die durch *color* abgegrenzt wird, [zu] erfassen«.
3. Sie sollen zu erkennen helfen, »wie *gender* und *race* in eine große Bandbreite sozialer Phänomene eingelassen sind, darunter auch solche, die auf den ersten Blick nichts mit Unterschieden in Sachen *gender* oder *race* zu tun haben«.
4. Schließlich sollen sie erlauben, »*gender* und *race* auf eine Weise zu theoretisieren, die die Handlungsfähigkeit von Frauen und *people of color* beider *gender* ernst nimmt und die es erlaubt, ein Verständnis von Handlungsfähigkeit zu entwickeln, das feministischen und antirassistischen Bemühungen darin hilft, kritische soziale Akteur:innen zu ermächtigen«.

Nach Maßgabe ihrer Konzeption ameliorativer Projekte rückt Haslanger diejenigen Tatsachen über Frauen und *people of color* in den Fokus ihrer Analyse, die sie im Lichte ihrer Ziele als signifikant ansieht. Zu diesen Zielen gehört zentral die politische Mobilisierung von Frauen und *people of color* im »Kampf gegen Ungerechtigkeit«, in dem die Begriffe von *gender* und *race* als Mittel dienen sollen, wobei es die Probleme der Gemeinsamkeit und Normativität zu vermeiden gilt. Dieser Ansatz läuft auf ein *sozialkonstruktivistisches* Verständnis von *gender* und *race* als *Positionen* in einer hierarchischen Sozialstruktur hinaus. Mit diesem Verständnis will sie den im englischsprachigen Raum geläufigen feministischen Slogan »gender is the social meaning of sex« explizieren (und diese Explikation auf »race is the social meaning of color« erweitern). Dabei liegt ihrer Explikation die Idee zugrunde, dass sich weibliche und männliche Menschen (ebenso wie Menschen verschiedener *color*) nicht nur physisch, sondern ebenso hinsichtlich ihrer gesellschaftlichen Stellung (oder sozialen Position) unterscheiden.

Nach Haslanger hängt die soziale Position eines Menschen von bestimmten Faktoren ab: wie die Mitglieder einer Gesellschaft geneigt sind, bestimmte Arten menschlicher Körper wahrzunehmen oder sich ihnen gegenüber zu verhalten; was sie von diesen Menschen erwarten und was für Normen sie auf sie anwenden; wie das Leben dieser Menschen sich dadurch in sozialer, wirtschaftlicher, rechtlicher oder politischer Hinsicht gestaltet. Dabei können solche Faktoren sich in diesen Hinsichten verschiedentlich auswirken, sodass Menschen in einer gegebenen Gesellschaft wiederum unterschiedlich *positioniert* sind. Insbesondere sind sie im Verhältnis zu anderen *unter*- beziehungsweise *über*geordnet. Sofern Menschen nun aufgrund von (tatsächlichen oder vermeintlichen) körperlichen Merkmalen, die als Hinweis auf eine bestimmte reproduktive Rolle oder eine bestimmte geografische Herkunft angesehen werden, solch unter- oder übergeordneten sozialen Positionen einnehmen, gehören sie, in Haslangers Terminologie, verschiedenen *genders* beziehungsweise *races* an. So sind Männer im Verhältnis zu Frauen und weiße im Verhältnis zu nicht-weißen Menschen in den Vereinigten Staaten übergeordnet positioniert. *Sex* und *color* haben damit eine soziale Bedeutung, sofern jemanden als weiblich oder männlich, als weiß oder nicht-weiß zu erachten, Auswirkungen darauf hat, wie wir diesen Menschen behandeln und bewerten, was wir von ihm erwarten und dergleichen mehr. Haslanger versteht *gender* und *race* mithin als *soziale Klassen*, die durch Beziehungen der Über- und Unterordnung zueinander *definiert* sind.[6]

In ihrer Theorie von *gender* und *race* greift Haslanger somit auf die in den Geistes- und Sozialwissenschaften weitverbreitete Idee zurück, dass bestimmte, augenscheinlich natürliche Eigenschaften von Menschen, wie ihr Geschlecht, ihre »Rasse«, ihre sexuelle Orientierung oder andere Eigenschaften, die mit ersteren zu tun haben, *sozial konstruiert* seien.[7] Diese Idee besagt, dass die fraglichen

6 Dieses Verständnis von *gender* ist der Tradition des sogenannten materialistischen Feminismus und insbesondere der Theorie MacKinnons entlehnt (siehe Jaggar 1983; MacKinnon 1989; Young 1990). Ein wichtiger Unterschied zu MacKinnons Theorie besteht darin, dass Haslanger das für *gender* konstitutive Verhältnis der Unter- beziehungsweise Überordnung nicht auf Sexualität beschränkt. Vielmehr kann dieses Verhältnis sämtliche menschliche Aktivitäten betreffen, die der Reproduktion des sozialen Lebens dienen.

7 Es ist wichtig zu betonen, dass Haslangers Theorie von *gender* durchaus zulässt, dass es biologische Unterschiede zwischen Menschen unterschiedlichen Geschlechts gibt. Diese Unterschiede betreffen allerdings das, was sie als *sex* bezeichnet. Ausdrücke wie »Frau« oder »Mann« betreffen in ihrer Theorie hingegen *gender*, was ihrer Theorie zufolge keine Sache der Biologie ist.

Eigenschaften ihrer Existenz oder ihrem Wesen nach von koordinierter menschlicher Aktivität oder geteilten menschlichen Einstellungen abhängen. Der Sozialkonstruktivismus wird typischerweise dem *biologischen Realismus* entgegengesetzt. Er besagt, dass bestimmte menschliche Eigenschaften – wie eine Frau oder weiß zu sein – biologischer Art und somit ihrer Existenz oder ihrem Wesen nach von der Aktivität oder den Einstellungen von Menschen *unabhängig* sind. Dessen Zurückweisung ist oft durch das Bestreben motiviert, aufzuzeigen, dass die fragliche menschliche Eigenschaft nicht unausweichlich oder unveränderbar ist. Vielmehr sehen Sozialkonstruktivist:innen sie für veränderbar an, weil sie in einem bestimmten (erläuterungsbedürftigen) Sinn von sozialen Gegebenheiten *abhängt.*[8] Verändern wir, dieser Ansicht zufolge, die sozialen Gegebenheiten, von denen die fragliche Eigenschaft abhängt, dann verändern wir auch die Eigenschaft selbst. Und letztlich *sollten* wir die fragliche Eigenschaft verändern, weil sie schädlich ist (siehe Hacking 1999: 6 – vgl. Díaz-León 2015: 2). Dabei gehen Sozialkonstruktivist:innen typischerweise davon aus, dass der Umstand, dass wir diese Eigenschaft für natürlich halten, uns auch dazu verleitet, sie für unveränderlich zu halten. Diese Tatsache steht somit ihrer Veränderung im Wege. Aus diesem Grund suchen sie solche augenscheinlich natürlichen Eigenschaften als sozial konstruiert zu *entlarven.*

Unklar ist unter Sozialkonstruktivist:innen häufig, ob eine Zurückweisung des biologischen Realismus in Bezug auf die fragliche Eigenschaft auf eine Position hinausläuft, die gemeinhin als *Antirealismus* bezeichnet wird. Dieser besagt, dass der fragliche Ausdruck – hier Ausdrücke wie »Frau« oder »Mann« sowie »weiß« oder »nicht-weiß« – sich auf nichts in der Welt bezieht. Die fragliche Kategorie wäre demnach *leer.* Weil Haslanger die Begriffe von *gender* und *race* so verstehen will, dass sie sich auf *reale,* durch gemeinsame (soziale) Eigenschaften geeinte Gruppen – oder, wie sie es auch formuliert, »objektive Typen« (in diesem Band, 130) – beziehen, ist eines ihrer zentralen Ziele zu zeigen, dass der Sozialkonstruktivismus mit dem Realismus in Bezug auf *gender* und *race*

8 Für eine erhellende kritische Diskussion der Ansicht, dass eine Eigenschaft allein deswegen unveränderlich sei, weil sie natürlich ist und, im Gegenzug, allein deswegen veränderlich, weil sie sozial ist, siehe allerdings Antony 2000 und Hufendiek 2020.

vereinbar ist (siehe Haslanger 2012: 148-150, 153-157, 200-210 – vgl. Armstrong 1989).

Insbesondere mit den Arbeiten Ian Hackings ist der Begriff der Sozialkonstruktion auch zum Gegenstand einer *philosophischen* Diskussion geworden (siehe Hacking 1999). Haslanger knüpft in ihrer Behandlung dieses Begriffs denn auch an Hackings Arbeiten an. Dabei besteht ihr maßgeblicher Beitrag zu dieser Diskussion in der Unterscheidung zwischen verschiedenen Spielarten der Sozialkonstruktion. Insbesondere unterscheidet sie zwischen dem, was sie als *kausale* Sozialkonstruktion einerseits und *konstitutive* Sozialkonstruktion andererseits bezeichnet. Beide versteht sie als Spielarten der sozialen Konstruktion von (Arten von) Objekten. Diesem Verständnis zufolge ist ein Objekt X der Art F genau dann durch den sozialen Faktor Y *kausal* konstruiert, wenn Y das Vorliegen oder das Fortbestehen von X *verursacht*. Hierfür können wir beispielsweise viele Arten von Artefakten wie etwa die Artefakt-Art *Uhr* anführen (siehe Mallon 2007: 6). Denn das Vorliegen von Uhren ist durch soziale Faktoren wie etwa die gesellschaftliche Arbeitsteilung in deren Herstellung verursacht. Ein Objekt X der Art F ist hingegen genau dann durch den sozialen Faktor Y *konstitutiv* konstruiert, wenn Y *Teil der Definition* von F-Sein ist (siehe Mallon 2007: 6; in diesem Band, 21). Hierfür können wir wiederum viele institutionelle Rollen wie *Ehefrau* und *Ehemann* als Beispiel anführen (in diesem Band, ebd.). Denn es ist Teil der Definition dieser institutionellen Rollen, dass die, die sie innehaben, in einem bestimmten Verhältnis zu dem System solcher Rollen und den mit ihnen einhergehenden sozialen Praktiken stehen müssen, die zusammengenommen die soziale Institution *Ehe* ausmachen.

Es ist diese Unterscheidung, auf die Haslanger sich in ihrer Theorie von *gender* und *race* allem voran stützt. So ist beispielsweise *gender* nach Chodorow durch soziale Faktoren wie die frühkindliche Sozialisation *kausal* konstruiert, aufgrund derer Menschen für Frauen und Männer charakteristische Persönlichkeiten herausbilden. Für Haslanger hingegen (wie auch für MacKinnon) ist, in einer untergeordneten sozialen Position zu sein, Teil der Definition von Frausein. (Gleiches gilt ihrer Theorie von *race* zufolge auch für Schwarzsein.) Damit versteht sie beide als im *konstitutiven* Sinn sozial konstruiert (in diesem Band, 23).

Die von Haslanger vorgelegte Version einer sozialkonstruktivistischen Theorie von *gender* und *race* hat drei wichtige Implikationen (siehe Díaz-León 2015). *Erstens* versteht sie Mann oder Frau zu sein ebenso wie weiß oder nicht-weiß zu sein nicht als *intrinsische* Eigenschaften menschlicher Körper (wie ihre Hautpigmentierung oder ihre reproduktive Anatomie), wobei wir unter einer intrinsischen Eigenschaft eines Dinges, grob gesagt, eine solche verstehen können, hinsichtlich derer sich dieses Ding und dessen Duplikate nicht unterscheiden können (siehe Langton & Lewis 1998). Vielmehr versteht sie sie als *relationale* Eigenschaften, die ihrem Wesen nach davon abhängen, dass der Mensch, der sie besitzt, in bestimmten sozialen Beziehungen der Über- beziehungsweise Unterordnung steht. Dieses Verständnis hängt eng damit zusammen, wie wir nach Haslanger die fragliche Eigenschaft ändern können. Denn ihr zufolge bedeutet, die sozialen Faktoren zu ändern, die die Eigenschaft konstituieren, und die Eigenschaft selbst zu ändern, *einerlei*. *Zweitens* sind diese Eigenschaften keine (oder zumindest keine paradigmatischen) *biologischen* Eigenschaften. Denn es ist für sie wesentlich, dass der Mensch, der sie hat, in bestimmten sozialen Beziehungen der Über- beziehungsweise Unterordnung zu anderen steht, die von menschlicher Aktivität und menschlichen Einstellungen abhängen. Damit schließt Haslangers Sozialkonstruktivismus in Sachen *gender* und *race* den biologischen Realismus aus. *Drittens* folgt hieraus allerdings nicht, dass diese Eigenschaften nicht *real* sind. Denn Haslanger zufolge haben die Wahrnehmungs- und Verhaltensmuster, die die verschiedenen *genders* und *races* konstituieren, Auswirkungen auf Menschen, je nachdem, was ihr *gender* oder ihre *race* ist.[9] Es ist dieses sozialkonstruktivistische, aber realistische Verständnis verschiedener *genders* und *races* als Positionen in einer hierarchischen Sozialstruktur, das nach Haslanger als Grundlage feministischer und antirassistischer Politik dienen soll. Genauer gesagt soll dieses Verständnis Frauen und *people of color* die politische Mobilisierung auf Grundlage ihrer jeweils geteilten sozialen Position erlauben.

Haslanger macht die sozialen Beziehungen der Über- und Unterordnung, die *gender* und *race* konstituieren, zum *Fokus* oder Kernphänomen einer Analyse weiterer Phänomene wie soziale Normen,

9 Haslanger verlässt sich hier implizit auf eine Version des sogenannten eleatischen Prinzips, dem zufolge etwas dann real ist, wenn es kausale Wirkmacht hat.

Bedeutungen und Identitäten. Diesen Ansatz bezeichnet sie auch als »fokale« Analyse. Sie macht diese Beziehungen zum Fokus ihrer Analyse, weil sie in ihnen einen zentralen Ort derjenigen Ungerechtigkeit erblickt, gegen die die Begriffe von *gender* und *race* als Mittel dienen sollen. Die Ungerechtigkeit, um die es ihr hier geht, besteht wiederum in der »anhaltende[n] Ungleichheit zwischen weiblichen und männlichen Menschen sowie zwischen Menschen von unterschiedlicher ›*color*‹«, die sie mithilfe ihrer Theorie zu identifizieren und zu erklären sucht. Ihre Theorie von *gender* und *race* macht jene anhaltende Ungleichheit damit zu einem Bestandteil des Kernphänomens, um das herum ihre Analyse organisiert ist, und trägt damit dem ersten oben genannten Erfordernis Rechnung.

Vor dem Hintergrund dieser Skizze von Haslangers fokaler Analyse können wir nun genauer in den Blick nehmen, inwiefern sie die Probleme lösen oder zumindest vermeiden kann, die aus dem Anspruch feministischer Politik erwachsen, sich für die Interessen und Rechte von Frauen einzusetzen. Mit Blick auf *gender* vermeidet der sozialkonstruktivistische Ansatz laut Haslanger deswegen das Problem der Gemeinsamkeit, weil die untergeordnete soziale Stellung weiblicher Menschen über kulturelle Unterschiede und sogar über ganze Gesellschaften und historische Perioden hinweg gleichbleibt. Diese untergeordnete soziale Stellung stellt für sie somit – gerade aufgrund ihrer Abstraktheit – diejenige (soziale) Eigenschaft dar, die allen weiblichen Menschen gemeinsam ist und aufgrund derer sie eine geeinte Gruppe ausmachen.[10] Zugleich vermeidet ihr Ansatz auf diesem Weg – so zumindest Haslangers Anspruch – das Problem der Normativität, weil er damit verträglich ist, dass weibliche Menschen von Kultur zu Kultur ebenso wie innerhalb einer Kultur auf verschiedene Weise eine solche untergeordnete Stellung

10 Manche Autor:innen haben allerdings gegen Haslangers Definition von Frau- und Mannsein in Bezug auf Beziehungen der Unter- beziehungsweise Überordnung eingewendet, dass sie Transfrauen und -männer ausschließt, und im Lichte dieses Einwandes verschiedene Verbesserungen ihrer Theorie vorgeschlagen (siehe Jenkins 2016; Kapusta 2016; Bettcher 2017). Auf diese Frage, die im Rahmen der Rezeption von Haslangers Theorie von *gender* sicher zu den am kontroversesten diskutierten zählt, kann ich in dem mir hier zur Verfügung stehenden Rahmen leider nicht im Detail eingehen. Einen Einblick in diese Kontroverse – mit Erwiderungen von Haslanger – findet man allerdings hier: ⟨https://peasoup.typepad.com/peasoup/2016/01/ethics-discussions-at-pea-soup-katharine-jenkins-amelioration-and-inclusion-gender-identity-and-the-/comments/⟩.

einnehmen. Denn die Wahrnehmungs- und Handlungsmuster, aufgrund derer ihnen diese Stellung zukommt, interagieren zu verschiedenen Zeiten und an verschiedenen Orten auf unterschiedliche Weise mit anderen relevanten Eigenschaften wie *race,* Klasse oder Sexualität. Die untergeordnete soziale Position weiblicher Menschen nimmt dadurch verschiedene, für die jeweilige Zeit und den jeweiligen Ort spezifische Formen an. Diese macht Haslanger beispielsweise an der zeit- und ortsspezifischen geschlechtlichen Arbeitsteilung, dem zeit- und ortsspezifischen Gehalt von Geschlechterrollen, -normen und -identitäten fest. Es gibt somit, je nachdem, was für weitere relevante soziale Eigenschaften jemand hat, verschiedene Weisen, Frau oder Mann zu sein.[11] Auf diesem Wege versucht Haslanger dem Phänomen der *Intersektionalität* – das heißt, der Interaktion verschiedener Systeme der Diskriminierung, Macht oder Unterdrückung in Bezug auf unterschiedliche soziale Kategorien – Rechnung zu tragen (siehe Haslanger 2012: 9; Jones 2013; Haslanger 2013). Dadurch erlaubt ihre sozialkonstruktivistische Theorie »sowohl Ähnlichkeiten und Unterschiede zwischen männlichen und weiblichen Menschen als auch Ähnlichkeiten und Unterschiede zwischen Mitgliedern einer Gruppe, die durch ›*color*‹ abgegrenzt wird«, zu erfassen und erfüllt damit das zweite Erfordernis für eine solche Theorie.

In ihrer fokalen Analyse untersucht Haslanger Phänomene wie soziale Normen, Bedeutungen und Identitäten in Bezug auf die Beziehungen, durch die weibliche und männliche Menschen sowie Menschen verschiedener *color* einander unter- beziehungsweise übergeordnet werden. Dadurch betrachtet sie jene Beziehungen selbst wiederum als Teil umfassender sozialer Strukturen, die in der Kultur eines sozialen Milieus aufrechterhalten werden. Die weiteren kulturellen Phänomene, die dieser Analyse zufolge zur Auf-

11 Wie Haslanger selbst einräumt, schließt die von ihr vorgeschlagene Definition bestimmte weibliche Menschen aus – nämlich solche, die nicht unterdrückt sind. Ebenso privilegiert ihre Definition demgemäß die Lebensumstände von weiblichen Menschen, die unterdrückt sind, gegenüber solchen, die es nicht sind. Diesen Ausschluss hält sie aber im Lichte der Ziele, die ihr melioratives Projekt leiten, für unproblematisch. Denn in diesem geht es ja allem voran darum, die Unterdrückung von Menschen aufgrund von *sex* oder *color* zu bekämpfen. Nach Maßgabe dieses Ziels sind die Lebensumstände weiblicher Menschen, die nicht unterdrückt sind, nicht relevant.

rechterhaltung der untergeordneten Stellung weiblicher Menschen und *people of color* beitragen – also bestimmte soziale Normen, Rollen oder Identitäten –, lassen sich so selbst als »vergeschlechtlicht« und »rassifiziert« ansehen. Denn sie gehören in dieser Analyse selbst zu den sozialen Faktoren, von denen die jeweilige gesellschaftliche Stellung dieser Menschen abhängt. Durch diese Betrachtungsweise soll die fokale Analyse zu erfassen erlauben, wie *gender* und *race* »in eine große Bandbreite sozialer Phänomene eingelassen sind, die auch solche umfasst, die auf den ersten Blick nichts mit Unterschieden in Sachen *gender* oder *race* zu tun haben«, und somit das dritte Erfordernis erfüllen.

Hinsichtlich des praktischen Ziels, Ungerechtigkeit in Sachen *gender* und *race* zu bekämpfen, ist für Haslanger insbesondere die Tatsache relevant, dass sie sich in ihrer fokalen Analyse das (englischsprachige) *Alltagsvokabular* aneignet, mit dem wir uns auf unsere durch *gender* und *race* geprägten sozialen, kulturellen oder politischen Identitäten beziehen. Dabei ist Teil der Pointe ihrer Analyse, dass diese terminologische Aneignung auf eine *Revision* unseres Alltagsverständnisses von *gender* und *race* hinausläuft. Mit dieser Revision will sie uns zu zweierlei bewegen: Erstens dazu, zu hinterfragen, wie unsere Identitäten – unser Selbstverständnis als weiß oder als nicht-weiß, als Mann oder als Frau – mit Strukturen der sozialen Unter- und Überordnung zusammenhängen. Damit will sie also zu Bewusstsein bringen, dass diese Strukturen unmittelbar die sozialen Kategorien betreffen, denen wir aufgrund unserer Identität verhaftet sind. Dadurch sucht sie uns in eine bessere Lage zu versetzen, um diese Identitäten zurückzuweisen. Zweitens dazu, die sozialen Normen und Verhaltenserwartungen zu hinterfragen, die typischerweise mit der Zuordnung eines Menschen zu einer bestimmten sozialen Gruppe (sei es durch ihn selbst oder durch andere) einhergehen und nach Maßgabe derer er beurteilt wird. Laut Haslangers fokaler Analyse tragen zumindest bestimmte dieser sozialen Normen zur Aufrechterhaltung jener sozialen Strukturen bei, in denen etwa weibliche Menschen eine untergeordnete Position einnehmen. Sie sind aber nicht unveränderbar. Zu sehen, wie solche Normen nicht nur mit unseren Identitäten, sondern auch mit unserer unter- beziehungsweise übergeordneten gesellschaftlichen Stellung in Beziehung stehen, kann uns in eine bessere Lage versetzen, auch sie zurückzuweisen.

Aus diesem Grund soll Haslangers revisionäre Aneignung der alltagssprachlichen Ausdrücke *gender* und *race* auch *politisch* relevant sein. Denn sie will damit dazu beitragen, dass wir unsere Identitäten, ebenso wie die sozialen Normen, an die wir uns und andere aufgrund unserer Identitäten gebunden sehen, infrage stellen und, falls nötig, zurückweisen können. Dieses Ziel soll durch die Entlarvung augenscheinlich natürlicher Kategorien wie *gender* und *race* als soziale Konstruktionen erreicht werden. Schließlich lässt uns diese Entlarvung erkennen, was wir in der Welt ändern müssen, um die fraglichen Kategorien selbst zu ändern, nämlich die sozialen Praktiken, welche soziale Strukturen der Über- beziehungsweise Unterordnung aufgrund von *sex* oder *color* realisieren. Auf diesem Weg sucht Haslanger »feministischen und antirassistischen Bemühungen darin [zu helfen], kritische soziale Akteur:innen zu ermächtigen«, und somit das vierte Erfordernis zu erfüllen.

Unklar bleibt allerdings noch, was das diesem Projekt zugrunde liegende »Verständnis von Handlungsfähigkeit« sein soll. Dieses entwickelt Haslanger in ihren Theorien von Sozialstruktur und sozialen Praktiken sowie von Kultur, Ideologie und deren Kritik weiter. In ihrer Theorie von *gender* und *race* greift Haslanger bereits implizit auf einen Begriff von *Sozialstruktur* zurück. Denn sie begreift verschiedene *genders* und *races* als Positionen in einem *hierarchisch strukturierten sozialen System*. Dabei wird dessen Struktur durch bestimmte Wahrnehmungs- und Verhaltensmuster aufrechterhalten, aufgrund derer menschliche Körper (und andere materielle Dinge) eine soziale Bedeutung haben. Zusammengenommen machen diese Muster die *Kultur* eines sozialen Milieus aus, die wiederum Teil einer *sozialen Praxis* ist. All diese eng miteinander zusammenhängenden Begriffe entwickelt sie in ihren jüngeren Arbeiten im Anschluss an ihre Arbeiten zur Theorie von *gender* und *race* (und deren Hintergrundtheorie) weiter. Fluchtpunkt dieser Arbeiten ist eine Verständnis von Ideologie als »Kulturtechnik« (*cultural technē*), die der Aufrechterhaltung ungerechter sozialer Strukturen dient, sowie eine darauf beruhende Konzeption von Ideologiekritik. Der Zusammenhang dieser Begriffe und die Konzeption von Ideologiekritik, auf die er hinausläuft, werden Gegenstand der nächsten beiden Abschnitte sein.

3. Soziale Praktiken, Kultur und Sozialstruktur

Im Mittelpunkt von Haslangers Sozialtheorie steht der Begriff *sozialer Praktiken.* Hierunter versteht sie »bestimmte Arten von normativ vereinheitlichten Regelmäßigkeiten« (Haslanger 2018: 240 – Übersetzung von D.J.), die Systeme der Koordination menschlicher Aktivität in Bezug auf Ressourcen ausmachen. Dieser Begriff ist für sie als kritische Theoretikerin besonders relevant. Denn sie sucht, wie erwähnt, mit ihrer Theorie sozialer Praktiken begriffliche Mittel für soziale Bewegungen bereitzustellen, die gegen sexistische und rassistische Ungerechtigkeit kämpfen. Auf zwei Gesichtspunkte kommt es mir dabei im Folgenden an: *Erstens* entwickelt sie vor dem Hintergrund ihrer Theorie sozialer Praktiken ihr Verständnis von Handlungsfähigkeit und damit von sozialem Wandel. Denn ihr zufolge sind soziale Praktiken, wie sie im Anschluss an John Rawls formuliert, »konstitutiv für soziales Handeln« (Haslanger 2018: 231 – Übersetzung von D.J.). Dies besagt, dass soziale Praktiken dem Handeln und den Geisteszuständen der an ihnen beteiligten Akteur:innen vorausgehen. Denn erst kraft dieser Praktiken werden jene Handlungen und Geisteszustände bestimmt und sinnvoll, sodass sie den Akteur:innen überhaupt erst spezifische Handlungsgründe an die Hand geben (siehe Haslanger 2018: 233 – vgl. Rawls 1955). Damit erfüllt diese Theorie den Teil des vierten Erfordernisses, das Haslanger ursprünglich für ihre Theorie von *gender* und *race* formuliert hatte, in dieser aber nur unzureichend erfüllt wurde. Diesem Erfordernis zufolge soll jene Theorie »ein Verständnis von Handlungsfähigkeit [...] entwickeln, das feministischen und antirassistischen Bemühungen darin hilft, kritische soziale Akteur:innen zu ermächtigen« (in diesem Band, 72). *Zweitens* ermöglichen soziale Praktiken dadurch »die Koordination um Dinge von Wert« (Haslanger 2018: 231, 247). Denn einerseits weisen wir im Rahmen sozialer Praktiken Ressourcen soziale Bedeutungen und damit einen positiven oder negativen Wert zu; andererseits dienen soziale Praktiken dadurch der Verteilung von Ressourcen und damit auch von Macht. In beiden Hinsichten können soziale Praktiken laut Haslanger zum Gegenstand von Fragen der Gerechtigkeit – und damit auch der Kritik – werden (siehe Haslanger 2018: 232). Diese Kritik zielt somit auf zweierlei ab: einerseits auf unsere Zuweisungen von Wert zu bestimmten Ressourcen; andererseits auf die dadurch ermöglichte Koordination unserer Aktivität in Bezug auf diese Ressourcen.

Darüber hinaus können wir, zumindest im Rückblick, die Begriffe der Kultur und Sozialstruktur, denen sie eine Reihe von Aufsätzen gewidmet hat, als Teil von Haslangers Theorie sozialer Praktiken ansehen. Denn einerseits bestehen soziale Praktiken für sie unter anderem aus dem, was sie als kulturelle Schemata oder als Kulturtechniken bezeichnet und die zusammengenommen die (vorherrschende) Kultur in einem sozialen Milieu ausmachen. Andererseits realisieren soziale Praktiken soziale Strukturen und halten sie aufrecht.[12] Vor dem Hintergrund dieser Sozialtheorie bildet ihr Begriff sozialer Strukturen zudem die Grundlage für ihre Konzeption struktureller Erklärung und ihr Begriff von Kultur die Grundlage für Ihre Konzeption von Ideologie und deren Kritik.

3.1. Soziale Praktiken

Haslanger hat ihre Theorie sozialer Praktiken in ihren Grundzügen vor allem von dem Sozialhistoriker und Sozialtheoretiker William Sewell entlehnt, der sie wiederum in kritischer Auseinandersetzung mit Anthony Giddens' einflussreicher Theorie der »Strukturierung« (*structuration*) entwickelt hatte (siehe Sewell 1992, 2005; Giddens 1976, 1979, 1981, 1984). Giddens buchstabiert sein Verständnis von Sozialstruktur im Rahmen dieser Theorie in Bezug auf die Begriffe von »Regeln und Ressourcen« (Giddens 1981: 170, 1984: 377) aus. Unter *Ressourcen* lassen sich all die (typischerweise, aber nicht

12 Es gibt, zumindest auf den ersten Blick, eine gewisse Spannung zwischen den Charakterisierungen von Sozialstruktur, die sich in verschiedenen Arbeiten Haslangers finden: Während sie in ihren früheren Arbeiten soziale Strukturen mit »Schemata und Ressourcen« zu identifizieren scheint (siehe in diesem Band, 153 ff.), identifiziert sie sie in späteren Arbeiten mit den Relationen zwischen den Bestandteilen eines sozialen Systems (siehe in diesem Band, 182 f.). Diese Spannung lässt sich dadurch auflösen, dass wir Schemata, Ressourcen sowie das Ganze der Relationen, die die Struktur eines sozialen Systems ausmachen, als *verschiedene* Bestandteile desselben ansehen, wobei Schemata und Ressourcen die Struktur des fraglichen Systems *realisieren*. Die These, dass soziale Systeme Strukturen *realisieren*, formuliert Kate Ritchie in ihrem Aufsatz »Social Structure and the Ontology of Social Groups« unter Rückgriff auf Kathrin Koslickis hylomorphistische Theorie materieller Objekte (siehe Ritchie 2020: 406, 409-411 – vgl. Koslicki 2008).

ausschließlich materiellen) Dinge verstehen, die uns zum Handeln ermächtigen (siehe Giddens 1979: 92). Unter *Regeln* lassen sich wiederum sozial sanktionierte und geteilte Verhaltensregelmäßigkeiten oder *Routinen* verstehen. Regeln sind in diesem Sinn typischerweise in unserem routinierten Handeln *implizit*. Was nach Giddens solch routiniertes Handeln zu einem *Regelfolgen* macht, ist, dass die fraglichen Verhaltensregelmäßigkeiten in dem Sinn »verallgemeinerbar« sind, dass soziale Akteur:innen sie auf verschiedene und gar gänzlich neue Handlungssituationen übertragen können (siehe Giddens 1984: 21).

Ausgangspunkt für Sewells Modifikation von Giddens' Theorie sozialer Strukturen ist eine Ambiguität, die er im Regelbegriff erblickt. Giddens zufolge haben Regeln nur eine »virtuelle« Existenz, sofern sie allein kraft der Realisierung durch sozial sanktionierte Verhaltensregelmäßigkeiten und somit nicht unabhängig von ihnen existieren. Dies trifft Sewell zufolge allerdings auf explizite und insbesondere formelle, öffentlich kodifizierte Regeln nicht zu. Diese kodifizierten Regeln sollten wir, so Sewell, nach Maßgabe von Giddens' eigener Terminologie eher als Ressourcen denn als Regeln ansehen (siehe Sewell 1992: 7). Um diese Ambiguität zu vermeiden, schlägt er stattdessen – wohl unter Rückgriff auf die Arbeit der Kulturanthropologin Sherry Ortner (siehe Ortner 1989[13]) – vor, für das, was Giddens als in unserem routinierten Handeln implizite Regeln ansieht, den Ausdruck »Schema« zu verwenden. Den Begriff der Regel reserviert Sewell hingegen für explizit und formell festgelegte Vorschriften, die er somit von impliziten und informellen Schemata abgrenzt. Solche Schemata machen ihm zufolge das aus, was wir gemeinhin als »Kultur« bezeichnen, und sind zentraler Gegenstand der Kulturanthropologie. Dabei umfassen kulturelle Schemata Sewell zufolge »nicht nur die große Anzahl der binären Gegensätze, die die grundlegenden Denkwerkzeuge einer bestimmten Gesellschaft ausmachen«, sondern auch »die verschiedenen Konventionen, Rezepte, Szenarien, Handlungsprinzipien und Gewohnheiten von Sprache und Gestik, die mit diesen grundlegenden Werkzeugen aufgebaut wurden« (Sewell 1992: 8, vgl. in diesem Band 154). Wie Giddens begreift Sewell Schemata in dem

13 Für eine hilfreiche Diskussion der potenziellen Quellen von Sewells Verständnis von Schemata siehe: ⟨https://culturecog.blog/2018/08/17/where-did-sewell-get-the-schema/⟩.

Sinne als »verallgemeinerbar«, dass sie auf verschiedene und gar gänzlich neue Handlungssituationen angewendet werden können. Aus diesem Grund kennzeichnet er sie auch – anders als formelle, explizite Regeln – in Giddens' Sinne als »virtuell«. Das heißt ihm zufolge, »dass sie nicht auf ihre Existenz in einer bestimmten Praxis oder an einem bestimmten Ort in Raum und Zeit reduziert werden können«, sondern vielmehr »in einem potenziell breiten und unbestimmten Spektrum von Situationen aktualisiert werden« (Sewell 1992: 8 – Übersetzung von D.J.).

Haslanger knüpft in ihrer Theorie sozialer Praktiken unmittelbar an die Sewells an. Denn Praktiken bestehen für sie ebenfalls aus Schemata und Ressourcen, wobei wir Letzteren aufgrund von Ersteren einen Wert oder Unwert zuschreiben. Darüber hinaus beruhen Praktiken allerdings auch auf den psychologischen Fähigkeiten von Menschen (wie auch von anderen nicht-menschlichen Tieren), aufeinander zu reagieren (siehe Haslanger 2017: 156 – vgl. Sewell 1992). Wie Sewell wendet sie sich damit gegen die Vorstellung, dass soziale Praktiken allein durch (explizite) Regeln konstituiert werden. Vielmehr soll ihre Theorie dem Umstand Rechnung tragen, dass es ein Spektrum sozialer Praktiken gibt, das von ausdrücklich koordiniertem, regelgeleitetem, absichtlichem Verhalten bis hin zu Verhaltensregelmäßigkeiten reicht, die im Lichte gemeinsamer kultureller Schemata als sinnbehaftet angesehen werden können (siehe Haslanger 2018: 234-235).

Um ihre Theorie für diese Zwecke zu entwickeln, schlägt Haslanger unter Rückgriff auf die Sozialpsychologin Judith Howard vor, »Schemata als intersubjektive Wahrnehmungs-, Denk- und Verhaltensmuster« zu begreifen, die »in Individuen als ein gemeinsames Bündel von offenen Dispositionen verkörpert [sind], die Dinge auf eine bestimmte Weise zu sehen oder unter bestimmten Umständen gewohnheitsmäßig zu reagieren« (in diesem Band, 154f.). Diesen Begriff »soziokognitiver« (in diesem Band, 155) Schemata macht Haslanger zur Grundlage ihrer Theorie sozialer Praktiken als »das strukturierte Produkt von Schema [...] und Ressourcen [...]« zurück. Um ihren öffentlichen (statt bloß privaten) Charakter hervorzuheben, bezeichnet sie sie auch als »soziale Bedeutungen« (siehe Haslanger 2016, in diesem Band, 195). Dabei ist wichtig zu betonen, dass Haslangers Theorie sozialer Bedeutungen *externalistisch* ist. Dass bestimmte Ressourcen, menschliche Körper oder Fähigkeiten eine soziale Bedeutung haben, hängt also nicht allein von intrinsischen physischen oder psychologischen Eigenschaften sozialer Akteur:innen ab, sondern auch von Faktoren, die ihnen äußerlich sind. Dieser Begriff sozialer Bedeutungen ist rückblickend bereits in Haslangers Explikation des feministischen Slogans »Gender is the *social meaning* of sex« (und folglich auch von »Race is the social meaning of color«) am Werke.

Wie für Sewell machen laut Haslanger soziale Bedeutungen die *Kultur* eines sozialen Milieus aus (siehe Haslanger 2017: 149).[14] Diese charakterisiert sie auch als »ein System von Symbolen und Bedeutungen« (Haslanger 2018: 239 – Übersetzung von D. J.). Kultur legt dabei die Bedingungen fest, unter denen eine soziale Gruppe ihr Verhalten koordiniert. Damit gibt sie den Mitgliedern der fraglichen Gruppe auch einen Grund, sich nach Maßgabe dieser Bedingungen zu verhalten. Die sozialen Bedeutungen, die die Kultur eines Milieus ausmachen, dienen als Mittel, auf das wir in unserem sozialen Handeln zurückgreifen. In diesem Sinn *ermächtigt* uns Kultur zu sozialem Handeln (siehe Haslanger 2017: 154). Die Pointe dieses Verständnisses von Kultur besteht für Haslanger (wie für Sewell) darin, in der Erklärung menschlichen Handelns spezifisch *semiotische* Faktoren auszumachen (im Gegensatz zu ökonomischen, politischen und anderen Faktoren). Diese Faktoren betreffen das stabile System öffentlicher Bedeutungen, die sozialen Akteur:innen als Mittel zur Koordination ihres Handelns in Bezug auf Ressourcen – ihre Herstellung, Aufrechterhaltung oder Entsorgung – dienen (siehe Haslanger 2017: 157).

Wichtig für Haslangers Verständnis sozialer Praktiken ist, dass die sozialen Bedeutungen, die die Kultur eines gegebenen Milieus ausmachen, nicht bloße Verhaltensregelmäßigkeiten oder -muster sind, sondern dass die Mitglieder der Gruppe sie als *normativ* erachten. Dies besagt ihr zufolge allerdings zunächst nicht mehr, als dass sie bestimmte Verhaltenserwartungen haben und somit geneigt sind, auf Abweichungen von etablierten Verhaltensregelmäßigkeiten mit Überraschung oder Kritik zu reagieren oder sie anderweitig

14 Dies heißt laut Haslanger allerdings nicht, dass Kultur ein »einheitliches und kohärentes System von Normen und Praktiken [ist], das sich auf ein Land oder eine Region abbilden lässt« (Haslanger 2018: 238 – Übersetzung von D. J.). In diesem Sinne weist sie auch den Gedanken zurück, dass es Gesellschaften mit ihnen je eigenen Kulturen gebe (Haslanger 2017: 153 – vgl. Sewell 2005: 57).

zu sanktionieren (siehe Haslanger 2018: 238-239). Das legt nahe, dass sie die Normativität sozialer Praktiken wie Giddens im Sinne *impliziter* Regeln versteht (siehe Haslanger 2018: 239, Fußnote 24). Wie sie sagt, begleitet unsere Teilnahme an einer Praxis implizit die Erwartung, dass andere, die ebenso sozialisiert sind wie wir, Dinge (selbstverständlich!) auf eine bestimmte Weise tun werden (siehe Haslanger 2018: 239-240). Haslanger bezeichnet die sozialen Praktiken eigentümliche Normativität, die sie an den Reaktionen auf abweichendes Verhalten nach Maßgabe sozialer Bedeutungen festmacht, mit dem Ausdruck der »Responsivität« (Haslanger 2018: 240 – Übersetzung von D. J., vgl. Rouse 2007: 530).

Es ist diese sich in solchen sozialen Sanktionen zeigende Normativität, die nach Haslanger aus einer bloßen Verhaltensregelmäßigkeit eine soziale Praxis macht. Soziale Praktiken begreift sie demnach als »bestimmte Arten von normativ vereinheitlichten Regelmäßigkeiten« (Haslanger 2018: 240 – Übersetzung von D. J.). Die Akteur:innen, die an diesen Praktiken teilnehmen, reagieren dabei charakteristischerweise aufeinander, indem sie das Verhalten anderer positiv oder negativ sanktionieren, aber auch imitieren, korrigieren oder ihr Verhalten und Denken aneinander anpassen. Obwohl soziale Praktiken damit über bloße Verhaltensregelmäßigkeiten hinausgehen, müssen die an ihnen beteiligten Akteur:innen Haslanger zufolge nicht unter allen Umständen absichtsvoll (oder intentional) handeln. Denn was für eine Handlung ich im Kontext einer sozialen Praxis vollziehe, hängt nicht allein von mir, sondern auch von den in ihr vorherrschenden sozialen Bedeutungen ab. Dies ist somit auch eine *Deutungs*frage, wobei meine eigene Deutung nicht ausschlaggebend sein muss. Die für die Abgrenzung sozialer Praktiken gegenüber bloßen Verhaltensregelmäßigkeiten relevante Unterscheidung ist somit nicht die zwischen absichtlichem Handeln und unabsichtlichem Verhalten, sondern vielmehr zwischen – nach Maßgabe vorherrschender sozialer Bedeutungen – bedeutungsvollem und bedeutungslosem Verhalten (siehe Haslanger 2018: 235). Aufgrund der so verstandenen Normativität sozialer Bedeutungen konstituieren Verhaltensregelmäßigkeiten Systeme der Koordination. Dadurch bereiten sie, wie Haslanger es formuliert, die Bühne für koordiniertes menschliches Handeln, in dem wir – unter Rückgriff auf soziale Bedeutungen – bestimmte Rollen einnehmen, bestimmten Normen, Skripten oder Mustern folgen oder durch Gründe zum Handeln veranlasst werden (siehe Haslanger 2018: 240). Soziale Bedeutungen stiften dadurch nicht nur unsere sozialen Beziehungen und Identitäten, sondern auch, grundlegender noch, unsere Handlungsfähigkeit als soziale Akteur:innen.

Haslanger erläutert unter Rückgriff auf zwei Metaphern, wie uns soziale Praktiken nicht nur beschränken, sondern auch ermächtigen. So versteht sie Kultur als einen »Werkzeugkasten« und soziale Praktiken wie deren jeweilige Struktur als »Vektoren« (Haslanger 2018: 241 – vgl. Swidler 1986: 273). Die erste Metapher besagt, dass Kultur uns erst verschiedene Handlungsoptionen an die Hand gibt. Denn als Mitglieder einer »semiotischen Gemeinschaft« können wir uns beispielsweise sinnbehafteter Gesten oder Dinge, die in unserem Milieu verfügbar sind, als Mittel zum sozialen Handeln bedienen. Insbesondere geben uns soziale Bedeutungen Mittel an die Hand, um den Wert einer gegebenen Ressource zu deuten und dadurch ihre Herstellung und Aufrechterhaltung sowie ihre Verteilung oder Entsorgung in einem gegebenen Bereich zu koordinieren (Haslanger 2017: 156, 2018: 246-247). Um den werkzeugartigen Charakter von Kultur hervorzuheben, spricht Haslanger auch von der »Kulturtechnik« (*cultural technē*) eines Individuums oder einer Gruppe (siehe Haslanger 2017: 156; in diesem Band, 224ff.). Die zweite Metapher des »Vektors« besagt wiederum, dass eine soziale Praxis, kraft der in ihr verfügbaren Kulturtechniken, bestimmte (Arten, Kombinationen, Abfolgen oder Netzwerke von) Handlungen für uns leichter und andere schwerer ausführbar macht. Sie vergleicht die damit für uns in verschiedenem Maße eröffneten oder verschlossenen Handlungspfade mit verschiedenen Pfaden, die wir in einer Landschaft leicht oder nur schwer beschreiten können: Während erstere den Tälern entsprechen, die wir leicht hinabschreiten, entsprechen letztere den Gipfeln, die wir nur mit Mühe erklimmen (siehe Haslanger 2017 – vgl. Richardson 2014: 221). Eine angemessene Beschreibung der Handlungsfähigkeit, die wir sozialen Praktiken verdanken, entspricht somit einer Topografie der sozialen Landschaft samt ihren Tälern und Gipfeln. In ihr sind verschiedene soziale Akteur:innen wiederum verschiedentlich *positioniert*, sodass ihnen verschiedene Handlungspfade mehr oder weniger offenstehen. Wir können das Netz solcher sozialen Positionen, in denen Akteur:innen unterschiedlich beschränkt und ermächtigt werden, mit der *Struktur* der fraglichen Praxis identifizieren.

3.2. Sozialstruktur und sozialstrukturelle Erklärungen

Haslangers Charakterisierung sozialer Praktiken als »das strukturierte Produkt von Schema [...] und Ressourcen [...]« beinhaltet bereits ein bestimmtes Verständnis sozialer Strukturen, auf das sie auch schon implizit in ihrer Theorie von *gender* und *race* als Positionen in einem *hierarchisch strukturierten sozialen System* zurückgreift. Tatsächlich hat ihre Theorie sozialer Praktiken ausdrücklich den Zweck, als Grundlage des Begriffs der Sozialstruktur zu dienen (siehe Haslanger 2018: 245). Haslanger führt diesen Begriff der Sozialstruktur erstmals in ihrem Aufsatz »Aber Mama, bauchfreie Tops sind süß!« (in diesem Band, 152 ff.) ein. Sie verwendet ihn hier für eine breite Palette sozialer Phänomene, die neben den bereits erwähnten sozialen Hierarchien und den in ihnen von Individuen und Gruppen eingenommenen Positionen auch soziale Institutionen, Rollen, Praktiken, Konventionen und sogar Geographien umfasst (siehe in diesem Band, 153). Damit möchte sie insbesondere solche sozialen Phänomene einfangen, die nicht – wie beispielsweise soziale Institutionen – auf ausdrückliche (oder auch nur klare) Weise strukturiert sind. Sie führt hierfür als Beispiel »die Struktur des Schenkens an Festtagen« (in diesem Band, ebd.) an.

Neben der Sozialtheorie Sewells ist Haslangers Verständnis sozialer Strukturen durch sogenannte *hylomorphistische* Theorien der Konstitution materieller Dinge geprägt (siehe Ritchie 2020, vgl. Fine 1994, 1999, 2003, 2008; Koslicki 2008). Diesen Theorien zufolge sind solche Dinge ihrer Natur nach aus *Materie* und *Form* zusammengesetzt. Um hylomorphistischen Theorien gemäß die Natur materieller Dinge zu begreifen, muss man sowohl auf ihre materiellen als auch ihre formellen Aspekte Bezug nehmen. Den Begriff der Sozialstruktur versteht Haslanger – wie man ihrem späteren Aufsatz »Was ist eine (sozial-)strukturelle Erklärung?« (in diesem Band, 174-201) entnehmen kann – im hylomorphistischen Sinn als die *Form* einer bestimmten Art materieller Dinge, nämlich *sozialer Systeme*. Unter diesen versteht sie Ansammlungen von Objekten, die in bestimmten sozialen Beziehungen zueinander stehen. Als Beispiel für ein solches soziales System führt sie eine paradigmatische soziale Institution wie die bürgerliche Kernfamilie an. Hier können wir verschiedene institutionelle Rollen unterscheiden, die durch ihre Beziehungen zueinander – »Elternteil von«, »Kind von«, »Lebenspartner/in von« und so weiter – definiert sind. Dabei sind die Beziehungen zwischen Familienmitgliedern und damit die Positionen, die sie jeweils in ihrer Familie innehaben, durch *ausdrückliche Regeln* bestimmt, die *Rechte* und *Pflichten* für »Erziehungsberechtigte«, »Schutzbefohlene« und »Lebenspartner:innen« festlegen. Die Struktur eines solchen sozialen Systems identifiziert Haslanger mit dem *Ganzen* der abstrakten sozialen Beziehungen zwischen seinen Bestandteilen, in diesem Fall den Akteur:innen, die die Rolle von Lebenspartner:innen, Eltern oder Kindern innehaben. Aufgrund dieser Beziehungen bildet eine Ansammlung von Akteur:innen (und vielleicht auch anderer belebter oder unbelebter Dinge) ein als strukturiertes Ganzes verstandenes soziales System einer bestimmten Art. Über die Akteur:innen, die als Bestandteil eines sozialen Systems in bestimmten sozialen Beziehungen zueinander stehen, können wir nun auch sagen, dass sie jeweils eine bestimmte *Position* oder *Stellung* in der Struktur des fraglichen sozialen Systems einnehmen. Es ist dieses mit ihrer Theorie sozialer Struktur einhergehende Verständnis sozialer Positionen, das auch in Haslangers Theorie von *gender* und *race* enthalten ist, wie wir gesehen haben.

Auf Grundlage dieser Theorie sozialer Struktur entwickelt Haslanger insbesondere unter Rückgriff auf die Arbeit Alan Garfinkels eine Konzeption struktureller *Erklärungen*. Dieser Konzeption zufolge ist eine Erklärung dann strukturell, wenn sie eine Eigenschaft eines gegebenen Dings in Bezug auf das System erklärt, dessen Teil es ist (siehe Haslanger 2016 – vgl. Garfinkel 1981). Haslanger motiviert diese Konzeption vor dem Hintergrund desselben erotetischen Verständnisses wissenschaftlicher Forschung, das uns auch schon bei Anderson begegnete. Zur Erinnerung: Diesem Verständnis zufolge sucht wissenschaftliche Forschung nicht lediglich beliebige wahre Aussagen, sondern Antworten auf Fragen, die durch kontextuelle Werte motiviert sind. Im selben Geiste reiht sich Haslanger mit ihrer Konzeption sozialstruktureller Erklärungen in eine vor allem mit Bas van Fraassen verbundene wissenschaftstheoretische Tradition ein, die Erklärungen im Allgemeinen als Antworten auf Fragen versteht, wobei Letztere »einen Kontrastraum für mögliche Antworten« eröffnen (in diesem Band, 177 – vgl. Bromberger 1966; van Fraassen 1980; Garfinkel 1981; Risjord 2000; Skow 2016). Dies erlaubt es Haslanger, ihre Konzeption von Erklärungen mit den von Longino und Anderson entlehnten Überlegungen zur Rolle kontextueller Werte zu verbinden.

Ausgangspunkt für Haslangers Konzeption ist die Einsicht, dass sich nicht jede Frage gleichermaßen gut zu einer Untersuchung eines Phänomens eignet (siehe in diesem Band, 175ff.). Vielmehr sind – nach Maßgabe der moralischen oder politischen Werte, die dem Kontext unserer Forschung entstammen – manche Weisen, anhand von Fragen den Kontrastraum möglicher Antworten zu strukturieren, anderen vorzuziehen. Insbesondere sind Haslanger zufolge bei manchen Fragen Antworten vorzuziehen, die das fragliche Phänomen unter Bezug auf das Ganze, dessen Teil es ist, zu erklären suchen. Dies ist vor allem dann der Fall, wenn es uns dabei um das Phänomen – etwa das Verhalten einer Person – als Vorkommnis eines bestimmten *Typs* geht, den wir mit Bezug auf die Position charakterisieren, die das fragliche Phänomen in einer gegebenen sozialen Struktur einnimmt. Weil wir in solchen Erklärungen von all den Eigenschaften absehen, die das fragliche Individuum auszeichnen, lässt sich die Erklärung auf mehrere Vorkommnisse desselben Typs anwenden und wird dadurch stabiler (siehe in diesem Band, 184). Zu solchen Typen gehören beispielsweise *Frau* oder *Mann* sowie *weiß* oder *nicht-weiß*.

Haslanger buchstabiert diese Konzeption sozialstruktureller Erklärungen unter Rückgriff auf Fred Dretskes Unterscheidung zwischen »auslösenden« und »strukturierenden« Ursachen aus. Während Ursachen ersterer Art erklären, warum ein bestimmtes Ereignis eintritt, erklären solche letzterer Art, warum die Bedingungen gegeben sind, unter denen eine auslösende Ursache das fragliche Ereignis und nicht ein anderes bewirkt (siehe Dretske 1988 – vgl. in diesem Band, 184ff.). Im Lichte dieser Unterscheidung berufen wir uns in sozialstrukturellen Erklärungen menschlichen Handelns nach Haslanger auf dessen (soziale) strukturierende Ursachen, indem wir die fraglichen Akteur:innen in einer relevanten sozialen Struktur verorten, um bestimmte Fragen über ihr Handeln zu beantworten.

Als Beispiel für dieses Verständnis sozialstruktureller Erklärungen führt Haslanger den sogenannten »unsichtbaren Fuß« als Erklärung der anhaltenden wirtschaftlichen Benachteiligung von Frauen relativ zu Männern an (siehe in diesem Band, 188f. – vgl. Okin 1989; Cudd 2006). Die These vom »unsichtbaren Fuß« besagt, dass Frauen nicht etwa aufgrund biologischer oder individueller psychologischer Merkmale, sondern vielmehr aufgrund ihrer Verortung »in einer sich selbst aufrechterhaltenden ökonomischen Struktur« (in diesem Band, 188) benachteiligt sind. Die Grundidee ist, dass es aufgrund des geschlechtsspezifischen Lohngefälles für Frauen, die in einer heterosexuellen Partnerschaft ein Kind bekommen, rational (›das Beste für ihre Familie‹) ist, in ihrem Beruf zugunsten der Kinderbetreuung zurückzutreten. Dies erlaubt es typischerweise dem Mann in dieser Partnerschaft, mehr Humankapital aufzubauen, wohingegen die Frau deswegen für potenzielle Arbeitgeber ein größeres Risiko birgt, sodass die von ihr und anderen Frauen ausgeübte Arbeit wiederum schlechter bezahlt wird. Dadurch wird aber ebenjenes Lohngefälle aufrechterhalten, das es für Frauen überhaupt erst rational machte, beruflich zurückzutreten.

In der hiermit umrissenen Erklärung (einer Hinsicht) der ökonomischen Benachteiligung von Frauen spielen die biologischen oder individuellen psychologischen Eigenschaften der Akteur:innen keine Rolle. Vielmehr werden Frauen und Männer als Inhaber:innen bestimmter sozialer Positionen betrachtet, aufgrund derer ihnen bestimmte Handlungsoptionen mehr oder weniger offenstehen. Fragen wir uns mit Blick auf ein Szenario dieser Art nun beispielsweise, warum eine Frau wie Lisa (in Haslangers Beispiel) ihre letzte Arbeitsstelle gekündigt hat, so könnten wir hierfür ihre Entscheidung, dies zu tun, als auslösende Ursache anführen. Diese Entscheidung könnten wir im Lichte ihrer Wünsche und Überzeugungen – etwa, dass sie tun will, was für ihre Familie am besten ist, und glaubt, dass ihre Arbeitsstelle zu kündigen am besten für ihre Familie wäre – als rational ansehen. Eine bessere Antwort auf unsere Frage erhielten wir aber, wenn wir auch die strukturierende Ursache ihrer Entscheidung in Betracht zögen, die diese Entscheidung überhaupt erst rational für sie machen. Hierzu gehören neben dem bereits bestehenden Lohngefälle auch die Entscheidung ihres Mannes Larry, seine Arbeitsstelle zu behalten, oder die nur eingeschränkte Gelegenheit, sich auf die Kinderbetreuung durch Dritte zu verlassen. All diese Gegebenheiten machen nach Haslanger die Sozialstruktur aus, in der Lisa – als Ehefrau und Mutter – eine bestimmte Position einnimmt. In Anbetracht von sozialstrukturellen Gegebenheiten, die Lohnarbeit und Kinderfürsorge betreffen, war ihre Arbeitsstelle zu kündigen für jemanden in Lisas sozialer

Position – für eine Ehefrau und Mutter wie sie – die einzig echte Option. Sozialstrukturelle Erklärungen erlauben somit, bestimmte soziale Regelmäßigkeiten zu erfassen, die nicht allein ein Individuum wie Lisa betreffen. Vielmehr werden sie gleichermaßen all die Individuen betreffen, die als Ehefrauen und Mütter in derselben Position sind wie Lisa, und zwar unabhängig davon, was für sonstige biologische oder psychologische Eigenschaften sie haben mögen. In diesem Sinn sind Erklärungen dieser Art stabiler.

Darüber hinaus sind sozialstrukturelle Erklärungen schließlich auch nach Maßgabe der nicht nur epistemischen, sondern moralischen oder politischen Ziele vorzuziehen, die für Haslanger dem Kontext feministischer und antirassistischer Forschung entstammen. Denn zu ihnen gehört allem voran der Kampf gegen Ungerechtigkeit in Sachen *gender* und *race*. Dieses Ziel erfordert wiederum unter anderem, dass wir »anhaltende Ungleichheit zwischen weiblichen und männlichen Menschen sowie zwischen Menschen von unterschiedlicher ›*color*‹« identifizieren und erklären. Strukturelle Erklärungen erlauben, Ungerechtigkeiten aufzudecken, die in dem Sinn strukturell sind, dass sie sich der sozialen Struktur verdanken, in der die fraglichen Individuen eine Position innehaben. Diese Ungerechtigkeiten blieben allerdings verdeckt, wenn wir etwa die ökonomische Benachteiligung von Frauen allein als Wirkung ihrer persönlichen Vorlieben und Neigungen oder gar ihrer Biologie erachteten. Vor dem Hintergrund von Haslangers Theorie sozialer Praktiken und deren Struktur sowie ihres Verständnisses struktureller Ungerechtigkeit können wir uns abschließend auch ihrer Konzeption von *Ideologie* und deren Kritik zuwenden.

4. Ideologie und Ideologiekritik

Ausgangspunkt von Haslangers Konzeption der Ideologie ist die Stuart Hall entlehnte Idee, dass die in einem Milieu vorherrschende Kultur dessen Struktur aufrechterhält (Haslanger 2017 – vgl. Hall 1996/2006: 24f.). Und in dem Maße, in dem mit der fraglichen Struktur Ungerechtigkeiten wie der oben behandelte »unsichtbare Fuß« einhergehen und die sie begleitende Kultur ihrer Veränderung im Wege steht, können wir diese Kultur nach Haslanger als ideologisch ansehen. Wie Haslanger es formuliert: »Eine Ideologie ist eine Kulturtechnik – das Netz von Bedeutungen, Symbolen, Skripten und dergleichen, das dazu dient, ungerechte soziale Beziehungen zu schaffen oder zu stabilisieren« (in diesem Band, 225). Unter Ideologie versteht sie somit Kulturtechniken, die die soziale Funktion haben, unterdrückerische oder anderweitig ungerechte soziale Strukturen aufrechtzuerhalten (siehe Haslanger 2016, 2017, vgl. Geuss 1981; Shelby 2003; Celikates 2006). Dabei identifiziert sie die soziale Funktion von Kulturtechniken wiederum mit der kausalen Rolle, die sie in einem gegebenen sozialen System spielen, indem sie uns in unseren Praktiken anleiten (siehe Haslanger 2017: 159). Das Ganze ungerechter sozialer Praktiken, die von einer solchen Ideologie geleitet werden, bezeichnet sie als »ideologische Formation« (in diesem Band, 225).

Mit diesem Verständnis von Ideologie als einer bestimmten Art von (problematischer) Kulturtechnik wendet sich Haslanger insbesondere gegen ein *kognitivistisches* Verständnis derselben. Als prominentes Beispiel für dieses Verständnis führt sie Tommie Shelbys Theorie von anti-schwarzem Rassismus als Ideologie an (siehe in diesem Band, 204 – vgl. Shelby 2003, 2014). Diesem zufolge besteht Ideologie in einer Menge geteilter, typischerweise expliziter *Überzeugungen* oder anderer psychologischer Zustände, die eine unterdrückerische oder anderweitig ungerechte soziale Ordnung aufrechterhalten, indem sie sie rechtfertigen oder rationalisieren. In der Regel charakterisieren solche kognitivistischen Theorien der Ideologie sie durch kognitive Defekte: So sieht beispielsweise Shelby anti-schwarzen Rassismus insofern als Ideologie an, als dass er eine *Illusion*, also eine bestimmte Art von kognitivem Fehler darstellt (siehe Shelby 2003: 165-168). Haslanger hingegen plädiert in Sachen Ideologie für einen »Primat der Praxis« (in diesem Band, 224), dem zufolge sie nicht ein Problem unserer privaten psychologischen Zustände, sondern vielmehr unserer öffentlichen sozialen Bedeutungen ist.

Um zu verstehen, wie Kulturtechniken zur Aufrechterhaltung ungerechter sozialer Strukturen beitragen, ist es hilfreich, sich nochmals vor Augen zu führen, dass sie nach Haslanger als Mittel dienen, um den Wert von Ressourcen zu deuten und dadurch ihre Herstellung und Aufrechterhaltung sowie ihre Verteilung oder Entsorgung zu koordinieren. Ideologie kann, vor diesem Hintergrund, zweierlei betreffen: zum einen unsere Deutung des Wertes einer Ressource; zum anderen die Koordination unseres Handelns in Bezug auf diese Ressource unter Rückgriff auf Kulturtechniken. Denn die in unserem jeweiligen Milieu verfügbaren Kulturtechniken können einerseits in *epistemischer* Hinsicht unsere Deutung des Wertes einer gegebenen Ressource oder auch anderer an der fraglichen sozialen Praxis beteiligter Akteur:innen verzerren. Andererseits können sie in *moralischer* oder *politischer* Hinsicht eine ungerechte Koordination unseres Handelns in Bezug auf eine gegebene Ressource bewirken, sofern sie bestimmte an der fraglichen sozialen Praxis beteiligte Akteur:innen systematisch benachteiligen (siehe Haslanger 2017: 159.160). In beiden Hinsichten zusammengenommen können Kulturtechniken schließlich die Ungerechtigkeit in der Weise, wie wir unser Handeln in Bezug auf eine gegebene Ressource koordinieren, *verdecken* oder in den Hintergrund treten lassen, indem sie unsere Deutung des Wertes der fraglichen Ressource oder der an der sozialen Praxis beteiligten Akteur:innen *verzerren*. Eine zentrale Rolle kann hierbei der Sachverhalt spielen, dass die sozialen Bedeutungen, die zur Aufrechterhaltung einer ungerechten sozialen Struktur beitragen, nicht nur für unsere Handlungsfähigkeit, sondern auch für unser Selbstverständnis und unsere Identität konstitutiv sein mögen (siehe Haslanger 2017: 154). Dies kann zur Folge haben, dass die fragliche Ungerechtigkeit – selbst seitens derer, die negativ von ihr betroffen sind – nicht als solche wahrgenommen oder erlebt wird (siehe Haslanger 2017: 168). Die epistemische und die moralische oder politische Dimension von Ideologie sind nach Haslanger daher üblicherweise eng miteinander verbunden.

Als Beispiel für eine so verstandene Ideologie diskutiert Haslanger in ihrem Aufsatz »Rassismus, Ideologie und soziale Bewegungen« (in diesem Band, 202-233) anti-schwarzen Rassismus, den sie im oben umrissenen Sinn als ideologische Formation begreift. Sie geht dabei von der unter vielen Rassismusforscher:innen verbreiteten Annahme aus, dass Rassismus beständige Ungerechtigkeit in Sachen *race* erkläre (in diesem Band, 202). Als ideologische Formation lässt er beispielsweise bestimmte soziale Akteur:innen andere nur selektiv wahrnehmen oder wertschätzen. Wie sie in Anlehnung an die *Black-Lives-Matter*-Bewegung formuliert, legen die Kulturtechniken, die Teil einer solchen ideologischen Formation sind, damit nahe, wessen Leben, Bedürfnisse oder Interessen mehr oder weniger zählen (Haslanger 2017: 159). Dadurch trägt Rassismus zur Aufrechterhaltung der (ungerechten) sozialen Struktur bei, in der schwarze Menschen eine untergeordnete Position einnehmen.

Wichtig ist für Haslangers Verständnis von Rassismus dabei, dass er, in dem Maße, in dem er in unsere Kulturtechniken eingebettet ist, zum Teil auch für unsere sozialen Praktiken konstitutiv ist. Es sind diese Praktiken, die den an ihnen teilnehmenden Akteur:innen Handlungsgründe liefern, dadurch ihr Handeln mit Blick auf bestimmte Ressourcen koordinieren und so eine Quelle ihrer gemeinsamen Überzeugungen ausmachen. Nicht zuletzt konstituieren die in einer ideologischen Formation verfügbaren Kulturtechniken die sozialen Identitäten – als weiß oder nicht-weiß –, denen die an ihr teilnehmenden Akteur:innen verhaftet sind.

Aus diesem Verständnis von Ideologien wie Rassismus resultiert auch eine bestimmte Konzeption von *Ideologiekritik*. In der Tat kann man in Haslanger Konzeption von Ideologiekritik den Fluchtpunkt ihrer Sozialtheorie erblicken, sofern sie darauf abzielt, für eine solche Konzeption die Ressourcen bereitzustellen. Haslanger zufolge verfehlt Ideologiekritik ihr Ziel, wenn sie sich lediglich darauf beschränkt, falsche Überzeugungen zu widerlegen oder Handlungsgründe infrage zu stellen. Um wirkungsvoll zu sein, muss sie vielmehr auf die Kulturtechniken abzielen, die die *Quelle* unserer geteilten Überzeugungen ausmachen. Sie muss mithin bei der in einem gegebenen Milieu vorherrschenden *Kultur* ansetzen. Insbesondere setzt sie bei den beiden oben bereits angesprochenen Aspekten ideologischer Kulturtechniken an: zum einen die Verzerrung der Deutung des Wertes einer gegebenen Ressource oder der an der fraglichen sozialen Praxis beteiligten Akteur:innen; zum anderen die Ermöglichung einer ungerechten Koordination unseres Handelns in Bezug auf eine gegebene Ressource. Dementsprechend unterscheidet Haslanger auch in der Ideologiekritik zwei Hinsichten: eine *epistemische*, die Kulturtechniken betrifft, die relevante Tatsachen verzerren, verdecken oder falsch darstellen; und eine *moralische* oder *politische*, die ungerechte soziale Strukturen betrifft, die durch solche Kulturtechniken verzerrt, verdeckt oder anderweitig falsch dargestellt werden. In dieser Konzeption der Ideologiekritik schlägt sich erneut das Verständnis von Signifikanz nieder, das Haslanger von Longino und Anderson entlehnt hat: Anders als im Falle der kognitivistischen Konzeption (etwa

Shelbys) ist Ideologie nicht allein eine Frage der Wahrheit von Überzeugungen. Vielmehr können laut Haslanger selbst wahre Überzeugungen ideologisch sein, wenn sie uns beispielsweise von moralisch relevanten Tatsachen ablenken, uns Fragen über diese nicht zu beantworten oder gar nicht erst zu stellen erlauben. Richtig verstandene Ideologiekritik verbindet somit, kurz gesagt, epistemische mit moralisch-politischer Kritik, um der Verwobenheit epistemischer und moralisch-politischer Missstände Rechnung zu tragen.

Eine so verstandene Ideologiekritik nimmt keinen Standpunkt außerhalb der ideologischen Formation ein, die Gegenstand der Kritik ist. Vielmehr ist sie selbst Teil jener Praktiken, die ebenjene Formation ausmachen. Aus diesem Grund muss die Ideologiekritikerin auch die Ressourcen für die epistemische und moralisch-politische Kritik aus dem Zusammenhang dieser Praktiken beziehen. Diese Möglichkeit ist (unter anderem) in zwei Merkmalen ideologischer Formationen gegründet: *Erstens* ist unser soziales Handeln und Denken in den verschiedenen Praktiken, die eine solche Formation ausmachen, nach Haslangers Ansicht »fragmentiert« (siehe Haslanger 2018: 242). So können wir eine dieser sozialen Praktiken im Lichte dessen kritisieren, was wir in einer anderen für wertvoll erachten. Haslanger führt hier die »Teilnahme an einer warmherzigen und einladenden religiösen Gemeinschaft am Wochenende« (Haslanger 2018: 242 – Übersetzung D. J.) als Beispiel an, die einer Person als Grundlage der Kritik an der Konkurrenzkultur an ihrem Arbeitsplatz dient. *Zweitens* kann die materielle Dimension sozialer Praktiken – d. h., die Ressourcen, denen wir in einer gegebenen Praxis soziale Bedeutung zuschreiben – selbst unseren Bedeutungszuschreibungen widerstehen (siehe Haslanger 2018: 243 f. – vgl. Sewell 2005; Kukla & Lance 2014). Dies ist vor allem dann der Fall, wenn die physische Beschaffenheit und die Vermögen unserer Ressourcen, ebenso wie beispielsweise die räumlichen Beziehungen, in denen sie zu anderen stehen, diese Zuschreibungen nicht hinreichend stützen. Unter Bedingungen dieser Art wird es schwieriger, unsere Praxis in ihrer bestehenden Form aufrechtzuerhalten. Solche Diskrepanzen zwischen materieller Beschaffenheit von Ressourcen und bestehenden Mustern der Zuschreibung sozialer Bedeutungen können wiederum selbst zum Gegenstand der Kritik werden, die von der Frage ausgeht, ob wir die fragliche Ressource angemessen bewerten. Hier führt Haslanger als Beispiel das Halten von Tigern als Haustieren an (siehe Haslanger 2018: 244).

Es ist dieses Verständnis von Ideologiekritik, mit dem Haslanger feministischen und antirassistischen sozialen Bewegungen, in die sie ihre kritische Theorie einzubetten sucht, begriffliche Mittel für eine *radikale* Sozialkritik an die Hand zu geben sucht. Eine solche Kritik packt deshalb das Problem – nämlich die fragliche ideologische Formation – an der Wurzel, weil sie mit den Kulturtechniken zu brechen versucht, auf die wir uns zum Verständnis unserer selbst, anderer und der Welt als Ganzer verlassen. Diesen radikalen Bruch mit überkommenen sozialen Praktiken herbeizuführen ist Aufgabe der *Bewusstseinsbildung* (*consciousness raising*), der Haslanger sich in ihren jüngsten Arbeiten zugewendet hat. Ein solches Bewusstsein können soziale Akteur:innen und soziale Bewegungen nach Haslangers nicht-kognitivistischem Verständnis von Ideologie allerdings nicht allein durch Argumente oder rationalen Diskurs bilden. Stattdessen erfordert dies auch neue *Erfahrungen*, die ungerechte soziale Strukturen, die durch die fragliche Ideologie bislang verdeckt wurden, ins Auge springen lassen (in diesem Band, 216f. – vgl. Tilly 1998; Anderson 2014). Dieses Erfordernis sozialen Wandels ist jedoch keine Frage, auf welche die kritische Sozialtheoretikerin eine Antwort geben kann. Vielmehr ist sie eine *praktische* Frage. Das letzte Wort überlässt Haslanger damit wieder ebenjenen sozialen Bewegungen, von denen ihr amelioratives Projekt einer kritischen Sozialtheorie seinen Ausgang nahm.

Literatur

Alcoff, Linda Martín. 1988. Cultural Feminism Versus Post-Structuralism: The Identity Crisis in Feminist Theory. *Signs* 13(3), 405-436.

Anderson, Elizabeth. 1995. Knowledge, Human Interests, and Objectivity in Feminist Epistemology. *Philosophical Topics* 23(2), 27-58.

Antony, Louise. 2000. Natures and Norms. *Ethics* 111(1), 8-36.

Armstrong, David M. 1989. *Universals: An Opinionated Introduction*. Boulder, CO: Westview Press.

Bettcher, Talia. 2013. Trans Women and the Meaning of »Woman«. In Alan Soble, Nicholas Power, Raja Halwani (Hg.), *Philosophy of Sex: Contemporary Readings*, 6. Auflage. Lanham, MD: Rowman and Littlefield, 233-250.

Bettcher, Talia. 2014. Trapped in the Wrong Theory: Rethinking Trans Oppression and Resistance. *Signs: Journal of Women in Culture and Society* 39(2), 43-65.

Bettcher, Talia. 2017. Trans Feminism: Recent Philosophical Developments. *Philosophy Compass* 12(11), 124-138.

Burge, Tyler. 1979. Individualism and the Mental. In Peter French (Hg.), *Midwest Studies in Philosophy* IV. Minneapolis: University of Minnesota Press, 73-121.

Butler, Judith. 1990. Performative Acts and Gender Constitution. In Sue-Ellen Case (Hg.), *Performing Feminisms*. Baltimore: John Hopkins University, 519-531.

Carnap, Rudolf. 1950. *Logical Foundations of Probability*. Chicago: University of Chicago Press.

Celikates, Robin. 2006. From Critical Social Theory to a Social Theory of Critique: On the Critique of Ideology after the Pragmatic Turn. *Constellations* 13(1), 21-40.

Chodorow, Nancy. 1978. *Reproducing Mothering*. Berkeley: University of California Press.

Chodorow, Nancy. 1995. Family Structure and Feminine Personality. In Nancy Tuana, and Rosemarie Tong (Hg.), *Feminism and Philosophy*, Boulder, CO: Westview Press.

Cudd, Ann E. 2006. *Analyzing Oppression*. New York: Oxford University Press.

Díaz-León, Esa. 2015. What Is Social Construction? *European Journal of Philosophy* 23(4), 1137-1152.

Díaz-León, Esa. 2020. Descriptive vs. Ameliorative Projects: The Role of Normative Considerations. In Alexis Burgess, Herman Cappelen, and David Plunkett (Hg.), *Conceptual Engineering and Conceptual Ethics*. Oxford: Oxford University Press, 170-186.

Dretske, Fred. 1988. *Explaining Behavior: Reasons in a World of Causes*. Cambridge, MA: MIT Press.

Dutilh Novaes, Catarina. 2020. Carnapian Explication and Ameliorative Analysis: A Systematic Comparison. *Synthese* 197(3), 1011-1034.

Fine, Kit. 1994. Compounds and Aggregates. *Noûs* 28(2), 137-158.

Fine, Kit. 1999. Things and Their Parts. *Midwest Studies in Philosophy* 23, 61-74.

Fine, Kit. 2003. The Non-Identity of a Material Thing and its Matter. *Mind* 112(446), 195-234.

Fine, Kit. 2008. Form and Coincidence. *Proceedings of the Aristotelian Society*, Supplementary Volume 82, 101-118.
Fraser, Nancy. 1989. *Unruly Practices*. Minneapolis: University of Minnesota Press.
Frye, Marilyn. 1996. The Necessity of Differences: Constructing a Positive Category of Women. *Signs* 21, 991-1010.
Garfinkel, Alan. 1981. *Forms of Explanation: Rethinking the Questions in Social Theory*. New Haven: Yale University Press.
Geuss, Raymond. 1981. *The Idea of a Critical Theory: Habermas and the Frankfurt School*. Cambridge: Cambridge University Press.
Giddens, Anthony. 1976. *New Rules of Sociological Method: A Positive Critique of Interpretative Sociologies*. London: Hutchinson.
Giddens, Anthony. 1979. *Central Problems in Social Theory: Action, Structure and Contradiction in Social Analysis*. London: Macmillan.
Giddens, Anthony. 1981. *A Contemporary Critique of Historical Materialism. Vol. 1. Power, Property and the State*. London: Macmillan.
Giddens, Anthony. 1984. *The Constitution of Society: Outline of the Theory of Structuration*. Cambridge: Polity Press.
Glasgow, Joshua. 2006. A Third Way in the Race Debate. *The Journal of Political Philosophy* 14(2), 63-185.
Goldman, Alvin. 1986. *Epistemology and Cognition*. Cambridge, MA: Harvard University Press.
Goldman, Alvin. 1994. Naturalistic Epistemology and Reliabilism. *Midwest Studies in Philosophy*, XIX: 301-320.
Goldman, Alvin. 1999. *Knowledge in a Social World*. Oxford: Clarendon. Clarendon.
Hacking, Ian. 1999. *The Social Construction of What?* Cambridge, MA: Harvard University Press.
Hall, Stuart. 1996 [2006]. The Problem of Ideology. In Kuan-Hsing Chen/ David Morley (Hg.), *Stuart Hall: Critical Dialogues in Cultural Studies*. New York: Routledge, 24-45.
Haslanger, Sally. 2000a. Feminism in Metaphysics: Negotiating the Natural. In Miranda Fricker, Jennifer Hornsby (Hg.), *Feminism in Philosophy*, Cambridge: Cambridge University Press, 107-126.
Haslanger, Sally. 2000b. Gender and Race: (What) are They? (What) Do We Want Them To Be? *Noûs* 34, 31-55.
Haslanger, Sally. 2003. Social Construction: The ›Debunking‹ Project. In Frederick Schmitt (Hg.), *Socializing Metaphysics: The Nature of Social Reality*. Lanham: Rowman & Littlefield Publishers Inc, 301-325.
Haslanger, Sally. 2005. What Are We Talking About? The Semantics and Politics of Social Kinds. *Hypatia* 20, 10-26.

Haslanger, Sally. 2006. What Good are Our Intuitions? *Proceedings of the Aristotelian Society*, Supplementary Volume 80, 89-118.
Haslanger, Sally. 2012. *Resisting Reality: Social Construction and Social Critique*. Oxford: Oxford University Press.
Haslanger, Sally. 2013. Race, Intersectionality, and Method: A Reply to Critics. *Philosophical Studies* 171(1), 109-119.
Haslanger, Sally. 2016. What is a (Social) Structural Explanation? *Philosophical Studies* 173(1), 113-130.
Haslanger, Sally. 2017. Culture and Critique. *Aristotelian Society Supplementary Volume* 91(1), 149-173.
Haslanger, Sally. 2018. What is a Social Practice? *Royal Institute of Philosophy Supplement* 82, 231-247.
Haslanger, Sally. 2020a. Going On, Not in the Same Way. In Alexis Burgess, Herman Cappelen und David Plunkett (Hg.), *Conceptual Engineering and Conceptual Ethics*, 230-260.
Haslanger, Sally. 2020b. How Not to Change the Subject. In Teresa Marques, Åsa Wikforss (Hg.), *Shifting Concepts: The Philosophy and Psychology of Conceptual Variability*. Oxford: Oxford University Press, 235-259.
Harris, Angela P. 1993. Race and Essentialism in Feminist Legal Theory. In D. K. Weisberg (Hg.), *Feminist Legal Theory: Foundations*. Philadelphia: Temple University Press, 581-616.
Heyes, Cressida J. 2000. *Line Drawings*. Ithaca & London: Cornell University Press.
Hufendiek, Rebekka. 2020. Beyond Essentialist Fallacies: Fine-tuning Ideology Critique of Appeals to Biological Sex Differences. *Journal of Social Philosophy*, Special Issue, 1-18.
Jaggar, Alison M. 1983. Human Biology in Feminist Theory: Sexual Equality Reconsidered. In C. Gould (Hg.), *Beyond Domination: New Perspectives on Women and Philosophy*, Lanham: Rowman & Littlefield Publishers, Inc.
Jones, Karen. 2013. Intersectionality and Ameliorative Analyses of Race and Gender. *Philosophical Studies* 171(1), 99-107.
Jenkins, Katharine. 2016. Amelioration and Inclusion. Gender Identity and the Concept of Woman. *Ethics* 126(1), 394-421.
Kapusta, Stephanie J. 2016. Misgendering and Its Moral Contestability. *Hypatia* 31 (3), 502-519.
Kornblith, Hilary. 1994a. Introduction: What is Naturalistic Epistemology? In Hilary Kornblith (Hg.), *Naturalizing Epistemology*, 2. Auflage, Cambridge, MA: MIT Press, 1-14.
Kornblith, Hilary. 1994b. Naturalism: Both Metaphysical and Epistemological. *Midwest Studies in Philosophy* 19(1), 39-52.

Kornblith, Hilary. 1995. Naturalistic Epistemology and Its Critics. *Philosophical Topics* 23(1), 237-255.
Kornblith, Hilary. 2002. *Knowledge and its Place in Nature*. Oxford: Oxford University Press.
Kripke, Saul. 1980. *Naming and Necessity*. Cambridge, MA: Harvard University Press.
Kukla, Rebecca, Lance, Mark. 2014. Intersubjectivity and Receptive Experience. *Southern Journal of Philosophy* 52(1), 22-42.
Langton, Rae, Lewis, David. 1998. Defining ›Intrinsic‹. *Philosophy and Phenomenological Research* 58(2), 333-345.
Longino, Helen E. 1990. *Science as Social Knowledge: Values and Objectivity in Scientific Inquiry*. Princeton, N. J.: Princeton University Press.
Longino, Helen E. 1995. Gender, politics, and the theoretical virtues. *Synthese* 104(3), 383-397.
Longino, Helen E. 2002. *The Fate of Knowledge*. Princeton, NJ: Princeton University Press.
Mallon, Ron. 2007. A field guide to social construction. *Philosophy Compass* 2(1), 93.
MacKinnon, Catharine. 1989. *Towards a Feminist Theory of the State*. Cambridge, MA: Harvard University Press.
MacKinnon, Catharine. 2006. Difference and Dominance. In E. Hackett and S. Haslanger (Hg.), *Theorizing Feminisms*. Oxford: Oxford University Press, 381-392.
Mikkola, Mari. 2006. Elizabeth Spelman, Gender Realism, and Women. *Hypatia* 21, 77-96.
Mikkola, Mari. 2007. Gender Sceptics and Feminist Politics. *Res Publica* 13, 361-380.
Mikkola, Mari. 2009. Gender Concepts and Intuitions. *Canadian Journal of Philosophy*, 9: 559-583.
Mikkola, Mari 2011. Ontological Commitments, Sex and Gender. In Charlotte Witt (Hg.), *Feminist Metaphysics*. Dordrecht: Springer, 67-83.
Mikkola, Mari. 2016. *The Wrong of Injustice: Dehumanization and its Role in Feminist Philosophy*, New York: Oxford University Press.
Mikkola, Mari. 2017. Feminist Perspectives on Sex and Gender. In Edward N. Zalta (Hg.), *The Stanford Encyclopedia of Philosophy* (Fall 2019 Edition), ⟨https://plato.stanford.edu/archives/fall2019/entries/feminism-gender/⟩.
Millett, Kate. 1971. *Sexual Politics*. London: Granada Publishing Ltd.
Okin, Susan Moller. 1989. *Justice, Gender and the Family*. NY: Basic Books.
Ortner, Sherry. 1989. *High Religion: A Cultural and Political History of Sherpa Buddhism*. Princeton, NJ: Princeton University Press.
Putnam, Hilary. 1973. Meaning and Reference. *Journal of Philosophy*, 70, 699-711.

Putnam, Hilary. 1975a. The Analytic and the Synthetic. In *Mind, Language and Reality: Philosophical Papers*, Volume 2. Cambridge: Cambridge University Press, 33-69.
Putnam, Hilary. 1975b. The Meaning of »Meaning«. In *Mind, Language and Reality: Philosophical Papers*, Volume 2. Cambridge: Cambridge University Press, 215-71.
Quine, Willard V. O. 1951. Two Dogmas of Empiricism. *Philosophical Review* 60(1), 20-43.
Quine, Willard V. O. 1960. *Word and Object*. MIT Press.
Quine, Willard V. O. 1969. Epistemology Naturalized. In *Ontological Relativity and Other Essays*, New York: Columbia University Press, 69-90.
Richardson, Sarah. 2014. *Sex Itself: The Search for Male and Female in the Human Genome*. Chicago: University of Chicago Press.
Riley, Denise. 1988. *Am I That Name? Feminism and the Category of ›Women‹ in History.* London: Palgrave Macmillan.
Risjord, Mark. W. 2000. *Woodcutters and Witchcraft: Rationality and Interpretive Change in the Social Sciences*. Albany, NY: SUNY Press.
Rubin, Gayle. 1975. The Traffic in Women: Notes on the ›Political Economy‹ of Sex. In R. Reiter (Hg.), *Toward an Anthropology of Women*. New York: Monthly Review Press, 157-210.
Schroeter, Laura, Schroeter, Francois. 2015. Rationalizing Self-Interpretation. In Chris Daly (Hg.), *The Palgrave Handbook of Philosophical Methods*. Basingstoke: Palgrave-Macmillan, 419-47.
Sewell, William H. Jr. 1992. A Theory of Structure: Duality, Agency and Transformation. *The American Journal of Sociology* 98(1), 1-29.
Sewell, William H. Jr. 2005. The Concept(s) of Culture. In Gabrielle M. Spigel (Hg.), *Practicing History: New Directions in Historical Writing after the Linguistic Turn*. New York: Routledge, 76-95.
Shelby, Tommie. 2003. Ideology, Racism, and Critical Social Theory. *The Philosophical Forum* 34 (2): 153-188.
Shelby, Tommie. 2014. Racism, Moralism, and Social Criticism. *DuBois Review* 11(1), 57-74.
Skow, Bradford. 2016. *Reasons Why*. Oxford: Oxford University Press.
Spelman, Elizabeth. 1988. *Inessential Woman: Problems of Exclusion in Feminist Thought*. Boston: Beacon Press.
Stoljar, Natalie. 1995. Essence, Identity and the Concept of Woman. *Philosophical Topics*, 23, 261-293.
Stoljar, Natalie. 2011. Different Women. Gender and the Realism-Nominalism Debate. In C. Witt (Hg.) *Feminist Metaphysics*. Dordrecht: Springer.
Stone, Alison. 2004. Essentialism and Anti-Essentialism in Feminist Philosophy. *Journal of Moral Philosophy* 1, 135-153.

Stone, Alison. 2007. *An Introduction to Feminist Philosophy*, Cambridge: Polity Press.

Strawson, Peter F. 1963. Carnap's Views on Conceptual Systems Versus Natural Languages in Analytic Philosophy. In Paul Arthur Schilpp (Hg.), *The Philosophy of Rudolf Carnap*. Open Court: La Salle, 503-518.

Swidler, Ann. 1986. Culture in Action: Symbols and Strategies. *American Sociological Review* 51(2), 273-286.

van Fraassen, Bas. 1980. *The Scientific Image*. Oxford: Oxford University Press.

Young, Iris M. 1997. Gender as Seriality: Thinking about Women as a Social Collective. In *Intersecting Voices*, Princeton: Princeton University Press, 12-37.

Textnachweise

1. Haslanger, Sally, 1995, »Ontology and Social Construction«, *Philosophical Topics* 23 (2), 95-125.

2. Haslanger, Sally, 2000, »Gender and Race: (What) Are They? (What) Do We Want Them to Be?«, *Noûs* 34 (1), 31-55.

3. Haslanger, Sally, 2006, »What Good are Our Intuitions? Philosophical Analysis and Social Kinds«, *Proceedings of the Aristotelian Society Supplementary Volume* 80 (1), 89-118.

4. Haslanger, Sally, 2007, »›But Mom, Crop-Tops are Cute!‹ Social Knowledge, Social Structure, and Ideology Critique«, *Philosophical Issues* 17, 70-91.

5. Haslanger, Sally, 2016, »What is a (Social) Structural Explanation?«, *Philosophical Studies* 173 (1): 113-130.

6. Haslanger, Sally, 2017, »Racism, Ideology, and Social Movements«, *Res Philosophica* 94 (1): 1-22.

Sozialphilosophie im Suhrkamp Verlag
Eine Auswahl

Rainer Forst

- Kontexte der Gerechtigkeit. Politische Philosophie von Liberalisums und Kommunitarismus. stw 1252. 480 Seiten
- Toleranz im Konflikt. Geschichte, Gehalt und Gegenwart eines umstrittenen Begriffs. stw 1682. 816 Seiten

Stefan Gosepath. Gleiche Gerechtigkeit. Grundlagen eines liberalen Egalitarismus. stw 1665. 508 Seiten

Axel Honneth

- Das Andere der Gerechtigkeit. Aufsätze zur praktischen Philosophie. stw 1491 340 Seiten
- Das Ich im Wir. Studien zur Anerkennungstheorie. stw 1959. 308 Seiten
- Die Idee des Sozialismus. Versuch einer Aktualisierung. Gebunden. 168 Seiten
- Kampf um Anerkennung. Zur moralischen Grammatik sozialer Konflikte. stw 1129. 301 Seiten
- Kritik der Macht. Reflexionsstufen einer kritischen Gesellschaftstheorie. stw 738. 408 Seiten
- Pathologien der Vernunft. Geschichte und Gegenwart der Kritischen Theorie. stw 1835. 239 Seiten
- Das Recht der Freiheit. Grundriß einer demokratischen Sittlichkeit. stw 2048. 628 Seiten
- Unsichtbarkeit. Stationen einer Theorie der Intersubjektivität. stw 1616. 162 Seiten
- Verdinglichung. Eine anerkennungstheoretische Studie. Mit Kommentaren von Judith Butler, Raymond Geuss und Jonathan Lear und einer Erwiderung von Axel Honneth. stw 2127. 183 Seiten
- Vivisektionen eines Zeitalters – Porträts zur Ideengeschichte des 20. Jahrhunderts. es 2678. 308 Seiten

NF 123/1/6.16

- Von Person zu Person. Zur Moralität persönlicher Beziehungen. Herausgegeben zus. mit Beate Rössler. stw 1756. 361 Seiten
- Der Wert des Marktes. Ein ökonomisch-philosophischer Diskurs vom 18. Jahrhundert bis zur Gegenwart. Herausgegeben zus. mit Lisa Herzog. stw 2065. 670 Seiten
- Die zerrissene Welt des Sozialen. Sozialphilosophische Aufsätze. Erweiterte Ausgabe. stw 849. 279 Seiten

Axel Honneth/Nancy Fraser. Umverteilung oder Anerkennung? Eine politisch-philosophische Kontroverse. stw 1460. 320 Seiten

Rahel Jaeggi
- Entfremdung. stw 2185. 337 Seiten
- Kritik von Lebensformen. stw 1987. 451 Seiten
- Nach Marx. Philosophie, Kritik, Praxis. Herausgegeben zus. mit Daniel Loick. stw 2066. 518 Seiten
- Sozialphilosophie und Kritik. Herausgegeben zus. mit Rainer Forst, Martin Hartmann und Martin Saar. stw 1960. 743 Seiten
- Was ist Kritik? Herausgegeben zus. mit Tilo Wesche. stw 1885. 375 Seiten

Hans Joas
- Die Entstehung der Werte. stw 1416. 321 Seiten
- Die Kreativität des Handelns. stw 1248. 415 Seiten

Angelika Krebs. Arbeit und Liebe. Die philosophischen Grundlagen sozialer Gerechtigkeit. stw 1564. 336 Seiten

George Herbert Mead. Geist, Identität und Gesellschaft. Aus der Sicht des Sozialbehaviorismus. Einleitung von Charles W. Morris. Übersetzt von Ulf Pacher. stw 28. 456 Seiten

NF 123/2/6.16

Bernhard Peters. Der Sinn von Öffentlichkeit. Herausgegeben von Hartmut Weßler. Mit einem Nachwort von Jürgen Habermas. stw 1836. 410 Seiten

Beate Rössler. Der Wert des Privaten. stw 1530. 384 Seiten

NF 123/3/6.16